유년기 인류학

인류학자가 본
어린이의 삶

AN INTRODUCTION TO
CHILDHOOD

헤더 몽고메리 지음 | 정연우 옮김

유년기
인류학

연암서가

"원래 애 키우는 일이 이렇게 힘든가?" 아이를 키우는 사람은 누구나 한 번쯤 해보는 질문이리라. 나 역시 그랬다. 주변의 반응은 "당연한 걸 뭘 묻고 그래?", "그러게 말이다", "이제 알았니?"가 주를 이루었다. 하지만 내가 비록 학문적 깊이는 얕아도, 인류학을 배우면서 얻은 가장 큰 가르침은 "당연한 건 아무것도 없다"는 당연한 진리였다. 그래서 다른 나라 다른 시대는 어땠는지 확인해 보고 싶어졌다. 내친 김에 이런저런 인류학 민족지 사례들을 검색해 보기 시작한 것이 이 책을 번역하게 된 계기다.

원래는 학술 서적을 번역하고 싶은 생각이 없었다. 그럴 만큼 공부 내공이 깊은 것도 아니고, 석사를 마지막으로 학업을 그만두었기 때문이다. 관련 자료를 찾아본 이유는 개인적인 호기심과, 오랜 기간 학교 생활을 하다 보니 궁금하면 일단 자료부터 찾아보는 습관이 배인 탓과, 공부는 그만두었어도 개인적 글쓰기의 끈은 놓기 싫었던 마음이 복합적으로 작용한 결과였다.

오히려 번역해 보고 싶었던 책은 다른 사회의 관점에서 서술된 육아 수기였다. 우리나라 서점에서 육아와 관련된 책을 찾아보고 들었던 가장 큰 의문은, '어째서 육아에 정답이 있다고 생각하는 책이 이렇게나 많은가?'였다. 그렇지 않은 책도 있지만, 소위 잘 팔리는 책, 매대에서 가장 잘 보이는 영역을 점유하고 있는 책은 대게 부모들에게 길을 제시해 주는 책이었다. 과장을 조금 보태자면, '이 책이 너와 네 아이를 구원하리라'는 느낌을 받을 정도였다.

하지만, 인생에 정답이나 정해진 길이 과연 있을까? 내 인생조차 내 마음대로 안 되는데, 어찌 남(내 새끼도 결국은 남이다)의 인생이 내 맘대로 되겠는가? 그래서 조금 다른 시각의 책을 찾아보고 싶었다. 우리가 육아, 유년기, 어린이에 대해 당연하다고 생각해 왔던 것들이 결코 당연하지 않음을 보여 줄 수 있는 외국 부모의 담담한 수기 정도면 좋겠다고 생각했다.

처음 생각했던 종류의 책은 아니지만, 이 책은 내 생각과 많은 부분 일치하는 책이다. 차이가 있다면 내 생각은 짧고 피상적이었으며 글로 정리되지 않은 상태였지만, 저자인 헤더 몽고메리 교수는 깊고 넓은 사례 조사를 통해 성찰적이고 논리적인 글을 이미 썼다는 것이다. 인류학자답게 민족지 위주로 서술한 것도 매력적이었다.

그래서 그야말로 공부하는 기분으로 한자 한자 읽으며 번역했다. 민족지 연구는 원래 '낯선 곳에서 나를 만나는' 작업이라고 배웠다. 현대 시대만이 아니라 다양한 시대와 지역의 자료를 접함으로써 육아와 나와 내 아이에 대해 자주 '낯설게 생각'해 볼 수 있었다는 점이 이 책을 읽으면서 가장 즐거웠던 부분이다. 때로 낯설다 못해 충격적인 사례를 접할 때는 괴롭기도 했다. 하지만 저자는 그 역시 엄연한 우리 세계의 현실임을 강조했다. 비록 내가 그런 현실 문제를 해결해야겠다는 사명감을 갖고 이 책을 번역한 것은 아니지만, 적어도 유년기와 어린이라는 대상에 신성한 절대적 가치를 부여하며 현실과 동떨어진 이야기를 하는 관점에서 벗어나는 데는 큰 도움이 되었다.

또한 나와 우리 아이들에게도 도움이 되었다. 역자 서문에 쓰기 상당히 부끄러운 이야기지만, 나는 정말 나쁜 아빠다. 내 아이들이 마음대로 안 될 때는 짜증도 내고 화도 부린다. 내 마음속으로 어떤 이상적인 아이들의 모델을 정해 놓고, '저러면 안 되는 데…' 하는 마음이 강할수록 그러기 쉽다. 이런 모습이 결코 아이들에게 좋을 리 없다는 걸 알면서도 그런다.

이 책에서 문제의 해결책을 찾은 것은 아니다. 다만 한 가지는 확실하게 깨우쳤다. 그 아이들도 나와 같은 동등한 인간이라는 것. 아이들을 존중하는 것은 좋은 것을 사주고 먹이고 입히는 일이 아니라, 인간으로서 동등한 대우를 해주는 것임을 깨달았다. 아이들과의 소통도 내가 들려주고 싶은 말만 들으라고 하기보다는 그들의 이야기를 먼저 들어주어야 가능하다. 다른 사람을 존중하고 그들의 소리에 귀 기울여 주는 것. 바로 현지 조사하는 인류학자에게 요구되는 자세다. 물론 인류학자에게만 필요한 자세는 아닐 것이다.

저자가 역설한 '어린이 중심의 인류학'도 바로 그런 태도의 연장선상에 있다. 어린이를 특별 취급한답시고 마치 나와 다른 인간인 양 다루는 것이 아니라, 한 명의 '나와 동등하지만 다른 사람'으로서 대하는 것. 육아와 인생에 정답은 없고, 세상에 당연한 것은 아무것도 없다지만 적어도 지금 나에게는 옳다고 느껴졌으며 또한 필요한 말이었다.

여담이지만, 글머리에서 제기했던 질문에 대한 답은 놀랍게도(?) '그렇다. 애 키우는 일은 언제 어디서나 힘든 일이다'였다. 어느 시대 어떤 사회를 막론하고 육아는 한 명의 양육자가 모든 것을 부담할 수 없는 노동임이 분명했다. 이 부담을 사회적으로 어떻게 나눠 지느냐가 거의 모든 인간 사회에서 중요한 요소였다. 이는 육아문제에 날로 관심이 높아지는 요즘 특히 우리 사회가 염두에 둘 만한 이야기라고 생각한다.

감사의 인사를 마지막으로 역자에게 허락된 글쓰기를 마치려 한다.

아이를 혼자 키울 수 없듯이, 책도 혼자만의 힘으로 나올 수 없다.

가장 먼저 이 책의 번역 제안서를 받아 주고 작업 기간 동안 큰 배려와 관심을 보여 주신 연암서가 권오상 님께 감사드린다. 이 책이 나오는 데 가장 중요한 몫을 해주셨다. 초보 번역가에게 많은 가르침과 도움을 주신 박미경 선생님과 안기순 선생님께도 감사드린다. 번역을 만만히 봤던 죄를 뼈저리게 깨닫게 해주셨고, 오역을 피하는 데 결정적인 도움을 주셨다. 책의 번역을 기획하는 데 크고 작은 도움을 주셨던 김진영 선생님, 조일동 선생님, 김기민 학우, 박재홍 학우, 유일상 학우에게도 감사 인사를 드린다. 사랑하는 가족을 향한 감사는 감히 이 한 줄로 끝낼 수 없는 것이기에 쓰지 않겠다.

인류학 지식도 번역 공부도 한참 부족한 탓에 오역이나 잘못이 있을 수 있다. 독자 여러분의 기탄없는 지적을 부탁드린다.

정연우

감사의 말

가장 먼저 이 책을 쓰는 여러 해 동안 인내심을 갖고 내 이야기에 귀 기울여 주신 많은 분들께 감사 인사를 드린다. 특히 아만다 베를란, 로렌스 브로클리스, 필 버로, 헬렌 카, 마리나 데 아랄콘, 올리에 더글라스, 마리아 프랜시스핏필드, 클레어 해리스, 메리제인 케힐리, 마리 캘렛, 머시아 매튜, 데이비드 메서, 이안, 테사, 클레어 몽고메리, 존 오츠, 피오나 라제, 개리 슬래퍼, 캐서린 서튼, 마틴 우드헤드에게 감사한다.

이 책을 쓰기 시작할 때부터 변치 않고 많은 도움과 격려를 주셨던 블랙웰 출판사 편집자 여러분, 제인 휴버, 데어드레이 일크선, 로잘리에 로버트슨, 그리고 원고의 교열을 담당했던 저스틴 다이어에게도 진심으로 감사를 표한다. 눈에 띄는 오류를 지적하고 부족한 부분을 채워 주시는 데 많은 시간과 노력을 들여 주신 익명의 감수자 세 분께 크나큰 감사의 인사를 드린다. 아직도 틀리거나 모자라는 부분이 남아 있다면 그건 내 부족함 때문이다.

지난 5년간 매주 생소한 이름의 자료들을 군말 한마디 없이 찾아 주신 개방대학 도서관 직원들에게도 마땅히 감사의 인사를 드려야 하겠다. 그분들의 신속하고 정확한 일처리가 없었으면 나는 이 책을 쓰는 데 많은 어려움을 겪었을 것이다.

마지막으로, 비록 내 견해에 동의하지는 않았지만, 유년기에 대한 내 생각을 다듬고 인류학을 더 깊이 이해할 수 있게 도와준 피터 리비에르에게 깊은 감사의 인사를 드린다. 나는 지적 엄격함의 중요성을 깨닫고 세계를 보는 눈을 키우는 데 있어서 피터 리비에르에게 큰 빚을 졌다.

저자 서문

1909년, 스웨덴의 개혁가 엘렌 케이(Ellen Key)는 "20세기는 어린이의 세기"가 될 것이라고 주장했다. 그녀는 앞으로 어린이에 대한 인식과 태도가 근본적으로 바뀔 것이며, 20세기 사회와 정치는 어린이 복지를 최우선으로 다루게 될 것이라고 내다봤다. 지난 100년간을 돌아보면 그녀의 주장은 대부분 옳았다. 아동 복지와 권리가 중요한 정치적 사안으로 떠올랐고, 학계에서도 어린이와 유년기가 중요한 연구 주제로 자리매김했다. 19세기 말부터 어린이 연구가 점차 학계에서 중시되기 시작했고, 지금은 심리학·법학·사회학·인류학의 견해와 아동권리 및 사회 정책적 요소를 포함한 통합 학문으로서 유년기 연구라는 독자적인 영역이 만들어졌다고 말할 수 있다.[1]

유년기 연구는 어린이의 신체적 성장과 정신적 발달 과정에는 뚜렷

---

1 Jenkins, H., ed., 1998은 여러 학문의 유년기 연구 학사와 문헌 자료를 망라한 훌륭한 저서다.

한 패턴이 관찰되지만, 여기에 부여되는 의미는 많은 부분이 문화에 의해 좌우된다는 관점을 받아들이고 있다. 더 나아가서, 어린이(the child), 어린이들(Children), 유년기(Childhood)라는 용어가 지칭하는 범주 역시 비판적으로 재검토 했다.[2] 인류학자들은 주로 문화상대주의적 관점에서 문화적 차이의 중요성을 강조함으로써 이 논쟁에 많은 기여를 했다. 그들은 전 세계 보편적인 '어린이'라는 개념은 있을 수 없는 상상의 존재이며, 어린이의 삶은 신체적 특성 못지않게 문화적 영향을 강하게 받는다는 사실을 계속해서 보여 주었다. 이제 어린이를 대상으로 한 인류학 연구는 가히 하나의 분과학문이라 해도 좋을 만큼의 민족지 자료와 이론을 갖추게 되었으며, 이를 바탕으로 어린이의 사회적 역할과 유년기가 생애 주기 안에서 차지하는 위상 등을 연구하고 있다. 그리고 이젠 이 모든 연구 업적들을 정리하고 널리 알리는 일을 할 때가 되었다.

이 책은 인류학과 유년기에 대한 연구자이자 교수인 저자가 10년에 걸쳐 연구한 결과물이다. 나는 여러 해 동안 인류학자들의 어린이 연구 방법과 유년기 인식을 일반적인 대학생 수준의 독자들에게 설명할 수 있는 책을 써달라는 요청을 받았으나 미루고 있었다. 나는 유년기 연구 관련 저서 대부분이 전공자용이거나 세부적인 주제만 다룬 책이라는 것을 알게 되었다. 물론 그 중에는 어린이와 유년기 개념을 심도 있게 논의한 책도 있고, 어린이들의 삶에 중요한 요소를 잘 묘사한 홀륭

---

2 유년기 연구의 연구사 개관은 다음의 문헌들을 참고할 것. Pufall, P., and R. Unsworth, 2004; Kehily, 2004; James, A., 2004.

한 민족지도 있다. 하지만 내가 이 책을 쓰기 시작할 때만 하더라도, 인류학사 전체적 흐름 안에서 선행 연구와 현재 유년기 연구와의 관련성을 정리하거나, 유년기라는 주제만 이론적으로 깊이 있게 다룬 책은 보이지 않았다.

어린이에 대한 관심이 높아진 최근에는 나와 비슷한 견해를 가진 사람들도 쉽게 볼 수 있게 되었으며, 어린이와 인류학을 다룬 입문서도 출간되고 있다. 데이비드 랜시의 『유년기 인류학: 천사 같은 아이, 살림 밑천 아이, 주워 온 아이(The Anthropology of Childhood: Cherubs, Chattel, Changelings)』[3]는 인류학, 역사학, 영장류 동물학의 유년기 관련 문헌들을 가장 넓은 시야와 통합 학문적인 감각으로 검토한 이 분야의 수작이다. 이와 비슷하게 로버트 르바인과 레베카 뉴가 함께 편집한 『인류학과 아동 발달(Anthropology and Child Development)』[4] 역시 아동 발달과 관련된 여러 가지 핵심적 인류학 주제를 종합적으로 다루고 있는 유용한 저서다.

하지만 이 책에서는 가장 근본이 되는 자료인 민족지를 살펴보고자 한다. 과거 인류학자들이 민족지에서 묘사한 어린이들의 모습을 맥락에 유의하여 살펴보며, 앞으로의 유년기 연구에 활용할 수 있는 길을 찾고자 한다. 나는 비교문화적 이론이나 세계적 규모의 조사 작업보다는 어린이들의 삶을 생생하게 드러내 주는 세밀한 민족지적 묘사에 더 많은 관심을 두고 있다. 또한 학생들에게 이 분야의 연구가 어떤 것인

---

3 Lancy, D., 2008.
4 LeVine,, R., and R. New, eds., 2008.

지 보여 주고 적극적인 참여를 유도하고 싶다.

이 책에서 제일 먼저 다룰 문제는 '어린이'에 대한 정의다. 국제법은 유년기를 0세에서 18세 사이로 정의하고 있다. 그러나 다른 유년기 연구자들과 마찬가지로, 나 또한 이 정의가 대단히 제한적이라고 본다. 비록 태아의 수정, 출생, 첫 월경 등과 같은 명확한 신체적 표징이 있다 하더라도, 그것으로 유년기를 정의하기는 어렵다. 그러나 나는 인류학자로서 나이나 신체적 표징보다는 그 표징에 부여된 사회적 상징에 주목한다. 이 책의 뒤에서도 또 이야기하겠지만, 어린이를 어린이로 인식하는 건 출생 시기와 상관이 없을 수 있다. 때로는 태어나기 한참 전부터 어린이로 부르기도 하고, 또 때로는 태어난 지 한참이 지나도 여전히 어린이이기도 하다. 때로는 성인식을 치렀어도, 결혼을 했어도, 심지어는 부모가 세상을 떠날 때가 되어도 어린이라고 부르기도 한다.[5]

유년기를 연구하는 인류학자들은, 어린이는 보편적인 개념이 아니며, 각 사회의 내부적 관점과 문화적 맥락에 따라 다르게 정의된다는 사실을 강조한다. 나는 유년기에 대한 그 어떤 정의도 내리지 말 것을 조심스레 제안하며, 여러 가지 민족지 사례를 통해 유년기라는 개념이 얼마나 다양하며 유동적인지 보여 주려 한다.

본래 이 책에서는 유년기에 대한 '인류학적' 논의에만 집중하려 했다. 나는 이 분야의 연구는 심리학자들이 점령했다가 최근에는 사회학자들에게 자리를 내줬다고 느끼고 있었고, 여기에 인류학다운 전문

---

5 'child'가 어린이와 자녀를 모두 의미하는 중의적 표현으로 쓰였을 경우, 어린이로 번역하는 것을 원칙으로 했다.-역자 주

적이고 방대한 자료를 추가해 학제간의 균형을 맞춰야 한다고 생각했다. 하지만 얼마 지나지 않아 내 생각을 바꿔야만 했다. 유년기 연구에서 순수한 인류학을 찾는 시도는 헛된 일이었다. 특히 애초부터 학제간 연구로 시작했던 북미 인류학계에서는 더욱 무의미한 일이었다. 이 책의 범위를 사회문화인류학으로 제한하는 일은, 심리학·사회학·언어학·인류학 등이 유년기 연구에서 이룩했던 커다란 공로를 무시하는 일일 뿐만 아니라, 1950년대부터 아동 발달 분야의 학제간 연구를 계속해 왔던 북미 사회인류학자들의 공로를 가벼이 여기는 일이었다. 그렇지만 나는 힘이 닿는 데까지 어린이에 대한 인류학적 연구에 집중했다. 물론 다른 학문의 연구를 인용할 때는 저자의 학문적 배경을 명시했다.

책을 쓰기 위한 자료 조사는 시작부터 큰 난관에 부딪혔다. 영국과 미국의 유년기 인류학자 사이에는 많은 차이점이 있었고, 때로 타협이 불가능한 부분도 있었기 때문이다. 이 문제는 차라리 양국 인류학자들의 유년기 연구 역사와 이론상의 차이점을 서술하는 편이 좋을 것이다. 예를 들자면, 미국 인류학은 심리학을 대단히 중요하게 생각하는 데 반해, 영국은 심리학에 의심의 눈초리는 물론이고 심지어는 적대적인 태도까지도 보인다. 영국 인류학자들은 미국 인류학계의 방대한 자료 저장소인 예일대 비교문화연구소(The Human Relations Area Files; HRAF)를 향해 불신과 조소를 드러내는 경우도 많았고, 이들의 자료를 거의 이용하지 않는 편이었다.(본문에서 더 자세히 설명) 또한 많은 영국 대학에서는 순전히 사회문화인류학으로만 학사학위를 받을 수 있으며, 박사학위 소지자들도 관련 주제에 필요한 학사학위가 없는 경우가 많기 때문에, 영국 사회인류학은 대단히 좁고 전문적인 영역으로 분화되었다. 이에 반해 대부분의 북미 대학들은 인류학을 가르칠 때 고고학, 언어학, 사회문화인류학, 생물인류학의 네 가지 영역을 골고루 중요하게 다룬다. 다음 장에서 계속 이야기하겠지만, 이 때문에 양국의 유년기 연구 방법은 역사적으로 많은 차이점을 보였다.

또 다른 중요한 차이점은 민속학과 인류학의 관계에 있다. 북미에서는 민속학을 좋은 연구 방법으로 생각하고 널리 권장하는 반면에, 영국에서는 인류학과는 꽤 동떨어진 학문으로 취급했으며 아직까지도 중요하게 생각하지 않고 있다. 영국 민속학에서 가장 권위 있는 연구소인 셰필드 대학의 국립영국전통문화연구소(National Centre for English Cultural Tradition; NATCECT)는 영문학부의 후원으로 운영되고 있으며, 에든버러 대학은 민속학을 켈트와 스코틀랜드 지역 연구 아래에 두고 있다. 비록 영국에서도 1880~1890년대 사이에는 민속학과 인류학이 밀접하게 연결되어 있었지만, 1930년대에 이르러서는 완전히 다른 학문이 되었고, 현재 민속학 학위는 애물단지 취급을 받고 있다. 민속학자 부부 이오나 오피와 피터 오피가 어린이 놀이와 동요를 비롯한 수많은 어린이 문화 요소에 대해 훌륭한 연구 자료를 남겼음에도 불구하고, 많은 영국 인류학자들은 이를 단지 민속학자라 불리는 이들이 했다는 이유로 참조할 가치가 없다고 생각했다.

현대 인류학에서는 저자가 글 안에 자신의 성별과 민족적 배경, 살아온 시대 등이 어떤 식으로 연구에 영향을 미쳤는지를 서술하는 일이 전통처럼 되어 가고 있다. 내가 수행한 현장 연구에 대해서는 7장에서 간략하게 언급했지만 이 같은 배경 설명은 하지 않았다. 하지만 여기 머리글에서는 이야기해 두겠다. 나는 학사는 영문학으로, 석사와 박사는 사회인류학으로 받았다. 여러 가지 면에서 나는 영국 인류학의 전형적인 교육 과정을 이수했다. 어린이와 관련된 학사학위도 없고, 생물인류학, 고고학, 민속학을 정식으로 배운 적도 없다. 인지인류학이나 언어인류학은 어깨너머로 배운 수준이었다. 하지만 그 이후 10년간 어린이를 연구하면서 내가 편견에 사로잡혀 있었다는 사실을 깨닫고 영국 사회인류학과는 다른 사고방식을 받아들이게 되었다.

나는 이 책을 쓰면서 특정한 주제의 유년기 연구들만 다루지 않고 다양한 인류학파의 사상을 가능한 공정하고 편견 없이 함께 담고자 했다. 누락된 부분이 있다거나 특정한 연구를 의도적으로 배제했다는 비판도 있을 수 있다고 생각하지만, 결코 고의로 그런 적은 없었음을 밝힌다. 내가 오랫동안 유년기를 연구하면서 느끼는 가장 큰 매력은 이 주제가 너무나 넓고 깊어서 여러 가지 다른 해석이 얼마든지 가능하다는 점이다.

내가 박사 과정을 시작하던 1992년에는 유년기 전문 연구자들이 손에 꼽을 정도로 적었다. 관련 인류학 학회도 거의 열리지 않았고, 문헌 연구 자료 역시 많지 않았다. 그 당시에는 어린이 연구에 정통성이 부여되지 않았었다. 엘리자베스 친은 "인류학은 전통적으로 어린이 연구에 많은 관심을 갖고 있었다.(비록 연구 양상이 제각각이고, 어린이라기보다는 유년기를 연구한 경우가 더 많지만.) 하지만 의외로 어린이 연구는 공개적으로나 비공개적으로나 진지한 연구 주제로 받아들여지지 않았다"[6]고 했다. 실제로 나는 1990년대 말 새 직장에 처음으로 출근한 날,

---

6 Chin, E., 2001, p. 134.

한 선배로부터 태국 어린이에 관한 내 연구가 '정통 인류학' 연구라기보다는 '사회사업'에 가깝다는 평을 들었다. 하지만 그 시점 이후부터이 분야의 연구가 활발해졌다. 석사 과정에서 유년기 인류학을 전문적으로 다루기 시작했고, 유년기 관련 국제 학회 및 인류학회 내 유년기분과가 정기적으로 열리게 되었으며, 어린이를 주요한 대상으로 삼은민족지 형태의 논문이 쏟아져 나오기 시작했고, 거의 대부분의 학부에서 최소 한두 명 정도의 학생에게는 어린이의 생활과 직접적인 연관이있는 프로젝트에 참여할 것을 권하고 있다. 이제는 어린이와 유년기의연구 가치가 널리 인정받고 있으며, 인류학이 어린이를 중시하지 않는다거나 유년기 연구자가 인류학자로 인정받지 못한다는 불평은 더 이상 나오지 않는다.

상당히 예전부터 어린이의 삶을 탐구하고 유년기를 비판적으로 분석해 온 인류학자들도 꽤 있었지만, 이 분야의 전문 연구자는 최근 30년 동안 꾸준히 증가해 왔다. 최근의 유년기 전문 연구자들은, 과거에는 어린이에 대한 인류학의 이론적 분석이나 민족지 묘사가 불충분했다고 본다. 연구자들은 이를 수정하고 보충하기 위해 어린이 스스로가유년기의 의미와 신념체계를 만들어내고 그에 맞게 사회적 행동을 수정해 가는 과정을 연구했다. "어린이 중심의(child-centered)" 혹은 "어린이에게 초점을 맞춘(child-focused)" 인류학이라 부를 수 있는 이러한분석적 접근은, 어린이를 가장 중요한 정보 제공자로 여기며 그들의 목소리와 행위에 초점을 맞춘다.

여기에 가속도를 붙여 준 것이 UN에서 1979년에 체결하고 1989년에 발효한 유엔아동권리협약(United Nations Convention on the Rights of the Child; UNCRC)이다. 이 협정은 국제법 역사상 가장 많은 나라에서 체결된 권리 협약인데, 비준하지 않은 나라는 미국과 소말리아뿐이다. 법적 구속력이 있는 54개의 조항으로 이루어진 이 협약은 건강, 교육, 국가, 가정 등의 분야에서 어린이들의 권리를 보호하고 신장시키기 위해 제정되었다. 이 협약이 비준된 시기와 맞물려 어린이 중심의 인류학이 등장한 것은 결코 우연의 일치가 아니다. 유년기 인류학자들은 아동권리협정을 비판적 태도로 받아들이는 한편, 어린이를 주체적인 행위자이자 정보 제공자로서 바라보고 어린이의 권리를 인정했다.

아동권리협약은 유년기를 어른들의 세계로부터 보호해야 한다는 관점을 중시하며, 어린이는 특별한 보호와 도움을 받을 권리가 있음을 선언하고 있다. 또한 가족과 함께 있는 집, 또는 학교가 어린이들에게 가장 적합한 장소라고 강조한다. 실제로 협약에는 어린이로부터 학교에 갈 권리를 빼앗지 말아야 한다는 조항은 있지만, 학교에 가지 않아도 좋을 권리는 명시하지 않았다. 또한 유년기의 아동에게 노동이 아닌 교육을 받을 권리, 집 밖으로 내쳐지지 않고 가족들과 함께 있을 수 있는 권리, 생산 활동보다는 소비를 하며 살 권리를 보장해야 한다는 관점이 반영되어 있다. 그리고 어린이를 자아를 가진 독립된 인격체이자 자유를 누릴 권리를 가지고 있는 사람, 즉 계몽주의적 입장에서 바라본 이상적인 인간으로 여긴다.

하지만 이러한 시각을 보편적인 사고방식으로 삼기에는 문제가 있다.[7] UN에서 정의한 국제적 유년기의 기준이 비정상으로 받아들여지

---

7   참조 Burman, E., 1996; Cowan, J., et al. 2001; Montgomery, H., 2001b.

는 비서양권 사회의 연구에 많은 인류학자들이 관심을 보인 것도 무리
는 아니다.[8] 인류학자들은 실제로 집도 학교도 아닌 길거리에서 부랑
생활을 하는 어린이들[9]은 물론 매춘부[10], 난민[11], 군인[12] 등 유년기의 이
상적 정의와 극단적으로 대비되는 삶을 사는 어린이들에게 관심을 쏟
았다. 이를 통해 아동권리협약에서 내포하고 있는 어린이의 보편적 개
념에 이의를 제기했으며, 유년기나 청소년기의 정의와 분류에 깊은 성
찰을 유도했다.

유년기의 정치적 논의 역시 마찬가지다. 정치적 토론에서, 미디어에
서, 가정에서 '어린이'라는 개념이 어떻게 이용되고 있는지를 조사한
민족지와 이론 연구가 많다. 낸시 셰퍼-휴지스와 캐롤린 사젠트[13]와
샤론 스티븐스[14]는, 유년기의 정치적·사회적 개념을 중시하는 만큼 실
제 어린이들이 겪는 현실로서의 유년기도 중시해야 한다고 주장함으
로써 유년기의 문화 정치적 논쟁에 의미 있는 시사점을 제기했다.[15] 또
한 한 사회의 토대와 문화를 탐구하고 사회적 변화의 의미를 분석하기
위해서는 어린이 연구가 반드시 필요하다고 주장했다. 다음은 샤론 스
티븐스의 말이다.

---

8 Hall, T., and H. Montgomery, 2000.
9 Baker, R., 1998; Hecht, T., 1998; Panter-Brick, C., 2000, 2001, 2002; Burr, R., 2006.
10 Montgomery, H., 2001a.
11 Hinton, R., 2000.
12 de Berry, J., 1999; Rosen, D., 2007.
13 Scheper-Hughes, N., and C. Sargent, eds., 1998.
14 Stephens, S., 1995b.
15 Ennew, J., and V. Morrow, 2002.

어린이는 한 사회의 미래와 문화 정책을 둘러싼 논쟁을 대표하는 존재로서, 사회 문화적 계획의 교차로에 서 있다. 학교에서 지향해야 할 근본적인 문화적 가치에 대한 논쟁이 어린이들의 몸과 마음을 좌우한다. 인종주의, 국민성, 소수자들의 표현과 자치를 둘러싼 논쟁은 그 어린이들의 정신과 언어와 사회적 관계망과 세계관을 규정하고 미래를 결정한다.[16]

위 저자들은, 인류학자는 어린이의 실제 경험에서 나온 관점과 해석을 중시해야 하며, '어린이와 유년기의 올바른 모습은 무엇인가?'를 둘러싸고 벌어지는 사회적 갈등과 경합의 맥락 또한 놓치지 않아야 한다고 목소리를 높인다. 셰퍼-휴지스와 사젠트는 "유년기라는 개념에는 인간성, 도덕성, 사회 질서에 대한 문화적 관념이 포함되어 있다. 성(性)과 출산, 사랑과 보호, 힘과 권력의 올바른 형태는 무엇이며 어떤 경우에 그것이 학대가 될 수 있는지를 두고 벌어지는 복합적인 논쟁이 유년기를 표상한다"[17]고 말했다. 현대 세계의 질서와 현대성에 의문을 갖는 인류학자가 늘어나기 시작하면서, 유년기의 정의도 반드시 짚고 넘어가야 할 쟁점 사항이 되었다.

비록 아동권리협약의 제정으로 최근 유년기 개념이 과거와 많이 달라진 것은 사실이지만, 나는 어린이 중심의 인류학과 보다 일반적인 인류학을 구분하기보다는 상호 보완적 관계로 바라본다. 민족지 연구에

---

16 Stephens, S.. ed., 1995a, p. 23.
17 Scheper-Hughes, N., and C. Sargent, eds., 1998, pp. 1-2.

서 어린이를 다뤄 본 인류학자들은 아동권리협약의 철학과 목표에는 많은 문제점이 내재되어 있다고 지적한다. 그들은 아동권리협약에서 모든 어린이를 단일한 기준으로 분류하고(유년기를 태어나서 18세까지라고 단정한 것처럼) 문화적 상대성을 고려하지 않았기 때문에, 협약에서 신성시하는 이상적인 유년기의 모습과 실제 현실 사이에 괴리가 발생한다는 문제를 꾸준히 제기해 왔다. 비록 아동권리협약이 현실적 정책이 아닌 하나의 이상향을 제시하는 것일 뿐이라고 하더라도, 실제 현장에서 적용하기에는 문제가 있다는 의견이 많았다. 또한 인류학자들은, 아동권리협약이 추구하는 자주적 권리를 가진 시민이라는 이상은 서양 산업사회에서만 의미를 가질 수 있다는 근본적인 문제가 있다고 비판했다.[18] 우리는 적지 않은 민족지 사례에서 아동권리 개념이 없는 사회, 어린이는 아직 인간이 아니라는 사회, 어린이는 부모에게 순종해야 한다고 생각하는 사회를 볼 수 있다.(이 내용은 2장에서 더 깊이 논의할 것이다.)

어린이 중심의 인류학자들은 유년기의 보편성 개념을 비판하는 과정에서, 과거의 선행 연구에서 제기했던 관점들이 자기들의 주장과 일치하는 부분이 많다는 사실을 발견하고 이를 다듬고 강화했다. 이 책에서 볼 수 있듯이, 유년기의 정의, 유년기에 내재된 다양한 속성들, 유년기에 영향을 주는 여러 요소들(성별, 연령, 출생 서열, 민족성)에 대한 고민은 인생의 시작, 인간성과 사회성의 정의에 대한 고민과 궤를 같이하는 인류학의 오래된 문제였다.

---

[18] Montgomery, H., 2001b.

어린이 중심의 인류학이 그전의 인류학과 크게 다르지 않다고 생각하는 이유가 하나 더 있다. 비록 모두가 그랬던 건 아니지만, 많은 인류학자들이 현지 조사에서 어린이의 필요성과 중요성을 이미 인지하고 있었기 때문이다.[19] 이 책을 쓰기 위해 동료들과 토론하는 과정에서, 얼마나 많은 어린이들이 연구자들에게 친구, 의욕적인 조수, 인터뷰 상대, 핵심 정보 제공자가 되어 주었으며 이방인인 연구자들을 관대하게 맞이해 주었는지를 듣고 정말 놀랐던 기억이 있다. 그러나 안타깝게도, 어린이를 논의하고 분석하고 인용한 글에서조차 이런 일들이 제대로 기술되어 있지 않았다.[20] 예를 들어 칠레와 아르헨티나에서 아라우칸(Araucan) 어린이들의 삶을 세밀하게 묘사했던 이네즈 힐거는, 어린이들로부터 여러 이야기를 듣고 많은 도움을 받았으나, 실망스러울 정도로 어린이들의 고유한 목소리를 담아내지 않았다. 그녀가 발표한 글은 거의 대부분 어른들의 이야기에 의존하고 있으며, 어린이가 아닌 어른들의 관점을 분석하고 인용했다.[21] 옛 민족지로 시선을 돌려보면, 비록 불완전하기는 해도 분명히 어린이에 대한 묘사와 유년기에 대한 해석이 있었다. 역할, 성별, 사회적 인간성에 대한 논의는 곧 '어린이란 무엇이며 어른과 어린이의 차이는 무엇인가?'라는 유년기의 핵심적 질문들과 맞닿아 있다. 신체적 성인을 사회적·어른으로 만드는 방법은 어른이 되기 전 단계를 연구하지 않고서는 알 수가 없다.

　과거의 민족지 연구와 현재의 어린이 중심의 인류학 사이에 선을 긋

19　물론 보해넌의 연구(Bohannon, L., 1954)처럼 예외도 있다.

20　Rasmussen, S. J., 1994.

21　Hilger, I., 1957.

게 되면, 어린이는 '완전한 인간(Human Being)'이냐 '인간이 되는 중(Human Becoming)'이냐의 이분법적 관점으로 바라볼 위험이 있다. 어린이를 전문적으로 연구하는 인류학자들은 '어린이는 아직 인간이 되는 중이다'는 생각을 거부하며, 그들을 덜 자란 어른이 아니라 어린이 그 자체로 봐야 한다고 주장한다. 그들은 어린이의 미래 모습보다는 현재 경험을 중시한다. 때문에 어린이를 사회화의 대상으로만 인식하기를 거부하고, 어린이들만의 소중하고 고유한 문화를 인정하려 한다. 그러므로 이상적인 유년기 인류학은 어린이의 현재와 미래를 함께 인정해야 한다. 해마다 쏟아지는 어린이의 일상생활을 연구한 민족지를 살펴보면 어린이들이 현재의 자신에게 많은 관심을 가진다는 것을 알 수 있다. 하지만 여전히 그들은 다른 무엇인가로 변해 가는 중이며, 그들의 변화와 전환은 사회적으로 성숙한 사람이 되어 가는 과정이다. 유년기는 변화와 전환의 시기다. 아무리 사회에 따라 유년기와 어린이에 대한 생각이 다를 수 있다고 하더라도, 그 어떤 사회도 어린이를 어른과 동일시하지 않으며, 어린이의 사회적 지위와 역할은 어른과 다르다.

나는 처음부터 두 가지 목적을 염두에 두고 이 책을 구상했다. 첫 번째는 유년기에 관한 인류학적 선행 연구의 요약이다. 선행 연구의 다양한 유년기 연구 방법과 해석, 그리고 어린이의 삶에 대한 통찰을 살펴보고자 했다. 나는 어린이를 직접적으로 다루지 않았다는 이유로 선행 연구 자료를 경시하는 유년기 연구 지망생들을 자주 만났는데, 이 책을 통해 그들의 생각을 바꿔 주고 싶었다. 어린이 연구에 민족지 기록을 활용하는 방법, 더 많은 자료를 찾을 수 있는 방법, 과거의 연구 자료들을 함부로 무시했다가 발생할 수 있는 오류에 대해 알려줌으로써 그런 학생들이 초기 민족지 연구를 받아들이는 데 도움을 주고 싶다.

두 번째 목적은 과거의 선행 연구와 현재의 어린이 중심의 인류학 연구가 크게 다르지 않다는 것을 보여 줌으로써, 유년기 연구를 인류학의 전통 안에 보다 확고히 자리매김하는 데 있다. 나는 인류학이 오래전부터 유년기를 연구해 왔으며, 결코 어린이를 무시하거나 등한시하지 않았음을 보여 주려 한다. 또한 영국 독자들에게는, 오래전부터 육아에 많은 관심을 갖고 어린이 연구를 전반적인 인류학사에 포함시켜 왔던 미국 인류학계의 연구를 소개해 주고 싶었다.

또한 유년기를 연구하기 위해서는 반드시 어린이와 직접 대화를 나눠야 하거나, 어린이를 정보원으로 삼아야만 하거나, 어린이의 삶을 구체적으로 알고 있어야 한다는 통념에도 도전하고 싶었다. 출산, 결혼, 성, 교육, 경제 등 다양한 분야의 연구자들도 어린이에 대해 할 수 있는 말이 많으며, 그들의 식견은 어린이의 삶을 제대로 이해하기 위해 반드시 필요하다. 예를 들자면, 아프리카의 어린이 노동을 연구할 때는 초기 문화 기술지에 기록된 그곳 사회생활의 전반적인 지식이 반드시 필요하다. 최근에는 어린이 노동을 연구할 때 유엔아동권리협약에 내포된 이상적인 어린이 상을 시작점에 놓는 경우가 많다. 하지만 아프리카의 사회 구조와 가족 구성에 대한 초기 문화 기술지의 통찰은, 지난 50년간 아프리카 사회에 수많은 사회적·정치적·경제적 변화가 있었음에도 불구하고 지금까지도 어린이 노동에 대해 연구하는 인류학자들에게 아동권리헌장 못지않게 의미가 있고 도움이 된다. 만약 누군가가 멜라네시아의 어린이 개념과 생활상을 알고 싶어서 마거릿 미드의 연구를 찾아보게 되면, 그렇게나 어린이에게 관심이 많았던 미드조차도 어린이를 직접적으로 연구한 적은 없었으며, 성별, 성인식, 인간성의 논의 안에서 어린이를 다루었음을 알게 될 것이다.

이 책은 어린이의 삶을 다룬 인류학 연구 중에서도 특별히 눈여겨볼 만한 주제들을 골라 썼다. 그 중 몇은 누가 봐도 좋은 주제다. 성인식을 예로 들자면, 이 책의 마지막 단락에 더 없이 어울리는 주제이며, 살펴봐야 할 자료도 무궁무진하다. 태아나 갓난아기 역시 많은 인류학적 관심을 끌었던 주제이다. 비록 배아, 태아, 어린이를 구분하는 기준에 논란의 소지가 있기는 하지만, 살펴봐야 할 필요성이 분명히 있는 주제다. 인류학의 역사 속에서 어린이가 어떤 존재였는지를 살펴보고, 어린이에 대한 다양한 관점을 조사하는 것도 유용한 주제. 하지만 문제의 소지가 있는 주제도 있다. 7장에서 다룬 어린이의 성(섹슈얼리티)은 내 개인적으로는 관심이 많은 주제지만, '어린이는 성적으로 순수하다'는 관념이 강한 서양에서는 유년기에 성적 경험은 적절하지 않다고 생각한다. 때문에 집필 의도와는 달리 어린이들의 섹슈얼리티와 성적 경험을 충분히 논의하지 못한 미완성 장이 되었다. 그렇지만 인류학 안에서도 침묵해 왔던 주제인 어린이의 성에 대한 연구를 위해 한 장을 전부 할애하는 것은 쉽지 않은 결정이었다. 그리고 7장 뒷부분에서는 성적 경험이나 즐거움에 대한 연구만큼이나 성적 학대에 대해서도 집중적으로 다루었다. 상당히 많은 인류학자들이 이 주제에 문화적 편견을 갖고 있는 건 놀라운 일이 아닐지 모른다. 이렇듯 유년기 연구는 어린이들의 생활만 드러내 보이는 것이 아니라, 민족지 연구자들의 편견도 드러내 준다.

양육의 경향성, 그리고 어린이가 일과 놀이를 배우는 과정은 유년기 연구와 이론에 있어서 중요한 자료로 취급되었으며, 전통적 유년기 연구를 논하는데 빠질 수 없는 주제다. 나머지 주제들은 그보다는 덜 부각된 것들이다. 처음부터 하나의 장을 훈육과 체벌에 할애해 집중적으로 논의할 계획은 아니었다. 양육에 대한 보다 일반적인 논의들 안에서 충분히 함께 다룰 수 있으리라 생각했기 때문이었다. 하지만 많은 민족지가 오로지 체벌 상황에서만 어린이를 묘사하고 있었다. 주로 그 체벌이 연구자의 눈에 잔인하거나 비상식적으로 보일 경우, 어린이가 전혀 등장하지 않던 글에서 갑작스레 집중적으로 그 장면이 묘사되곤 했다.

하지만 이런 방법에는 필연적인 문제가 있었다. 인류학이 하나의 분과 학문으로 정착된 이래 100년이 넘었고, 지금까지 단행본으로 출간된 민족지만 수천 권에 이른다. 이중에서 어린이에 관한 이야기를 전부 다 찾아 다루기는 불가능했다. 때문에 어린이의 모든 것을 망라한 책을 만들려 하기보다는, 핵심 주제 몇 가지를 뽑아 인류학적으로 중요한 관련 논의를 부각시키고자 했다. 유년기에 대한 고고학적 논의라던가, 생물인류학적 연구 결과라던가, 원시인 이야기와 같이 내가 다루지 않은 측면에서 어린이의 삶을 바라보는 방식도 있다. 의료인류학도 거의 언급하지 않았으며, 교육인류학도 짧게 지나가듯 언급했다. 이러한 분야들도 인류학과 유년기 연구에서 상당히 중요한 영향력을 지니고 있다. 하지만 이 책을 쓰면서 내가 감당하기 어려운 부분은 버릴 수밖에 없었다.

각 장마다 유년기 연구에 관련된 몇 가지 주제를 정하고 그 맥락에 맞는 민족지 사례를 논의했다. 민족지 중에는 정말 유명한 것도 있고, 그렇지 않은 것도 있으며, 단지 논점을 아주 잘 드러내고 있어서 고른

26

것도 있고, 내 개인적인 친밀도와 선호도 때문에 포함된 것도 있다. 더불어 나에게 온정과 인간애를 가르쳐 주었던 마이어 포르테스와 레이몬드 퍼스의 글을 내가 얼마나 좋아하는지도 독자들은 쉽게 알아차릴 수 있을 것이다. 어쩌면 독자들 중에는 자기가 선호하는 민족지가 여기에 실리지 않아서 당황하거나 실망하는 분도 분명히 있을 것이다. 하지만 이 책은 어린이에 대한 기존의 모든 민족지 정보를 제공하는 책이 아니라, 그 안에 담겨 있는 어린이와 유년기에 대한 해석을 제공하고, 더 읽어볼 만한 글을 소개해 주는 책이다. 그럼으로써 유년기와 인류학이 어떻게 연결되는지, 또 인류학은 어떻게 유년기를 연구해 왔는지를 궁금해하는 사람들에게 알려주는 것이 이 책의 목적이다.

어린이 사회와 문화를 연구하는 사람들에게는, 유년기와 연관성이 없어 보이는 글이라도 유년기를 이해하는 데 많은 도움이 될 수 있다는 사실을 알려주고 싶었다. 그리고 자신이 유년기와 상관없는 연구를 하고 있다고 생각하는 인류학자들도 이 책을 보고 자신의 작업이 유년기 연구에 얼마나 도움이 되는지 알아주시기를 바란다. 이는 결코 인류학자 대다수가 자기들도 모른 채 오늘날까지 유년기 인류학 연구를 한 셈이었다고 주장하거나, 아무런 연관이 없는 연구자를 이 분야의 전문가라고 억지 부리려는 속셈이 아니다. 그저 여타의 연구 주제들과 유년기 연구 사이에는 함께 공유되고 연결되는 부분이 있으며, 여기에 대해 인류학의 다양한 분과 학문들이 함께 이야기 나눌 여지가 있다는 점을 강조하고 싶을 뿐이다.

책을 쓸 때 특히 주의했던 점은, 다른 연구 사례들을 차용할 때 그 배경이나 시기에 대한 고려를 하지 않고 맥락과 상관없이 내 주장을 위한 사례로 차용하여 결국 현대판 『황금가지』를 만들지 않도록 조심하는 일이었다. 민족지에서 내가 원하는 사례만 뽑아서 허위 근거로 삼기는 쉬운 일이다. 1920년대 폴리네시아 티코피아 섬사람들은 모든 어린이는 똑같다고 생각한 반면 1930년대 남수단 누어족 사람들은 어린이는 서로서로 매우 다르다고 생각했다는 이야기나, 저 유명한 마거릿 미드의 미국과 남태평양 사모아 섬의 매우 다른 청소년기 이야기 등은, 배경과 맥락에 대한 철저한 분석 없이는 진부한 논의가 되고 말 것이다. 레이몬드 퍼스의 티코피아 연구나 에반스-프리처드의 누어족 연구는 70~80년 전의 배경, 연령, 성별, 계층을 묘사하고 있는 자료다. 이것을 티코피아 섬과 누어족 사회의 현재를 보여 주는 자료처럼 연구에 차용해서는 안 된다. 비록 이런 위험이 있기는 하지만, 나는 누가 무슨 이유로 어디에서 언제 쓴 글이건, 어린이에 대한 여러 문헌들을 비교하면 가치 있는 결론에 도달할 수 있다고 생각한다.

유년기라는 주제는 감정적이기도 하다. 특히 잘 모르는 문화권의 육아 방식이 이상하거나 위험해 보이는 경우, 그 부모를 향해 무지몽매하다고 비난하기 쉽다. 하지만 그들의 문화적 맥락에서 어린이가 어떤 존재인지 이해해 보고, 그들이 무슨 이유에서 그런 육아 방식을 취했는지 알아본다면, 함부로 다른 나라의 부모들을 향해 가치판단을 내리거나 악마 취급하는 일을 방지할 수 있다. 인류학자들은 어린이에게 허용되는 행동과 비난 받아 마땅한 행동은 무엇인지 알아보고자 했다. 예를 들자면, 여러 가지 체벌 형태를 살펴보는 것은 단순히 어린이를 때리는 이유를 비교하기 위함이 아니라, 한 사회가 어린이를 다루는 방식에 대해 폭넓은 질문을 던져 봄으로써 용납하지 못할 육아 방식의 종류와 부당한 학대의 기준을 알아보기 위함이다.

이 책의 시작인 1장에서는 인류학의 유년기 연구 역사를 다룬다. 19세기 말 이후의 문헌 자료를 대상으로, 인류학자들이 사회의 총체적 이해를 위해 어린이를 탐구한 여러 가지 사례를 조사했다. 서두에서는 어린이를 적극적으로 활용했지만, 유년기와는 다른 주제를 논의했던 인류학자들을 살폈다. 예를 들면, 어린이를 이용해 원시적 사고와 유아적 사고의 연관성을 찾거나, 인류 진화의 과정을 추적하거나, 문화와 인성의 관계를 유추하거나, 현지 조사에서 양육 관습을 연구해야 할 필요성을 강조하거나, 여성의 역할을 탐구하거나, 여타 '미지의 부족'과 같은 주제를 논의한 경우다. 그리고 마지막으로 어린이를 적극적인 정보 제공자이자 의미 부여자로 생각하는 '어린이 중심의 인류학'이 탄생하게 된 배경을 기술했다.

2장에서는 각양각색의 어린이 개념을 살펴봄으로써, '어린이란 무엇인가?'라는 질문과 '유년기는 최근 서양에서 발명된 개념'이라는 주장을 함께 논의했다. 여기서는 아무리 어른과 어린이가 다르다고 해도 신체 발달의 징표나 행동의 변화를 근거로 전 세계 보편적인 유년기 개념을 정의할 수 없다는 전제에서 출발한다. 어떤 사회는 성장기를 여러 단계로 구분하고 각 단계마다 호칭과 책임을 다르게 부여하는데 그 기준이 서양의 기준과 맞지 않을 때도 있다. 이런 사회에는 '유년기는 0~18세 사이'라는 보편적 규정이 의미가 없을 수 있다. 어린이가 어른이 되는 길은 하나가 아니며, 어른과 어린이를 구분하는 경계는 서로 얽혀 있어 흐릿하게 보인다. 어린이가 약하고 의존적이며 상처받기 쉬운 존재라는 서양의 개념은 문화적으로 특수한 개념이며, 어린이의 삶과 유년기를 이해하는 여러 가지 방법들 중 하나일 뿐이다.

3장에서는 유년기가 시작되는 시기를 논의했다. 유년기가 18살에 끝난다는 발상은 관료제적 발상이며 비서양권에 적용하기에는 한계가 있다는 사실은 인류학자들이 여실히 증명한 바 있다. 하지만 유년기의 시작을 논의한 적은 별로 없었다. 임신, 출생, 성인기를 잇는 장기적인 생애 주기를 연구하기 위해서는 이에 대한 논의가 필요하다. 이 장에서는 유년기를 논의할 때 잘 고려하지 않았던 문헌들의 힘을 빌려, 어린이가 언제부터 어떻게 사회적 인간으로 인정받고 자신의 인생을 시작하게 되는지를 살펴보았다.

4장에서는 어린이의 일상생활, 실질적 보호자, 가족 및 친족관계를 논의했다. 인류학은 친족관계를 대단히 중요하게 다루어 왔으며, 어린이의 일상생활에서 파악해야 할 정보의 상당수는 가족 관계의 맥락에서 드러난다. 누가 그 어린이를 친족으로 생각하고 있는지, 어린이가 친족이라 여기는 사람은 누구인지, 그리고 그 결과 각각의 어른과 어린이에게 어떤 책임이 부과되는지에 대한 연구는 결혼, 가계, 성별 역할의 이론적 발전에 중요한 역할을 해왔다. 대다수 어린이들은 친족관계를 수동적으로 받아들이는 입장이다. 하지만 때로는 어린이가 친족관계의 형성에 능동적인 역할을 하는 경우도 있다는 사실이 몇몇 민족지 사례에서 드러났다.

5장에서는 어린이가 말을 배우는 방법, 그리고 언어를 통한 사회화 과정을 논의했다. 이 주제는 인류학 안에서 확실한 하위 분과를 형성하고 있으며, 어린이를 이해하는 데 아주 중요하다. 인류학자들은 '놀이의 역할은 무엇인가?' '어린이는 놀이를 통해 무엇을 배우는가?'라는 질문에 답하기 위해 일과 놀이의 개념을 상세하게 연구했다. 때로 놀이는 유년기와 어린이를 대표하는 개념으로 인식되지만, 인류학자들은 어린이의 놀이와 어른의 일이 명확하게 나누어지지 않을 때도 있음을 보여 주었다. 비서양 사회에서는 놀이를 그만두고 일을 시작하게 되는 시기가 확실하게 나누어지지 않는 경우도 있다.

체벌은 많은 인류학자들이 관심을 가지는 육아 관련 행위다. 6장에서는 아동 복지에 관한 최근의 우려와 연구를 통해 체벌을 파헤쳐 보았다. 어린이에게 가해지는 체벌은 옆에서 보는 사람이 충격 받을 정도로 가혹한 폭력에서부터 신체적 체벌이 완전히 배제된 경우까지 그 범위가 상당히 넓다. 이 장에서는 '그 사회의 유년기 개념은 무엇인가?'라는 질문으로부터 체벌을 논의하며, 처벌에 관한 어린이 스스로의 자각 정도를 살펴본다. 현대의 어린이 중심의 인류학은 아동 학대라는 주제에 많은 관심을 가지고 있지만, 무엇이 정말 학대이고 무엇이 그저 외부인에게만 불쾌하거나 잔인해 보이는 훈육인지 구분하기는 어렵다. 6장의 끝에서는 허용 가능한 훈육과 용납할 수 없는 학대의 차이점을 논의했다.

'유년기는 성적으로 순수해야 한다'는 이상은 현대 서양에서 만든 유년기 개념 중에서도 많은 논쟁을 불러일으키는 개념이다. 프로이트 학파에서는 유아기에 성적 특징을 부여하는 일은, 성적으로 순수하고 무지한 이상적인 어린이상과 정면으로 배치된다고 주장한다. 7장에서는 어린이의 성적 순수함을 강조하는 이상론은 어린이의 신체와 성에 관한 특수한 사회적·경제적·문화적 관념이 복합적으로 얽혀 만들어진 개념이라고 주장하며, 그 근거로 어린이의 성적 경험과 지식을 다룬 민족지 사례를 제시했다. 인류학자들이 어린이의 성을 주제로 다루기 시작한 것은 비교적 최근의 일이지만, 성적 행동이 모든 문화에서 똑같은 의미를 갖지 않는 다는 사실은 밝혀냈다. 어떤 문화적 맥락에서는 성적으로 보이는 행동이라도 다른 곳에서는 아닐 수 있다. 비록 이 역시 아직 논의할 점이 많이 남아 있고, 또한 어린이의 성적 경험을 어린이 고유의 시각으로 분석한 자료는 아직 없다는 맹점이 있긴 하지만, 여러 모로 논의의 필요성은 있다. 서양에서는 아동 성 학대에 많은 두려움을 갖고 있기 때문에, 이 문제를 파고드는 데 많은 어려움이 있다. 아무리 인류학자라 해도 외부에서 온 어른이 어린이의 성적 경험을 조사하는 일은 쉽지 않다. 그것도 즐거운 경험도 아닌, 학대에 초점을 맞춘 연구라면 더더욱 어려울 수밖에 없다.

마지막 8장에서는 유년기의 끝과 성인식을 다룬다. 청소년기는 때로 20세기에 만들어진 개념으로 취급되지만, 실제로는 많은 사회에서 성인기와 유년기 사이에 중간 단계를 두고 있다. 여기에 세계화로 인해 '틴에이저(teenager)'의 개념이 퍼져 나갔고, 서양적인 개념의 청소년기가 세계적인 현상으로 자리 잡게 되었다. 만약 출생을 유년기의 시작으로 볼 수 있다면, 성인식은 어린이가 유년기를 끝내고 사회적으로 완전히 성장한 어른이 되었다는 징표로 볼 수 있겠다. 이 장에서는 성인식 연구를 통해 유년기의 끝을 집중적으로 탐구해 보았다. 성인식이 정말로 유년기의 마지막을 뜻하는 것인지, 아니면 그 역시 생애 주기 내에서 끊임없이 일어나는 하나의 변화 과정에 지나지 않는 것인지를 논의했다.

1장

유년기 인류학의 역사

Childhood within Anthropology

서론

인류학이 어린이를 연구해 온 길을 되돌아보면, 비록 부족한 점이 많기는 해도, 어린이 연구의 역사가 오래되었음을 알 수 있다. 이 장에서는 인류학계의 어린이 인식을 주요 학파의 이론을 중심으로 설명하고, 어린이 연구가 문화의 총체적 이해에 기여한 바를 개략적으로 살펴볼 것이다. 아울러 과거의 연구가 현재의 논의에 제공할 수 있는 시사점도 탐색해 본다. 인류학적 연구 자료(ethnography; 민족지)에는 부분적으로라도 어린이, 유년기, 어른이 되기 위한 사회화 과정에 대한 묘사가 포함된 경우가 많으며, 이는 그 사회의 유년기 개념을 이해할 수 있는 중요한 단서가 된다. 한 사회의 육아 관습을 연구한 자료는 어린이의 삶을 다각도로 조명해 주며, 어린이와 어린이를 둘러싼 사회적 관계망을 이해하는 데 없어서는 안 될 자료다.

이러한 자료들을 살펴본 다음, 어린이의 삶을 가장 잘 전달해 줄 수 있는 사람은 다름 아닌 어린이 자신들이라는 생각을 바탕으로 한 새로운 유년기 연구인 '어린이 중심의(child-centered)' 또는 '어린이에게 초점을 맞춘(child-focused)' 인류학을 서술하고자 한다. 때로 어린이 중심의 인류학이 기존에는 없었던 혁명적인 연구라고 생각하며, "인류학자들은 인종 유형 연구에서부터 문화 접변 연구에 이르기까지 다양한 주제를 논의하는 데 어린이라는 '타자'를 이용해 왔으면서도, 어린이 자체를 의미 있는 연구 주제로 생각한 적은 없었다"[1]고 주장하는 헬렌 슈바르츠만과 같은 학자도 있다. 과연 헬렌의 주장이 어디까지 맞는 이야기인지 이 장에서 인류학의 유년기 연구사를 되짚어보며 논의하고자 한다.

어린이: 최초의 원시인

초창기 인류학자들은 사회와 문화의 발전을 설명하기 위한 연구에 야만인과 어린이를 소재로 사용했다. 에드워드 타일러, 존 러벅, C. 스태니랜드 웨이크 등 초창기 영국 인류학자들은 인간 사회의 본성과 인류의 진보를 탐구하기 위해 유년기를 연구했다. 현지 조사가 뒷받침되지 않았던 시절에는, 북미 유럽의 성인 남성을 이성적인 인간으로 여기고 그 반대 지점에 원시인이나 야만인 또는 어린이를 두었다. 이 이론을 주장하는 사람들에게 어린이는 야만과 문명을 연결해 주는 중요한 존재였다. 19세기 들어 인류학이 존재론 및 계통 발생론의 영향을

---

1 Schwartzman, H., 2001, p. 15. 강조는 원문.

받으면서 '아기가 어른으로 자라는 과정은 인간이라는 종의 진화과정과 흡사하다'는 생각이 나타났고, 이는 당시 인류학자들이 어린이를 중요하게 생각하는 이유가 되었다. 타일러는 "이렇듯 놀이는 원시시대의 전투적 기능을 간직하고 있으며, 인류 역사의 유년기에 해당하는 원시부족시대의 스포츠이자 아동 교육이었던 행위를 재현하고 있다"[2]고 하며 어린이들의 놀이 속에서 원시 인류의 삶을 엿볼 수 있다고 주장했다. 존 러벅과 같은 다른 인류학자들도 "야만인은 인류의 유년기를 보여 주는 표본"[3]이라는 타일러의 주장을 더욱 자세히 논의했다.

야만인과 어린이가 사고방식, 행동, 성격이 굉장히 유사하다는 사실이 널리 알려져 있기는 했지만, 공식적으로 인정받지는 못했으며 흥미로운 우연의 일치일 뿐 중요한 진실이라고 여기지 않았다. (…) 그러나 최근 인간의 성장 과정은 인류 발전 과정의 축약판이라는 견해를 지지하는 박물학자들이 늘어나고 있다. 만약 이 사실을 완벽하게 증명할 수 있다면, 무엇보다도 유용한 지식이 될 것이다.[4]

타일러와 러벅은 확고한 진화론적 입장을 갖고 있었다. 진화의 가장 높은 단계는 유럽 성인 남성이었고, 가장 낮은 단계는 야만인과 어린이였다. C. 스태니랜드 웨이크는 이 이론을 더욱 발전시켜, 어린이의 성장 단계에 인류 진화의 단계를 하나씩 끼워 맞춘 이론적 모델을 개발

---

2   Tylor, E., 1913[1871], pp. 73-74.
3   )3) Tylor, E., 1913[1871], p. 284.
4   Lubbock, J., 1978[1870], p. 360.

했다.

한 명의 인간이 유아기에서 시작해 유년기와 청년기를 거쳐 성인이 되는 것처럼, 전체 인류도 한 명의 인간처럼 성장한다는 사상이 널리 알려졌다. 인류가 처음 세상에 나타났을 때는 유아기였다. 그 후 인류는 차례차례 성장을 거듭했고, 현재의 유럽인은 적어도 건강한 성인기에 해당한다고 볼 수 있다.[5]

웨이크는 『도덕의 진화(*The Evolution of Morality*)』[6]에서 어린이와 야만인의 도덕성을 각각의 진화 단계와 연결시켰다. 그는 도덕 발달의 단계를 '이기적 단계, 고집 단계, 감정적 단계, 경험적 단계, 이성적 단계'의 다섯 개로 나누었다.[7] 각 단계마다 인간의 성장 과정과 인류의 발달 단계를 짝지은 뒤, 이를 대표하는 인종도 설정했다. 웨이크의 주장은 다음과 같았다.

첫 단계는 '도덕적 원칙이 전혀 없으며, 오로지 욕구를 채우는 일밖에 모르는' 특징을 가진 '순수한 이기심' 단계이며, 갓난아이와 오스트레일리아 애보리진 원주민에게서 공통적으로 발견된다고 했다. 두 번째 단계는 북아메리카 인디언들과 유아기를 갓 벗어난 어린이들에게서 발견되며, 잔혹한 본능을 지녔고 문명화되지 않았다는 특성이 있다고 했다.

---

5   Wake, C. S., 1878, pp. 45.
6   Wake, C. S., 1878.
7   Wake, C. S., 1878, p. 6.

도덕 발달의 세 번째 단계는 어린이들이 정서적인 시기에 접어드는 청소년기 이후에 발견된다고 했다. 흑인들에게서 바로 이 단계의 모습을 볼 수 있는데, 그들은 대개 "욕정으로 가득 찬 생물이며, 성과 쾌락의 탐닉에 빠져 헤어 나오지 못하고, (…) 목숨을 가볍게 여기고, 한 번 욕정이 솟구치면 다른 사람의 고통 따위 신경 쓰지 않는다"[8]고 했다. 웨이크는 "주관적으로는, 흑인이라는 종에서 관찰할 수 있는 특징은 문명 사회의 성인이 되지 않은 젊은이들과 똑같다고 생각한다"[9]고 하면서도, 유럽의 청소년들은 교육을 받았기 때문에 이를 절제할 수 있다고 했다. 네 번째 단계는 조금 더 철이 든 젊은이들과 중국인, 인도인들에게서 발견된다고 했다. 그들은 다른 이들에 비해서 확실히 조금 더 높은 의식 수준과 창의성을 지녔지만, 여전히 자기 감정을 온전히 제어하지 못하며 도덕성 역시 어느 수준을 넘지 못한다고 했다. 어린이가 다섯 번째 단계인 이성적 단계에 도달하면 온전한 도덕성을 갖춘 어른이 되었다고 본다. 이와 마찬가지로 인종도 '이성에 의해 스스로를 돌아보고 조절할 수 있게 되었을 때'가 이성적 단계이며, 이 단계에 이르러서야 비로소 완전히 문명화되었다고 할 수 있다는 것이 웨이크의 관점이다. 물론 이 단계에 도달한 인종은 북유럽과 아메리카의 시민들, 그것도 남성들뿐이었다.

　더들리 키드가 1906년 남아프리카 어린이들의 삶을 조사해 쓴 『야만적인 유년기: 카피르족 어린이 연구(*Savage Childhood: A Study of Kafir*

8　Wake, C. S., 1878, p. 8.

9　Wake, C. S., 1878, p. 8. 강조는 원문.

Children)』[10]는 유년기를 표제로 삼은 최초의 연구서다. 인종주의에 깊게 물들어 있던 키드는, 비록 카피르족 어린이들이 유럽 어린이에 비해 지능과 도덕 수준이 한참 떨어진다고 보았지만, 어른들에게서 발견하지 못한 매력적이고 흥미로운 정보를 어린이에게서 찾아냈다. 키드는 "우리는 지금까지 유년기에 그다지 관심을 가지지 않았지만, 야만인의 생애 연구에서 가장 중요하고 많은 정보가 담겨 있는 시기는 바로 유년기다"[11]라고 말을 할 정도로 어린이 생활 연구의 중요성을 강조했다. 물론 타일러, 러벅, 웨이크의 견해와 마찬가지로 키드의 논의에서도 불편한 시선을 느낄 수 있다. 로렌스 허슈펠드의 주장대로, 임의로 어린이와 야만인을 비슷하다고 단정했던 과거의 부끄러운 역사를 되풀이할지도 모른다는 두려움 때문에 인류학자들이 유년기 연구를 꺼려하는 경향이 있었던 것도 사실이었다.

사르트르는 반유대주의에 대해서, 무례한 유대인 재단사를 만난 사람이 재단사가 아니라 유대인을 싫어하게 된 것과 같다고 했다. 이처럼 인류학자들도 원시인과 어린이의 사고방식을 임의대로 비교했던 선행 연구자들의 전적을 못마땅해 했기에, 결국 원주민 연구에서 어린이만 제외시켜 버리게 되었던 것이다.[12]

타일러, 러벅, 웨이크의 주장이 시대에 뒤쳐진 신빙성 없는 주장임은

---

10 Kidd, D., 1906.
11 Kidd, D., 1906, p. viii.
12 Hirschfeld, L., 2002, p. 613.

주지의 사실이지만, 그럼에도 C. R. 홀파이크는 오래전에 끝난 그 논쟁을 1979년에 다시 꺼내 '원시적인' 사람들과 어린이의 사고방식을 비교하는 과정을 살펴봤다.[13] 홀파이크는 그 시대의 편견에 주목하기보다는, 그들이 인간성을 총체적으로 이해하기 위해 어린이를 얼마나 중요하게 생각했으며 어떤 방법으로 이용했는지를 살펴야 한다고 주장했다. 위에 언급된 학자들의 명예회복을 바라고 하는 말은 아니지만, 어린이의 본성을 이해하려는 노력은 초기 인류학의 발전에 중요한 역할을 했다. 현지 조사가 이루어지기 이전에는 어린이가 유일한 관찰 가능한 '타자'였다. 어린이는 연구와 관찰이 가능한 집에 사는 야만인이었으며, 성장 과정을 기록하고 정리한 자료도 많았다. 인류학자들은 어린이를 이용해 야만인이라는 낯선 개념을 수월하게 설명할 수 있었다.

미국에서는 그처럼 극단적인 진화론적 관점을 받아들이지는 않았지만, 미국 인류학 발전에 어린이가 한 역할은 더욱 비중이 컸다. 그들은 어린이를 주변에 있는 조금 다른 원시인으로 보기보다는 정보 제공자로서 사용했다. 특히 프란츠 보아스는 언어와 문화의 차이를 기준으로 부여한 인종 간 위계질서에 이의를 제기했다. 보아스는 어린이와 원시인이 '야만'을 대표하고, 유럽의 문화가 문명의 척도가 된다는 진화론자들의 생각을 비판했다. 그리고 "예전에는 인간의 완벽한 이상적 형상이 있다고 믿었을지 모르지만, 이제는 그 믿음을 버려야만 한다. 또한 어떤 한 인종이 다른 인종에 비해 생물학적 우월성을 갖는다는 믿

---

13 Hallpike, C. R., 1979.

음도 버려야 한다"[14]고 주장하며, 인종적 혈통에 따라 생물학적 우월성이 정해져 있다는 모든 관점을 거부했다. 그는 「인간 유형의 불확정성(The Instability of Human Types)」[15]이라는 글에서 어린이의 성장 과정을 조사함으로써 미국 이민자들의 신체에 환경이 미치는 생리적 영향을 분석했다. 그는 동·북유럽 출신의 부모와 아이를 비교하면서 유럽에서 태어난 아이와 이민을 한 다음에 태어난 아이 사이에 두드러지는 외형적 차이가 있음을 밝혀냈다. 그리고 이를 근거로 얼굴과 같은 사람의 표현 형질이 문화적 조건에 의해 변형될 수 있다고 설명했다. 보아스의 연구는 사람들을 구별하는 가장 큰 차이점은 생물학적 인종적 차이가 아닌 문화적 차이에 있다는 사실을 의미했다. 보아스는 인간의 생리적 변화에 가장 핵심적인 시기가 바로 유년기이기 때문에, 어린이의 신체 변화를 추적하면 이민으로 인한 환경 변화가 신체에 어떤 영향을 미치는지 알 수 있다고 주장했다.

인간의 몸은 태어날 때는 아주 작지만, 여자는 14살까지, 남자는 16살까지 빠른 속도로 자란다. 그에 반해 두뇌의 크기는 1~2년 안에 급격히 성장하고, 그 뒤에는 상대적으로 거의 자라지 않는다. 얼굴에도 이와 비슷한 조건이 적용된다. 얼굴도 단지 수년간에 걸쳐 만들어질 뿐이고, 그 뒤에는 비교적 천천히 만들어진다. (…)
신체의 다른 부위에 비해 상당히 오랜 기간에 걸쳐 형성된다고 알려진

---

14 Boas, F., 1974[1911], p. 218.
15 Boas, F., 1974[1911].

중추신경계의 경우, 환경의 영향력을 가장 크게 받는 부위라 할 수 있다.

이 같은 점을 고려해 볼 때, 사회적·지리적 환경은 어른이 되기 전의 신체와 중추신경계의 발달에 큰 영향을 미치는 것이 확실하다.[16]

이러한 관점에서 보자면, 어린이는 결코 원시인의 다른 이름도 아니고, 그들의 성장 단계가 특정 인종의 전형과 유사하다고 할 수도 없다. 오히려 어린이는 환경이라는 요소가 인류에게 미치는 영향을 드러내 주는 중요한 정보원 중 하나가 된다. 때문에 미국 인류학계에서는 처음부터 아동 발달을 중요한 주제로 인식했다. 이러한 관점은 보아스가 1911년 발표한 논문에서 처음 종합적으로 정리되었으며, 로버트 르바인과 레베카 뉴가 아동 발달과 인류학에 관한 최근 저서[17]에서 강조하기도 했다. 어린이와 젊은이에 대한 보아스의 관심은 그의 가장 유명한 제자 한 명에게 큰 영향을 미쳤다. 바로 인류학의 유년기 연구에서 가장 유명한 인물인 마거릿 미드로서, 지금부터 살펴볼 인물이다.

문화와 인성

마거릿 미드는 보아스의 권유로 저 유명한 사모아와 남태평양의 연구를 시작했다. 보아스와 마찬가지로, 미드도 인간의 다양성은 생물학

---

16 Boas, F., 1974[1911], p. 215.
17 LeVine, R., and R. New., eds., 2008.

적인 요인이 아니라 문화적인 요인에 의한 것이라고 생각했다. 미드는 주로 어린이와 청소년들에게 관심을 가졌으며, 그들의 성장 과정과 부모의 양육 방법이 성인이 된 이후의 성격과 행동에 어떤 영향을 미쳤는지를 탐구했다.

미드는 G. 스탠리 홀과 같은 심리학자들의 주장에 반론을 제기하고자 했다. 스탠리 홀은 그의 저서 『청소년기(*Adolescence*)』에서 청소년기는 유년기에서 성년기로 전환되는 시기라고 규정했으며, 청소년은 사춘기의 급격한 신체 변화로 인해 '질풍노도의 시기'를 겪게 된다고 주장한 것으로 유명하다. 홀은 청소년기를 "밟고 올라가는 성장의 계단 하나하나마다 조각난 몸과 마음과 양심의 파편이 뒤덮여 있다. 그 계단은 그들을 가로막을 뿐만 아니라 타락시키기까지 한다. 깡패짓, 청소년 범죄, 은밀하고 부도덕한 행위도 함께 나타난다"[18]고 묘사했다. 홀은 비록 청소년기가 이후의 인격 형성에 중요한 역할을 하는 새로운 탄생이라고 했지만, 그와 동시에 불안정하고 극단적인 시기로 보았다.

미드는 위와 같은 생물학적 관점에 입각한 보편적 청소년기의 정의를 반박하려는 목적을 가지고 사모아를 연구했다. 그리고 저서 『사모아의 청소년(*Coming of Age in Samoa*)』[19]에서 사모아 소녀들의 유아기부터 청소년기까지의 삶을 분석했다. 그녀는 청소년기가 당사자와 사회에게 스트레스와 혼란을 유발하는 시기라는 관점을 거부했으며, 청소년기의 특성은 신체적 변화 때문이라기보다는 문화적 훈련의 결과라

---

18 Hall, G. S., 1904, p. xiv.
19 Mead, M., 1971[1928].

고 주장했다. 미드는 사모아 소녀들과 긴밀한 관계를 유지하며 현지 조사한 자료를 바탕으로, 사모아 청소년들은 미국 청소년들과는 달리 별다른 갈등을 겪지 않는다는 사실을 발견했다.

미드는 미국의 청소년들이 보다 많은 스트레스를 받고 기성사회와 갈등을 일으키는 요인으로 두 가지를 꼽았다. 하나는 종교적 도덕적 선택사항이 너무 많다는 점, 다른 하나는 성과 신체를 억압하는 사회적 분위기였다. 그에 반해 청소년기에 스트레스나 갈등이 나타나지 않는 사모아에서는, 청소년들에게 요구하는 문화적 관습이 미국과는 다르고 이를 받아들이는 청소년들의 태도도 다르다. 사모아에서는 아이가 어릴 때부터 얌전하고 예의바르고 과묵하고 부지런하고 가정에 충실하고 순종적인 사람이 되도록 가르친다. 어린이들은 달리 선택할 대안이 없기 때문에 이러한 요구에 순순히 따르는 편이다. 단일한 종교를 믿고 모두가 하나의 교단에 속해 있는 단일한 사회다. 달리 고를 수 있는 종교적 신앙이나 사회 체제가 없으며, 이를 거역할 수도 없다. 어린이들은 아주 어린 시절에는 이성을 멀리하고 동성끼리만 어울린다. 나이를 먹으면서 다시 이성끼리 어울리기 시작하지만, 여자에게 애인이 생길 때까지만이다.[20] 애인이 특정한 사회 집단(가족은 아니다)에 속해 있는 이상 이러한 관계는 용인되거나 묵인된다.

후일 미드의 연구는 방법론적으로나 이론적으로나 엄청난 비판을 받았다. 하지만 『사모아의 청소년』은 어린이를 인류학적 논의의 장으

---

[20] 우리 기준으로는 이성 친구라기보다는 불륜 관계다. 자세한 내용은 『사모아의 청소년』참조.-역자 주

로 끌어온 책이고, 미드는 처음으로 어린이를 어린이 자체로 진지하게 바라봐 준 인류학자 중 한 명이었다. 문화와 인성 학파는 어린이가 문화적 존재가 되어 가는 길을 연구했고, 마거릿 미드는 에드워드 사피르와 루스 베네딕트와 더불어 이 학파에서 가장 뛰어난 연구자였다. 사피르는 문화의 전체적 영역과 개인적 영역 사이의 관계를 알기 위해서는 어린이의 성장 과정을 연구해야 한다고 강력히 주장했다.[21] 사피르의 관점에 동의한 루스 베네딕트는, 인류학자들이 심리학을 활용해야 한다고 강조하며 "문화는 (…) 커다란 스크린에 개개인의 심리가 크게 확대되어 오랜 기간에 걸쳐 투영된 것이다"[22]고 했다.

또한 베네딕트는 자녀와 부모의 상호 의존 관계 못지않게 어린이가 어른이 되는 과정을 전체 생애 주기 안에서 이해하는 것이 중요하다고 보았다. 베네딕트는 「문화적 순응의 연속성과 불연속성」[23]이라는 논문에서 미국 사회 깊숙이 자리 잡고 있던 모순을 밝혀냈다. 부모들은 유년기의 소년들에게 책임을 묻지 않고, 순종적이기를 바라고, 이성으로서 남자가 되기를 원하지 않았다. 하지만 후일 아들이 아버지가 될 때는 그러한 모습을 더 이상 보이지 않도록 했다. 책임감을 가져야 하고, 가정을 다스려야 하고, 남자다운 모습을 보이도록 했다. 이는 어른이 되기 전에는 결코 보여서는 안 되는 행동이었지만, 어른이 된 이후에는 적극적으로 권장되었다. 베네딕트는 이 같은 역할 변화는 어쩌면 보편적인 '인생의 진리'일지도 모르지만, 그 변화를 다루는 방법은 문화에

---

21 Sapir, E., 1949.
22 Benedict, R., 1932, p. 24.
23 Benedict, R., 1938.

따라 아주 다양하며, 성인이 되는 데 자연적으로 정해진 특정한 길은 없다고 주장했다. 베네딕트는 비서양권을 대상으로 작성된 민족지를 근거로, 북미 유럽 이외의 지역에서는 어린이가 어른이 되는 문화적 순응 과정에 불연속성이 크지 않았다고 보았다. 또한 청소년들이 연령 집단(age-sets)에 들어가거나 성인식 의례를 치르면서 그전에 몰랐던 지식을 전수받고 새로운 사회적 역할을 받아들일 때도 서양 청소년들처럼 스트레스나 긴장감을 느끼지 않는다고 했다.

미드와 베네딕트를 위시한 문화와 인성 학파는 문화에 대한 총체적 이해를 중요시했으며, 영유아의 문화화(사회화) 과정 및 유년기 경험이 인성에 미치는 영향에도 많은 관심을 가졌다. 코라 듀 보아는 심리분석학자인 에이브러햄 카디너와 인류학자 랄프 린턴의 연구를 발전시켜 인도네시아 알로르(Alor) 섬에서 1937년부터 1939년까지 현지 조사를 실시했고, 이를 『알로르 섬사람들(The People of Alor)』[24]이라는 제목으로 발표했다. 카디너와 린턴은 문화와 인성 사이에는 특정한 연결고리가 있다고 주장했다. 카디너는 모든 기성 사회는 '기본 인성(basic personality)'을 가지고 있으며, 이는 "사회 구성원 대부분이 어린 시절 동일한 초기 경험을 하면서 공통적으로 갖게 되는 인성의 형태다. 이것이 개인의 인성 전부에 해당하지는 않는다. 그보다는 개인에게 투영된 사회 체계(다른 말로는 가치 성향 체계)이며, 이는 개인의 인성을 구성하는 데 있어서 토대가 된다"[25]고 정의했다.

---

24 Du Bois, C., 1944.
25 Kardiner, A., 1945, p. viii.

인류학자들은 어린이의 초기 경험을 연구함으로써, 각 문화별로 '기본 인성'을 만들어내기 위해 한 사회에 속한 개인의 성격과 특성을 비교하고 공통된 부분을 찾고자 했다. 코라 듀보아는 '최빈인성(modal personality: 한 사회에서 가장 많이 발견되는 인성 형태-역자 주)'의 개념을 이용해 기본 인성 이론을 수정하였다. '최빈인성' 개념은 '인류의 제일성(齊一性, physic unity of mankind)'[26]이 있다는 전재 하에 하나의 문화 안에서 개인에 따른 변용이 있을 수 있다는 개념이었다. 그녀는 갓난아이는 쓰지 않은 칠판과 같아서 육아의 영향력이 드러나기 쉽다고 보았다. 그녀는 모든 문화는 어린이들에게 그 문화권 안에서 가장 빈번하게 나타나는 특정한 형태의 인성을 발달시키도록 권장한다고 주장했다. 또한 모든 사회에서 가장 공통적으로 등장하는 인성의 형태는 "생리학적 바탕과, 신경학적으로 결정된 성향과, 인간이라면 누구나 겪게 되는 문화적 환경의 제약 사이의 상호작용의 산물이다. 이 모든 목적을 통제하고 만족시키는 방법은 사회에 따라 많은 차이를 보인다"[27]고 했다. 듀 보아는 프로이트학파의 심리분석 이론을 큰 틀로 삼은 채, 생애사, 로르샤흐 잉크 반점 검사, 어린이들의 그림, 참여 관찰 등의 방법을 동원해 알로르 사람들의 공통된 인성 특성을 알아내고자 했다. 그녀는 알로르 사람들은 자신감이 부족하고 두려움이 많으며 자존감이 낮고 탐욕 때문에 고민하고 있으며 부모 노릇을 좋아하지 않으며 대인관계를 부정적으로 생각한다고 결론지었다. 그 원인은 어린 시절 좌절과 불만

---

26 Du Bois, C., 1944, p. 2.
27 Du Bois, C., 1944, p. 3.

족을 많이 경험했기 때문이며, 이는 엄한 훈육과 방치에 가까운 양육이 일관성 없이 혼재된 탓과 엄마들이 밭일을 나가느라 아이가 생후 2주 정도만 되어도 다른 사람의 손에 맡기는 관습이 있기 때문이라고 보았다.

한동안 전성기를 누렸던 문화와 인성 학파는 곧 많은 비판에 직면하게 되었다. 어린이를 연구에 이용하면서 어린이 자체보다는 어른들 이야기에 치중했다는 점, 특정한 경험의 장기적인 영향에 대해 논의하면서 모든 경험을 골고루 중시하지 않은 점, 성인이 된 인간을 초기 유년기 경험의 집합체에 지나지 않는다고 보았던 점, 국가 단위의 공통된 인성 같은 것이 존재할 수 있다고 주장한 점, 듀보아 등이 초기 유년기 경험이 '기본 인성'을 만들었다고 주장하면서도 유년기 이후에 인성이 개발되거나 변형된 사례는 언급하지 않았던 점 등이 비판의 대상이 되었다.[28] 특히 듀보아의 '최빈인성' 개념에 기반한 연구는 때로 현지 조사 없이 수행되는 경우도 있어서, 조잡하고 쓸모없으며 어린이나 어른 혹은 사회 제도를 이해하는 데 걸림돌이 되기도 한다고 비판을 받았다.

이와 같은 비판이 있고 실제로 이론상에 문제도 있었지만, 문화와 인성 학파는 유년기에 대한 개념과 어린이의 삶을 연구하는 길을 개척한 학파로 기록되었다. 그 모든 문제점에도 불구하고, 마거릿 미드의 연구는 "생물학과 유전학이 꽉 잡고 있던 아동 발달 연구의 벽을 허물었다."[29]고 평가 받으며, 『사모아의 청소년들』은 오늘날까지도 널리 읽혀

---

28 Harkness, S., and C. Super, 1983, p. 222.
29 Langness, L. L., 1975, p. 98.

지고 있다. 문화와 인성 학파는 인류학과 심리학이 서로 협력하는 통합 학문적 미래를 만들어 나가기도 했지만, 그와 함께 발달심리학이 만들어 놓은 보편적인 전제를 깨뜨리기도 했다. 하지만 심리학 자체도 변했다. 로버트 르바인이 주장했듯이, 아동심리학자들은 20세기와 21세기를 거치면서 그들의 이론을 새롭게 수정했고, 이 때문에 문화와 인성 학파의 이론은 새로운 비평을 받게 되었다.

어린이가 환경의 영향을 크게 받는다고 주장하는 인류학자들은 많건 적건 다른 학문의 아동 발달 이론에 의존하는 부분이 있다. (이들이 특히 중요하게 여기는 유년기의 환경적 특성 및 아동의 연령별 특성도 다른 학문의 이론에서 가져온 것이다.) 인류학자들은 그들의 가정에 타당성을 확보하기 위해 심리학과 정신의학을 참고했다. 그러나 20세기에 수많은 아동 발달 이론이 차례차례 역사의 쓰레기통으로 들어가 버림으로써, 그들이 참고 자료로 이용한 이론은 대부분 신뢰할 수 없는 자료가 되었다.[30]

육아 비교문화 연구

비록 1950년대 이후 미국 인류학계에서 마거릿 미드의 영향력은 줄어들었지만, 심리학과 인류학을 통합하려는 시도는 계속되었다. 존 휘팅을 비롯한 몇몇 학자들은 문화와 인성 학파의 이론을 발전시켜 육아

---

30 LeVine, R., 2007, p. 249.

의 특정한 요소를 집중적으로 살펴보는 아동 발달에 관한 비교문화적 연구를 했다. 존 휘팅은 파푸아뉴기니에서 현지 조사를 수행한 이후에 비교문화 연구로 학문적 관심을 돌렸고, 광범위한 인간의 행동 패턴과 유년기 경험 사이의 관련성을 탐구했다. 휘팅과 그의 동료들은 조지 머독이 1949년에 통계학적 비교문화 연구를 위해 설립한 예일대 비교문화연구소(HRAF: Human Relations Area File)의 자료를 이용해서, 유년기 경험과 그 경험이 어른들의 사회에 미친 영향을 체계적으로 분석하는 작업에 착수했다. 그는 후일 "나는 유년기 경험이 성인이 된 이후의 성격과 행동을 크게 좌우한다는 프로이트 이론의 근본 가정을 탐구하기 위한 비교문화 연구를 하려 했다"[31]고 그 당시를 회고했다.

1953년에 출간된 『아동 교육과 인성(*Child Training and Personality*)』[32]은 프로이트의 아동 성심리 발달 단계 이론을 민족지에 적용한 연구서다. 휘팅과 어빈 차일드는 어린이가 구강기, 항문기, 생식기라는 단계를 거치며 젖떼기, 배변 훈련, 성 훈련을 차례대로 받는다는 프로이트의 이론으로 75개 사회의 사례를 분석했다. 그러나 휘팅과 차일드는 프로이트가 주장한 발달 단계를 명확하게 관찰할 수 없는 사회가 많다는 사실을 밝혀냈다. 비록 수유 끊기, 배변 훈련, 성적인 문제를 다루는 일은 모든 사회에서 하는 일이긴 하지만 다수의 사회에서 수유 끊기보다 배변 훈련을 먼저 하는 경우가 발견되는 등 항상 프로이트가 주장하는 순서대로 아동 발달이 일어나지는 않았다.[33] 뿐만 아니라, 많은 사

---

31 Whiting, J., 1994, p. 24.
32 Whiting, J., and I. Child, 1953.
33 Whiting, J., and I. Child, 1953.

회에서 수유 끊기나 배변 훈련보다는 '엄마 등에서 내려오기'를 중요시했으며, 사회화 과정에서 다른 무엇보다도 영유아의 공격성을 제어하는 일에 초점을 맞추고 있었다. 휘팅과 차일드는 대다수의 문화권에서 부모들은 신체적 기능에 관련된 일보다는 대인 관계에 더 많은 신경을 쓴다고 결론 내렸다. 그들은 "입과 항문과 생식기에 대한 훈련은 홀로서기와 공격성 조절을 위해 하는 것"이라고 보았으며, 프로이트식 아동 발달 단계 구분을 적용하기 어렵다고 보았다.[34] 휘팅은 아동 발달 단계의 구분은 응석을 받아 주는 정도, 사회화 교육을 시작하는 나이, 훈육의 엄격함 정도, 체벌 방법 등 다양한 요소와 관련이 있다고 보았다.[35]

그 이후로 휘팅은 자신의 연구는 이제부터 시작이라고 하며 이후 40년간 육아와 사회화 과정에 대한 과학적 비교문화 연구를 계속했다. 휘팅의 연구는 인간 생활의 사회적 요소 사이에 특정한 연관성이 있다는 가설을 검증하기 위한 것이었다. 예를 들자면 남자아이가 출생 이후 상당한 기간 동안 어머니와의 잠자리를 독점하는 행위가 근친상간의 터부와 맞물려 어머니에게는 깊은 동일시 감정을, 아버지에게는 강한 적대감을 느끼게 하는지를 살펴보고, 이러한 오이디푸스 콤플렉스를 푸는 수단으로 성인식(특히 할례와 같은) 및 사춘기 의례를 수행하는 사례를 조사했다.[36]

'여섯문화연구소(Six Cultures Study)'는 휘팅과 그의 아내 베아트리

---

34 Whiting, J., 1994, p. 24.

35 Whiting, J., 1994, p. 32.

36 Whiting, J., et al., 1958.

체 휘팅이 시도한 가장 의미 있는 프로젝트다.[37] 휘팅과 동료들은 육아
와 사회화 연구를 위해 다른 연구자의 자료를 차용하는 데서 그치지
않고, 그들이 직접 여섯 개의 문화권을 똑같은 방법으로 연구한 뒤 비
교하는 작업에 착수했다. 여섯 개의 사회로는 일본, 필리핀, 북부 인도,
멕시코, 케냐, 뉴잉글랜드를 선정했다. 각 사례 연구마다 남녀 한 명씩
의 연구자가 동시에 투입되어 하나의 정해진 매뉴얼에 따라 아동 육아
에 관한 체계적인 관찰과 정보 수집을 실시했다. 여섯문화연구소는 양
육과 개인의 인성과 사회 사이의 상관관계를 밝히고 이것이 문화에 따
라 어떻게 달라지는지 살펴보았다. 여섯문화연구소는 사회마다 복합
성의 정도가 다르며, 좀 더 복합적인 사회의 어린이는 단순한 사회의
어린이에 비해 애정 어린 보살핌을 받지 못하는 편이며 조금 더 이기
적인 경향을 보인다는 사실을 밝혔다. 여섯 개 문화권 모두에서 여자아
이들은 남자아이들에 비해 더 많은 보살핌을 받는 편이며, 일반적으로
핵가족 어린이들이 좀 더 공격성이 약하고 사교성이 좋으며, 일부다처
제 가정의 어린이는 그와 반대되는 성향을 보였다.[38] 어쩌면 여섯문화
연구소의 가장 큰 업적은 로버트 르바인이 제시한 "다양한 문화적 환
경과 어린이가 상호작용하는 과정을 관찰하기 위해서는, 어린이가 일
상 속에서 스스로의 행동을 결정하는 기준을 반복적이고 종합적으로
관찰해야 한다"[39]는 자연스럽고 체계적인 연구 방법론의 확립이라고
할 수 있다. 여섯문화연구소는 어린이의 삶과, 사회의 어린이 인식과

---

37 Whiting, B., 1963.
38 Whiting, J., 1977.
39 LeVine, R., 2007, p. 253.

대우, 생애 주기 안에서 유년기의 위상에 관한 자세하고 풍부한 자료를 남겼다. 물론 휘팅과 르바인 모두가 지적했듯이, 몇 가지 심리검사 수행에 문제가 있었으며, 개중에는 뒤늦게 신뢰할 수 없다고 판명된 방법도 있었다.[40] 그러나 이 프로젝트의 자료는 여전히 개발 및 사용되고 있으며[41], 가장 포괄적인 인류학 아동 발달 연구 중 하나로 남아 있다.

존 휘팅과 그의 동료들이 수행했던 연구는 북미 인류학계에 많은 영향을 미쳤다. 그 연구는 어린이들의 행동은 그 무엇도 자연적이거나 보편적이지 않으며, 그들의 삶은 생물학적 요소만큼이나 환경과 문화에 의해서 정해지는 부분도 크다는 사실을 증명했다. 휘팅에게 영향을 받은 연구들은 대체로 뚜렷한 문화상대주의 성향을 띠었으며, 문화에 따른 양육 관습 차이, 완전한 성인으로 인정받기 위한 사회화 과정의 차이, 사회가 유지시키고자 하는 관습과 가치 체계 및 그것을 어린이에게 전달하는 방법을 연구했다. 또한 유년기가 생애 주기에서 차지하는 위상과 유년기 양육이 장기적으로 어린이에게 어떤 영향을 미치는지를 탐구했다.

윌리엄 코딜은 이러한 연구의 개척자 중 한 명으로, 미국과 일본을 대상으로 영유아 보육과 자녀 양육에 대한 비교문화 연구를 처음으로 구상했다. 코딜의 연구는 깊이 있는 참여 관찰의 중요성, 그리고 인류학과 심리학의 공생이 필요한 이유를 잘 보여 주었다. 코딜은 육아의 목표에는 자녀의 생존 외에 문화적 목표도 있다고 보았고, 그 목표(부

---

40 Whiting, J., 1977; LeVine, R., 2007.

41 예시 자료: Whiting, B., and C. P. Edwards, 1988.

모가 바라는 아이의 미래상)와 목표를 이루는 과정에 관심을 가졌다. 코딜과 그의 동료들은 미국과 일본 양국 엄마들의 양육법과 자녀와의 상호작용 유형을 비교 조사했고, 이것이 영유아의 행동에 미치는 영향을 분석했다. 또한 각각의 사회에서 권장하는 행동과 금기시하는 행동은 무엇이며, 양육자는 이것을 어떻게 자녀에게 가르치는지 살펴보았다. 코딜은 독립심과 원만한 사회 관계의 중요성을 강조하는 미국 부모들은 일본 부모들에 비해 독립심과 연결되는 행동을 권장할 것이라는 가설을 세웠고, 통계 분석 및 관찰을 통해 이를 증명했다. 미국 어린이는 일본에 비해 더 활동적이고 말이 많았으며 독립심이 강한 데 비해, 일본의 어린이는 조용하고 감정 표현을 거의 하지 않았지만 사회성 훈련은 더 잘 되어 있었다.[42] 일본에서는 양육의 목표가 홀로서기나 독립이 아니며, 개인의 성공보다 집단의 성공이 보다 가치 있다고 여긴다. 르바인은 다음과 같이 연구의 결론을 내렸다.

이 연구는 어린이의 행동 패턴은 타고난 심리적 기질에 의해 정해지며 외부 환경적 요소와는 상관이 없다는 가설이 유효하지 않음을 증명한 중요한 연구다. 나아가 아동 발달의 지향점이나 어린 시절의 행동에 부여하는 의미는 그 사회의 가치 기준에 따라 달라진다는 사실을 보여 주었다. 또한 서로 다른 문화에서 자란 아이들은 대인관계를 맺는 기술이나 전략, 감정 표현의 방법, 자기 행동의 옳고 그름을 판단하는 기준들 역시 모두

---

42 Caudill, W., and H. Weinstein, 1969; Caudill, W., and C. Schooler, 1973.

다르다는 것도 밝혔다.[43]

　　로버트 르바인은 여섯문화연구소의 연구원으로서 수십 년에 걸쳐
육아와 아동사회화의 관계를 광범위하게 연구해 왔으며, 인류학과 심
리학을 함께 활용한 유년기 연구를 계속하고 있다. 르바인은 아동 발달
과정에 관한 비교문화 연구는 유년기 인류학의 뼈대를 형성하는 중요
한 일이라고 생각했다. 그러나 한편으로는 "비록 사회화 과정 연구가
세계 각지의 문화적 아동 양육 환경을 기술하는, 없어서는 안 될 토대
자료이기는 하지만, 그것만으로 '유년기 인류학'이 되는 건 아니다"[44]
고 주장했다. 그의 연구는 문화권에 따른 양육 방법의 차이를 드러낸
뒤, 그러한 차이를 납득할 수 있게 해주는 각자의 문화적 배경과 사고
방식(설령 부모가 자신의 행동을 제대로 설명하지 못하는 경우에도)은 무엇
인지, 그리고 어린이들에게 사회적인 가치 기준을 가르치는 효과적인
방법은 무엇인지를 살핀다. 르바인과 동료들은 육아에 깃들어 있는 문
화적인 관념은 아이가 태어나는 순간부터 적용될 수 있음을 보여 주었
고, 생물학적 요소와 환경적 요소가 문화적 요소와 상호작용하는 과정
을 조사했다. 르바인은 자녀를 기르는 부모들이 반드시 달성하기 위해
수고를 마다하지 않는 보편적인 육아 목표 세 가지를 다음과 같이 정
리했다.

43　LeVine, R., 2003, pp. 202-203.

44　LeVine, R., 2003, p. 5.

1. 자녀의 건강과 생존. 특히 남들과 다름없는 생식 능력을 갖춘 채 결혼 적령기에 도달하는 것이 중요하다.

2. 성인이 되었을 때 경제적 자립이 가능할 수 있을 정도의 생활 능력을 갖추게 하는 것.

3. 해당 문화의 신념, 상식, 이데올로기 등이 누적되고 상징적으로 다듬어진 결과로 나타나는 여러 문화적 가치들(도덕성, 명예, 부, 신앙심, 지적 성취, 자기만족, 자아실현 등)을 극대화하기 위한 능력의 개발 및 함양.[45]

계속해서 르바인은 세 가지 목표에는 '자연적으로 주어진 위계'가 있으며, 바로 첫 번째 목표는 다른 두 가지의 전제 조건에 해당하기 때문에 근본적으로 가장 중요하다고 했다. 자녀의 생존을 확실하게 장담할 수 없는 상황에 처한 부모는, 첫 번째 목표가 보장되기 전까지는 다른 두 가지를 기꺼이 미룰 것이다. 그러나 현대 미국이나 유럽의 경우는 이야기가 다른데, 이들 사회에서는 자녀의 생존이 보장된 것이나 마찬가지여서 부모들은 두 번째와 세 번째 목표에 더 많은 시간과 에너지를 쏟기 마련이다. 영유아 보육 및 자녀 양육 방법은 환경에 맞게 이루어져야 한다. 아프리카처럼 영아 사망률이 높고 어릴수록 위험 요소가 많은 사회에서는 엄마들이 가급적 자녀를 곁에 붙여두려고 하며, 어디든 함께 다니며, 2년 이상 모유 수유를 하는 경우가 많다. 르바인에 의하면, 그들은 자녀의 요청에 따라 젖을 먹이기는 해도, 자녀와 눈을 맞추거나 대화를 시도하지도 않고 자녀의 행동 발달에 대해서도 별 관

---

45 LeVine, R., 1977, p. 20.

심을 보이지 않는 등, 자녀를 감정적 소통이 가능한 한 명의 인간으로 여기지 않는 듯했다고 한다.[46] 그러나 이는 그들이 자녀들의 성장에 대한 장기적인 관심이 없거나 이후에 치를 일생 의례(약혼식이나 성인식 같은)에 대한 구체적인 계획이 없기 때문은 아니며, 단지 그 시점에서 자녀의 행동에 손을 댈 필요성을 별로 느끼지 못하기 때문이다.

르바인과 동료들은 케냐 구시족의 엄마들과 미국 중산층 엄마들을 대상으로 장기적인 비교 조사를 했다. 그 결과, 다음 세대의 사회화가 최종 목표라는 점에서는 양 사회의 육아 목표가 동일했지만, 그 내용에는 근본적인 차이가 있음을 밝혔다. 이러한 결과는 자녀를 원하는 목적이 어디서나 동일할 것이라는 관점과도 다른 것이었다. 이들은 각각의 양육 모델을 구시족의 소아과적 양육과 미국의 교육학적 양육이라고 명명하고, 전자는 영유아기 아동의 생존과 보호에 집중하고 후자는 아동의 학습 및 수행 능력 함양에 관심이 많다고 했다.[47] 두 사회는 서로 목적을 달성하기 위한 부모의 전략이 서로 다르고, 또 부모와 자녀의 관계도 다르게 인식했다. 르바인에 의하면, 아프리카에서는 부모가 "자녀들과 장기적인 '상호 호혜'관계를 형성하기를"[48] 기대한다. 이곳 자녀들은 부모의 보살핌에 보답하기 위해 가족 소유의 땅에서 일을 하고 나이든 부모를 모셔야 한다. 이러한 관계에서 가장 중요한 요소는 복종이며, 자녀를 순종적으로 기르는 것이 육아의 주된 목표중 하나다. 아이들에게는 되도록 말을 삼가고, 요구를 하지 않으며, 사회의 근

---

46 LeVine, R., 1977.
47 LeVine, R., et al., 1994, p. 249.
48 LeVine, R., 2003, p. 92.

간을 이루는 위계질서를 흐트러뜨리는 행동을 하지 말라고 가르친다. 구시족 엄마들은 칭찬을 결코 좋지 않은 것이라고 여기는데, 칭찬을 하면 아무리 순종적인 아이들이라 하더라도 자만심이 생기고 말을 듣지 않게 될 수 있으며 이는 사회 질서에 위협이 될 수 있기 때문이다. 미국 엄마들은 결코 자녀들이 순종적이기를 바라지 않으며, 되도록 많은 칭찬을 하고, 아주 어릴 때부터 자녀와의 대화를 시도하고, 가급적 빠른 나이에 걷고 말할 수 있도록 장려한다.[49] 이 연구는 영유아 보육이 단순히 의식주와 같은 기본적인 욕구를 채워 주는 일이 아니라 그보다 방대한 문화적 체계의 일부라는 것을 분명하게 보여 준다. 아무리 태어난 지 얼마 되지 않는 아기라 하더라도, 아기는 이미 그 사회가 지닌 가치 체계에 의해 문화화 및 사회화가 된 존재다.

르바인과 동료들은 '문화적 배경과 상관없이, 엄마(또는 엄마 역할을 하는 보호자)와 아이 사이에 형성되는 애착이 가장 중요하다'는 발달심리학의 보편적 이론을 반박하기 위해 유아의 문화 적응과 인간 행동의 가소성(可塑性, plasticity)을 강조해 왔다.[50] 애착(attachment) 이론을 주창한 존 보울비는 "애착은 정신 건강에 반드시 필요하며 (…) 유아와 어린이는 엄마(혹은 끝까지 엄마 노릇을 해줄 수 있는 한 명의 사람)와 따뜻하고 친밀하며 지속적인 관계를 맺는 경험을 가져야 한다"[51]고 주장하며, 아이를 엄마와 떼어놓으려고 하면 아이는 스트레스를 받게 되며 떨어지지 않으려고 저항할 것이라고 했다. 또한 이는 인간 종 전체

---

49 LeVine, R., et al., 1994.
50 LeVine, R., and K. Norman, 2001.
51 Bowlby, J., 1953, p. 13.

에 적용되는 생물학적 적응의 결과로서 아이와 엄마를 항상 가깝게 붙어 있도록 만들어 연약한 어린 개체를 보호하도록 진화한 심리적 기제(mechanism, 機制)라고 정의했다.

인류학자들은 면밀한 연구를 통해 애착에는 다양한 종류가 있으며 엄마가 아이에게 어떠한 가치(예를 들면 독립심과 같은)를 심어 주기 위해 다른 방법으로 자녀와 관계를 맺을 수도 있음을 증명함으로써 보울비의 주장을 반박했다. 르바인과 노르만은 독일에서는 아이들에게 자기 의존적 성향을 심어 주며 아이들끼리 스스로 어울려 노는 법을 배우는 것을 문화적으로 장려한다고 주장하며, 독일 엄마들은 어린이가 부모의 관심을 끌기 위해 울거나 떼를 써도 미국 엄마들처럼 항상 받아 주지 않는다고 했다.[52] 아이들에게 보다 더 민감하게 반응하며 아이가 혼자 있기를 권하지 않는 미국 엄마 밑에서 자라는 아이에 비하면 독일의 아이들은 엄마와의 애착 관계가 불안정해 보일 것이다. 르바인과 노르만은 보울비의 애착 이론을 과도하게 적용하거나 미국식 육아를 보편적인 것이라 여기는 경향은 다음과 같은 문제를 일으킬 수 있다고 보았다.

미국의 1세 유아들에게서 주로 발견되는 안정적인 애착의 형태는 모든 인간 사회에 보편적으로 적용되며, 다른 형태의 부모 자식 관계는 자녀들의 정신 건강을 위협할 수 있다고 한다. 이러한 관점에서 독일의 사례를 해석해 보면, 독일 영유아의 대다수는 불안정한 애착 관계를 형성하고 있

---

52 LeVine, R., and K. Norman, 2001.

으며, 독일 부모의 절대다수는 자기 자녀의 감정을 망가뜨리고 있다고 할 수 있다. 애착 이론을 주장하는 학자들은 조사 결과에 대한 대안적인 해석도 없이 그러한 결론을 내리는 일을 삼가야 마땅할 것이다.[53]

르바인과 동료들은 이와 유사한 연구를 조건을 달리해서 여러 차례 실행했다. 아메리카 원주민 나바호족 영유아를 대상으로 한 추가 연구에서 제임스 치좀은 그들이 사용하는 지게식 요람[54]이 아이와의 애착 관계 형성에 장기적인 영향을 미치는지 여부를 조사했다. 그는 지게식 요람에 있는 아이들은 자극도 덜 받고 활동도 덜하게 되며 엄마와의 교감도 적어지기 때문에 엄마와의 애착 관계 형성을 방해받아 '불안감'을 느낄 수 있다는 가설을 세웠다. 보울비의 이론에 따르면, 이는 아이들에게 장기적이고 부정적인 영향을 미칠 것이다. 그러나 치좀은 비록 지게식 요람이 아이의 활동량과 엄마의 보살핌을 줄이지만, 이는 일시적이라는 사실을 발견했다. 아이가 지게에서 내려오게 되면, 엄마는 아이를 아주 각별하게 챙기기 시작하며 상호간의 소통도 부쩍 늘어난다. 치좀은 유아의 행동 양식은 보울비의 이론에서 정의한 것보다 더 바뀌기 쉽고 순응력이 강하다고 보았으며, 다양한 환경에서 관찰된 영유아의 적응력은 "인간의 진화는 가소성(可塑性, plasticity)을 늘려가는 방향으로 이루어졌다"[55]는 사실을 입증한다고 주장했다.

---

53 LeVine, R., and K. Norman, 2001, pp. 101-102.

54 cradleboard: 나바호족이 아이를 등에 메고 다니기 위해 나무판으로 만든 도구. 나바호족 엄마들이 먼 거리를 다니거나 일을 하러 나갈 때 사용하며, 보통 아이가 걸을 수 있을 때까지 쓴다. -역자 주

다른 인류학자들은 이러한 비교문화적 사회화 연구를 토대로, 환경적/생물학적/문화적 요소간의 상호작용이 영유아의 행동과 양육자의 반응에 미치는 영향을 조사했다.[56] 그 중에서도 영아의 울음 패턴에 대한 연구는 눈여겨볼 만하다. 서양에서는 모든 아기들이 때때로 아무 이유 없이 몇 시간 동안 울 때가 있는데, 부모들로서는 손 쓸 방도가 없다고 알고 있었다. 이를 병리학적으로는 '콜릭(colic)'이라 부르는데, 다른 사회에서는 그러한 명칭조차 없었다.[57] 하지만 몇몇 인류학자와 소아과 의사들은 그 울음의 크기가 아주 다양하며 심지어는 시간도 일치하지 않는 다는 점을 지적하며 모든 아기가 울기는 하지만 울음의 패턴은 제각각 많이 다르기 때문에, 콜릭을 보편적인 현상이라 보기에는 부족하다는 비교문화적 연구 결과를 밝혔다. 그중에 아프리카 사하라 남쪽 칼라하리에 사는 !쿵(!Kung)족의 아기를 미국이나 네덜란드 등 서양 아기와 자세히 비교한 연구가 있다.

이 연구에서 서양과 !쿵족의 아기들 모두 생후 2개월을 지났을 때 가장 심하게 울었으며, 생후 12주가 되면 점차로 줄어들기 시작한다는 공통적인 경향이 있다고 밝혀냈다.[58] 하지만 전반적으로는 비슷한 경향성을 보였음에도 불구하고 명백히 다른 점도 있었다. !쿵족의 아기들은 미국이나 네덜란드의 아기들에 비해 훨씬 콜릭의 강도가 약하고 기간도 짧았다.[59]

---

55 Chisholm, J., 198, p. 216.
56 Hewlett, B., and M. Lamb, 2005.
57 Small, M., 1998.
58 Barr, R., 1990.

이러한 차이가 영유아 양육 방식의 차이에 기인한다는 견해가 있다. 멜빈 코너는 !쿵족은 갓난아이와 엄마 사이의 유대 관계를 신성불가침한 것으로 여기는 문화를 가지고 있으며, 실제로 아이와 엄마는 항상 신체적으로 붙어 있는 채로 지낸다고 이야기한다. 아기들은 엄마의 골반에 어깨까지 걸친 아기 포대에서 지내는데, 배가 고프면 그 자리에서 스스로 엄마 젖을 먹을 수 있다. 또한 꼼지락거리며 움직일 수 있는 공간이 꽤 넓은 편이며, 아기는 엄마 주위를 활발하게 돌아다니면서 빠른 시기에 스스로 걸어 다니게 된다. 그 결과 일반적인 !쿵족의 아기들은 비교 대상이 된 서양의 아기들에 비해 운동 능력이 뛰어났다.[60] 한국에서도 비슷한 연구가 행해졌는데, 한국에서는 미국에 비해 아이를 혼자 두는 시간이 훨씬 적으며 생후 2개월 후에 가장 심하게 우는 경향도 없고 밤에도 훨씬 적게 우는 등 울음의 경향성도 확실히 다르다. 메레디스 스몰의 연구에 따르면, 생후 1개월 된 한국의 아기들은 일과 중 혼자 있는 시간이 8.3%에 불과하지만, 같은 연령대의 미국의 아기들은 67.5%의 시간을 혼자 보내며, 미국의 부모들은 아이가 울 경우 46% 정도는 고의로 무시했다.[61]

육아 관습의 변화를 장기적으로 관찰한 연구도 있었다. 수잔 세이모어는 인도의 도시 부바네스와르(Bhubaneswar)에서 30년에 걸쳐 사회적·경제적 상황의 변화에 따른 양육 방식의 변화를 구체적으로 조사했

---

59 Konner, M., 1976; Barr, R., 1990; Barr, R., et al. 1991.
60 Konner, M., 1972, 1976.
61 Small, M., 1998, p. 154.

다.[62] 세이모어가 처음 현지 조사를 시작하던 시기 인도 중상류 가정은 주로 아이들에게 사회적 상호의존성을 강조하고 권위에 순종하게 만드는 양육을 추구하고 있었다고 한다. 그들은 아이들의 신체적·정서적 욕구를 충족시켜 주기 위해 여러 명의 양육자를 두고 있었으며, 엄마와 자녀가 둘만의 유대 관계를 강하게 형성하는 것을 권장하지 않았다. 당시 인도에서는 어린이가 "가족이라는 집단과 자신을 동일시하고 자신의 이익보다 전체 집단의 이익을 우선 하도록" 사회화했다.[63] 그들 스스로를 집단이 아닌 개인이라고 생각하기를 꺼렸으며, 태어나서 1년간은 자녀를 개인적인 이름이 아니라 가족의 이름으로 불렀다. 시간이 흘러 여성의 교육 수준과 자립도가 올라가자, 그들의 어머니나 할머니들의 어린 시절처럼 가족 간에 의존성이 강하고 위계질서가 확고하며 여러 세대가 함께 사는 가정에서 아이를 키우는 일이 줄어들었다. 세이모어는 전체를 개인보다 우선시 하는 사고방식이 위협을 받는 등 사람들의 태도가 변했다는 점에 주목했다. 젊은 여자들일수록 억압적인 시어머니와 갈등을 빚었으며 가족 안에서 부모나 형제자매에게 해야 할 의무를 다하지 않는 구성원들도 생겨났다. 가족의 규모가 점점 작아지고 어린아이를 돌봐 줄 사람이 적어지자, 엄마들이 양육에서 담당하는 부분이 많아졌고 아빠들의 도움도 필요해졌다. 학력이 높아진 부모들은 자녀들에게 좀 더 적절한 교육 모델을 찾아 적용하고자 했고, 그저 돌보기만 하는 소아과적 모델보다는 어린이에게 가르침과 대화와 자극

---

62 Seymour, S., 1999.
63 Seymour, S., 1999, p. 268.

을 주게 되는 교육학적 모델을 더 추구하게 되었다.

영국 인류학계의 어린이 연구

영국 인류학은 북미 인류학과 다른 방향으로 어린이를 연구해 왔다. 양측은 상당히 오랜 기간 확연한 차이를 보였으며, 때로는 반목하기도 했다. 심리학은 미국 인류학에서는 중추적인 역할을 했지만 영국에서는 비교문화 연구에 비해 그만큼 중요하게 다루어지지 않았다. 비록 에드워드 타일러 등이 원시문화와의 관련성을 주장하며 어린이를 처음으로 연구에 이용하기도 했지만, 이는 직접적인 현장 연구가 도입되자 곧 신뢰를 잃었다. 미국의 보아스 학파가 현지 조사를 통해 수집한 데이터 앞에서 진화론자들은 인종에 서열이 있다는 주장을 더 이상 할 수 없게 되었다. 이와 더불어 영국 인류학 연구도 그 전까지 널리 행해지던 자료를 면밀하게 검토하는 간접적인 방식에서 벗어나 현지 조사와 참여 관찰을 바탕으로 하는 민족지적 연구로 방향을 바꾸었다. 소규모 사회를 대상으로 총체적 조사 연구를 시도한 보로니슬라프 말리노프스키[64]의 민족지 연구에는 가족, 친족, 정치 체계 안에서 어린이의 위상과 삶의 모습이 자세하게 묘사되어 있다.

말리노프스키는 인간 생활의 모든 요소를 총체적으로 묘사하는 것이 중요하다고 주장했으며, 그의 제자들은 민족지 연구에서 해당 사회

---

64 Malinowski, B., 1922.

68

의 어린이 생활, 부모와 자녀의 관계, 유년기에 대한 사회적 인식과 그 배경 등을 함께 기술했다. 레이몬드 퍼스의 폴리네시아 티코피아 섬 연구는 특히 어린이에 대한 묘사와 설명이 탁월하다.[64] 말리노프스키의 또 다른 제자인 오드리 리처즈 역시 민족지 묘사에서 어린이를 중시했으며, 유년기가 끝나는 시점과 어린이의 사회적 위상에 대한 의미 있는 분석을 남겼다.[66] 마이어 포르테스는 1940년대 후반에 어린이와 어른의 관계를 중점적으로 연구했다. 포르테는 가나 북부의 탈렌시족을 대상으로 쓴 저서 『탈렌시족의 친족 조직(The Web of Kinship among the Tallensi)』[67]의 1/3 이상을 부모 자녀 관계, 부모 자녀 사이의 상호 의존성과 다의성에 대한 연구에 할애했다. 이러한 민족지적 어린이 연구 역사를 두고 로버트 르바인은 다음과 같이 말했다.

말리노프스키에게 직접적인 영향을 받은 후대 인류학자들에 의해 수행된 이 같은 작업은 의심할 바 없이 1930년대부터 확립된 민족지적 방법론을 이용한 유년기 연구이다. 이러한 연구는 주로 친족관계나 의례의 맥락 속에서 이루어졌고, 때로는 교육 및 사회화와 함께 논의되었으나, 심리학적 해석은 거의 하지 않았다. 그들에게 유년기는 인류학 연구의 일부일 뿐, 결코 발달심리학이나 다른 학문에서 빌려 온 연구 주제가 아니었다.(비록 리처즈와 포르테스의 이력에 아동 발달에 관한 저술이 있기는 하지만.)[68]

---

65 Firth, R., 1936.
66 Richards, A., 1956.
67 Fortes, M., 1949.
68 LeVine, R., 2007, p. 251.

일반적으로 영국 민족지의 어린이 분석에서 발달심리학이 차지하는 영역은 크지 않았다. 말리노프스키는 비서양권 사람들을 대상으로 프로이트 심리학을 적용하고자 했으나 많은 어려움(친족관계의 개념이 서양과 다른 문화권에 오이디푸스 콤플렉스 같은 이론을 대입하면서 겪는 어려움)을 겪었다. 심리학자였다가 인류학자가 된 마이어 포르테스 역시 부모와 자녀 관계를 연구하는 데 심리학의 견해를 이용했다.[69] 하지만 오드리 리처즈가 지적했듯이 영국 인류학자들은 젖떼기나 성인식과 같은 특정 행위를 일반적인 의례로 해석하고자 했다.

특히 A. R. 래드클리프-브라운의 구조기능주의 이론이 득세하던 시기에는 대부분의 영국 인류학자들이 양육 관습이나 사회화 과정을 해석하는 데 있어서 심리학보다는 연령 집단이나 친족 구조와 같은 사회 제도를 더욱 중시했다는 리처즈의 주장은 대체로 사실이다. 리처즈는 많은 인류학자들이 교육 및 육아 연구로 머리를 싸매던 1930년대 이후 인류학 안에서 '어린이의 사회화'라는 주제에 대한 흥미가 감소하기 시작했다고 한다. 리처즈는 이러한 현상이 영국 사회인류학이 지닌 심리학에 대한 뿌리 깊은 의심 때문이라고 하며, 발달심리학을 배워 어린이를 연구하려는 인류학자들이 용기를 내야 한다고 주장했다. 그녀는 이에 대해 다음과 같은 글을 남겼다. "나는 사회인류학자들이야말로 사회화에 대한 제도적 연구를 가장 잘 수행할 수 있는 사람들이라고 생각한다. 육아에 대한 연구 역시 이러한 영역에 속하겠지만, 어린이의

---

69 Fortes, M., 1974.

70

성장과 발달에 대한 지식의 상대적인 결여는 정상적인 민족지적 현장 연구에 방해가 될 것이다. 이러한 연구자들에게는 전문적인 훈련을 받거나 아동심리학자의 도움을 받는 일이 필요할 것이다."[70]

영국 인류학자들은 일찍부터 어린이의 삶에 관심을 가져왔으나, 1970년대에 이르러서는 어린이를 포함한 연구가 예전만큼 자주 이루어지지 않았다.(물론 잭 구디와 에스더 구디의 1967년 연구[71]나 마거릿 리드의 1968년 저서[72]와 같은 예외도 있다.) 심리학에 대한 거부와 1960년대 레비스트로스의 구조주의 영향으로 하나의 공동체를 총체적으로 묘사한 세밀한 민족지 연구(비록 주된 묘사 대상은 아니었지만, 여기에는 어린이가 포함된 경우가 많았다)가 더 이상 중시되지 않았다. 뿐만 아니라, 어린이의 삶에 대해 많은 점을 밝혀낸 미국 인류학의 대규모 비교문화 연구를 의심스럽게 바라보거나 업신여기는 영국 인류학자들도 있었다. 심지어 『사회 구조(*Social Structure*)』(1949)에서부터 시작해 예일대 비교문화연구소(HRAF)까지 이어지는 조지 머독(George Murdock)의 연구에 분노를 표출하는 학자도 있었다. E. E. 에반스-프리차드는 머독의 비교문화 연구에 대해 다음과 같은 글을 남겼다.

내가 보기에는 분류 근거와 용어 정의가 빈약해 쓸모가 없어 보이며 (…) 근거 없는 추정과 억측과 모순으로 가득 차 있다. 250개 사회를 대상으로 한 통계 조사 역시도 (…) 표본이 빈약하고, 조사항목이 조잡하고, 분

---

70 Richards, A., 970:9.

71 Goody, J., and E. Goody, 1967.

72 Read, M., 1968.

류 기준이 임의적이며… 대부분의 자료를 믿기지 않을 정도로 무비판적으로 수용하고 있다. 대체로 각각의 집단에 근거로 제시된 사례는 하나뿐이었으며, 그 근거가 좋건 나쁘건 무가치하건(특히 눈에 띄는 건 영어로만 된 자료들이다) 동등한 중요성을 지닌 자료로 취급했으며, 그 가치를 따져보지 않은 자료를 여러 집단에 동일하게 적용했다.

에드먼드 리치는 예일대 비교문화연구소의 자료를 '잘 정리된 헛소리'라며 무시했고, 1970년대 초 영국사회과학연구위원회(UK Social Science Research Council)의 사회인류학 위원장이었던 피터 리비에르는 영국 대학들이 예일대 비교문화연구소에서 만든 자료를 구매하지 못하도록 막았다.[73] 이는 2007년 1월 옥스퍼드 대학 보들리 도서관에서 예일대 비교문화연구소의 구독권을 구매하기 전까지 지속되었다.

영국에서 어린이에 대한 학문적 관심이 되살아나기 시작한 것은 샬럿 하드만이 1973년에 새로운 지평을 여는 논문을 발표한 다음부터였다.[74] 하드만은 어린이의 삶에는 사회과학적 연구 가치가 충분할 뿐만 아니라, 기존 민족지 연구에서는 잘 드러나지 않았던 사회의 새로운 측면을 볼 수 있게 해준다고 목소리를 높였다. 그녀는 과연 인류학이 유년기를 연구할 의의가 있는지 질문을 던졌고, 다음의 두 가지 근거를 들어 충분하다고 답했다. 첫째 근거는 영국 전역을 돌며 어린이들의 동요와 놀이를 수집했던 민속학자 이오나 오피와 피터 오피 부부의 글에

<hr>

73 리비에르와 나눈 개인적 대화에서 인용, 2007년 10월 20일.
74 Hardman, C., 1973.

인용된 아래 구절이었다.

인류학자나 민속학자들은 굳이 보호구역에 갇혀 무기력하게 살아가고 있으며 점점 그 수도 줄어들고 있는 애보리진 원주민을 찾아갈 필요가 없다. 집밖으로 1마일도 나가지 않은 채 과거의 애보리진처럼 이 복잡한 세상에 알려지지도 않았고, 우리 세계의 영향도 거의 받지 않은 채 번성을 누리고 있으면서도, 그 사실에 개의치 않는 사람들의 문화(일부러 '문화'라는 용어를 썼다)를 연구할 수 있다. (…) 전 세계에 있는 어린이 집단이야말로 모든 원시 부족 중에서 가장 크고 또 절대로 사라지지 않을 부족이다.[75]

오피 부부의 주장대로 어린이들은 그들만의 고유한 하위문화와 사고방식과 세계관을 갖고 있으며, 동요와 놀이를 연구하면 그들의 문화를 이해할 수 있다고 하드만은 이야기한다. 두 번째 근거는, 새롭게 대두된 여성인류학 중에서도 에드윈 아드너의 '침묵당한 목소리(muted voices)'[76] 개념에서 찾았다. 하드만은 아드너의 이론적 논의를 빌려와, 권력을 가질 수 없으며, 스스로를 자신의 언어로 드러내기보다는 가부장의 언어로 표현해야 하며, 비록 모습은 다르지만 동등한 능력을 가진 사람으로 인정받기보다는 불완전하고 무능력한 인간으로 취급된다는 점에서 여성과 어린이는 닮았다고 보았다.

어린이의 고유한 관점을 중시할 필요성을 인지한 하드만은 유년기

---

75 Opie, I., and P. Opie, 2001[1959], pp. 1-2.
76 Ardener, E., 1975.

어린이들의 세계는 민족지적 연구 가치가 충분한 대상이라고 주장했다. 그녀는 또한 후대 인류학자들은 당연하게 받아들이는 "어린이는 어린이 자체로 연구되어야 하는 동등한 인간이다"[77]라는 명제를 강조했다. 그녀는 어른들의 사회 바깥(때로는 반대편)에는 어린이들만의 자생적인 하위문화가 있으며, 이 새로운 '미지의 순수한 종족'인 어린이를 연구하고 기록으로 남겨야 한다고 생각했다. 그녀는 "사회라는 개념을 '그 자체로 하나의 신념과 가치체계를 지녔으며 사회적 상호작용이 가능한 하나의 그룹이 다른 동등한 그룹들과 겹쳐지고 얽힌 무리'라고 본다면, 어린이라는 그룹도 그 무리에 들어갈 하나의 사회적 그룹이 될 수 있다. 어린이 개인은 그 그룹을 빠져나와 다른 곳으로 갈 수도 있지만, 곧 또 다른 어린이가 대신 들어올 것이다"[78]고 이야기했다.

이는 과거 수십 년간 휘팅, 코딜, 르바인 등이 개척했던 어린이 연구를 거부하는 입장이기도 했다. 하드만은 장 피아제나 레프 비고츠키와 같은 심리학자들의 이론은 이용했지만, 미국 인류학자들의 이론은 아무것도 참조하지 않았다. 짧은 비평을 남기기 위해 마거릿 미드만 조금 인용했을 뿐이다. 이에 대한 하드만의 주장은 다음과 같다.

문화와 인성 학파 또는 사회화 과정을 위주로 어린이를 연구하는 인류학자들은, (…) 정도의 차이만 있을 뿐이지 어린이를 주변의 영향력에 무력하게 끌려 다니는 수동적인 존재로 보고 있으며, 어린이의 모든 행동은

---

77 Hardman, C., 1973.
78 Hardman, C., 1973, p. 87.

그 때문이라고 생각한다. 그들이 생각하는 어린이는 항상 어른에게 동화되고, 배우고, 수동적인 반응만 하는 존재이며, 자율성이 떨어지고 어린 시절의 경험을 어른이 된 뒤에 분출하는 것 말고는 아무런 사회적인 가치나 행동을 스스로 만들어내지 못하는 존재다.[78]

온전한 하나의 문화를 만들어낸 사람들이 그러하듯이, 어린이는 어린이의 문화를 가장 잘 알고 있는 최고의 정보원이며, 그들은 어른의 도움 없이 그들의 문화를 다른 어린이들에게 전수할 수 있다는 것이 하드만이 제시한 새로운 유년기 인류학의 입장이다.

어린이의 성별

하드만은 아드너의 '침묵당한 목소리' 개념을 차용함으로써, 인류학자들이 여성을 이해한 것과 비슷한 방식으로 어린이를 이해할 수 있으며, 여성의 세계와 성역할 관계를 연구하는 방법으로 유년기 어린이의 삶을 연구할 수 있다는 사실을 일깨워 주었다. 하드만이 제시한 인류학적 어린이 연구에 관심을 보인 연구자들은 1960년대 후반에서 1970년대 사이에 민족지 묘사와 인류학 이론에 여성을 포함시켜야 할 필요성을 역설했던 페미니스트 인류학자들과 밀접한 연관이 있다.[80] 이들은

---

79 Hardman, C., 1973, p. 87.
80 Reiter, R., 1975.

어린이에게 관심을 가지긴 했지만, 어디까지나 가족 관계, 그것도 엄마를 위주로 생각했다. 그 외에 어린이 자체에 대한 연구는 부수적으로 취급했다. 오히려 어린이 자체의 성적 특성에 적극적인 관심을 보인 것은 인류학이나 사회학이 아니라 심리학이었다.

존 휘팅과 베아트리체 휘팅 부부 밑에서 수학했던 심리학자 낸시 초도로우는 딸이 엄마를 동경하며 자신도 자라서 엄마처럼 되기를 원하는 상황을 연구했다. 성별에 따른 역할 차이가 어린이 연구에서 핵심적인 영역이라고 생각한 초도로우는 양육 과정에서 어떻게 성별에 따라 사회적 역할이 구분되는지를 조사했다. 초도로우에 의하면, 아이를 돌보는 일은 언제나 여성의 몫이었다. 심지어 엄마가 없더라도 계모, 할머니, 이모, 돈을 주고 고용한 도우미까지 전부 여성이었다. 남자아이건 여자아이건 아기들은 모두 여성 양육자에게 과도하게 의존했고, 깊은 일체감을 느꼈으며, 그들과 떼어놓으려 할 때는 화를 냈다. 하지만 점점 자라면서 첫 번째 양육자의 품을 떠나게 된다. 초도로우에 따르면, 남자아이들은 이 과정에서 여성스러움을 평가절하하면서 아버지처럼 자립심과 독립성을 갖게 되기를 원하지만, 여자아이들은 양육자에게 의존하는 경향이 결코 사라지지 않는데다가 굳이 여성 양육자와 자신을 분리해서 생각하지를 않는다. 성인이 되면 이러한 경험이 어머니가 되고 싶다는 욕망으로 발현 된다. 초도로우는 "여자아이는 자라면서 끊임없이 다른 사람을 통해 자신을 알아가게 된다. 그들의 자아 경험은 매우 유동적이며 자아 경계에 다른 것이 스며들기 쉽다. 남자아이들은 자아경계를 확실하게 구분하는 성향이 강해서, 스스로를 다른 이들과 분리하고 구별 짓기가 쉽다. 여성적 자아의 기본 속성은 세상과의 소통이고, 남성적 자아의 기본 속성은 분리다"[81]라고 정리했다.

비록 여자아이건 남자아이건 이런 식으로 자아를 다시 만들어 나가는 일이 얼마나 어려운지에 대해서는 논의해야 할 바가 남아 있긴 하지만(8장에서 다시 살펴볼 것이다), 초도로우의 연구는 분석심리학 이론이 고전적인 프로이트의 아버지와 아들 관계 이론에서 벗어나 엄마와 자녀 사이의 역동적 관계에 주목하게 하고 어린이가 성별 역할을 받아들이는 과정을 새로운 시각으로 이해하게 했다는 점에서 의미가 크다.

페미니스트 사회학자들은 여성 연구에 어린이를 포함해야 할 필요는 인정하지만, 엄마와 아이의 관계가 항상 일치하는 것은 아니며 서로 적대적일 가능성도 있다고 보았다. 그들은 마르크스와 엥겔스의 이론을 차용해, 여성과 어린이는 가정 안에서 가부장의 지배를 받는 프롤레타리아와 같은 처지라는 공통점이 있다고 주장했다. 그러나 여성과 어린이는 서로 원하는 것이 다를 수 있으며, 처한 환경에 따라서 그 둘은 동맹이 될 수도 있고 적이 될 수도 있다고 보았다. 일례로, 슐라미스 파이어스톤은 "여성 억압의 핵심은 출산과 양육이다"[82]라고 주장했다. 그녀는 아이를 돌보는 일이 실질적으로 여성을 구속한다는 점에 주목했으며, 아이와 아이를 돌보는 일이 여성의 문제가 아니라 사회의 문제로 다루어지기 전까지 여성은 진정으로 해방될 수 없으며 어린이와 여성 모두 "고장 난 배에 타고 있는 셈"[83]이라고 주장했다.

인류학자들은 여성과 어린이가 정치적·사회적으로 억압받고 있다

---

81 Chodorow, N., 1978, p. 169.
82 Firestone, S., 1970, p. 81.
83 Firestone, S., 1970, p. 102.

고 생각했으나, 때로 엘리노어 리콕처럼 마르크스와 엥겔스의 이론을 근거로 억압받는 여성(연관된 어린이 포함)은 자본주의라는 특수한 사회 경제적 시스템의 산물일 뿐이지 보편적인 현상은 아니라고 주장하는 사람도 있었다.[84] 리콕은 산업화 되지 않은 비자본주의 사회에서 여성이 권력과 명망 있는 지위에 오르는 사례를 들어 출산과 여성의 지위는 직접적인 연관관계가 없다고 주장했다.

그 밖에는 어린이와 여성 사이의 상징적 유사성에 대해 분석하면서, 자연과 문화를 이분법적으로 바라보는 보편적 시각이 구조적 불평등에 대입되는 과정을 살펴본 셰리 오트너의 연구가 유명하다.[85] 오트너는 전 세계 보편적으로 여성은 남성보다 낮은 지위에 놓여 있는데, 이는 결코 여성의 타고난 생물학적 특성 때문이 아니며, 그보다는 전 세계적으로 문화를 중시하고 자연적인 것을 폄하하는 문화적 이데올로기와 신념에서 이유를 찾아야 마땅하다고 주장했다. 그녀의 분석에 따르면, 여성은 출산과 육아를 담당하고 생리를 하는 등 불결하고 '문명적이지 않은' 것들과 연관성이 많다는 이유로 평가절하 당하고 있다. 나아가 그녀들은 가정이라는 영역에 아이와 함께 갇혀 있기 때문에 공적인 영역의 권력은 남성들이 가지게 되고 여성은 권력에서 배제된다고 보았다.[86]

이 이론은 여성인류학계에 큰 영향을 미쳤다. 어째서 여성은 낮은 대우를 받아야 하며, 어째서 그 불평등의 원인이 생물학적인 번식과 관련

---

84 Leacock, E., 1981; Sacks, K., 1974 참조.
85 Ortner, S., 1974.
86 이와 연관된 1970년대와 1980년대에 벌어진 인류학 논쟁은 무어(Moore, H., 1988)를 참조.

이 있다는 관점이 계속해서 나오는 것이며, 이러한 설명 방식이 문화적으로 구성되어 가는 과정은 무엇인가라는 어려운 질문에 학계에서는 예전부터 생물학적 이유보다는 문화적이고 상징적인 답변을 내놓긴 했었지만, 이후로는 오트너와 유사한 이론을 지속적으로 들고 나왔다.[87] 그러나 어린이 자체와 어린이와 여성의 관계를 설명하는 일은 여전히 문제로 남아 있었고, 어린이의 삶과 욕구에 대한 연구는 유년기의 개념과 마찬가지로 연구되지 않은 영역이 많았다. 기껏해야 페미니즘의 대두로 인해 어린이의 역할에 대한 여성들의 정치적인 논쟁이 연구되었을 뿐이고, 어린이 자체를 연구의 주제로 삼은 경우는 거의 없었다. 이에 대해 사회학자 앤 오클리는 다음과 같이 주장했다.

'가족'이라는 개념을 해체하고 이론적 가정에서 여성에 대한 선입견을 벗겨낸 결과, '여성에 대한 어린이의 경험'이 아닌 '어린이에 대한 여성의 경험'이 더욱 강조되었다.(어린이의 관점을 경시하기는 여성 문제의 경우만이 아니었다.) 어린이는 여성에게 걸림돌이라는 인식이 생겼다. 이는 여성들을 어머니 역할과 육아에 대한 강요로부터 자유롭게 하고자 하는 여성운동의 정치적 방향성이 반영된 것이다.[88]

결국 여성 차별과 예속 등의 문제를 보편적인 문제로 만들고자 했던 여성인류학적 해석은 문제의 소지가 있다고 판명되었다. 이는 여성과

---

87 Collier, J., and S. J. Yanagisako, eds. 1987.
88 Oakley, A., 1994, p. 22. 강조는 원문.

남성을 이분법적으로 나누는 우를 범했을 뿐만 아니라, 여성과 어린이를 멋대로 한편으로 묶어 남성의 반대편으로 만드는 실책도 했다.[89] 여성들의 '침묵당한 목소리'를 들어주고 그들의 세계를 드러내고자 했던 인류학자들의 프로젝트는 대단히 정치적인 움직임이었다. 예전에는 민족지에서 여성을 배제하는 경우가 자주 있었고, 여성을 대상으로 한 연구와 이론을 인정할 수 없다며 묵살했던 전적이 있기 때문에 새로운 여성인류학은 여성들의 세계관을 진지하고 중요하게 다루었다. 그러나 무엇보다도 성별 구분을 가장 우선시하는 바람에 나이, 계층, 민족적 배경, 생애 주기에 따른 위상 변화 등 여러 다른 요소들을 경시하고 말았다. 이처럼 비록 가부장적인 사회 조직 아래에서는 여성과 어린이가 사회적·정치적으로 유사한 위치에 있다고 볼 수도 있지만, 실제로 가정에서나 바깥 사회에서나 그들이 속한 정치적·사회적·경제적 구조는 매우 다른 영역이었다. 게다가 질 코빈[90]과 주디스 에뉴[91]가 아동 학대를 연구하면서 지적했듯이, 어른인 여성이 어린아이에게 어떤 힘과 권력을 행할 수 있는지에 대해서는 거의 아무런 연구도 이루어지지 않았다.[92]

여성의 순종적 성향이 보편적인 현상이라는 관점에 비서양 페미니스트들의 반론이 제기되면서, 여성에 대한 분석에서 자연적인 것과 문화적인 것, 그리고 공적인 것과 사적인 것을 이분법적으로 구분하는 관

89 Oakley, A., 1994.
90 Korbin, J., ed., 1981.
91 Ennew, J., 1986.
92 Malkki, L., and E. Martin, 2003에서 더 많은 정보.

점은 자취를 감추기 시작했으며 성별, 계층, 인종 간의 상호작용과 사회의 복잡성이 주된 연구 주제가 되었다. 성별 차이는 다른 수많은 사회적 차이의 하나로 여겨지기 시작했으며, 여성과 여성의 반대편을 이분법적으로 구분하는 관점은 점차 수그러들었다. 예를 들어 올리비아 해리스는 볼리비아 안데스 지역 레이미족 어린이를 대상으로 한 연구에서, 레이미족은 남과 여의 구분보다는 야생과 길들여진 것의 구분을 더 중시했으며, 이러한 구분에서 남녀의 차이는 없었다는 사례를 오트너의 이분법적 관점에 대한 반론의 근거로 제시했다.[93] 레이미족은 말을 배우기 이전의 영유아는 야생의 존재라고 생각해 머리도 자르지 않았다. 비슷한 관점에서 결혼하지 않은 사람도 야생에 가깝다고 보았으며, 결혼을 해서 노동과 생산과 소비를 함께 하는 부부를 그들 사회 체계의 가장 중요한 구성원으로 여겼다. 그 사회의 상징과 조직 체계는 이분법에 근거해 구성되었지만, 이는 성별이나 연령에 따른 구분이 아니었다. 해리스의 연구는 외부의 기준으로 여성 문제를 다룰 때 어떤 문제가 생길 수 있는지 보여 주었다.

남성과 여성 혹은 어른과 어린이를 이분법적으로 바라보기보다는 그들 사이의 상호작용과 상호 보완성이 더 의미 있다는 통찰은 장 라 퐁텐[94]이 편집한 『성별과 나이, 사회적 차별의 원칙(*Sex and Age as Principles of Social Differentiation*)』[95]에 잘 드러나 있다. 이러한 관점은 나

---

93 Harris, O., 1980.

94 Jean S. La Fontaine. 17세기 우화작가로 유명한 장 드 라 퐁텐(Jean de La Fontaine)과는 다른 인물이다.—역자 주

95 La Fontaine, J. S., ed., 1978.

이지리아의 하우사(Hausa)족 어린이들이 가진 경제적 가치를 분석하고 이에 따른 여성의 역할과 지위를 조사한 이니드 차일드크라우트의 연구에 잘 드러나 있다. 다음은 차일드크라우트의 주장이다.

어린이와 어른은 사회 시스템 안에서 상호 보완적인 역할을 한다. 도시에 사는 하우사족의 경우, 비록 어린이들이 중요한 일을 하는 것은 아니지만, 사회 전체의 구조에서 어린이를 가장 중심에 둔다. 사회, 경제, 정치의 영역에서 어른이 해야 할 일을 정할 때, 특히 성별에 따른 일의 구분에는 어린이의 사회적 역할을 반드시 고려한다.[96]

차일드크라우트가 하우사족 공동체에서 자세히 살펴본 것은 유년기의 다양한 모습이었다. 그들의 유년기에서는 남자와 여자의 역할이 상당히 달랐으며, 성별 차이만큼 나이에 따른 위계 구분도 중요시했다. 여성과 어린이를 같은 부류로 취급하지 않았고, 사회적 조직을 남과 여혹은 어른과 어린이로 단순하게 구분하지도 않았다. 하우사족의 사회는 서로 다른 연령대 간의 상호관계, 그리고 하나의 성별 안에서 여러 연령대 간의 상호관계가 복잡하게 얽혀진 조직이었다.

라 퐁텐의 저서가 유년기 인류학에 중요한 자료인 이유는, 연령 집단, 세대 차이, 생애 주기 단계와 같은 보다 넓고 다양한 배경 요인이 유년기와 연관성이 있음을 보여 주었기 때문이다. 라 퐁텐은 어린이를 하위문화 집단으로도, 미지의 부족민으로도, 여성과 함께 논의해야 하는

---

96 Schildkrout, E., 1978, p. 133.

존재만으로도 보지 않았다. 라 퐁텐이 위 책의 서문에 쓴 성별 역할에 대한 분석은 여성과 어린이 사이에 구조적으로 연결되는 개념이 있다는 점을 인정하면서도 둘을 성급하게 하나로 묶지 않았으며, 지금까지 나온 자료들 중에 가장 잘 다듬어진 자료다.

『성별과 나이』에서 분석한 사회적 차별의 두 가지 원칙은 공통점이 아주 많다. 두 가지 모두 인간의 생리학적 특성 일부를 골라서 만들어냈으며, 그에 맞는 논리성을 갖춘 정형화된 시스템이다. 성별에 따른 구별은 남자와 여자가 공동체 안에서 일치를 이뤄야 한다는 전제 아래 이루어지고 있으며, 나이에 따른 구별은 인간의 수명에 따라 정해지는 위계질서를 만들어낸다. 두 원칙 모두 '자연적'인 구조의 차이를 개인의 탓으로 돌려 인간의 행동을 직접적으로 조정하는 속성을 가지고 있다.[97]

어린이 중심의 인류학

1970년대 이후 유년기 연구에 주목할 만한 변화가 일어났다. 민족지 연구에서 어린이를 중요한 정보 제공자이자 동반자로서 받아들이기 시작했다. 미국은 오래전부터 어린이 연구를 해왔었고, 인간의 생애 주기에서 유년기가 얼마나 중요한지를 보여 줬던 『화내지 않는 사람들(*Never in Anger*)』[98]과 같은 책이 대중적인 인기를 끌기도 했다. 하

---

97 La Fontaine, J. S., ed., 1978, p. 18.

지만 그들보다 앞서 유년기 연구를 정치적으로 해석하기 시작한 쪽은 유럽의 인류학자와 사회학자들이었다. 앨리슨 제임스는 "어린이 연구의 역사는 미국 인류학계가 훨씬 오래되었지만, '어린이의 관점'을 탐구해야 한다는 주장을 먼저 강력하게 제기한 것은 1970년대의 유럽이었다는 사실은 다소 흥미롭다. 그들은 '어린이의 관점'은 사회적 행위자로서의 어린이의 '목소리'를 직접 들어야 올바로 알 수 있다고 주장했다"[99]고 했다. 영국에서는 장 라 퐁텐[100], 앨리슨 제임스와 알란 프라우트[101], 사회학자 크리스 젠크스[102], 베리 메이욜[103], 프랜시스 웨이크슬러[104]와 같은 학자들은 한 목소리로 '비록 많은 경우 어린이들이 어떻게 느끼느냐에 달려 있기는 하지만, 유년기는 문화적으로 구성된 산물이며 시간과 장소에 따라 변하는 사회적 현상이기 때문에, 유년기를 보편적이고 변하지 않는 개념으로 봐서는 안 된다'는 주장을 폈다. 이들은 현대 서양 사회가 '어린이는 가정에 있기보다는 학교에 나가야 하고, 약하고, 무능하고, 의존적이며, 상처받기 쉬우며, 자율권보다는 무조건적인 보호가 필요한 존재'라는 생각을 갖게 되었다고 보았으며, 이처럼 어린이의 세계를 어른의 세계와 분리된 영역으로 인식하게 된 과정을 탐구했다. 라 퐁텐은 어린이를 사회적으로 미성숙한 존재가 아닌,

---

98 Briggs, J., 1970.

99 James, A., 2007, p. 263.

100 La, Fontaine, J. S., 1986a.

101 James, A., and A. Prout, eds., 1997.

102 Jenks, C., 1996.

103 Mayall, B., ed., 1994.

104 Waksler, F. C., 1991.

그 자체로 온전한 존재로 대하는 연구가 필요하다고 주장했다.

라 퐁텐은 "흔히 어린이는 사회적으로 미성숙한, 다듬어지지 않은 원석과 같기 때문에 사회과학의 연구 대상으로는 부적절하다는 구시대적 사상과 풍습이 아직 인류학계에 남아 있다"[105]고 했다. 라 퐁텐은 성인기와 마찬가지로 유년기 역시 "예나 지금이나 신체적 성장 정도가 아니라 사회적 정의에 따라 규정되었다"[106]고 하며, 인류학자들은 유년기가 사회적으로 구성되고 문화에 의해 규정되면서도 젠더처럼 의미가 가변적일 수 있는 개념임을 중시해야 한다고 주장했다.

어린이 중심의 인류학은 그러한 결점을 보완했다고 여겨졌다. 어린이 중심의 인류학은 어린이의 시선과 생각을 중요하게 생각하며 어린이를 불완전하고 무능력한 존재로 바라보지 않는다. 어린이가 자신에게 일어나는 일에 대해 아무것도 모를 것이라는 생각에 반대하며 어린이들의 목소리에 귀 기울일 것을 강조한다. 과거 연구자들은 어린이가 교육을 받거나 성인식을 치르는 등 결코 그 상황에 대해 모를 리가 없는 경우에도 그들의 이야기를 직접 듣지 않았었다. 그러나 인류학자들이 이 같은 누락에 대해 전혀 인지하지 못하고 있었던 것은 아니다. 1950년대에 잠비아의 벰바(Bemba)족 소녀들의 성인식을 연구했던 오드리 리처즈는 다음과 같은 글을 남겼다.

내 조사 자료에서 가장 큰 결점은, 당사자인 소녀들에게 직접 들은 이

---

105 La, Fontaine, J. S., 1986a, p. 10.
106 La, Fontaine, J. S., 1986a, p. 19.

야기가 한 마디도 없었다는 사실이다. 내 생각에 이 건 중요하다. 성인식 의례가 진행되는 동안 덮개에 가려진 채 시종일관 침묵을 지키던 소녀들의 모습은 마치 모든 인격이 사라지고 있는 것처럼 보였다. 그들은 의례에서 가장 중요한 인물이었던 동시에 가장 눈에 띄지 않는 인물이었다. 그렇다고는 해도 나는 그 두 명의 소녀와 더 많은 이야기를 나누지 못하고 더 가까이 다가가지도 못한 채 이렇게 중요한 정보를 누락하고 말았던 실수 때문에 고민했다. 이 누락은 의례가 가진 교육적 기능에 대한 내 해석을 완전히 확신할 수 없는 근거이기도 하다.[107]

비록 메리 엘렌 굿맨과 같이 "어린이들은 훌륭한 정보 제공자가 될 수 있으며, 인류학자들은 어린이들의 세계관을 이해할 필요가 있다"[108]는 주장을 했던 인류학자들도 소수 있기는 했지만, 어린이들의 삶에 대해 가장 잘 이야기해 줄 수 있는 정보 제공자는 바로 어린이라는 생각이 전면에 등장한 건 지금으로부터 불과 30년도 되지 않았다.

미라 블루본드-랭그너가 미국 호스피스 병동 어린이를 대상으로 했던 연구[109]는 어린이를 중요한 정보 제공자로 삼았던 최초의 인류학적 사례 중 하나다. 그녀는 치명적인 질병을 앓고 있는 어린이들을 대상으로 그들이 자신의 질병에 대해서 얼마나 잘 알고 있는지를 조사했고 이를 의사 및 부모의 생각과 비교했다. 그녀의 정보 제공자가 되어 준 어린이들은, 의사와 부모가 자신의 병에 대한 정보를 철저하게 차단하

107 Richards, A., 1956, p. 63.
108 Goodman, M. E., 1957.
109 Bluebond-Langner, M., 1978.

고 있었음에도 불구하고 자기가 곧 죽을 거라는 사실을 잘 알고 있었다. 그들은 스스로의 상태를 다른 어린이와 비교하고, 또 간병인들의 태도와 제스처를 관찰해 자신이 치명적인 병을 앓고 있다는 사실을 유추해 냈다. 그리고 자기가 이 사실을 깨달았다는 것을 부모가 알아차리지 못하도록 노력했다. 어린이들과 직접 대화를 나눈 블루본드-랭그너는 자녀들이 어떻게 부모의 태도로부터 자신의 병을 해석하는 지를 보여 주었다. 그리고 부모와 자녀 모두 서로가 아는 사실을 상대방이 모르고 있기를 바라는 마음이 있다고 했다. 또한 부모의 바람과는 달리 어린이는 결코 병에 대한 정보를 수동적으로 듣고 있지만은 않았다고 하며, 그 정보는 부모와 자식이 서로 상의해야 할 대상이었음을 보여 주었다.

1990년대에 들어서 몇몇 인류학자들은 어린이들이 직접 자신의 경험을 이야기하도록 하는 방법을 적극적으로 이용하기 시작했다. 이러한 연구들로는 영국 학생들의 우정에 대한 연구[110], 노르웨이 어린이들의 가정생활에 대한 연구[111], 덴마크 어린이 놀이터의 부상과 질병에 대한 연구[112] 등이 있다. 또한 많은 인류학자들이 현지 조사 과정에서 어린이들이 친구이자 선생이 되어 주었다는 사실을 인정했다.[113] 이러한 연구에서는 정보 제공자인 어린이들의 협조가 반드시 필요하며, 어린이들의 일상생활과 관심사를 중요하게 여긴다. 또한 무엇보다도 유년

---

110 James, A., 1993.
111 Gullestad, M., 1984; Solberg, A., 1997.
112 Christensen, P., 1999.
113 Bird-David, N., 2005.

기가 그저 "어른들의 사회와 관심사에 딸려오는 부수적인 현상"[114]이라는 관점을 거부한다.

이 새로운 관점은 유년기 연구의 초점을 사회화나 양육 방식 조사로부터 어린이의 삶, 환경, 부모, 양육에 대해 어린이 스스로가 생각하고 느끼는 바를 직접 조사하는 방향으로 변화시켰다. 어린이들의 목소리를 연구의 시작점으로 삼는 것은, 더 이상 육체의 성장 정도를 유일하고 우선적인 기준으로 삼아 모든 어린이를 하나의 비슷한 무리로 취급하지 않겠다는 뜻이다. 유년기는 일시적인 상태이기 때문에 중요하지 않다는 관점을 어린이 중심의 인류학에서는 단호하게 거부한다. 뿐만 아니라 어린이는 주체적인 행위자이며, 자기 자신은 물론 또래들과 주위 사람들의 삶에 영향력을 행사할 수 있다는 관점을 반영한다.[115]

그러나 유년기에 대한 이 같은 시각은 상당히 정치적인 것이며, 유년기를 오래 연구한 학자 중에서는 이에 대해 우려 섞인 시선을 보내는 경우도 있다. 일례로 로버트 르바인은, 어린이가 항상 주체적인 행위자인 것도 아니며, 양육에 대한 연구가 어린이를 무시하거나 부차적인 존재로 보는 것도 아니라고 하며 다음과 같이 주장했다.

아동사회화 연구가 어린이를 주체가 아닌 객체로 여기며, 어린이의 목소리는 막고 어른들의 생각만 듣고, 어린이를 이용하기만 한다는 주장이 있다. 그러나 이러한 혐의는 지식 추구를 위해서가 아니라 여성 및 소수

---

114 James, A., et al. 1998, p. 197.
115 Waksler, F. C., 1991; James, A., and A. Prout, 1995; Morrow, V., 1995.

민족의 학대를 종식시키기 위한 정치적 투쟁의 무기로써 유년기 인류학을 연구하는 사람들이 만들어낸 것이다. 어린이와 부모에 대한 깊은 이해를 추구하는 데 있어서 그와 같은 정치적 행위를 거부해 왔다는 점은 아동사회화 연구가 지닌 강점 중 하나다. [116]

유년기가 사회적 현상의 일종이라는 인식은 널리 퍼진 반면에, 어린이를 정보 제공자로 받아들이고 어린이와 함께 연구를 진행하는 일은 여전히 많은 어려움을 안고 있었다.[117] 연령대가 높은 어린이를 대상으로 할 때는 연구 윤리에 문제가 제기되기도 한다. 어린이를 연구 과정에 참여시킬 때는 반드시 어른 조사자와 어린 정보 제공자 사이의 힘의 차이를 유념해야 한다. 이러한 사실은 이 연구가 지닌 문제의 특수성이 무엇인지 보여 준다. 서양의 환경에서는 어린이에게 연구에 참여할 의향이 있냐고 물었을[118] 때, 그들로서는 거부하기 어려운 이유가 여럿 있다. 많은 연구자들이 학교를 조사 장소로 삼는 이유는 어린이들이 이미 정해진 단체 스케줄을 사실상 거부하기 어렵기 때문이다. 부모님이나 선생님에게는 반드시 양해를 구하는 반면, 어린이에게 동의를 구하는 경우는 별로 없다. 이러한 경향은 비서양권에서도 비슷한데, 조사를 위한 허가가 주로 공동체 전체를 대상으로 나오며 어린이만 따로 선별해서 인터뷰나 조사를 할 수 있는 허가는 받기 어렵다. 심지어 어린이에게 정보를 제공받아도 좋다는 허가를 받더라도 다른 문제가

---

116 LeVine, R., 2003, p. 5.

117 Friedl, E., 2004.

118 Morrow, V., and M. Richards, 1996

또 있다. 미라 블루본드-랭그너와 질 코빈은 어린이의 목소리를 강조하거나 연구에 참여할 권리를 강조한다고 해서 그 모든 문제가 해결되는 건 아니라고 하며, 어린이의 말을 인용할 때는 항상 다음과 같은 사항을 염두에 두어야 한다고 했다. "어떤 표현을 주로 선택했는가? 무비판적인 인용은 없는가? 이중적인 말을 하지 않았나? 누구의 의견으로 주로 구성되었는가?(인류학자인가? 어린이인가?) 어느 편의 의제가 더 중시되었나?(인권 단체의 의제인가? 어린이가 살고 있는 공동체의 의제인가?)"[119]

어린이 참여적 연구를 하는 인류학자들 중에는 어린이의 주의 집중 범위와 일상생활을 고려한 특화된 연구 기술을 개발한 사람들이 많다. 연령대가 낮은 어린이가 그린 그림이나 낙서의 의미를 해석하는 기술도 그 중 하나다.[120] 또는 어린이에게 카메라를 쥐어주고 자신이 중요하다고 생각하는 사람이나 장소의 사진을 찍어 오게 함으로써 그들의 삶을 들여다보는 방법도 있다. 브라질에서 길거리 어린이들을 연구했던 토비아스 헥트는 몇몇 어린이들에게 녹음기를 주고 그들끼리 서로 무엇을 했는지 물어보는 인터뷰를 유도함으로써 어른들에게는 하지 않았을 법한 이야기들을 자세하게 들을 수 있었다.[121] 레이첼 힌턴은 네팔에서 부탄 난민 어린이들을 연구하면서 '참여 시각 기법(participatory

---

119 Bluebond-Langner, M., and J. Korbin, 2007, p. 243.
120 마거릿 미드의 사모아 연구에서 제일 처음 시도된 방법이기는 하다. 어린이의 그림 속에서 공간과 지위의 상관관계에 대한 인식을 조사하는 방법은 토렌(Toren, C., 1993, 2007)의 연구를 참조.
121 Hecht, T., 1998.

visual techniques)'을 이용해 그림이나 낙서에서 보건 의료에 대한 어린이들의 생각을 알아보기도 했다.[122] 레이첼 베이커 등은 네팔 길거리 어린이들을 연구하면서 '스파이더 다이어그램'이나 사진을 이용한 '참여 지역 평가(PRA; participatory rural appraisal)' 기법을 사용했다.[123] 이러한 방법은 어린이의 삶에 대한 새로운 시각을 제공해 줄 뿐만 아니라, 어린이들이 실질적인 연구 파트너가 되어 그들 스스로 연구를 이끌어 가도록 참여를 유도하기 때문에 연구 윤리 측면에서도 더 바람직하다.

연구자 역시 한 사람의 어른이자 외부인이기 때문에 연구 대상인 어린이들과 친분을 쌓는 일이 결코 쉽지는 않다. 어른이 어린이 행세를 하기는 불가능하기 때문에, 어린이와 함께 연구를 하고자 하는 인류학자나 사회학자들은 어떤 모습으로 어린이에게 다가가야 할지에 대해 깊이 고민했다. 사회학자 개리 파인은 외부에서 온 성인 연구자가 어린이와 함께 하는 연구에서 취할 수 있는 모습에는 감독(supervisor), 리더(leader), 관찰자(observer), 친구(friend)의 네 가지 역할이 있다고 했다.[124] 그러나 이중 어떤 역할을 선택하더라도 어린이와 어른 사이에는 근본적인 힘의 차이가 있다는 사실을 기억해야 한다. 어쩌면 친구 역할이 참여 관찰에 가장 유리해 보일 수 있지만, 어른은 몸의 크기부터가 다르기 때문에 어린이와 다른 지위를 가질 수밖에 없으며 이로 인해 여러 가지 문제가 생길 수 있다. 어떤 민족지 연구자들은 그 차이와 거리

122 Hinton, R., 2000.

123 Baker, R., et al., 1996.

124 Fine, G. A., 1987.

를 인정하고 들어간다. 낸시 만델은 '어른 노릇을 최소화하기'를 통해 이 차이를 극복하고자 했다. 만델은 "어른의 전형적인 모습을 지우기 위해 노력했다. 서로 소통하는 과정에서 권위적으로 굴거나, 어려운 말을 쓰거나, 지성과 사회성을 드러내는 모습을 피하고 최대한 어린이들의 방식을 따르려 했다"[125]고 한다. 비록 몸의 크기 차이는 어떻게 할 수 없지만, 그 외에 어른스러움을 드러내거나 어린이들과는 다른 존재임을 암시하는 표시를 내지 않기 위해 연구 기간 내내 애를 썼다고 한다. 이탈리아와 미국의 학교에서 어린이들과 함께 연구를 진행했던 또 다른 사회학자 윌리엄 코사로는 결코 자기가 어린이처럼 보일 수 없다는 사실을 인정했다.[126] 하지만 그 대신에 어린이들이 그에게 어른 같지 않은 어른인 '빅 빌(Big Bill)'이라는 특별한 배역을 맡기고 즐거워하는 모습을 발견했다고 한다. 간혹 몸의 크기 차이를 인정하지 않은 채 어린이처럼 굴었던 연구자도 있다. 실제로 영국의 어린 학생들을 연구했던 안나 레크는 어린이들 사이에 녹아들어 가기 위해 노력했다.[127] 그들과 함께 모래밭에서 뒹굴고, 어린이용 옷을 입었으며, 어린이용 의자에 앉았고, 그들과 함께 선생님에게 대들기도 했다.

아이가 있는 연구자들은 오래전부터 자신의 자녀를 연구원으로 활용해 왔다. 그 아이들은 현지의 정보 제공자인 동시에 '명백한 타자'의 역할을 하면서, 다른 어린이들 및 그들의 가족과 친분을 맺고 부모가 현지 조사 현장에 자리를 잡는 데 도움을 주었다. 인류학 내부적으로

---

125 Mandell, N., 1991, p. 42.
126 Corsaro, W., 1985.
127 Laerke, A., 1998.

성찰의 목소리가 높아지던 시기에는 현지 조사에서 연구원과 조사 대상 사이의 관계가 중요한 문제로 떠올랐고, 부부나 자녀를 현지에 투입하는 일이 결과에 초래하는 영향력도 논의의 대상이 되었다.[128] 자녀와 함께 한 민족지 연구를 살펴보면, 부모인 동시에 인류학자이기에 겪는 어려움, 그리고 아이를 현지에 적응하게 할 것인지 부모 사회의 가치관을 계속 유지하게 할 것인지를 두고 벌어지는 갈등이 생생하게 묘사되어 있다.

다이앤 토버는 홀어머니의 몸으로 자녀를 데리고 이란에서 현지 조사 할 때 겪은 이점과 어려움을 글로 남겼다.[129] 거기에는 아들들 때문에 공개적으로 망신을 당했던 일, 그녀가 결코 가르치려 하지 않았던 말들을 배워 온 일 등 아이들과 그녀 사이에 있었던 모든 갈등과, 다른 한편으로는 (외부인의 접근이 어려운) 관료제도나 학교제도에 접근하는 데 아들들이 도움이 되었던 일 등이 모두 기록되어 있다. 크리스틴 휴-존스는 자신의 아이들을 아마존 사람들에게 맡기면서 걱정과 불만을 표시하기도 했지만, 현지인들 사이에서 부모의 지위를 허락받은 점은 도움이 되었다고 했다.[130] 이러한 경우에는 어린이들이 연구에 공헌한 바가 있지만, 어린이들의 직접적 경험이 연구에 크게 반영되지는 않았다. 이 어린이들은 연구에 제한적으로 참여했을 뿐이며, 그들이 조사 항목에 관여할 기회도 사실상 없었다. 유년기 어린이 연구는 앞으로 점점 더 어린이의 참여도가 높아지고 어린이의 시각을 중시하게 될 것이

---

128 Cassell, J., 1987; Gottlieb, A., 1995; Hendry, J., 1999; Handler, R., 2004.

129 Tober, D., 2004.

130 Hugh-Jones, C., 1987.

다. 영국에서 학생들을 연구에 참여시킨 메리 켈렛은, 학생들에게 직접 조사 연구 방법을 가르쳐 그들 스스로 연구 안건을 상정하고 조사 방법까지 고안할 수 있도록 했다.[131] 알리슨 제임스는 어린이의 관점을 중시한 연구가 어린이들의 삶에 대한 연구자들의 해석을 바꾸게 될 것이라고 보았다.[132]

결론

지금까지 인류학의 유년기 연구사를 살펴본 목적은, 결코 어린이 중심의 인류학이야말로 어린이를 올바로 이해할 수 있는 최선의 방법이라거나 유년기 연구의 종착점이라는 주장을 내세우기 위해서가 아니다. 블루본드-랭거와 질 코빈이 말했듯이, 어린이만의 세계나 어린이에게만 해당하는 문제는 이 세상에 없다.

유년기와 어린이를 연구하는 사람은, 복잡하고 지저분한 현실 사회에서 눈을 돌리지 말고 직시해야 한다. 또한 인간의 본질과 성장 과정에 대한 의문도 지속적으로 가져야 한다. (…) 우리는 아직 어린이(child), 젊은이(youth), 유년기(childhood)와 같은 용어의 정의에 고민하고 있다. 이러한 개념을 정의하려다 보면 연령, 주체적 행동, 성장 과정, 사회적 역할과 책

---

131 Kellett, M., 2005.
132 James, A., 2007.

임 같은 오래된 주제들(모두 보편적이고 중요한 주제들이다)을 만나게 된다. 개인과 집단, 보편성과 특수성 사이에서 건강한 긴장관계를 유지하는 길은 무엇인가? 특수한 사례에서 보편적 의미를 찾을 수 있는 길은 무엇인가? [133]

어른들은 어린이들에게 특별한 책임감을 갖기 마련이지만, 어린이 연구의 주제가 꼭 특별한 것이어야 할 이유는 없다. 블루본드-랭거와 코빈이 이야기 했듯이, 유년기 연구는 본질적으로 인간의 성장과 생애 주기에 관한 일반적인 연구에 더 가깝다. 어린이를 연구하는 인류학자가 늘어나고 유년기에 대한 이론적 연구가 계속 되면서, 이제는 하나의 인류학 하위 분과라고 내세워도 좋을 만큼 상당한 지식이 축적되었다.[134] 하지만 유년기 인류학이라는 분과 학문이 얼마나 오래되었고 어떤 것을 조사해 왔었고 어떤 이론적 전통을 가지고 있건 간에, 인류학에 있어서 유년기는 언제나 중요한 주제였고, 모든 질문의 중심에는 유년기가 포함되어 있었다. 다음과 같은 질문들 말이다. 삶은 언제 시작되는가? 무엇이 사람을 사람으로 만들며, 무엇이 사람을 사회적 존재로 만드는가? 어린이는 어떻게 어른이 되는가? 어린이와 가족과 사회의 관계는 무엇인가? 이러한 질문에 답을 구하는 과정에서 어린이가 얼마나 중요한 도움을 줄 수 있는지 이어지는 장에서 살펴보고자 한다.

---

133 Bluebond-Langner, M., and J. Korbin, 2007, p. 245.
134 Benthall, J. 1992.

2장

어린이란 무엇인가?

What is a Child?

서론

유년기 연구자들은 두 가지 주장을 꾸준히 하고 있다. 첫째, 유년기는 사회 현상이다. 둘째, '성장'이라는 말에는 사회적 성장의 뜻도 있으며, 이는 그 사회의 문화적 배경에 따라 달라진다. 성장이 끝나지 않은 모든 사람을 어린이라고 부르는 것은 문제가 있으며, 하나의 사회 안에서도 성별, 연령, 출생 서열, 민족에 따라 어린이의 삶은 달라질 수 있다. 다른 사회 간에는 이 차이가 더 확연하게 드러난다. 민족지 연구자들은 일찍부터 유년기의 다양성을 인식하고 어린이들의 삶의 차이를 논의했으며, 수많은 사회의 어린이 관념을 분석했다. 이 장에서는 "어린이란 무엇인가?"라는 질문에 대한 다양한 답변과 유년기를 이해하는 갖가지 방법을 알아본다. 어떤 사회에서는 유년기라는 개념이 사실상 존재하지 않고, 또 어떤 곳에서는 어린이는 할 수 있는 일이 없는 불완전한 존재라고 한다. 유년기를 인생에서 가장 흠없고 완전한 시기로 생각하는 사회도 있다. 그만큼 유년기를 보는 관점은 다양하다. 여러 민족지 사례를 살펴보면 어른과 어린이는 명확하게 선을 긋듯 구분하기 어렵고, 성인이 되었다고 해서 사회화 과정이 끝났다고 할 수도 없다. 그러나 비록 형태는 다를지 몰라도 유년기가 존재하지 않는 사회는 없다.

근대적 유년기 개념 : 필립 아리에스Philipe Ariès의 영향

아무리 이 책이 인류학 위주라고는 해도 유년기를 논의하는 데 있어서 필립 아리에스를 언급하지 않을 수는 없다. 프랑스 역사학자인 필립 아리에스는 유년기를 사회적 역사적으로 만들어진 개념으로 분석했고, 그의 견해는 사회과학 분야의 유년기 연구에 커다란 영향을 미쳤다. 아리에스는 저서 『아동의 탄생(*Centuries of Childhood*)』[1]에서 서양에서 유년기라는 시기를 명확하게 구분하기 시작한 건 15세기 말 부터이며, 그 이전에는 생애 주기에서 유년기라는 개념이 없었다고 했다. 아리에스는 "중세시대에는 유년기 개념이 없었다. 하지만 어린이를 무시하거나 싫어했기 때문은 아니다. 유년기의 특성과 어린이를 향한 애정을 혼동해서는 안 된다. 유년기의 특성은 그 연령대 어린이들이 갖고 있는 어른과 다른 특성을 지칭하는 것이다. 아무리 나이가 어려도 어른일 수 있다. 중세시대에는 어른과 어린이가 크게 다르다고 생각하지 않

---

1   Ariès, P., 1979[1962].

왔다"[2]고 말했다.

아리에스의 이론은 대부분 중세 유럽 회화를 근거 자료로 제시하고 있다. 중세 회화 속 어린이들은 대부분 포즈와 근육의 형상이 어른과 비슷한 '작은 어른'으로 묘사되어 있다. 16세기가 되어서야 화가들이 어린이를 어린이처럼 그리기 시작했으며, 어린이 전용 옷, 문학, 장난감들이 세상에 등장했다. 어린이가 어른과 다른 특별한 존재라는 인식이 생겨난 이후에는 점차 유년기를 아름답고 감상적으로 바라보는 경향이 강해졌고, 19세기와 20세기에 이르러서는 '가족의 중심은 어린이'라는 관념이 널리 퍼졌다. 그리하여 어린이를 "세상에 나올 준비가 되어 있지 않으며 (…) 어른들의 세계에 발을 들이기 전까지는 특별한 보호와 관리(일종의 격리)를 받아야 하는 대상"[3]이라고 생각하게 되었다는 것이 아리에스의 주장이다.

아리에스의 이론은 여러 분야의 사회과학자들로부터 비판을 받았지만[4], 그럼에도 여전히 많은 학자들로부터 인용되고 논의되고 있다. 유년기 인류학자들도 '유년기는 사회적으로 만들어진 개념이며, 역사적·문화적 배경에 따라 변화한다'는 그의 견해에 이론적 뿌리를 깊이 내리고 있다. 민족지를 살펴보더라도 '부모가 아이를 위해 헌신하는 것은 생물학적으로 당연한 사실이 아니라, 환경에 따른 여러 가지 부모의 유형 중 하나일 뿐'이라는 그의 주장을 입증할 만한 사례를 쉽게 찾아 볼 수 있다.

---

2   Ariès, P., 1979[1962], p. 128.
3   Ariès, P., 1979[1962], p. 412.
4   Vann, R., 1982.

하지만 아리에스의 이론을 큰 틀에서 인정한다고 해도, 세부적인 부분에는 논란의 여지가 있다. 우선, 회화에 대한 의존도가 지나치게 높았다. 여러 가지 근거 자료를 통해 만든 이론이라고는 하지만, 당대의 육아 안내서 같은 문헌 자료는 전혀 언급된 적이 없을 정도다. 물론 회화는 대체로 특정한 인물이나 기관이 어떠한 목적을 가지고 의뢰하는 경우가 많으므로, 당대의 정치적·사회적 상황과 무관하지 않다. 하지만 중세의 회화는 거의 대부분 종교적인 목적으로 그려진 것이다. 그림의 주제도 종교적이며, 그림에 사용된 상징도 종교적 이야기 및 사상과 관련이 있다. 그 시대의 현실적인 어린이 모습을 그리기보다는, 아기 예수와 성인성녀들의 어린 모습을 순진무구하게 표현하려 했다. 15세기와 16세기에는 부를 축적한 상인계층이 화가들에게 자신과 자녀들의 초상화를 의뢰하게 되었다. 그들은 자신의 사회 경제적 지위가 잘 드러날 수 있도록 종교적인 표현 방식과는 다른 상징과 예술적 기법을 사용하기를 원했다. 특별한 아이들만이 그려진 것이다. 빈곤층 어린이를 그린 그림은 찾아보기 힘들고, 그나마도 남자아이를 대상으로 한 그림이 절대적으로 많았다. 때문에 아리에스의 이론은 계층과 성별을 고려하지 않았다는 비판을 받게 되었다.[5]

아리에스는 회화를 주된 근거 자료로 삼았고, 다른 아동 관련 자료들은 경시했다. 실제로 소아 질병에 관한 몇몇 의학 서적들을 살펴보면, 어린이에게는 성인과는 다른 욕구와 특성이 있다는 내용이 분명히 있다. 15~16세기의 법률도 죄를 지었을 때 책임을 물을 수 있는 나이(형

---

5   Pollock, L. A., 1983; Montgomery, H., 2003.

사 책임 연령)에 제한을 두고 있으며, 이는 어린이는 어른과 다르며 도덕적 지각력이 떨어진다는 견해가 반영된 것이라고 볼 수 있다. 또한 아리에스의 주장에 따르면, 부모들은 7살 이전의 어린이를 결코 소중하게 여기지 않았으며, 대개 7살 아래는 아예 '가족으로 여기지도 않았다'고 한다.[6] 하지만 비평가들은 그 당시 아이들도 갓난아기 때부터 많은 사랑을 받으며 자랐다고 주장하며 아리에스의 이론을 정면으로 반박했다. 린다 폴록은 16~17세기의 부모들이 쓴 일기, 시, 수기(특히 어린 자녀를 잃고 절망한 부모들이 직접 쓴) 등을 반박의 증거로 들었다.[7] 당시의 영아 사망률을 고려해 보면, 어린이들이 얼마나 다치기 쉬운 존재였는지, 그리고 그런 아이들을 지키고 보살피기 위해 부모들이 얼마나 많은 노력을 기울여야 했는지 어느 정도 짐작할 수 있다. 아리에스의 이론에 반론을 제기하는 학자들은, 7살이 돼야 젖을 떼고 부모의 보살핌을 받을 수 있다는 이야기는 "생물학적으로 불가능하다"[8]고 한다.

유년기 개념의 형성

영어에서 '어린이(child)'라는 단어는 0세~18세 사이의 모든 사람을 지칭한다. 물론 0세에서 18세의 양 끝단에 가까워질수록 아기(baby), 영아(infant), 유아(toddler), 십대(teenager) 등 좀 더 세분화된 용어로 구

---

6   Ariès, P., 1979[1962], p. 128.
7   Pollock, L. A., 1983.
8   Hunt, D., 1970, p.49.

분하기는 하지만, 일반적으로 '어린이'라고 하면 아직 사회적으로 성인이 되지 못한 나이 어린 사람 모두를 지칭한다. 서양 어린이들은 관료제도가 정해 놓은 삶의 단계를 따르게 되어 있다. 제도가 정해 둔 나이에 맞춰 학교를 다니고, 제도가 허락한 나이가 되어야 권리를 얻는다.

관료제도가 정해 주는 나이 기준은 사회적 배경에 따라 달라진다. 예를 들자면, 영국 어린이는 5살부터 학교를 다니지만 스칸디나비아 어린이는 7살부터 다닌다. 어떤 나라에서는 성인이 되기 위해 반드시 거쳐야 할 단계를 연령대별로 상세하게 구분해 두기도 한다.[9] 그러나 나이가 되었다고 높은 단계에 가는 것이라기보다는 책임질 수 있는 역량이 늘어났기에 단계가 올라가는 것이라고 보아야 한다.

성별의 영향도 간과할 수 없다. 주디스 에뉴가 지적했듯이, 어린이는 "성별이 없는 유별난 생물"[10]이 아니며, 성별을 고려하지 않은 어린이 논의는 의미를 갖기 어렵다. 유년기 경험은 남녀에 따라 크게 달라지기 마련이며, 유년기가 끝나는 시기도 서로 다를 수 있다. 이러한 사실은 여러 민족지에서 확인할 수 있다. 아마존 아크웨–샤반테족(Akwẽ–Shavante)의 사례를 예로 들 수 있다. 데이비드 메이버리–루이스에 의하면, 이들은 남녀에 따라 배워야 할 지식과 기술이 다르며, "여섯 살 여자아이는 연약하고 어리지만 '성인 여성'으로 행세하려 하는 반면, 또래의 남자아이는 아직까지 어린이 같다"[11]고 한다. 메이버리–루이스

---

9   Raum, O. F., 1940 ; Gravrand, H., 1983; Ahmed, S., et al. 1999.

10 Judith Ennew, Oakley, A., 1994, p. 21에서 재인용.

11 Maybury–Lewis, D., 1974, p. 73.

가 생각한 바람직한 어린이의 모습은 알 수 없지만, 그는 '어린이처럼 (childish)' 뛰어놀기만 하는 이곳 남자아이들은 일도 하지 않고 책임감도 결여되어 있다는 생각을 은연중에 내비쳤다. 하지만, 여자아이들은 여섯 살이면 동생을 돌보고, 엄마와 함께 채집을 나가고 집안일을 도우며 엄마의 일을 배워야 한다. 과연 이 여섯 살짜리를 어린이라고 부를 수 있을까? 흥미로운 논의가 될 것이다. 아크웨-샤반테족 여성은 여섯 살에도 결혼을 할 수 있고, 몇 살만 더 나이가 들면 신체적으로도 남편을 맞이할 수 있다고 한다.

성별 못지않게 부모가 속한 집단의 정치적·사회적 지위도 유년기에 많은 영향을 준다. 사회 주변부 소수자 집단에서 태어난 여자아이는 상위계층의 남자아이와는 전혀 다른 유년기를 보내게 될 확률이 높다. 이는 단지 그녀를 대하는 어른들의 태도나 그녀에게 주어지는 기회의 차이 정도가 아니라, 아예 유년기의 개념 자체가 다를 수 있다. 브라질 판자촌을 연구한 도나 M. 골드스타인은 "유년기는 부유층의 특권이다"[12]라고 말했다. 그녀는 부유층 어린이는 상대적으로 길고 안전한 유년기를 누리는 반면, 빈곤층 어린이는 "어른이 되기를 재촉 받는다"[13]고 했다. 가정부들이 자기 자녀보다 집주인의 자녀가 더 어린아이 같다며 편애하는 모습이야말로 이 같은 차이점을 잘 드러내 주는 일이다.

유년기의 성격을 규정하고 유년기의 경험을 구별 짓는 요소는 그 외에도 더 있다. 일부다처제, 엄마의 지위, 친척의 수, 사생아 등의 요소도

---

[12] Goldstein, D. M., 1998, p. 389
[13] Goldstein, D. M., 1998, p. 395.

아이의 신분을 결정하고 유년기 이후의 삶에 영향을 미칠 수 있다.[14] 또한 가족 내부에서의 출생 서열도 중요하다. 이미 가족 구성원이 늘어날 대로 늘어난 상태에서 원하지 않게 생긴 아이는 맏이와 같은 대우를 받으며 자라기 쉽지 않다.[15] 장자 상속제 사회의 경우, 부모의 재산을 물려받게 될 장자(대부분 남자다)는 다른 형제자매와는 완전히 다른 유년기를 보내게 된다. 마이어 포르테스는 가나 북부 탈렌시족의 사례에서, 첫째가 아들이냐 딸이냐에 따라서 부모와의 관계가 어떻게 달라지며, 부모의 장례식에서 맡아야 할 책임은 얼마나 다른지를 소상히 기록했다. 반면 말자(末子) 상속제 사회에서는 막내에게 특별한 지위가 주어지며, 가족의 땅과 재산은 모두 막내에게 상속된다. 또 어떤 사회에서는, 어린이들이 주로 형제자매가 아니라 연령 집단과 어울려 지낸다. 이 경우 형제자매끼리도 서로 다른 세대에 속해 있다고 보며, 가족 및 공동체에서 맡는 역할도 크게 달라진다.[16]

성인이 되기 전에 많은 사회적 성장 단계를 거쳐야 하며, 이 과정이 사춘기를 지나 결혼 이후에까지도 이어지는 사회에서는 '유년기는 성인기와 구별되는 특별한 시기'라는 관점을 받아들이지 않는다. 제임스 치좀은 미국 나바호 인디언의 발달 과정 모델 연구[17]에서, 서양의 유년기보다 넓은 범위의 8단계의 발달 과정을 기록해 두었는데, 서양식 발

---

14 파푸아뉴기니 마남(Manam) 섬 어린이들을 대상으로 현지 조사를 한 웻지우드의 연구 (Wedgwood, C., 1938)를 참조할 것.

15 Firth, R., 1956; Scheper-Hughes, N., 1992.

16 Jackson, M., 1978.

17 Chisholm, J., 1996.

달 과정에는 이와 일치하는 성장 단계가 없다. 이는 유년기를 포괄적으로 정의하기 어렵다는 좋은 증거다. 그들의 생애 주기 도식에서 유년기는 나이가 아닌 지식과 사회적 능력에 따라 구분되며 그 단계도 하나가 아니다. 성숙한 사회 구성원이 되기 위해 거쳐야 되는 과정은 30살이 넘어도 끝나지 않는다. 첫 번째 단계는 아이가 처음으로 자기 훈련(self-discipline)이 가능하다는 표시를 보이는 2~4세 사이에 시작된다. 4~6세 사이에 시작되는 두 번째 단계에서는 친족관계의 중요성을 배운다. 세 번째 단계(6~9세)에는 생각하는 법을 배우게 되고, 네 번째 단계(10~15세)에 나바호족의 종교적 법률과 공동체 내 위계질서와 가족 구성원으로서 짊어져야 할 의무 등을 배우며 성인기로 접어들 준비를 한다. 다섯 번째 단계(15~18세)가 되면 온전한 성인으로 대접받는다. 다른 점이 있다면, 아직 결혼을 하지 않았고 부모님의 일을 도와야 한다는 것이다. 17~22세 사이에 여섯 번째 단계로 넘어오게 되면 결혼을 하고 가계를 일구기 시작하며 성인으로서의 의무를 지게 된다. 일곱 번째 단계(22~30세)에서는 아이를 갖게 되고 물질적인 성공을 추구한다. 30세가 넘어 생애 주기의 마지막 단계에 이르러서야 자신에 대한 주변인들의 평판이 고정되며 완전히 성장한 사람으로 인정받는다.

결국 '어린이'라는 말은 특정 연령대의 사람을 지칭하는 용어이기도 하지만, 다른 한편으로는 관계를 드러내는 용어이기도 하다. '누군가의 어린이(자녀)'라는 말 속에는 부모와 자녀는 일생 동안 서로 지지해 주고 보살펴 줘야 하는 관계라는 의미가 들어 있다. 누리트 버드-데이비드는 남인도에서 수렵채집인들의 유년기를 연구[18]하면서 '유년기'라는 용어가 가진 상대적인 의미를 파악했다. 그녀는 다음과 같이 논의했다.

　열대우림의 수렵채집인들은 어른 아이 할 것 없이 모두가 숲의 자녀라고 생각한다. 남인도의 나야크(Nayaka)족들은 (…) 숲과 자신들의 관계를 나타낼 때 마칼로(makalo=children)라는 말을 쓴다. 또한 그들의 땅에 먼저 살았던 모든 선조들을 '위대한 부모님들' 혹은 '할아버지들'이라고 부르며 존경심을 표하는데, 그 존재들 앞에서 자신을 칭할 때도 '마칼로'라고 한다. 그들은 스스로를 주위 환경과 세계의 '자녀(children)'라고 생각한다. 이러한 관념은 그들의 도덕과 의례적 담화 속에서 재생산된다.[19]

　나아가 버드-데이비드는 "어린이를 하나의 특이한 소수 집단 내지는 하위 집단으로 바라봐서는 안 된다"[20]고 하며, 어린이와 어른의 영역은 완전히 분리되지 않는다고 주장했다.

무능력하고 순종적인 어린이

　나이에 따른 어린이의 능력은 사회에 따라 다르게 평가된다. 5~6세 소녀에게 어린 동생들을 돌보는 일을 맡기거나, 같은 나이의 소년에게 염소나 소를 책임지고 기르게 하는 사회도 많다. 비록 그들이 어른처럼

18　Bird-David, N., 2005.
19　Bird-David, N., 2005, p. 93.
20　Bird-David, N., 2005, p. 99.

일할 수 있다고 생각하는 건 아니지만, 또래의 서양 어린이들은 상당한 기간 동안 직업을 가질 수 없다고 여겨지는 반면에, 이들은 그 정도 일은 해낼 수 있다고 여겨진다. 역사학자 바버라 에런라이크와 데어드레이 잉글리시는 "요즘은 네다섯 살짜리 아이가 신발 끈을 혼자 묶는 모습을 보면 감탄하게 된다. 미국 대륙이 유럽의 식민지였던 시절에는, 네다섯 살짜리 여자아이들이 스타킹이나 장갑을 짜거나 정교한 자수를 놓곤 했으며, 여섯 살이 되면 실을 자아낼 수 있었다. 일 잘하는 숙련된 소녀는 가계 경제에 보탬을 준 공을 높이 평가해 '아가씨(Miss)'가 아니라 '부인(Mrs)'이라고 불러 주었다. 엄밀한 의미에서 그녀는 '어린이'가 아니다"[21]고 했다. 그러나 설령 특정한 영역에서 능력을 보여 주는 어린이가 있다 하더라도, 대개는 그것만으로 어른이 될 수 있는 필수 요소를 갖추었다고 보지는 않는다. 그 기준은 해당 사회의 옳고 그름의 기준을 따를 수도, 사회적으로 적절한 행위 기준을 따를 수도 있으며, 어린이의 지위와 역할에 대한 사회적 지식에 따라 달라질 수도 있다. 헬렌 모턴의 통가(tonga)족 어린이 연구에 따르면, 통가 사회에서는 이러한 사회적 능력의 기준을 '포토(poto)'라 한다. 통가 사람들은, 어린이는 무식하고 사고력이 없는 일종의 정신병자와 비슷한 존재로 본다. 족장의 집에서 태어난 아이도 예외 없이 그런 취급을 받으며, 어릴 때는 족장이 아닌 평민 그룹에 속하게 된다. 어린이는 어리석고 행실이 나쁘며 인내심이 부족하고 더럽다는 점에서 평민과 같다고 생각하기 때문이다. 그와 반대로 족장과 어른은 현명하고 적절한 행동을

---

21 Ehrenreich, B., and D. English, 1979, pp. 185-186

하며 참을성이 있고 깨끗하다고 생각한다.[22]

통가족은 어린이는 버릇이 없다고 생각한다. 어린이가 자주 우는 것도 버릇이 없기 때문이다. 사회적 능력을 중시하는 통가족은 그러한 능력의 결여를 부끄럽게 여기며, 사회성이 결여된 어른은 어린이로 취급한다.[23] 그들은 어린이가 서툴게 행동하면 꾸짖고 걷다가 넘어지면 비웃거나 질책을 한다. 어린이가 상황에 맞는 적절한 행동을 배워 나가면서 사회화되는 과정을 '포토'를 배우며 자란다고 한다. '포토'를 완전히 익혔다고 할 수 있는 나이는 정해져 있지 않다. 하지만 대략 4세 이하의 어린이는 '포토'를 배우기 적절하지 않으며, 11살 정도까지는 계속해서 배워야 한다고 생각한다. 이는 십대가 되면 '사고력과 정신상태가 완성된' 사람으로 본다는 뜻이다.[24] 때문에 그 단계에 도달한 어린이들은 '포토'를 갖추었다고 인정받지만, 도달하지 못하면 덜 자란 사람 취급을 받는다.[25]

시에라리온의 멘데(Mende)족도 어린이를 이해력이 떨어지고 자기 몸을 스스로 조정할 줄 모르는 존재라고 생각한다.[26] 그들은 어린이를 사람이기는 하지만 짐승과 유사한 사람이라고 생각하며, 성인식을 치르지 않은 어린이는 '크포완가(kpowanga: '미친' 혹은 '정신적으로 부족한'이라는 뜻이다)'라고 부른다. 다른 말로 하자면, '어린이는 생각하는

---

22 Kavapalu, H., 1995
23 Morton, H., 1996, p. 72
24 Morton, H., 1996, p. 72
25 Kavapalu, H., 1993 참조
26 Ferme, M., 2001

법을 알지 못하기 때문에, 주변 세상을 불완전하게 인식하며 사회가 정한 규칙에 따라 행동할 수 없다'는 뜻이다.[27]

풀라니족(Fulani)은 어린이는 부모에게 순종해야 한다고 생각하며, 자녀에게 스스로의 무능력함을 상기시켜 주기 위해 자주 창피를 준다. 그들은 어린이는 스스로 감정을 조절할 줄 모른다고 생각한다. 자녀에게 울어도 좋은 때는 오로지 다른 사람이 고의로 다치게 했을 때뿐이라고 가르치며, 가급적 칭찬을 하지 않고, 되도록 감정 표현을 자제하도록 시킨다. 그들은 어린이가 자기 조절 능력이 떨어진다는 사실을 알고 있는데도 불구하고, 자녀들이 가능한 이른 나이에 감정을 억제하는 모습을 보여 주기를 원한다. 풀라니족은 6세 이하의 어린이는 '풀라아쿠(pulaaku)'[28]가 갖춰지지 않았다고 본다. 어린이가 '풀라아쿠'를 갖췄다고 인정받는 때는 모든 친척들의 얼굴과 이름을 구분할 수 있게 되었을 때다. 하지만 그것과는 별개로, 여자아이는 4세가 되면 어린 동생을 돌보거나 물을 긷고 장작을 주워 오는 일 따위를 해야 한다. 그리고 6세가 되면 곡식을 빻는 일, 우유를 짜는 일, 버터를 만드는 일을 할 줄 알아야 하고, 시장에 나가 엄마 옆에 앉아 함께 물건을 팔아야 한다.[29]

캐나다 이누이트(Inuit)족에게 '자란다'는 말은 '이후마(ihuma: 논리적 사고력과 이해력)'를 획득해 가는 과정이다. 이누이트들은 어린이에게는 '이후마'가 부족하므로 많은 사랑과 인내심을 갖고 대해야 한다

27 Ferme, M., 2001, p. 200-201
28 Pulaaku: 풀라니족다운 행동을 뜻한다. 예의바름, 정중함, 목가적인 기사도 정신 등에 해당.-역자 주
29 Johnson, M., 2000.

고 생각한다. 그래서 어린이들이 자주 화를 내거나 울어도, 식량부족 사태와 같은 공동체의 위기를 잘 이해하지 못해도 받아들여 준다.[30] 물론 어린이들에게 무엇이 상황에 맞는 행동인지를 가르치기는 한다. 하지만 어린이가 '이후마'를 깨닫게 되는 시기는 저마다 다르기 때문에, 어린이가 스스로 내면의 '이후마'를 드러내기 전에 '이후마'를 가르치는 일은 무의미하다고 생각한다. 이에 대해 진 브릭스는 다음과 같이 썼다.

자란다는 것은 주로 '이후마'를 획득하는 과정을 뜻한다. 어린이처럼 구는 자, 멍청이, 심각한 병자, 정신이 나간 사람과 성숙한 어른을 구별하는 가장 첫 번째 기준이 바로 '이후마'를 쓸 줄 아느냐 모르느냐다. '이후마'를 알 수 있는 징표는 여러 가지가 있다. 어린이가 주변 사람들을 구별하기 시작하고, 말하기 듣기를 하게 되고, 부끄러움을 느끼게 되고, 칸구(Kanngu; 자의식)가 생겨나고, 자기표현을 절제하는 법을 배우려 하고, 사회에 도움이 되는 일에 참여하고 싶어 하는 등 주위의 사회적 상황에 반응을 보일 때가 바로 '이후마'가 생겨나는 때이며, 이누이트 사람들은 이 모습을 애정 어린 눈으로 지켜본다.[31]

오토 라움의 저서 『차가족의 유년기(*Chaga Childhood*)』[32]는 어린이를 중점적으로 다룬 가장 오래된 민족지 중 하나다. 동부 아프리카에 사

---

30 Briggs, J., 1970.

31 Briggs, J., 1970, pp. 111-112.

32 Raum, O. F., 1940.

는 차가족은 태어난 지 몇 달 되지 않는 아이들을 '므나구(mnangu: 불완전한)'라 부르며, 이들은 꾸짖고 때려봐야 행동이 개선될 리가 없다고 생각하기 때문에 결코 야단치지 않는다. 그때가 지난 아이들은 '므코쿠(mkoku: 부족함을 보완한 어린 존재)'라 부른다. 이들은 어느 정도 지각 능력은 있으나 실수하기 쉽고 대체로 고집이 세며 말썽쟁이다. '므코쿠'가 아무 이유 없이 울면, 흙을 먹이기도 하고 그 아이가 소중히 여기는 물건을 깨뜨리거나 때리기도 한다. 3세 이전의 아이들은 '므와나(mwana: 유아)'라고 부르며, 성가신 존재로 취급한다. '므와나'는 규칙을 지키지 않거나 감정을 억제하지 못한다는 이유로 자주 맞는다. 4~14세 사이의 어린이는 '마나케(manake)'라 부르며, 전보다 더 혹독한 체벌을 가하기 시작한다. 하지만 어린이들이 자제력과 사회성을 배워 갈수록 체벌은 줄어들며 어린이도 어른이 되어 간다.[33]

어린이 중심의 인류학의 가치를 역설하던 인류학자들은 이처럼 어린이를 부모에게 종속된 존재이자 무능한 존재로 생각하는 여러 문화적 사례를 보고 고민에 빠졌다. 그들의 고유한 문화는 결코 어린이를 그렇게 보고 있지 않은데, 어떻게 인류학자들만이 '어린이는 이미 충분히 성인이다'고 주장할 수 있겠는가? 이에 대해서는 니제르 공화국 투아렉(Tuareg)족 어린이들을 대상으로 한 수잔 라스무젠의 연구[34]를 참고할 수 있다.

라스무젠은 투아렉족 어린이들이 같은 마을 어른들에게 보여 주는

33 Raum, O. F., 1940.
34 Rasmussen, S. J., 1994.

모습과 외부에서 온 어른들에게 보여 주는 모습 사이에 나타나는 이중성을 조사했다. 투아렉족은 어린이를 노예나 대장장이와 비슷하게 생각한다. 셋 모두 지위가 낮고, 참을성이 없으며 수치심을 모르고 지능이 낮다고 생각하기 때문이다. 어떤 정보 제공자는 어린이들을 "사람이 아니에요. 어린이일 뿐이에요"[35]라고도 했다. 하지만 어린이가 사회적 능력이 부족한 것은 그들의 잘못 때문이 아니라는 점에서 노예와 대장장이와는 다르다고 했다. 그래서 어린이들이 못된 짓을 해도 그저 악의 없는 장난으로 생각하고 넘어가기는 하지만, 나름대로 거부의 표시를 나타내거나 못하게 하기는 한다.

투아렉족 어른들은 자신들의 사회적 정체성을 중시하고, 신분을 구분하며, 종교적인 순수성과 관습을 침해받고 싶지 않아 하며, 외부인들이라면 개발업자나 정부 관리들은 물론이고 인류학자들과도 좋지 않은 관계를 형성하기 마련이다. 그런 외부인들에게 어린이들은 종종 '짓궂은 장난', 예를 들자면 학교 정원의 야채를 뽑는다던가, 공립학교 담벼락에 낙서를 하거나, 외부인들에게 돌을 던지는 따위의 행동을 한다. 물론 이런 일을 아이들에게 대놓고 시키는 어른은 없지만, 암묵적으로 용인해 주는 경우는 많다.

수잔 라스무젠은 "현지 조사를 하는 동안 어린이들은 수동적인 관찰 대상이라기보다는 능동적인 행위자였다. 그들은 어른들의 진실을 대변했고 자신들의 감정은 숨겼다. 어린이는 어른들의 정치적·도덕적 주장을 외부인에게 '보여 주는' 존재였으며, 대변인이자 완충장치이며

---

35 Rasmussen, S. J., 1994, p. 350.

희생양이었다."[36] 어떤 사회가 어린이를 아무리 무능력하고 종속적인 존재로 생각하더라도, 어린이가 항상 수동적이지 만은 않으며, 때로는 적극적으로 자신의 목적을 위해 어른들과 결탁하기도 하고 어린이라는 지위를 이용하기도 한다.

마지막으로 어린이를 부모에게 순종하는 존재가 아니라 아예 부모의 일부로 보는 사례를 살펴보겠다. 로저 굿맨은 일본인의 부모 자녀 관계를 폭넓게 조사했다. 굿맨의 연구에 따르면, 일본인들은 "어린이들을 종종 '모노(もの: 물건)'라고 부르는 등, 부모와 별개의 존재가 아닌 부모의 신체 일부가 떨어져 나온 존재로 여기고 있다"[37]고 한다. 굿맨은 사랑이라는 이름으로 벌어지는 동반자살(오야코신주, 親子心中) 문제를 조사했다. 일본에서는 주로 불황기에 부모(대체로 엄마)가 스스로 목숨을 끊기 전에 자식들을 먼저 죽이는 사례가 더러 있다. 하지만 사람들은 그런 부모를 절대로 살인자라 부르지 않으며, 오히려 자식을 남겨둔 채 홀로 세상을 뜬 엄마를 크게 비난한다. 1985년 캘리포니아에서 한 일본인 이혼 여성이 각기 생후 4세와 6개월 된 두 명의 자녀와 함께 태평양에 몸을 던졌다. 그녀는 구조되었지만 아이들은 그 전에 익사하고 말았고, 엄마는 두 아이를 죽인 살인자라는 혐의로 재판에 회부되었다. 일본계 미국인 단체들은 미국과 일본에서 받은 2만 5,000명의 서명과 함께, 이 사건은 살인이 아니라 '오야코신주'에 해당한다는 내용의 탄원서를 제출했다. "그녀를 옹호하는 사람들은, 그녀가 결코 악

---

36 Rasmussen, S. J., 1994, p. 368.
37 Goodman, R., 2000, p. 165.

의를 갖고 아이들을 죽인 것이 아니며, 오히려 그들을 사랑했기 때문에 그랬다고 호소했다."[38] 이 사례에서는 어린이들을 '엄마에게 순종하는 아이' 정도가 아니라, 엄마와 한 몸이나 마찬가지라고 생각한 나머지 목숨을 끊은 행동조차 살인이라 생각하지 않았다. 로저 굿맨은, 일본어의 어린이 표현을 살펴보면 대체로 어린이를 독립적·개별적·자주적 존재로 생각하지 않는다고 설명했다.[39]

어린이를 순종적으로 키우는 사회에서도, 어린이가 모든 면에서 미성숙하다고 생각하지는 않으며 때로는 상충되는 시각을 보이기도 한다. 찰스 스태포드는 대만 어촌 마을 안강(Angang)에는 상반 된 두 가지 육아관이 있다고 했다.[40] 하나는, 아이는 태어나기 전부터 이미 사람이기에 스스로 크는 법을 알고 있다는 관점이다. 이때 부모의 할 일은 오로지 스스로의 자연스러운 성장이 방해받지 않도록 지켜 주는 것이다. 다른 하나는, 아이가 사람이 되기 위해서는 유교의 가르침인 효와 예를 배워야만 한다는 관점이다.

대만에서는 어린이를 어떤 사람으로 키워야 할지, 어떤 모습을 간직하게 해줘야 할지 크게 고민하지 않는다. 어리나 젊으나 그들도 이미 사람이며 앞으로도 다른 사람들과의 관계망 속에서 함께 살아가야 하기 때문이다. 그래서 사회성을 키워 주려 노력하기보다는 자연적인 성장을 방해하지 않으려 하며 확고한 정체성을 가질 것을 강조한다. 하지만 이러한

---

38 Goodman, R., 2000, p. 165.
39 Goodman, R., 2000.
40 Stafford, C., 1995.

생각과 더불어 '어린이는 배움과 자기수양을 거치지 않으면 인간이 될 수 없다'는 '유교적' 관점도 함께 존재한다.[41]

대만 어린이들은 위의 상반된 두 가지 관점의 영향을 모두 받는다. 부모들은 자녀들이 부모에게 순종하는 것도 중요하게 여기지만, 한편으로는 독립심이 강하고 자기주장이 강한 아이가 되기를 바란다. 대만 엄마들은 유교적 가치관을 심어 주는 학교를 좋아하지만, 그렇다고 자녀들의 보호보다 교육을 우선시하지도 않는다. 아무리 그들이 자녀들의 안전에 무심한 듯이 느껴진다고 하더라도 말이다. 엄마들은 자녀를 모범적인 시민으로 만들어 준다는 이유로 학교 교육에 찬성하지만, 다른 한편으로는 자녀들을 품에서 내보내기 싫어하는 마음을 드러내기도 한다. 이와 비슷한 양면성은 어린이의 생일을 축하할 때도 드러난다. 한편으로는 축하를 해주지만, 다른 한편으로는 어른들의 보호에서 한층 벗어난 자녀들이 "잘못된 길로 빠져들 가능성"[42]을 우려하기도 한다. 스태포드의 연구는 어린이를 보는 관점이 반드시 '이미 인간이다'와 '아직 인간이 아니다'의 두 가지로만 나뉘는 것은 아니며, 상호모순관계로 보이는 복수의 양육관이 반드시 상호 배척관계는 아니라는 점을 잘 보여 준다.

---

41 Stafford, C., 1995, p. 18.
42 Stafford, C., 1995, p. 24.

동등한 인간으로서의 어린이

어린이가 무능한 존재라는 관점은 보편적이지 않다. 알마 고틀리브에 의하면, 서아프리카의 벵(Beng)족은 '아이들은 태어날 때부터 완벽한 언어적·사회적 능력을 가지고 있다'고 생각한다.[43] 벵족은 아직 태어나지 않은 아이의 영혼은 영적 세계에 있으며, 그들은 인간 세상의 모든 언어와 문화를 알고 있다고 믿는다.(자세한 설명은 3장에서 하기로 한다.) 그리고 성장은 이 지식과 능력을 차츰 잃어버리는 과정이라고 생각한다. 인도네시아 발리에서는 생후 210일이 될 때까지는 아기를 신성한 존재로 여긴다. 그들은 아기를 존칭으로 불러 주고, 절대로 바닥에 내려놓지 않으며 가장 귀한 존재로 대한다. 첫 번째 생일 의식인 오토난(otonan)을 치르고 스스로 땅을 향해 첫발을 내딛게 되는 순간이 아이가 완전히 인간 세상으로 내려오는 때다.[44] 조이 헨드리에 의하면 일본인들은 어린이를 죄 없이 태어난 타락하지 않은 존재라고 보며, 그 순수함을 지켜 주는 일이 부모의 가장 중요한 의무라고 생각한다.[45] 이처럼 어린이는 어른들과 동등한 인간이며, 작다고 무시해서는 안 된다고 생각하는 사회도 있다.[46] 이러한 관점을 처음 접한 옛 민족지 연구자들은 놀라움을 숨기지 못했다. 일례로, 폴리네시아 티코피아 섬사람들을 연구한 레이몬드 퍼스는 "어른이 어린에게 정중한 태도로, 마치

---

43 Gottlieb, A,. 1998.
44 Diener, M., 2000.
45 Hendry, J., 1986.
46 Fock, N., 1963.

사회적 책임과 권한을 가진 어른을 대하듯이 말하는 모습을 자주 보았다"[47]는 기록을 남겼다.

사회학자 제인 리븐스 매카시는 영국 엄마들의 어린이 개념을 연구했다.[48] 리븐스 메카시에 의하면, 많은 엄마들이 어린이의 본성을 선악의 이분법적 관점에서 생각하고 있었지만, 개중에는 '어린이는 그저 작은 사람일 뿐'이라고 생각하는 제3의 그룹이 있었다고 한다. 그 엄마들은 어린이가 비록 신체적 능력은 어른에 미치지 못하지만, 그들도 인격을 지닌 동등한 사람임을 인정했다. 입법적 측면에서 보자면, 유엔아동권리협약은 '어린이를 어른과 동등한 사람으로 인정해야 한다'는 전제 위에 만들어졌다. 또한 국제적인 정책을 수립할 때도 어린이를 미성숙한 존재가 아닌 정당한 권리를 지닌 한 명의 시민으로 인정해야 한다.

하지만 모든 국가가 이 전제에 찬성하는 것은 아니다. 미국이 유엔아동권리협약의 비준을 거부한 이유 역시 유엔아동권리협약의 유년기 개념에 동의하지 않는 주(州)가 많기 때문이다. 장 라 퐁텐은, 서양 국가 중에 아직도 이런저런 법적인 이유를 들며 어린이를 동등한 인간으로 인정하지 않는 국가가 많다며 목소리를 높였다.[49] 하지만 이런 국가는 비서양권에 더 많다. 심리학자 에리카 버만은 "유엔아동권리협약의 토대가 된 '모든 사람은 자유를 누릴 권리, 자신의 안전을 지킬 권리, 의사표현의 자유를 누릴 권리가 있다'는 사상은 자유를 중시하는 서양의 인문 철학에 깊게 뿌리를 내리고 있으며, 비서양권 사회에서는 이를

---

47 Firth, R., 1936, p. 145.
48 Ribbens McCarthy, J., 1994.
49 La Fontaine, J. S., 1997.

118

받아들이기가 쉽지 않다"[50]고 했다. 로저 굿맨도 다음과 같은 글을 남 겼다.

일본인들에게 '권리(rights)'의 개념을 처음 설명할 때 (…) 그 단어를 설 명하기 위해서 기존 일본어에는 없던 단어를 또 만들어야만 했다. 예를 들자면, 그 권리를 가지는 존재를 설명하기 위해 '개인(individual)'이라는 단어를 만들어야 했던 것이다. 오늘날까지도 일본에서는 개인주의를 대 단히 부정적으로 바라보며, 서양식 이기주의와 비슷한 개념으로 생각하 는 사람이 많다.[51]

조이 헨드리는 일본 미취학 아동의 사회화 과정과 양육 특성을 조사 했다.[52] 헨드리는 연구 결과, 일본 부모들은 어린이를 가정의 중심으로 여기고 여러 면에서 존중하고, 자녀들의 신체적 감정적 욕구에 많은 신 경을 쓰며, 성장 단계별로 여러 가지 의례를 꼬박꼬박 챙겨 주고 있다 고 보았다. 또한 아기를 부모에게 주어진 선물이라고 하며, 아기들은 본래 선하고 부모를 잘 따른다고 생각한다. 그들은 아이가 세 살이 되 면 성격이 완전히 굳어진다고 생각하기 때문에, 3세까지를 아주 중요 하게 생각하며, 자녀의 성격에 나쁜 영향을 주지 않기 위해 행복하고 조화로운 생활을 하려 한다. 또한 부모는 자녀에게 모범을 보여야 한 다. 부모, 특히 엄마는 생활의 모든 부분에서 자녀에게 필요한 것, 예를

---

50 Burman, E., 1996; Boyden, J., 1997 참조.

51 Goodman, R., 1996, p. 131.

52 Hendry, J., 1986.

들자면 빨래와 식사 준비를 비롯한 자녀의 보살핌을 가장 우선시해야 한다.

일본인들은 자녀에게 많은 애정을 쏟지만, 개인보다는 전체를 강조하며 자녀에게 집단의 일원으로서 살아가야 한다고 가르친다. 헨드리는 일본인이 자녀 교육에서 가장 강조하는 것은 '시츠케(仕付け)'이며, 이는 "사회의 일원(문자 그대로 한 명의 사회 구성원을 뜻한다)으로서 몸에 익혀야 할 생활 방식과 예의범절"[53]이라고 했다. 일본의 부모들에게 양육이란, 자녀들이 타고난 선한 본성을 간직한 채로 전체 사회의 일원으로 자라게 하는 일이다. 일본 어린이들은 대체로 부모의 품에서 안전한 어린 시절을 보내며, 점차 조화와 협력을 중시하는 공동체의 일원으로 자란다. 공동체 안에서는 공동체에 순응하는 법, 구성원과 결속을 다지는 법, 하나의 목표를 향해 단결하는 법을 배운다. 또한 성별과 연령에 따른 위계질서를 배우고 그에 맞는 예의범절을 익힌다. 헨드리는 이처럼 일본인들이 공동체를 강조하는 이유에 대해 "일부 서양권 학자들은 이를 두고 '어린이를 로봇이나 기계처럼 만들고 있다'고 말하지만, 사실은 어린이들에게 '이 세상은 너와 동등한 사람들로 가득 차 있으며, 그들의 바람도 네 것과 똑같이 중요하다'는 점을 강조하기 위함이다"[54]라고 이야기했다. 개인의 욕구보다는 사회의 결합력을 더 중시하기 때문에, 어린이 개인의 권리를 강하게 억누르는 것이다.

53 Hendry, J., 1986, p. 11.
54 Hendry, J., 1986, p. 64.

가족을 완성하고 부모의 지위를 부여하는 어린이

영미권에서 '가족(family)'이라는 단어는 대부분 어린이(자녀)가 있을 때만 사용한다. 교회 예배나 영화 프로그램에 '가족용'이라는 말이 붙을 때는 전 연령층을 위한 것이라기보다는 어린이와 함께 하기 좋다는 뜻이다. 친족의 범위가 넓지 않은 앵글로-아메리칸 사회에서 가족을 정의하는 기준은 어린이다. 실제로 인류학은 대체로 어린이를 사회를 재생산하고 가계를 유지시키는 수단이자 가족의 근간으로서 중요시했다.[55] 어린이는 부모에게 자손이 되어 줄 뿐만 아니라 보다 넓은 친족관계를 만들어낸다. 1936년에 티코피아 섬을 연구했던 레이몬드 퍼스는 인척 관계(특히 동서나 처남(brother-in-law) 관계)는 자녀에 의해 형성된다고 보았다. 조상 숭배의 전통이 있는 사회에서는 자녀를 낳아 대를 잇지 못하면 조상이 될 수 없으며, 부모가 사후에 조상으로 받들어지기 위해서는 자손이 필요하다.[56] 그들은 조상령과 이승의 자손들은 모두 이런 관계로 얽여 있다고 생각한다. 로빈 호턴의 탈렌시족 연구는 이러한 관점을 가장 잘 보여 주는 사례다. 호턴에 의하면, 탈렌시족은 조상령과 현세의 자손 관계는 부모와 자녀 관계와 마찬가지라고 본다. 어린이는 조상령과 산 사람의 순환 관계가 끊이지 않고 유지되기 위해 반드시 필요한 수단이자 그 관계 자체를 드러내는 표상이다. 호턴은 "(탈렌시족 사람들은) 조상령을 모시는 의례에서는 부모님 앞에 선

---

55 Fortes, M., 1950; Goody, J., 1971.

56 Fortes, M., 1949; Radcliffe-Brown, A. R., and D. Forde, 1950.

자녀와 같은 태도를 취하고, 조상령은 부모의 자세로 그들을 대한다고 가정한다"[57]고 기록하고 있다.

또한 자녀는 부모에게 부모라는 지위를 부여하며, 가족을 완벽한 형태로 만든다. 주로 다산을 장려하는 사회에서 그렇다. 가나의 아샨티(Ashanti)족 사회에서 자녀를 열 명 낳은 엄마는 공개적으로 존경을 받게 된다.[58] 어떤 사회에서는 '알맞은' 자녀수와 '정확한' 성비를 중요하게 여겨, 가족 구성원의 숫자와 성비를 세심하게 조절하기도 한다.

엘비라 벨라운데의 연구에 의하면, 페루 아마존 유역의 아이로파이(Airo-Pai(Secoya))족은 삼남매를 이상적인 자녀 구성으로 여긴다. 만약 같은 성별의 자녀만 계속 태어나거나 터울이 얼마 나지 않는 동생이 태어나게 되면 영아 살해를 하기도 한다고 한다.[59] 닐스 폭도 아마존 지역에 사는 와이와이(Waiwai)족은 아들과 딸 각기 4명을 낳는 것을 이상적으로 생각하며, 같은 성별의 아이가 5~6명째 나오면 아이를 죽이기도 한다는 이야기를 들었다고 한다.[60]

때로 자녀는 혼인 관계를 견고하게 만들고 부모에게 완전한 성인의 지위를 부여하는 매개체가 된다. 바버라 보덴혼이 연구한 캐나다 북부 이누피악(Inupiaq: 알래스카 북부의 이누이트족-역자 주)족은 "아이를 가져야 완전한 어른이다"[61]라고 단정한다. 그들은 아이를 키우는 일은 생

---

57 Horton, R., 1961, p. 110.
58 Fortes, M., 1950.
59 Belaunde, L. E., 2001.
60 Fock, N., 1963.
61 Bodenhorn, B., 1988, p. 9.

물학적인 부모만의 몫이 아닌 사회 공동의 몫이라고 여기기에 아이를 함께 키우는 일이 널리 통용되고 있으며, 거의 대부분의 가정에 어린이가 있다. 재닛 카스텐 역시 말레이시아 랑카위(Langkawi) 섬사람들의 친족관계를 연구하며 이와 비슷한 점을 확인했다.[62] 이곳 남녀는 혼례를 치렀을 때가 아니라 아이를 낳았을 때 완전한 어른이 되었다고 인정받으며, 실제로 아이가 없는 부부는 이혼하게 될 확률이 높다.

아이의 출생이 부모의 지위에 커다란 변화를 가져오는 사례는 많다.[63] 첫 아이를 낳기 전에는 부부에게 완전한 어른의 지위를 부여하지 않는 경우가 꽤 있으며, 실제로 '아이가 없는 어른'은 '어린이나 마찬가지'로 여겨지기도 한다. 폴라니족을 연구한 미셸 존슨은 "자녀가 없는 유부녀는 '아내로서도 여자로서도 완전하지 않다'고 여겨진다고 했다. 첫 아이를 밴 여자는 그녀 자신을 '임신한 어린이'라고 말하며, 스스로 과도기적 상태에 있다는 사실을 분명히 한다"[64]고 했다. 크리스틴 살로몬도 몇몇 태평양 지역에서는 아이를 낳아야 아내로서 인정하고 집안끼리 정식으로 사돈 관계를 맺는다고 했다.[65] 비록 이러한 관념이 바뀌었을 수도 있지만, 아직까지도 그곳의 젊은 커플들은 정식으로 혼례를 치르기 이전에 꽤 오랜 기간 동거를 하며 그 사이에 아이가 생기기를 기대한다.

자녀를 가지면 사회적 신분만 상승하는 것이 아니다. 여성에게는 자

62 Carsten, J., 1991.
63 Fortes, M., 1949.
64 Johnson, M., 2000, p. 176.
65 Salomon, C., 2002.

녀가 경제적 자립의 수단이 되기도 한다. 태국 여성은 혼례를 올렸을 때가 아니라 엄마가 되었을 때 더 큰 어른이 되었다는 소리를 듣는다. 또한 이곳 여성들은 첫 아이를 가진 이후에 사회적 지위 상승과 함께 경제적 수입도 올라가는 경험을 하게 된다.[66] 몇 명의 자녀를 가졌는 가는 사회적 지위를 정하는 중요한 기준이 되기도 한다. 아프리카 차가 (Chaga)족 여성도 아이를 낳을 때마다 지위가 올라간다.

엄마가 아이를 한명씩 더 낳을 때마다 엄마를 부르는 호칭이 격상되며 엄마에게 명예와 존경이 부과되는 풍습은 눈여겨볼 만하다. 첫 아이를 낳은 엄마는 부친의 증조할머니의 이름으로 불리게 되는데, 이는 그녀가 고조할머니를 본받아 집안의 자손을 늘려가기를 바라는 것이다. 엄마가 3~4명의 아이를 낳고 그 아이들이 심부름을 다니거나 이웃들의 일을 도 와줄 수 있게 되면 사람들은 "저 아이들의 엄마가 오래오래 살기를!"이라 고 하며 그 엄마를 칭찬한다. 그 기대에 부응해서 엄마는 누군가가 자녀 들의 도움을 요청할 때 더욱더 관대한 태도로 수락하게 된다. 자녀의 수 가 여섯 명 이상이 되고 그녀의 맏아들이 힘과 용기를 갖췄다고 인정받게 되면, 사람들은 아이를 키운 그녀의 노력이 헛수고가 아니었다고 이야기 해 준다. 그녀에게 부탁의 말과 감사의 인사를 하는 사람들은 그녀를 '아 이를 기르는 엄마'라는 뜻의 뭉고(moongo)라는 호칭으로 부르며 그녀의 영예를 높여 준다. 그녀의 아들이 부인을 얻게 되면, 그녀는 '한 남자를 결 혼시킨 사람(마쿠링가Makulingaa)'이라는 호칭을 얻는다. 딸이 남편을 얻게

---

66 Hanks, J., 1963.

되는 경우는 '한 여자를 결혼시킨 사람'으로 불린다. 자녀들을 출가시킨 엄마가 할머니가 되어 손주들을 돌보고 가르치게 되면 '말라버린 사람(마키츄츠makitshutsu)'이라는 호칭으로 불리며 존경을 받는다. 이는 그녀의 젖가슴이 자녀와 손주들을 키우느라 다 말라버렸다는 뜻이다.[67]

자녀에 의해 사회적 지위가 부여되는 예는 기니비사우의 파펠(Papel)족에게서도 발견된다. 파펠족 여성들은 얼마나 많은 아이를 산 채로 낳았느냐에 따라 지위가 달라진다.[68] 파펠족은 많은 아이들에게 생명을 부여해 준 여성을 중요한 인물로 대우하며 그녀의 의견에 귀를 기울이고 많은 권한을 부여한다.

파펠족이 생각하는 훌륭한 어머니의 자격은 무엇보다도 아이를 산 채로 무사히 낳는 것이다. 하지만 그보다 조금 이해하기 어려운 사례는, 자녀의 무사 출생보다 엄마의 임신을 더 중요하게 여기는 탈렌시족의 경우다. 마이어 포르테스의 연구에 의하면, 처음 임신을 한 여성에게 그녀의 모친이 아닌 아버지의 다른 부인이 음부를 가리는 허리띠를 선물로 주면서 다른 사람들 앞에서 절대 허리띠를 풀지 말라고 당부한다.(전통에 따라 그녀는 이전까지 다 벗은 채로 지냈을 것이다.) 일단 임신 사실이 확인된 여성은 설령 아이를 무사히 낳는 일에 실패하더라도 엄마가 되었다고 인정받는다. 마이어 포르테스는 "첫 임신은 처녀에서 엄마가 되는 영광스러운 변화를 공개적으로 선언하는 일이다. 설령 유산

67 Raum, O. F., 1940, pp. 125-126.
68 Einarsdóttir, J., 2000.

하거나 아이가 일찍 죽더라도, 심지어 그 이후로 다시는 아이를 갖지 못하더라도 그녀는 죽을 때까지 '부인'으로 불리게 된다"[69]고 했다.

반면, 유산과 사산에 대한 미국인들의 경험을 조사한 린다 레인의 연구는 위 사례와 정반대의 경우다.[70] 그녀는 '엄마가 되어 가는(아직은 엄마가 아닌)' 과정에 있는 미국 여성이 만약 유산을 하게 되면, 주변 사람들은 더 이상 그녀가 엄마가 될 것이라고 생각하지 않고 엄마가 될 것이라 기대하고 했던 모든 지원을 중단한다고 했다.

> 미국 여성들은 집에서 임신 테스트를 하고 난 순간부터 자녀를 기다리는 부모로서의 삶을 적극적으로 만들어 나가기 시작한다. 친구, 이웃, 동료들도 아기를 기다리는 엄마의 계획에 사회적으로 동참한다. 그들은 예비 엄마에게 아이를 맞을 준비가 잘 되어 가고 있는지를 물어보고, 아기의 성별과 성격을 예상해 보고, 아기 용품을 선물하거나 아기 목욕 도구를 물려준다. (…) 만약 임신은 했지만 아이를 무사히 낳아 집으로 데려오는 일에 실패하게 된다면, 그녀와 함께 '엄마 되기'에 사회적으로 동참했던 사람들은 더 이상 그녀의 엄마 되기를 지원해 주지 않는다. (…) 그리고 마치 아무 일도 없었던 것처럼 행동한다. 임신 실패를 문화적으로 거절함으로써 이미 일어났던 신체적·문화적 '아이 기다리기' 행위를 무시하고 유산을 마치 없었던 일처럼 만들려 한다.[71]

---

69 Fortes, M., 1974, p.87.

70 Layne, L., 1996, 2000. Scrimshaw and March 1984 함께 참조.

71 Layne, L., 1996, p. 323.

레인은 유산에 따른 감정 변화를 살펴보는 한편, 유산한 여성의 위상 변화에도 주목했다. 사람들은 여자가 임신을 했다고 하더라도 아이를 낳지 못하거나 죽은 아이를 낳게 되면 엄마가 되었다고 생각하지 않는다. 레인은 첫 아이를 낳은 지 18시간 만에 잃어버렸던 한 여성의 고민을 옮겨 적었다. "그녀는 때때로 스스로에게 '나는 엄마가 되었나?' 하고 묻곤 했다. 가족들은 그런 그녀에게 '너는 엄마가 되지 않았어. 너는 아이를 키우면서 겪어 봐야 할 모든 일들을 하나도 경험해 보지 못했잖니'라고 대답해 줬다고 말했다."[72]

경제적 투자 대상으로서의 어린이

현대 서양 사회에서는 어린이를 경제적인 측면에서 생산 능력을 갖춘 사람으로 보기보다는, 상품과 서비스를 소비하는 사람으로 보는 관점이 일반적이다.[73] 설령 자녀가 일을 한다고 하더라도, 그저 조그만 용돈벌이 정도로 여길 뿐, 가계에 큰 도움을 준다고 생각하지는 않는다. 역사학자 비비아나 젤리저는 북미에서 어린이의 존재가 생산자에서 소비자로, 그리고 경제적으로 '쓸모없는' 존재에서 정서적으로 '값을 매길 수 없는' 귀한 존재로 바뀌게 된 시점이 채 100년도 되지 않는다고 했다.[74] 그녀는 북미에서 어린이들을 보는 관점은 "어느 정도 나

---

72 Layne, L., 1996, p. 323.
73 Morrow, V., 1996.
74 Zelizer, V., 1985.

이가 되면 가정의 생계를 유지하는 데 일정한 몫을 담당해야 할 의무를 갖는 존재가 아니라, '거들어 주는' 정도로도 많은 감사와 칭찬을 받아야 하는 특별한 손님"[75]이라고 이야기한다. 당연한 이야기지만, 어린이에 대한 부모의 경제적 관념은 부모의 계층과 어린이의 성별에 따라 달라지며, 부유층 혹은 특권층 부모일수록 자녀들을 돈벌이와 노동의 세계로부터 보호하기 마련이다. 하지만 최근 재정된 유엔아동권리협약에서는 모든 어린이가 생계를 위한 노동으로부터 보호받아야 한다는 유년기의 이상을 선언했다. 그러나 실상은 많은 어린이들이 노동을 하고 있으며, 자녀들이 어릴 때부터 가계 경제에 든든한 도움이 되어 주기를 바라는 부모도 많다.(5장에서 더 논의하겠다.)

비서양권 사회에서는 여전히 어린이를 경제적 투자 대상으로 생각하며 일종의 보상을 바라는 경우가 많다. 될 수 있는 한 이른 나이부터 일터로 나가 가계에 도움을 주기를 바랄 때도 있고, 장기적인 관점에서 부모가 늙은 뒤에 돌봐 줄 후견인이자 안전망이 되어 주기를 원할 때도 있다. 서아프리카의 곤자(Gonja)족은 "네가 어린 아기였을 때 너를 먹여 주고 네 똥오줌을 치워 주신 분이 바로 부모님이다. 그러니 부모가 나이 들면 네가 그분들을 먹이고 깨끗이 해드려야 한다"[76]고 말한다. 태국에서는 이러한 부모 자식 간의 상부상조가 경제적인 측면은 물론 도덕적 측면에서도 이루어져야 한다. "태국 불교의 도덕적 기준에 의하면, (…) 부모는 자녀의 '도덕적 채권자'다. 부모는 자녀를 키우면

75 Zelizer, V., 1985, p. 209.
76 Goody, E., 1982, p. 13.

서 많은 희생과 노동을 감내해야 하기 때문이다. (…) 그 반대로 자녀는 '도덕적 채무자'다. 그러므로 자녀들은 부모가 돌아가실 때까지 부모에게 순종하고 봉사함으로써 감사를 표해야 할 의무가 있다."[77] 이러한 사회에서 태어난다는 것은, 어릴 때부터 평생에 걸쳐 부모(주로 엄마)에게 갚아야 할 빚을 지게 된다는 것을 의미한다. 또한 부모는 자녀의 성별에 따라 원하는 채무상환 방식이 다르다. 페니 반 에스테릭에 의하면 다음과 같다.

> 태국 시골 엄마들은 자녀들에게 기대하는 보은의 종류를 분명하게 이야기한다. 딸은 늙은 부모의 집에 머물며 부모를 보살펴 주는 것으로 부모에게 진 빚을 갚아야 한다. 반면 아들은 불교 승려가 되어 어머니의 젖에 대한 은혜를 갚아야 한다.[78]

태국 불교에서 여성은 승려가 될 수 없다. 하지만 많은 공덕과 업보를 쌓아 다음 생애에 더 좋은 삶으로 환생하기 위해서는 승려가 되는 것이 대단히 유리하다. 아들이 사원에 들어가면, 어머니는 큰 공덕을 쌓게 되며 아들은 자신을 낳아 주신 빚을 어머니께 갚을 수 있게 된다. 하지만 딸은 이와 같은 방법으로는 빚을 갚을 수가 없으므로, 부모를 위해 생애를 바칠 것이 요구된다. 대체로 막내딸이 부모의 모든 재산을 물려받고 집에 남아 늙은 부모를 봉양할 의무를 진다.[79] 부모에게 채무

---

77 Tantiwiramanond, D., and S. Pandey, 1987, p. 134.

78 van Esterik, P., 1996, p. 27.

79 Blanc-Szanton, C., 1985.

를 갚아야 한다는 태국인의 관념은 다른 맥락에서도 드러난다. 태국 공장 노동자와 매춘부를 대상으로 한 연구를 살펴보면, 정보 제공자들이 '자식으로서 해야 할 의무이자 가족에 대한 책임감 때문에 이런 일을 한다'고 말하는 모습을 볼 수 있다.[80]

자녀에게 어떤 보상을 바라고 투자를 한다는 관점은 옛 민족지에서도 볼 수 있다. 엘리자베스 콜슨이 연구한 잠비아의 통가(Tonga)족 그웸베(Gwembe) 마을의 가족 관계는 부모와 자식 간의 경제적 호혜 관계를 공식적으로 다룬 좋은 사례다.

자녀가 부모를 돌봐야 할 의무는 도덕적인 원칙이 아니라 부모가 베풀어 주신 수고에 대한 보상이다. 미들 리버 지역에서 부모의 밭일을 하는 자녀들이 '옷을 입기 위해 일을 한다'고 스스로 말하는 것을 보면 잘 알 수 있다. 만약 자녀가 게으름을 심하게 부리면 외삼촌에게로 내쫓아버린다. 쓸모없는 아이는 아버지의 보살핌을 받을 자격이 없기 때문이다.[81]

모니카 윌슨은 탄자니아 남부 나야큐사(Nyakyusa)족을 연구하면서, 친족 간의 경제적 유대 관계 및 상호간의 요구를 중점적으로 조사했다. 딸은 시집갈 때 신부대(bride price)로 소를 받아 친가에 주고, 아들은 장가갈 때 치를 신부대를 마련하기 위해 부모의 논밭에서 일을 한다. 다른 곳에서 일을 하고 받은 돈을 대신 보내도 된다. 딸을 가진 부모는 되

80 Phongpaichit, P., 1982; Muecke, M. A., 1992; Ford, N., and S. Saiprasert, 1993; Montgomery, H., 2001aa; 7장 참조.

81 Colson, E., 1960, p. 110.

도록 일찍 시집을 보내 신부대를 받고자 하고, 아들을 가진 부모는 되도록 장가를 늦춰 가급적 오래 아들의 노동력을 가계에 보태고자 한다. 윌슨은 다음과 같이 기록했다.

나야큐사족은 아들이건 딸이건 자식이라면 자신을 키워 주느라 부모가 겪은 고생과 지출을 물질적으로 보상해야 한다고 생각한다. 아들은 장가가는 데 필요한 소를 마련해 주신 아버지께 소 값을 갚아야 할 의무를 가지고 있다. 반대로 딸은 시집을 가서 혼인 상태를 유지할 의무를 지닌다. 딸이 결혼하면 그 아버지는 소를 받지만 반대로 딸이 이혼을 하면 소를 돌려줘야 하기 때문에, 딸은 무슨 일이 있어도 혼인 관계를 유지하고 이혼을 피하기 위해 노력해야 한다. 딸이 부모에 대한 의무를 저버리고 집으로 돌아와 '남편이 때려서 그랬다'고 하는 경우에 대해 나야큐사족은 이렇게 말했다. "옛날에는 그런 일이 있으면 딸의 아버지가 주변 사람들에게 그 말이 사실인지를 물어보고 다녔어요. 만약 사람들이 여자가 잘못했다고 하면 아버지는 딸을 때리면서 이렇게 꾸짖을 겁니다. '내 딸이 다 커서 나를 '부양'해 주는 줄 알았는데, 그러기는커녕 내 재산을 뺏어가는구나!' 하고요." 여기서 내가 '부양한다(support)'고 번역한 단어인 '우쿠쉴라(ukuswila)'는 '아이를 먹여 살린다'는 뜻이다. 우리는 이 단어에서 아버지와 딸 사이에 경제적 상호 호혜의 원칙이 있음을 확인할 수 있다.[82]

자녀가 부모에게 어떤 보상을 갚아야 한다거나, 자녀는 부모의 수입

---

82 Wilson, M., 1950, pp. 133-134.

원에 불과하다는 관점은 극단적으로 단순화된 견해일 수도 있다. 또한 서양에서는 감정적인 가치를 중시하고 비서양에서는 물질적인 가치를 중시한다는 그릇된 이분법으로 비쳐질 수도 있다. 하지만 부모와 자식 간에 정서적인 유대가 확고한 경우보다는 그렇지 않은 때가 더 많다. 또한 이 경우 부모가 자식을 원하는 것은 다 이유가 있기 때문이다.[83] 레이몬드 퍼스는 이에 대해 다음과 같이 썼다.

> 그러므로 '티코피아 사람들은 어째서 그다지도 자녀를 원하는가?'라고 묻는 건 좋은 질문이다. 티코피아 사람들 대부분은 자녀를 가지고 싶어 한다. 정서적인 측면에서 보자면 자녀는 티코피아 사람들의 애정의 대상이자 가족의 전통을 계승하고 땅과 재산을 이어 나갈 사람이다. 실용적인 측면에서 보자면, 자녀는 집안 생계 유지를 위해 일을 거들고 늙은 부모를 돌봐 줘야 할 존재다.[84]

또한 유년기 관념과 어린이에게 요구되는 일의 기준이 사회 외부에서 가해지는 압력에 의해 달라지는 경우를 잘 보여 주는 사례도 있다. 마리다 홀로스는 탄자니아 북부의 파레(Pare)족은 가족의 형태에 따라 자녀의 유년기가 달라진다고 이야기한다.[85] 만약 부모 사이의 관계가 동등하고 정서적인 유대가 깊은 핵가족 위주의 가정에서 태어난 아이들은 노동보다는 학교와 놀이에 치중하는 서양식 유년기를 보낼 확률

83 Rasmussen, S. J., 1994.
84 Firth, R., 1956, p. 13.
85 Hollos, M., 2002.

이 높다. 하지만 핵가족보다는 대가족을 중시하는 가정에서 태어난 아이들은 유년기에 노동을 해야 할 확률이 높다. 또한 이러한 가정의 부모들은 나이가 들었을 때 부양을 받기 위해 자녀에게 투자한다는 생각이 강하다.

원하지 않았던 자녀, 인간으로서 거부당한 어린이

레이몬드 퍼스를 비롯한 몇몇 학자들을 제외하면, 부모와 자식 간의 감정적 유대를 연구한 인류학자는 많지 않다. 사실 사람들이 자녀를 원하는 이유는 대부분 자녀 그 자체, 그리고 자녀로 인해 가족 공동체에 사랑과 애정이 찾아오기를 기대하는 마음에 있다. 하지만 자녀를 원하고, 또 보살피고자 하는 마음이 모든 부모의 본성이라고 말할 수는 없다. 레이몬드 퍼스는 원치 않았던 자녀, 예를 들자면 생계가 곤란할 때 생긴 아이나 사생아 등은 낙태를 당하거나 버려지기도 한다는 사실을 언급했다.[86]

이렇듯 상황에 따라서는 자녀가 공동체에 해가된다고 생각하는 경우가 가끔 있다. 물론 아무 이유 없이 자녀를 꺼리거나 부담스럽게 생각하는 경우는 없을 것이다. 이 같은 경우는 콜린 턴불이 연구한 북부 우간다 이크(Ik)족 사례가 유일하다. 턴불은 저서 『산사람들(The

---

86 Firth, R., 1956.

Mountain People)』[87]에서, 이크족은 기근으로 공동체에 위기가 닥쳐오면 내부에서 해결책을 찾는다고 하며, "인간성을 상실한 이크족은 약자를 죽여 없애고, 눈앞에 살아있는 어린이에게도 먹을 것을 주려 하지 않는다. 이들은 공동체 내에서 가장 어리고 약한 구성원인 어린이를 보호해야겠다는 생각을 눈곱만큼도 하지 않는다"고 적었다. 그리고 세 살짜리 아이를 집안에서 끄집어내 벌판에서 죽음을 맞이하게 하는 엄마의 모습도 묘사했다. 마치 어린이를 '쓸모없는 짐'이라거나 '다른 사람의 생존을 방해하고 위협하는 존재'라고 보는 것 같다.[88] 하지만 턴불이 묘사한 이크족의 부모 자식 관계는 끝까지 읽어볼 필요가 있다.

하지만 세 살짜리 아이를 내던지는 엄마의 모습에 경악해서는 안 된다. 그녀가 지난 3년간 아무리 힘들어도 어떻게든 젖을 먹여 키웠던 그것은 이제 막 세상을 향해 나갈 준비를 마쳤을 때다. 나는 그들도 그것의 고통을 조금이나마 덜어 주기 위해 던졌다고 믿는다. 어디를 갈 때나 가죽 포대에 그것을 싸매고 다녔던 엄마가 그런 일을 아무렇지도 않게 할 수 있을 만큼 냉혹할 수 있을 리가 없다. 물가나 들판 등지에서 그것의 목숨을 거둘 만한 장소를 찾으면, 엄마는 포대를 풀러 결코 느리지 않은 속도로 아이를 떨어뜨린다. 그것이 피를 흘리기라도 하면 소리를 내어 웃기도 한다. (…) 그리곤 아이를 놔둔 채 평소처럼 하던 일을 하러 떠난다. 포식자가 나타나 그것을 거두어가기를 바라면서. 내가 그곳에 있을 때 딱 한 번

---

87 Turnbull, C., 1994.
88 Turnbull, C., 1994 , p.134.

그런 일이 있었다. (내가 알기로는 한 번이다.) 그 엄마는 기뻐했다. 더 이상 아이를 업고 다니거나 먹여야 할 필요가 없어졌기 때문만은 아니다. 그보다는 그 근처에 아이를 금방 영면에 들게 해줄 표범이 있었기 때문이다. 표범이 아이를 뼈만 남긴 채 모두 다 먹었을 때, 남자들이 표범을 찾아 죽인다. 그리고 그 표범을 먹는다. 아이까지 함께 남김없이. 이것은 이크족 나름대로 어려움을 이겨내는 방법이다. 하지만 아무리 그래도 아이는 더 이상 부모에게 사랑받지 못하고 부모도 아이를 사랑해 줄 수 없다. [89]

이크족의 이 같은 행태는 어른만 보이는 것이 아니며, 어린이들도 동생이나 그들보다 약한 존재들에게 경악스러울 정도로 잔인한 모습을 보인다고 한다. 턴불의 책에는 자기보다 작은 어린이나 힘없는 노인을 때려 먹을 것을 빼앗거나, 여자아이에게 먹을 것을 대가로 성행위를 요구하는 소년의 모습이 상세하게 묘사되어 있다.

하지만 턴불의 이야기는 과장되었을 확률이 높은데다가, 제대로 된 사회생활이 불가능할 정도로 심각하게 붕괴된 사회를 묘사했던 것이 틀림없다. 그가 '아이들을 버려야 할 정도'로 망가진 사회를 묘사했다는 점을 주목해야 한다. 간혹 자녀에게 다른 이의 먹을 것을 뺏어 오거나 기근이 닥친 들판에서 뭐라도 찾아오라는 등의 일을 시키기 위해 데리고 있는 부모도 있었다고는 한다. 하지만 이 책에서 서술한 상황이라면, 어린이들이 부모를 비롯한 다른 누구에게도 의무감을 느끼기 어려울 것이다. 턴불은, 이크족 사람들은 가문을 잇거나 노후에 보상을

---

89 Turnbull, C., 1994, pp. 35-136.

받기 위해 자녀를 키운다는 생각을 갖고 있지 않고, 자녀가 부모에게 기쁨이 된다는 생각도 없으며, 살아남기 위해 발버둥치는 과정에서 스스로를 잃어버리고 인간이기를 거부한 존재로 묘사했다. 심각한 사회적 위기 상황에서는 어른과 어린이가 다르지 않을 것이다. 이크족의 어린이들은 그들의 부모가 그랬던 것처럼 살아남기 위해서 빠르게 '이기적이고 비정한 사람'[90]이 되었다.

이크족의 경우는 대단히 절박한 상황에서 나타난 특이 사례다. 하지만 그 외에도 어려운 상황에서 어린이를 인간으로 보기를 거부한 사례는 있다. 수잔 스크림쇼는 여러 사회의 역사적 문헌과 현재 자료를 바탕으로 영아 사망률과 출생률의 패턴을 조사했다.[91] 수잔의 연구에 의하면, 부모들이 아이를 낳고 싶지 않아 하거나 영아 사망률이 대단히 높은 시기에는 아이에 대한 부모의 노력이 감소한다. 이 경우 부모는 감정적으로나 신체적으로나 아이에게 많은 노력을 들이지 않으며, 아이가 그냥 놔두면 죽을병에 걸리더라도 애써서 살리려 하지 않는다고 한다. 아울러 "육체적으로도 심적으로도 아이를 기르기 힘든 때"[92]에 태어난 아이들은 소극적인 방치에서 적극적인 살해에 이르기까지 다양한 수단을 동원해 처리한다고도 했다. 또한 영아 살해의 이유도 인구 조절, 자녀 생존 확률의 극대화, 또는 "먼저 태어난 아이가 확실하게 공동체의 일원이 되었다는 확신이 들 때까지는 기다려 주어야 한다"[93]는

90 Turnbull, C., 1994, p.10.
91 Scrimshaw, S., 1978.
92 Scrimshaw, S., 1984, p. 449.
93 Scrimshaw, S., 1984, p. 461.

문화적 이유 등등 여러 가지가 있다고 했다.

　낸시 셰퍼-휴지스는 브라질 북부 파벨라(favela: 브라질 슬럼가)에서 이 같은 영아 살해와 아동 방치를 상세하게 연구했다. 셰퍼-휴지스는 이 같은 현실에 아파하며, 이를 '인격 부여 지연 현상(delayed anthropomorphization)'[94]이라 표현했다. 셰퍼-휴지스는 파벨라 엄마들이 어린 자녀들에게 상반된 감정을 품고 있음을 발견했다. 그 엄마들은 자녀가 살아남을 수 있다는 사실을 '믿지' 않으며, 자녀에게 되도록 애정을 쏟지 않으려 한다. 또한 자녀를 개별적인 인격체로 생각하지 않으며, 아기가 죽어도 슬퍼하지 않고 죽은 아이의 이름을 다음에 태어나는 아기에게 다시 붙인다. 아기가 조금 더 자라 생명력과 의지력이 강하다는 것이 확인되면, 그때서야 비로소 엄마는 그 아이에게 마음을 써도 헛된 일이 되지 않을 것이라 믿고 아이를 인격체로 인정하기 시작한다. 셰퍼-휴지스에 의하면, 엄마들은 아이가 살아남을 수 있겠다는 확신이 들기 전에는 아파도 약을 구해 주지 않는 등 살리려는 노력을 그다지 하지 않으며, 그들의 죽음을 체념하고 태연히 받아들이려 한다. 때로는 아예 먹을 것을 주지 않기도 하는데, 이때는 조금 더 살아남을 가능성이 높은 큰 아이(그때까지 엄마가 더 많은 애정을 쏟았던)에게 먹을 것을 더 주기 위해서다. 하지만 파벨라 엄마들은 이크족과는 달리, 아이들에게 적대감을 드러내지는 않는다. 그들은 셰퍼-휴지스에게 들으란 듯이 큰 목소리로 "아이를 싫어하는 사람이 어디 있겠어요?"[95]라고

---

94 Shepher-Hughes, N., 1992, p. 413.

95 Shepher-Hughes, N., 1992, p. 415.

말했다고 한다. 하지만 이는 자녀에 대한 개인적인 감정을 이야기한 것이라기보다는 원론적인 차원의 이야기였다고 한다.

반면 파벨라 엄마들이 자의건 타의건 간에 키우는 수고를 들일 만한 자녀를 선택하고 있다는 셰퍼-휴지스의 견해에 대한 반박도 있다. 마찬가지로 파벨라를 연구한 마릴린 네이션스와 린다-앤 레븐은 그곳 엄마들에게서 아이를 체념하는 태도를 발견하지 못했다고 주장한다.[96] 또한 아이가 아프면 무슨 수를 써서든 살리려 노력을 하며, 제도적 지리적 문제 때문에 현대식 병원을 갈 수 없으면 전통 민간요법 전문가에게라도 데리고 간다고 했다. 네이션스와 레븐은 비록 자녀에게 젖을 자주 주지 않거나 적절한 의학적 치료를 꼬박꼬박 하지 않는 엄마들도 있기는 하지만, 이에 대해 "몇몇 엄마들은 갓 태어난 아기를 아이라기보다는 태아에 가까운 상태, 그러니까 일종의 '임신 12개월' 상태로 생각하는 것 같다"[97]고 했다. 하지만 이러한 행동을 유아 관리 소홀이나 방치로 보기는 어렵다고 했다. 네이션스와 레븐은 또한 엄마들은 자녀에게 깊은 애착의 감정을 갖고 있으며, 아기의 죽음 앞에서 감정을 그다지 드러내지 않는 이유는 그들을 인간으로 보지 않았기 때문이 아니라, 슬픔을 드러내지 않아야 한다는 사회적 금기와, 죽은 아기는 하늘나라의 천사가 될 것이라는 가톨릭 민간 신앙 때문이라고 강조했다.

같은 대상을 놓고 서로 다른 두 가지 해석이 나온 이유는, 그 아기가 사회에서 인간으로 인정받았는지, 인간으로 인정받았다면 그에 맞는

---

96 Nations, M. K., and L. A. Rebhun, 1988.

97 Nations, M. K., and L. A. Rebhun, 1988, p. 190.

적절한 대우와 보살핌을 받았는지를 다르게 해석했기 때문이다. 갓 태어난 아이를 천사나 태아처럼 비자연적 존재로 부른다고 해서 이 세상의 사람이 아니라고 생각하는 것도 아니며, 반대로 아기를 완전한 사람으로 인정한다고 해서 그들의 생존 가능성이 더 높아지는 것도 아니다.(이에 대해서는 다음 장에서 더 살펴볼 것이다.) 일단 아기를 사람으로 인정하면 대개는 아이를 보호하기 마련이지만, 이크족의 사례에서 보았듯이 언제나 그런 것만은 아니다. 어떤 사례에서는 사회적으로 책망받지 않고 어린이를 없애기 위해 그들을 사람이 아닌 존재로 재규정하기도 한다. 유년기 어린이의 사회적 지위는 새롭게 부여될 수도, 바뀔 수도, 거부될 수도, 없어질 수도 있다. 극소수이기는 하지만 어린이를 주술사[98]로 규정하여 죽이거나 처벌한 실제 사례도 보고되었으며, 이는 어른에 비해 약자인 어린이는 사람이 아닌 존재로 규정되고 잔인하게 희생될 가능성도 있다는 사실을 보여 준다.

로버트 브레인은 카메룬의 뱅와(Bangwa)족을 현지 조사하면서 어린 주술사에 대해 조사했다.[99] 브레인은 어린 주술사의 존재를 뱅와족 사이에서 널리 퍼져 있는 주술적 신앙 체계 안에서 분석했다. 뱅와 사람들은 질병과 불행은 내 가족을 해치려는 사악한 주술사 때문에 생긴다

---

98 원문의 표기는 'witch'다. 그대로라면 '마녀'로 표기해야 옳겠지만, 여기서는 두 가지 이유에서 일부를 '주술사'로 번역했다. 첫째, 서양 중세를 배경으로 한 기독교적 세계관에서 비롯된 '마녀'와 아프리카 지역에 전통적으로 있던 주술 신앙과의 구별을 위해서다. 때문에, 기독교의 전파로 인해 생겨난 콩고의 사례에서는 그대로 '마녀'로 번역했다. 하지만 원문 표기가 'sorcerer'이거나, 토착 주술 신앙에서 비롯된 사례에서는 '주술사'를 선택했다.-역자 주

99 Brain, R., 1970.

고 믿는다. 그리고 어린 주술사도 어른 주술사와 비슷한 능력을 지녀, 모습을 바꾸거나 질병과 죽음을 불러올 수 있다고 생각했다. 뱅와족은 어린이들에게 질병이나 부상을 주술적 용어로 설명하려 한다. 예를 들자면, "열이 나는 어린이가 '내가 원숭이로 변신한 채 추운 고산지대에 있었기 때문에 그래요'라고 말하거나, 다리를 다친 어린이가 '영양으로 변해 숲으로 들어갔다가 덩굴에 걸려 넘어졌다'고 말한다"[100]는 식이라고 한다. 하지만 이런 주술적 이야기로 거짓 자백을 강요하는 나쁜 경우도 있다. 어느 날 12살 밖에 되지 않은 소년 아성(Asung)은 정신이 이상해졌고, 결국에는 같은 집에 살고 있는 배다른 형제와 또 한 명의 아이를 죽이기 위해 주술적 수단을 사용했노라고 자백했다. 그의 자백에 사람들은 안도감과 분노를 동시에 느꼈다. 이에 사람들은 아성의 병을 치료하길 거부했고, 아성은 죽었다.

브레인의 연구에 의하면, 뱅와족은 어린 주술사를 "다른 뱅와족 어린이들과 떨어뜨려 놓아야 하는 존재다. 그는 비정상적인 어린이이며, 그가 주술로 입힌 해는 의례를 통해서만 없앨 수 있다"[101]고 정의한다. 브레인은 주술을 자백하는 행위를 '폭력을 엄하게 벌하는 사회 안에 억압된 공격성'의 관점에서 설명했다. 그러니까, 주술사라는 혐의가 씌워진 어린이는 그가 가까운 친족을 해칠 마음을 먹은 용의자라는 뜻이다. 일부다처제인 뱅와 사회에서는 부인들과 이복 형제자매들 사이의 갈등이 이 같은 자백의 형태로 드러난다. 그들은 병에 걸리거나 부상을

---

100 Brain, R., 1970. p. 166
101 Brain, R., 1970. p. 163

입으면 대개 친족들 중 누군가가 주술을 걸었기 때문이라고 생각한다. 또한 브레인은 뱅와족은 어린이가 거짓말을 못한다고 믿기 때문에, 그 자백이 아무리 어린이의 말 같지 않게 능란해 보여도, '주술사이기 때문에 그렇다'고 더욱 굳게 믿을 뿐이라고 했다.

최근에는 어린 주술사나 마녀에 대한 보고를 거의 찾아보기 힘들지만, 필립 드 뵈크는 콩고에서 이 같은 현상을 연구했다.[102] 드 뵈크는 복음주의 기독교의 전파와 폭력 사태를 수반한 사회적 격변 및 에이즈로 인한 사망자 증가가 중첩된 결과, 콩고에서는 여전히 어린이들을 인간이 아닌 마녀라고 몰아가는 경우가 있다고 제보했다. 내전이 일상화되어 나라 전체가 전쟁으로 피폐해졌고 국민 5명 중 1명이 HIV 보균자인 상황에서 전쟁 고아나 에이즈에 걸린 아이는 쉽게 버림을 받는다. 드 뵈크는 다음과 같이 어린이들에게 요망한 마녀라는 혐의를 씌우는 사례를 기록했다.

그 작은 소녀들에게 마녀라는 혐의가 씌워졌다. 그녀들이 눈이 부시도록 아름다운 여인으로 변신해 아버지와 삼촌들을 침실로 유혹한 뒤 고환이나 음경을 잡아뜯어 불구를 만들거나 죽이려 했다는 것이다. 이 사례는 현재 콩고가 얼마나 심각한 사회적·병리학적 위기에 처해 있는지를 잘 보여 준다. 이 외에도 가족이나 친척이 정신병, 암, 심장마비 등에 걸리면 그 원인으로 어린 마녀들이 지목된다.[103]

---

102 de Boeck, F., 2005.
103 de Boeck, F., 2005, p. 194.

공포에 사로잡힌 사람들은 종종 악령을 퇴치한다는 명목으로 어린 이를 난폭하게 다루기도 하며 손쉽게 거리로 내쫓기도 한다.

드 뵈크는 눈에 보이지 않는 초자연적인 '또 다른 세계'가 현실 세계와 공존한다고 믿는 사회에 대해 이야기한다. 그러한 사회에서 주술사나 마녀란 다른 사람들에게 질병과 불행을 가져다주는 존재이기에 자주 박해의 대상이 된다. 부모를 잃고 갈 곳이 없어진 아이들, 집에서 쫓겨난 아이들처럼 길거리에서 눈에 띄는 '어린 주술사들'은 마녀사냥의 표적이 되기 쉽다. 복음주의 기독교인들은 이들이 악마의 현신이라고 믿어 의심치 않으며, 그러한 자신들의 잘못된 믿음을 퍼뜨린다. 그들은 마녀로 지목된 어린이들에게 그들이 저지른 끔찍한 일을 남김없이 자백하라고 강요한다. 드 뵈크는 그러한 사례 하나를 옮겨 적어두었다.

제 이름은 마무야(Mamuya)입니다. 저는 14살이에요. 제 남자친구 코마즐루(Komazulu)가 저를 마녀로 만들었어요. 하루는 코마즐루가 망고를 하나 주었어요. 그날 밤 코마즐루가 나를 찾아 부모님과 함께 사는 집으로 왔어요. 그리고는 '아까 주었던 망고의 대가로 사람 고기를 내놓지 않으면 너를 죽이겠다'고 협박했지요. 그날부터 저는 어둠의 일원이 되어 코마즐루와 함께 마녀들 그룹에 들어갔습니다. 엄마에게는 이 사실을 말하지 않았어요. 우리 그룹은 저까지 세 명이에요. 밤이 되면 우리는 망고나무 껍질로 만든 '비행기'를 타고 사냥감이 있는 집을 찾아 나서요. 나는 그때마다 바퀴벌레로 변신해서 날아다녀요. 비행기의 기장은 코마즐루에요. 사람을 죽이는 것도 코마즐루에요. 나는 그가 주는 고기와 피를 받아서 먹고 마십니다. 어떨 때는 팔 부위를, 어떨 때는 다리 부위를 줘요. 저는 엉덩잇살을 좋아해요. 나는 받은 고기의 일부분을 나와 같은 마녀인 할머니께 드리기 위해 보관해요. 이 '또 다른 세계'에서 코마즐루의 계급은 대령이에요. 코마즐루는 내가 사람을 죽인다면 대위 계급을 내려 주기로 했어요. 그래서 저는 아기였던 남동생을 죽였어요. 동생에게 설사를 먹여서 죽였어요. [104]

일단 이렇게 마녀라고 인식된 어린이는 더 이상 인간으로 취급되지 않는다. 인간이 아니기에 그들에게 무슨 짓을 해도 용인되며, 그들은 다른 어린이들처럼 항의를 할 수도 도움을 요청할 수도 없다.

어린아이가 아닌 청소년 정도의 아이를 주술사나 악마라 하는 사례는 별로 없지만, 아마존 유역의 어떤 곳에서는 고아처럼 의지할 주변인이 없는 어린이에게 간혹 그런 혐의를 씌운다고 한다. 그들은 변호해줄 친척이 없기 때문에, 대개 혐의가 씌워지면 공동체에서 쫓겨나거나 처벌을 받으며 때로는 죽임을 당하기도 한다. 이는 페루 서부 중심지역에 사는 아라와크어족 사람들(Arawak-speaking people)을 대상으로 역사적 사료와 현재 사례들을 조사했던 페르난도 산토스-그라네로의 연구에서 볼 수 있다. 산토스-그라네로의 연구에 따르면, 사람이 아니라고 분류된 어린이에게는 그 어떤 잔혹한 짓을 하더라도 용인되었다고 한다. 그들은 더 이상 연약한 어린이가 아니라 반드시 죽여야 할 '내부의 적'이기 때문이다. 어린이에게 주술사 혐의를 씌우는 방법은 다양

104 de Boeck, F., 2005, p. 192.

하다. 산토스-그라네로는 두 부족의 주술사 설명을 다음과 같이 기록
했다.

아샤니카(Asháninka)족과 아셰니카(Ashéninka)족 사람들은 어린 주
술사(matsi, máci, or machi)들이 꿈을 통해 주술을 배우기 시작한다고 믿
는다. (…) 모든 악마들의 아버지 혹은 지도자로 불리는 코리오스피리
(Korioshpiri)의 명령을 받은 수많은 악마 선생(Kamári máci)들이 꿈속으로
찾아온다. 악마 선생들은 뻐꾸기나 야행성 제비 같은 새, 또는 메뚜기나
귀뚜라미 같은 곤충, 아니면 그 외 다른 생명체의 영혼이나 죽은 인간 주
술사의 영혼이다. 이들은 사람의 모습으로 둔갑해 어린이들의 꿈속에 나
타난다. (…) 망자(Shiretzi)의 사악한 영혼이 주술을 가르치기도 한다. (…)
악마 선생들은 어린이의 손바닥에 동물이나 물고기의 뼈나 종려나무 잎
사귀 모양의 장식 등 작은 물건을 내려놓으며 그것들을 땅에 묻으라고 한
다. 묻으면 다른 사람을 아프게 만들 수 있다. 그리고는 숲속 사냥감을 잡
듯이 다른 사람을 주술로 잡아먹어 보라고 강요한다. 또한 인육을 먹여
그들 스스로 그 맛을 깨닫게 만든다. 이러한 교육이 여러 차례 반복되면,
어린이는 어느 순간부터 스스로 병을 불러오는 물건을 땅에 파묻는 꿈을
꾸기 시작한다. 시간이 지나면 그 어린이는 인간의 본성을 완전히 잃어버
리고 악마의 주술사가 된다.[105]

주술사가 될 소지가 다분하다고 여겨지는 아이들은 대개 심술궂거

---

105 Santos-Granero, F., 2004, pp. 274-275.

나, 투정을 잘 부리거나, 반항적인 아이들, 또는 유난히 상냥하고 예쁘며 매혹적인 눈을 가진 아이들이다. 이 때문에 평범한 아이들은 눈 밖에 나지 않는다. 그런 아이들은 순종적이며 어른을 존경하고 성격이 순하다고 여겨진다. 사람들은 어린이들이 악마의 힘을 깨달으면 그 힘으로 다른 사람을 고의로 해치게 된다고 믿는다. 비록 처음에는 그 힘을 알아채지 못하더라도, 점차 강한 힘을 얻게 되면서 다른 사람을 해칠 마음을 품게 된다고 한다. 때문에 마을 안에 누군가가 병에 걸리거나 죽었을 때 샤먼이 그 원인으로 어린 주술사를 지목하면, 그 아이는 눈에 고춧가루를 맞거나 불 위에 거꾸로 매달리는 등 혹독한 처벌을 받게 된다. 때로는 익사 직전에 이르기까지 물에 빠뜨리기도 하며, 가시 달린 쐐기풀 채찍으로 때릴 때도 있다. 어떤 경우에는 죽임을 당하기도 하며, 이때는 다른 동료 악마들이 찾아와 다시 숨을 불어넣지 못하도록 시신을 훼손한다고 한다.

그 어린이들에게 가해진 처벌은 너무나 잔혹한 것이다. 산토스-그라네로는 이에 대해 "엄밀히 말하면 그들에게 어린 주술사란 더 이상 사람이 아니기 때문에 그렇다. 그들도 주술사가 아닌 어린이에게 그렇게 하는 건 너무 잔인하다고 여길 것이다"[106]라고 말했다. 그들에게 어린 주술사는 질병과 사악함을 불러와 공동체를 위협하는 존재이며, 주술사와 가까운 친족 중에 반드시 협조자가 있을 것이라고 믿는다. 산토스-그라네로는 "때문에 어린 주술사들은 상자 안에 있는 다른 모든 사과를 썩게 만드는 한 알의 썩은 사과와 같은 '내부의 적'으로 여겨진다.

---

[106] Santos-Granero, F., 2004, p. 278.

그러므로 그들은 반드시 정화되어야 하며, 만약 정화에 실패하거나 정화가 불가능하다면 없애 버려야 한다"[107]고 기록했다.

어린이에 대한 이 같은 처사는 대단히 민감한 이슈이며, 원주민들 안에 내재된 야만적인 본능을 보여 주는 사례로 많이 인용되기도 했다. 하지만 산토스-그라네로가 조사했던 사례 중에 실제로 어린이가 살해된 경우는 없었다. 다만 간신히 도망쳐 나와 선교단체의 시설에 들어간 사례는 있었다. 아울러 현지인들에게서 들은 이야기는 더 많았지만, 보고된 사례는 6건뿐이었다고 한다. 그러나 이 사례는 앞서 살펴본 콩고와 뱅와족의 사례와 더불어, 때로 어린이를 사악한 것을 몰고 오는 나쁜 존재로 보는 사회도 있다는 것을 보여 주는 대단히 특이한 사례다.

결론

이 장에서는 다양한 사회의 유년기 관념과 어린이의 사회적 지위와 역할을 몇 가지 사례를 들어 살펴보았다. 유년기 어린이를 미성숙하거나 불완전한 존재라고 생각할 수도 있고, 무능력하고 나약한 존재라고 여길 수도 있으며, 그와는 정반대로 생각할 수도 있다. 대부분의 사회에서 어린이는 상당한 기간 동안 어른의 보살핌과 보호가 필요한 연약한 존재로 생각하지만, 이는 결코 절대적이고 보편적인 관점이 아니다. 이크족처럼 커다란 참사가 벌어진 지역이나, 브라질의 슬럼가 파벨라

---

[107] Santos-Granero, F., 2004, p. 298.

지역처럼 경제적 빈곤이 고착화된 곳에서는 어린아이들을 돌보는 일이 불가능할 때도 있으며 그 때문에 버려지거나 외면당하는 아이들이 생기기도 한다. 부모는 자녀로부터 기쁨을 맛보기 위해 아이를 낳을 수도 있고, 철저하게 실용적인 목적으로 낳기도 하며, 두 가지 모두를 바라고 낳을 수도 있다. 부모 자녀 관계는 본질적으로 상호 관계이며, 자녀는 부모와의 상호 관계를 생산적이고 정서적인 방향으로 이끄는 데 주도적인 역할을 한다. 어린이는 태어나면서 부터 사회적·경제적·정치적 의무와 권한이 뒤얽힌 사회적 거미줄 위에 놓이게 된다. 비록 어린이 개인은 이 사실을 깨닫는 데 몇 년이 걸릴지 모르지만, 유년기를 연구하는 인류학자들은 그러한 관계망을 항상 염두에 두고 있지 않으면 안 된다.

3장

유년기의 시작

The Beginning of Childhood

서론

　연령을 기준으로 한 유년기 정의는 문제의 소지가 있다. 유년기는 다양한 의미와 역할이 부여될 수 있는 사회적 상태이며, 그 시작과 끝을 분명하게 정의하기 어렵다. 지난 장에서는 초기 유년기(대략 6세 이전) 어린이에 대한 사회적 인식을 논의했고, 어린이에게 사회적 인간성을 부여하는(혹은 빼앗는) 기준을 살펴보았다. 이번 장에서는 지난 논의의 연장선상에서 태아와 갓난아기 특성과 지위를 논의하며, 아기를 비로소 인간으로 인정하는 때와 기준을 탐구한다. 그럼으로써 인간과 영혼, 어린이와 태아, 사람과 사람이 아닌 것의 구분이 명확하지 않다는 점을 드러내고자 한다. 또한 여러 사회적 배경에서 작성된 민족지 사례를 살펴봄으로써 유년기의 시작을 규정하는 문화적 관점의 다양성을 보여주고자 한다. 베스 콘클린과 린 모건은 "갓 태어난 아기를 인간으로 인정하고 사회 구성원으로 받아들이기 시작하는 때는 사회마다 다르다. (…) 모든 사회는 인간성을 규정하는 사회 보편적 관념이 있으며, 이는 인간처럼 보이지만 확실히 인간이라 말하기는 어려운 단계, 예를 들면 임신, 출산, 갓난아기 상태를 규정할 때 잘 드러난다"[1]고 이야기했다.

태아

배아에서 태아로, 태아에서 다시 갓난아기로 넘어오는 경계선은 명확하게 구분하기 어렵다. 하지만 이 경계는 그 대상이 사람이냐 아니냐, 혹은 생명을 가지고 있느냐 없느냐를 구분하는 기준이 될 때가 많다. 그 기준은 문화에 따라 달라지며, 상당한 논란을 불러일으키고 있다. 린 모건은 "'태아'는 과학적으로 규정되는 '생물'이라기보다는 문화에 의해 규정되는 관념적 실체이며 (…) 특정한 문화적 배경 위에서 태어난다"[2]고 이야기했다. 그러므로 아기는 수정이 이루어진 순간부터 완전한 사람으로 여겨질 수도 있고(현대 가톨릭의 입장이다), 조금씩 사람이 되어 가고 있는 생명체로 여겨질 수도 있고, 때로는 태어난 지 며칠 혹은 몇 달이 흘러도 온전한 사람으로 여겨지지 않는 경우도 있다. 또한 한 사회 안에서도 태아를 사람으로 구분하는 기준과 태아의 지위에 합의된 견해가 없을 수도 있다.

법적 규정조차도 문제의 소지가 있거나 모순된 경우가 있다. 실제로 영국은 2008년 기준으로 임신 14일 이하의 원시선(primitive streak: 가장

---

1 Conklin, B., and L. Morgan, 1996, pp. 657-658.
2 Morgan, L. M., 1997:329.

처음 발생한 신경조직−역자 주)이 발생하지 않은 배아를 대상으로 한 실험을 허용하고 있지만, 이는 사라 프랭클린의 말을 빌리면 "생물학적인 사실에 입각한 규정이 아닌, 법적·제도적 규정"[3]이다. 현재 영국에서는 임신 24주 이전에는 합법적으로 중절수술을 할 수 있다. 24주 이전의 태아는 엄마 뱃속에서 나오더라도 생존이 불가능하다는 것이 이유다.(의학의 발달로 극복이 가능해진 문제임에도 불구하고.) 게다가 영국법은 출산 이전의 태아를 살아있는 생명체로 간주하지 않기 때문에, 임신 24주에서 40주 사이의 태아는 정확한 법적 지위가 정해지지 않은 상태다. 태아는 보호를 받을 수 있는 법적 권리도 가지고 있지만, 사회적인 생명체는 아니기에 법으로부터 사람으로 인정받지 못한다. 태아를 인간으로 보느냐 아니냐는 개인에 따라서도 차이가 난다. 아이 갖기를 원했던 사람은 임신 초기 단계에서 부터 태아를 사람이나 갓난아기로 생각하며 부른다. 하지만 태아를 지우기로 결정한 사람은 그와는 전혀 다르게 생각한다.[4] 2001년 영국에서는, 임신중절수술을 지지하는 단체인 왕립간호원(Royal College of Nurses)에서 중절되거나 유산된 태아를 사회적으로 인정해 주기를 요구했다. 그들은 매년 50만의 태아가 그 어떤 '배려와 존중'도 받지 못한 채 '임상 폐기물'로 처리된다고 목소리를 높였다. 그들은 이 같은 행태를 근절해야 한다고 목소리를 높이는 한편, 희생된 태아들을 위한 공동 장례식을 치를 것, 원하는 부모에게는 따로 장례식을 치를 수 있게 해줄 것을 요구했다. 이들은 비록 태

---

3   Franklin, S., 1995.
4   Layne, L., 996, 2000.

아가 법적으로는 생명체라 인정받지 못했어도, 사회적으로 합당한 의례를 받을 자격이 있다고 보았다.[5]

　미국에서도 태아의 법적 지위와 낙태를 두고 격렬한 논쟁이 벌어졌다. 태아에 대한 사회 정책을 연구한 인류학자들은 아기에게 인간성이 부여되는 사회적 시점을 중점적으로 탐구하며, 여성의 지위와 역할, 개인과 국가의 관계를 함께 살펴보았다.[6] 임신중절에 관한 사회적 인식과 법 규정의 변화는 때로 인간성의 정의와 태아의 지위를 둘러싼 커다란 논쟁을 촉발하기도 했다. 2000년 미국 상원의원에 제출된 '생존아 보호법(Born Alive Bill)'은, 임신중절을 시도했지만 살아서 엄마의 몸 밖으로 나온 태아의 법적 지위가 쟁점이었다. 임신중절에 반대하는 단체들은, 중절수술 중에 살아 나온 아기들은 조산아와 마찬가지로 즉시 의료진의 도움을 받아 인큐베이터로 옮겨져야 하며, 법은 그들을 온전한 인간으로 인정해야 한다고 주장했다. 법안의 목적은 어떤 사정으로 태어났던 간에 일단 살아서 태어난 아기는 법적인 인간으로 인정한다는 점을 명문화하는 것이었다. 이 법안을 지지했던 헌법위원회장 스티브 샤보(Steve Chabot, 오하이오 주 공화당 소속)는 "임신중절에서 생존한 태아는 인간으로 볼 수 없다"[7]는 관점을 단호하게 거부했다. 샤보를 비롯한 법안 지지자들은 일단 태어난 아기는 법적으로 인간의 지위를 받아야 하며, 출생을 태아에서 인간이 되는 법적 기준으로 삼아야 한다고 주장했다. 반면, 법안을 반대했던 사람들은 출생은 명확한 법적 기준이

5　Carvel, J., 2001.

6　Ginsburg, F., 1989; La Fleur, W., 1992.

7　Palmer, E., 2001, p. 1858.

될 수 없으며, 임신중절수술을 시도한 시점에서 태아는 이미 사람으로 볼 수 없는 존재이므로 그대로 숨을 거두게 해야 한다고 주장했다. 법 안 반대파들은 생명체냐 아니냐를 가르는 기준은 출생 사실이 아니라 엄마의 의도에 따라 결정되어야 한다는 입장을 고수했다. 엄마가 스스로 임신중절을 선택한 이상 그 결정은 존중받아야 하며 당연히 태아도 그대로 숨을 거두게 해야 한다는 것이다.[8]

　몇몇 인류학자들은 일본과 대만에서 태아 유령에 대한 믿음과 태아 유령을 봉헌한 사당 및 사원의 등장을 연구했다.[9] 그들은 태아가 생물학적 존재인 동시에 문화적인 존재라는 관점에서, 일본과 대만의 세계관에서 태아가 차지하는 위상을 조사했다. 아울러 경제적·정치적 상황의 변화에 따른 태아의 위상 변화도 연구했다. 일본과 대만 모두 약간의 차이가 있기는 해도, 임신중절한 아이가 유령이 되어 엄마를 찾아와 괴롭힐 것이라는 민간 신앙이 최근 들어 늘어났다는 공통점이 있었다. 임신중절을 했던 여성들은 질병, 식욕저하, 피로감, 누군가 가까이에서 쳐다보는 느낌 등 다양한 증상들을 호소했다. 그녀들은 태아가 사후세계에서 성장해 작은 어린이가 되었다고 생각하고 있었으며, 개중에는 아기나 어린아이의 웃음소리가 들린다고 이야기하는 사람도 있었다. 그들은 태아 유령이 비록 지적 능력이 있기는 하지만, 그 능력으로 무엇을 할지 모르기 때문에 대단히 위험하다고 생각한다. 태아 유령은 간혹 착한 모습으로 나타날 때도 있지만, 대개는 괴롭히려고 나타나며 비

8　Montgomery, H., 2000.
9　La Fleur, W., 1992; Hardacre, H., 1997; Picone, M., 1998; Moskowitz, M., 2001.

록 영적인 괴롭힘이기는 해도 유령을 달래 주지 않으면 큰일이 날 수
도 있다. 태아 유령의 괴롭힘으로부터 벗어날 수 있는 유일한 방법은
사원에 많은 돈을 주고 아이의 영혼을 달래 줄 수 의식을 치러 달라고
부탁하는 것이다.[10]

　이러한 현상은 여러 가지로 해석된다. 대만에서는 임신중절이 정치
적 논란거리는 아니다. 하지만 불교적 도덕관에서는 고의로 생명을 앗
아가는 나쁜 행동이며, 임신중절을 한 여성은 반드시 영적인 고통을 받
는다고 믿는다. 그러므로 대만 사람 대부분이 갖고 있는 '임신중절은
가능하지만, 하면 태아 유령이 찾아올 것'이라는 양면적인 생각은 결국
임신중절에 대한 문화적 합의 수단으로 볼 수 있다. 한편으로는 심약한
여성에게 유령을 퇴치한다는 명목으로 거금을 받아내는 착취 행위라
는 주장도 있다.[11] 마크 모스코비츠는 다음과 같이 정리했다.

　태아 유령의 의미를 조사한 결과, 임신중절을 두고 남녀가 다투는 과
정, 그리고 그 다툼으로 그들끼리의 관계 및 배우자, 연인, 자녀 등 가족
구성원들과의 관계가 어떻게 바뀌게 되는지를 알게 되었다. 유령 퇴치 의
식은 다툼을 중재하고 화를 가라앉히기 위한다는 명목으로 행해지는 금
전적인 착취일 수도 있다. 그러나 이는 임신중절에 함께 연관된 사람들에
게 심리적인 안정감을 제공한다는 측면에서 중요성이 있다. 또한 개인과
가족집단에게 부과된 생명을 제거한 데 따르는 죄책감을 표면화하는 수

10　Moskowitz, M., 2001.

11　Hardacre, H., 1997.

단으로서 필요한 일이다. 그러므로 이는 숨겨진 갈등을 표면으로 드러냄과 동시에 이를 해결할 수단을 함께 제공하는 행위다.[12]

윌리엄 라플뢰르는 현대 일본에서 이와 같은 현상을 연구했다. 라플뢰르는 저서 『유동적 생명(*Liquid Life*)』[13]에서 태어나는 것을 거부당한 태아들을 위로하는 방법과 생명 개념의 유동성을 탐구했다. 라플뢰르에 의하면, 일본인들은 태아 유령이 악의를 가졌다고 생각하는 경우는 많지 않다. 또한 '미즈코(水子: 물의 아이라는 의미로 낙태된 태아를 지칭한다)'는 신들의 세계로 갈 수도 있고 태어나고자 했던 가족에게게로 돌아갈 수도 있는 존재이기 때문에, 태아는 태어나기를 거부당한 것이 아니라 유보당한 것이라고 한다. 그들은 자궁 안에서 양수라는 물속에 들어 있는 태아는 유동적이고 불안정한 상태에 있다고 생각한다. '물의 아이'는 "개별적인 개체 또는 '완성된 생명체'로서 존재한다고 확실하게 말할 수 없는, '생명체가 되는 중'인 존재다. 물의 아이는 위대한 미지의 물속에서 이제 막 형상을 갖추기 시작한 존재이며, 그 반대로 다시 물로 돌아가기도 쉬운 존재다. 이제 막 사람이 되어 가기 시작했을 뿐이다"[14]고 한다.

발생학의 역사가 깊은 서양과 이슬람 세계에서는 예로부터 인간의 본질과 생명이 시작되는 순간을 깊이 탐구해 왔다.[15] 아리스토텔레스는 태아가 세 단계의 발달 과정을 겪는다고 주장한 것으로 유명하다.

---

12 Moskowitz, M., 2001, p. 6.
13 La Fleur, W., 1992.
14 La Fleur, W., 1992, p. 24.

첫 번째 단계는 식물과 비슷한 상태로서, 성장은 하지만 아무것도 느끼고 생각하지 못하는 단계다. 두 번째 단계에서는 감각과 감정을 느낄 수 있는 동물과 비슷한 상태로 존재한다. 자궁 속 태아가 마지막 단계에 도달하면 눈을 뜨고 완전히 살아있는 생명체가 된다. 하지만 성장 속도는 남녀에 따라 달라서, 남자는 태아가 된 이후 40일 만에 생명체가 되는 반면 여자는 90일이 되어도 완전한 생명체가 되었다고 볼 수 없다고 했다.[16] 이슬람에서도 태아는 사람이 되기 전에 여러 단계를 거치게 된다고 가르친다. 하디스(Hadith: 예언자 무함마드 언행록)에는 이런 말이 적혀 있다.

예언자가 말씀하셨다. 너희 모두는 어머니의 자궁 속에서 40일을 눗파(nutfa: 액체 방울이라는 뜻이며, 정액을 의미한다.-역자 주)로 지내며 만들어졌다. 그 후 다시 40일 동안 알라꺼(alaqa: 거머리 같은 형체의 핏덩어리가 매달려 있는 모양을 뜻하며 배아를 의미한다.-역자 주)로 지낸다. 다시 40일을 무드가(mudgha: 살덩어리라는 뜻으로 태아를 의미한다.-역자 주)로 지낸 뒤 천사가 내려와 숨을 불어 영혼을 넣어 준 것이다.[17]

꾸란의 한 장 '믿는 사람들(Sûrah XXⅢ, 12-14)'에는 사람이 "흙에

---

15 이 분야의 연구를 가장 잘 정리해 놓은 책은 Needham, J., 1959다. 중국에서 태아의 수정에 대한 의학적 관념 및 개인과 우주의 관계가 어떻게 변해 왔는지 보려면 Furth, C., 1995를 참조하라.

16 Dunstan, G. R., 1988.

17 Mussallam, B., 1990. p. 39에서 인용.

서 빚어진" 이후의 이야기가 적혀 있다.

그를 한 방울의 정액으로써 안정된 곳에 두었으며
그런 다음 그 정액을 응혈시키고
그 응혈로써 살을 만들고, 그 살로써 뼈를 만들었으며, 살로써 그 뼈를
감싸게 했나니 [18]

많은 이슬람 학자들은 이 구절을 인용하면서 태아가 그저 정액에 불
과할 때인 첫 번째 단계가 40일, 두 번째 단계인 '응혈'이 또한 40일, 그
리고 살이 붙는 세 번째 단계도 40일이 걸리므로 임신 120일이 지나면
태아에 영혼이 들어오고, 그때부터 비로소 사람이라 말할 수 있다고 한
다.[19] 에리카 프리들은 이란의 한 마을을 조사할 때, 그곳 어린이들은
여전히 임신과 수정을 그렇게 이해하고 있다는 사실을 발견했다. 프리
들은 어린이들에게 '태아가 자라는 과정'을 알고 있는지 물어보았고
그 대답을 종합하여 "아기는 세 단계를 거쳐 생명체가 된다. 자궁 속 정
자였던 태아가 첫 태동을 보이기까지는 여러 단계의 변화를 겪게 되지
만, 태아는 그 어떤 인성이나 영혼도 갖고 있지 않다. 임신 4개월 정도
에 나타나는 첫 태동은 바로 그 순간에 신이 태아에게 영혼(jun)을 부
여했다는 증표다. (…) 그때 이후로는 빠르게 사람이 되어 가지만, 여전
히 듣지도 보지도 말하지도 못하고 스스로 생각하지도 못한다"[20]고 기

---

18 Mussallam, B., 1990. p. 38에서 인용.
19 Mussallam, B., 1990.
20 Friedl, E., 1997.

록해 두었다. 어린이들의 이야기는 지역마다 조금씩 차이가 있었다고 한다. 어떤 마을에서는 "만약 자궁 속을 들여다볼 수 있다면, 임신 20일 이 지난 태아의 성별을 알 수 있어요. 남자아이는 렌즈콩처럼 생긴 조 그만 고환이 있고요, 여자아이는 60일이 지나기 전까지는 형태가 없는 덩어리예요"[21]라고 이야기한 어린이도 있었다..

배아세포가 인간으로 발달하는 과정과 태아의 성장 단계는 사회에 따라 다르게 해석한다.[22] 많은 사회에서 태동을 중요한 징표로 생각하 며, '태아에 영혼이 들어왔다는 증거', '성장이 빨라지기 시작하는 때', '태아가 사람의 형태를 갖췄다는 징표' 등으로 표현한다. 인도 북부 지 방의 여성들은 아기가 자궁에 뿌리를 잡는 시점을 임신 3개월로 보고, 그 이전과 이후를 완전히 다른 시기로 구분하고 있다. 파트리샤 제프리 와 로저 제프리의 기록에 의하면 다음과 같다.

여성들은 생리가 멈추면 대체로 '기다리는 시기'라고 이야기하며 몸의 변화에 주의를 기울인다. (…) 하지만 임신은 아니라고 한다. 그 시기에는 하혈을 해도 유산이 아니라 생리가 늦은 것이라고 생각한다. 그 여성은 '나는 임신한 적이 없다'고 이야기할 것이다. (…) 하혈할 때 핏덩어리가 나와도 그저 '살점이 조금 떨어져 나왔다'고 말한다. 그 시기의 태아에는 팔다리도 장기도 보이지 않으며 아기(bachā: baby)가 아니다. 여성들은 생 리가 멈춘 지 최소한 석 달은 지나야 임신이라는 말을 꺼내기 시작한다.

---

21 Friedl, E., 1997, p. 31.
22 Cecil, R., 1996.

이때부터는 아기를 아기(bachā)라고 부르며 아기가 자궁에 '붙어 있다'고 생각한다. (…) 또한 아기에게 생명 또는 영혼(Jān)이 들어오는 것도 그때 부터이며, 그 이후에 신체 각 부분이 생겨나고 성별이 정해진다고 생각한 다. 그 시기가 지난 뒤에 하혈을 하면 '아기가 떨어졌다' 혹은 '엄마의 배 가 떨어졌다'고 표현한다. [23]

이 사례에서는 태아에게 영혼이 들어왔는지, 태아가 사람의 형태를 갖췄는지를 인간이라고 판단하는 기준으로 삼았다. 태아를 인간으로 인정하는 사회적 기준은 정해져 있지 않다. 때로는 개인이 알고 있는 정보에 따라서, 때로는 임신 사실을 구별하는 사회적 판단 기준에 따라 서, 때로는 태아의 본질에 대한 문화적 해석의 차이에 따라서 달라질 수 있다. 다음의 사례에서는 이런 태아에 대한 이중적이고 모호한 태도 가 잘 드러난다. 에콰도르 시골 여성들은 태아는 수정이 이루어지는 순 간부터 이미 인간이라고 생각한다. 그건 신이 만든 것이기 때문이다. 하지만 그 태아를 사회적 인간으로 여기지는 않는다.

에콰도르 북부 고원지대 사람들은, 뱃속에 있는 아기를 '경계에 걸친', '덜 익은', '완성되지 않은' 존재로 생각한다. 생긴 지 얼마 되지 않은 사람 은 신체적으로도 정신적으로도 불완전한 상태에 있으며 천천히 성장해 간다고 생각한다. 어른들은 아직 태어나지 않았거나 갓 태어난 아기에게 개별적 인격과 인간성을 서둘러 부여하지 않는다. 이 알 수 없는 미지의

---

23 Jeffry, P., and R. Jeffry, 1996, pp. 23-24.

피조물은 인간으로서 완전히 인정받기까지 수개월 동안 인간으로 향하는 문 앞에 걸쳐서 있어야 한다. (…)

에콰도르 여성들은 자신의 자녀가 생존/사산/출생/유산/낙태/사망했다는 분류를 비교적 자기 임의대로 할 수 있다.

여성들이 자녀(hijos:children)의 상태를 이처럼 자의적으로 판단하고 말할 수 있다는 사실은 다음의 두 가지 의미를 내포한다. 첫째, 출산 성공 여부와는 상관없이 모든 임신은 사회적인 중요성을 가질 수 있다. (…) 둘째, 수정된 태아가 아기를 거쳐 어린이로 성장하는 과정은 긴 시간 동안 점진적으로 이루어지며, 그 중간 단계에 부여되는 의미와 이름은 임의적이다.(아기, 임신 3개월, 생존 능력을 갖춘 아기 등) [24]

에콰도르에서 태아는 항상 모호한 존재다. 태아는 아기도 아니고 사람도 아니지만, 사람이 될 수 있는 존재다. 비록 동일한 개체라고는 해도, 잠재적 인간과 완전한 인간을 바라보는 시선에는 많은 차이가 있다.

산업화된 사회에서는 의학 기술 및 과학 지식의 발달로 인해 임신 초기부터 태아에게 인간의 지위를 부여하는 일이 가능해졌다. 몇몇 학자들은 여성들이 스스로 임신을 깨닫기도 전에 의사들이 먼저 임신을 선언하는 일은, 신체의 변화를 느끼고 임신의 징후를 깨닫고 새 생명을 받아들이는 여성의 고유한 경험을 전부 의학이 대체하는 것이라고 주장한다.[25] 임신 초기부터 스캐너로 뱃속을 들여다보는 일이 보편화된

---

24 Morgan, L. M., 1997, pp. 329-333.

25 Rapp, R., 1999.

서양 여성들은, 스스로 태아를 감지하게 될 수 있기 전부터 시각적으로 표현된 태아를 눈으로 볼 수 있다. 리사 미첼과 유지니아 조지스는 "초음파 의료기기는 태아를 인지적이고 감각적으로 파악할 수 있는 편의를 제공한다. 여성들은 태아의 움직임을 자기 몸으로 느끼는 시기가 '기술적으로 단축'되는 경험을 일상적으로 하게 된다"[26]고 했다.

민족지에서 태아의 성장 과정을 묘사한 경우나, 태아에 인간성을 부여하는 사례를 찾아 비교해 보면, 태아의 발달 과정과 변화 단계를 구별하는 방식에 공통된 견해가 없다는 사실을 알게 된다. 태아에게 일찍부터 인격을 부여하고 사회적 관계망에 포함시키고, 출산 이전부터 자연스럽게 사회화를 시작하는 사회도 있다. 로라 라이벌은 에콰도르의 휴아오라니(Huaorani)족이 태아와 갓난아기와 유아를 모두 한 단어('태어나고 있는 중'으로 해석한다)로 부르는 이유를 서술했다.[27] 휴아로니족이 태아에게 인격을 부여하는 기준은 엄마의 신체 변화가 아니라, 음식 제한이나 의사분만(아내가 분만할 때 남편도 함께 자리에 누워 산고(産苦)를 흉내 내거나 음식을 제한하는 풍습) 등의 사회적 태도 변화다.[28] 라이벌은 다음과 같이 적었다.

이곳 사람들은 아기는 여성의 피와 남성의 정액이 응고해서 만들어진다고 한다. (⋯) 여기에 창조주의 영혼이 들어와 움직이기 시작하면 덩어리는 아기가 된다. 그러므로 아기는 처음부터 이미 다 만들어진 존재다.

---

26 Mitchell, L., and E. Georges, 1997, p. 373.

27 Rival, L., 1998:62; 참조 McCallam, C., 1996; Conklin, B., 2001.

28 Riviere, P., 1974; 통가의 임신 금기 및 타푸(tapu)족의 사례는 Morton, H., 2002 참조.

뱃속에 있는 아기는 어떤 변화나 전환을 겪는 것이 아니라 그저 자라는 것이다. 마찬가지로 아기는 뱃속에서 나왔다고 해서 태어난 것이 아니다. 아기의 엄마 아빠가 의사분만 상태를 완전히 끝마치고 조부모 중 한 명(남자아기에게는 할아버지가, 여자아기에게는 할머니가)이 아기에게 하나 이상의 이름을 지어 주면 비로소 태어났다고 인정받는다. 뿐만 아니라, 태어난 것만으로는 삶(per se)이 시작되지 않는다. 엄마의 자궁에서 공동주택으로 거주지를 옮긴 순간부터가 삶의 시작이다. (…) 결국 출산은 엄마의 뱃속에서 삶을 시작한 아기가 주변 사회에 합류하는 과정의 일부다. 아기는 계속해서 공동주택에서 단체 생활을 하면서 사회에 통합된다.[29]

아마존의 또 다른 곳에서는, 태아의 수정은 새 생명이 탄생할 가능성일 뿐이라고 생각하며, 그 뒤에 성교 행위가 이어져야 인간이 될 수 있는 신체가 생겨난다고 믿는다. 마르코 곤사우베스에 의하면, 브라질 피라하(Pirahã)족은 성행위로 수태가 이루어진다고 생각하지 않는다. 만약 어떤 여성이 월경을 하지 않아 씨를 뱄다는 사실을 깨닫게 되면, 그녀의 남편과 가까운 친족들이 함께 모여 수태의 원인을 알기 위해 최근에 벌어진 일들을 되짚어본다. 대체로 조금 특이하다고 생각되는 다양한 사건들, 예를 들자면 물위로 튀어 오르는 물고기를 보았다던가, 짐승이 달려들었던 적이 있다던가, 음식을 만들다가 집에 불을 지른 적이 있다던가, 말벌에 쏘였다던가 하는 일 등이다. 그들은 수태를 새 생명이 나올 가능성일 뿐이라고 생각하며, 수태 이후에 성교 행위가 이어

---

29 Rival, L., 1998, pp. 625-626.

져야 아기의 몸이 만들어지고 비로소 한 명의 인간이 세상에 나올 수 있다고 생각한다. 남성의 정액이 아기의 뼈와 살을 만드는 것이며, 여성이 월경 때 흘리는 피는 아기의 내장이 된다고 믿는다.[30]

중동 일부 지역과 튀니지에 퍼져 있는 '잠자는 아기'에 대한 믿음은 임신 9개월에 대한 인류의 해석이 공통적이지 않다는 또 하나의 증거다.[31] 그들은 임신 3개월에서 6개월 사이에 어떤 외부 환경의 변화나 모종의 충격 때문에 죽음에 이르게 된 태아를 두고 자궁 속에서 '잠자는 아기'라고 부른다. 잠든 아기들은 몇 달 뒤 다시 태어날 수도 있고, 다시 태어나지 못할 수도 있다. 70살이 넘은 여성이 아직 태중에 아기가 있다면서 임신 중이라고 주장하는 경우도 있다. 이 현상을 연구한 엔젤 포스터는 잠자는 아기에 대한 믿음은 여성의 삶에서 중요하게 여겨지는 생식 능력을 사회적으로 보존하기 위한 방편이라고 한다. 폐경기가 지난 여성이 생식 능력을 가졌다고 주장할 수 있는 근거가 되기도 하고, 한편으로는 불륜처럼 도덕적으로 인정받지 못하는 관계에서 태어난 아기에게 정출(正出)의 지위를 부여하는 방편으로도 사용된다. 예를 들면, 여러 해 전에 남편과 사별했던 부인이 갑자기 아이를 가졌을 때 이 아기는 죽은 남편의 '잠자는 아기'였다고 이야기하는 식이다. 그녀는 남편을 잃은 슬픔이 너무 커서 그 때는 아이가 잠들었지만, 이제는 시간이 흘러 다시 깨어났다고 말한다. 그렇게 태어난 아기는 사회적으로 적법한 전남편의 아이로 인정받는다.[32]

---

30 Gonçalves, M. A., 2001.
31 Bargach, J., 2002.
32 Foster, A. M., 1991.

아기 정령

유년기 인류학이 다루어야 할 범위가 어디서부터 어디까지여야 하는지 고민하게 만드는 주제 중 대표적인 것이 바로 '아기 정령(spirit child)'이다. 이는 '태어나지 않은' 아기들에 대한 보다 확대된 해석이다. 아기 정령은 주로 초자연적 세계에 머물면서 육체를 가진 아기로 세상에 태어날 순간을 기다리고 있는 존재로 묘사되며, 다양한 사회에서 이와 비슷한 믿음이 확인되고 있다. 오스트레일리아 킴벌리의 애보리진[33], 서아프리카의 요루바[34], 아칸(Akan)족[35], 멘데(Mende)족[36], 이조(Ijaw)족[37], 벵(Beng)족[38] 등의 사회들이 주로 그렇다. 이들 사회에서는 갓 태어난 아기를 영적 세계와 연관 지어 생각하는 경향이 강해서, 그 세계관을 알지 못하면 영유아에 대한 연구도 불가능하다.

19세기 말 애보리진들을 대상으로 선교 활동을 했던 슐츠 목사의 기록에는 나무 위에 살던 아기 정령이 산통을 느끼는 여성을 찾아 그녀의 몸속으로 들어가는 이야기가 기록되어 있다.[39] 오스트레일리아 중부와 북부에서 여러 애보리진 집단이 가지고 있는 아기 정령 신앙을

33 Kaberry, P., 1939.
34 Beier, H. U., 1954; Renne, E. P., 2002; Dopamu, A., 2006.
35 Ephirim-Donkor, A., 1997.
36 Ferme, M., 2001.
37 Leis, N., 1982.
38 Gottlieb, A., 1998, 2000.
39 L. Schulze, Ashley-Montague, M. R, 1937에서 인용.

조사한 볼드윈 스펜서와 프랜시스 길런은 이에 대한 좀 더 자세한 기록을 남겨 두었다.[40] 스펜서와 길런의 기록에 의하면, 오스트레일리아 중부 지역의 아룬타(Arunta)족 원주민들이 생각하는 아기 정령은 "이미 사람의 형태를 갖추고 있는 조약돌 크기의 싹이나 씨앗"[41]이라고 한다. 한편 오스트레일리아 서부에서는, 아기 정령을 크기는 호두만하지만 모습은 평범한 어린이이며 연못가에서 놀고 있거나 대지 위를 돌아다닌다고 묘사한다. 또 다른 곳에서는 아기 정령은 파도 아래에서 엄마 거북과 돌고래들의 보호를 받으며 살고 있다고 하며, 점술가들만이 물속에서 놀고 있는 그들의 모습을 볼 수 있다고 한다. 이들은 엄마 뱃속에 들어 있는 것은 인간의 아기가 아닌 정령이라고 생각하며, 때로는 출생 이후에도 상당한 기간 동안 여전히 정령이라고 생각한다. 하지만 그들이 사람들에게 반응하고 웃음을 보이기 시작하며 인격을 뚜렷이 드러내기 시작하면 더는 정령이라고 여기지 않는다.[42]

그들은 아기 정령을 육체가 결여된 영혼이 아니라 스스로의 의지와 성향에 따라 결정을 내릴 수 있는 독립된 존재라고 생각한다. 스펜서와 길런은 회오리바람을 보고 아기 정령이 온다며 도망가거나 길가의 바위에 아기 정령이 있다며 그 앞을 지나갈 때 일부러 못나 보이게 하려는 여자들의 모습을 기록했다. 또한 아기 정령들이 주로 선호하는 엄마와 부모의 유형도 기록하고 있다. "원주민들이 이야기해 준 기준은 명확했다. 아기 정령들은 살찐 여성을 대단히 좋아한다고 하며, 설령 낮

---

40 Spencer, B., and F. J. Gillen, 1899, 1927.

41 Spencer, B., and F. J. Gillen, 1927.

42 Bates, D., 1938.

은 신분으로 태어나는 한이 있더라도 그런 여성이 엄마가 되어 주기를 원한다고 한다." [43]

아기 정령에 대한 가장 자세한 기록은 오스트레일리아 킴벌리 지역 애보리진을 조사한 필리스 카베리의 연구에 있다. 카베리는 아기 정령의 사회적 지위와 본질을 넓은 관점에서 그들의 신앙 체계를 통해 명쾌하게 설명하고 있다.

아기 정령(징가나라나이djinganara:ny)은 조상령이 아니다. (⋯) 다만 아주 오래전 이 땅에 사람들이 살기 이전에 무지갯빛 뱀 카렐루(Kaleru)가 연못에 내려놓은 존재들이다. 가끔 다른 짐승이나 새, 물고기, 파충류 따위로 태어날 때도 있지만, 땅 위 어느 곳에나 돌아다니고 있고 연못들 안에서도 놀고 있으며 기다엘(gida:l 수풀) 안에도 살고 있다. 어떤 이들은 아기 정령이 호두알만한 어린이라고 하고, 어떤 이들은 조그만 빨간 개구리처럼 생겼다고 한다. 아기 정령 중 하나가 여성의 몸에 들어오면 수태가 이루어진다. 아내가 남편이 준 음식을 토하면 아기 정령이 근처에 왔다는 뜻이다. 이후 그 남편이 아기 정령 혹은 정령과 관련이 있는 동물의 꿈을 꾸게되면, 정령이 걸어서 아내의 몸속으로 들어와 임신이 이루어진다. 그녀가 토했던 음식이 (⋯) 바로 그 아기를 잉태하게 한 토템이 된다. 아기에게 있는 흉터, 점, 보조개 따위는 아기의 토템이 된 짐승이나 물고기가 아기 아버지의 창에 찔릴 때 난 상처들이다. [44]

---

43 Spencer, B., and F. J. Gillen, 1899, p. 125.
44 Kaberry, P., 1939, pp. 41-42.

좀 더 이후에 작성된 민족지들에서도 아기 정령에 관한 믿음을 발견할 수 있다. 오스트레일리아 중부 응갈리아(Ngalia) 지역을 연구한 제임스 코완에 의하면, 아기 정령은 나무 그늘 아래 앉은 채 좋은 엄마가 되어 줄 여성이 지나가기를 기다린다고 한다. 그들은 짙은 색 머리카락 가운데에 밝은 줄이 있으며, 아카시아나무의 진을 먹고 아침이슬을 마신다고 한다. 그들은 엄마로 삼고 싶은 여성이 지나가면 자기 몸을 흰개미만큼 작게 만들어서 그 여성의 몸속으로 들어가는데, 설령 실패하더라도 다음날 또 시도한다고 한다.[45]

  아기 정령에 대한 기술은 사례마다 차이점이 있기는 하지만, 아기가 되기 이전부터 다른 형태로 존재한다는 공통점이 있다. 어떤 사례에서는 아기 정령이 자궁 속에서 '살과 피'로 변한다고 하고, 또 다른 사례에서는 개구리, 물고기, 새 따위가 임신 기간 중에 아기로 변한다고도 한다. 때로는 태어난 이후부터 변화가 시작된다는 이야기도 있다. 그러나 육신을 가진 아기와 눈에 보이지 않는 정령을 완전히 분리된 별개의 존재로 여기는 경우는 없다. 그 둘은 초자연적 세계와 눈에 보이는 세계 사이를 연속성을 지닌 채 오가는 동일한 개체이다. 그리고 눈에 보이는 세계를 이해하기 위해서는 눈에 보이지 않는 세계에 대한 이해가 선행되어야 한다. 말리노프스키는 멜라네시아 군도 트로브리안드 섬을 연구하면서 "waiwaia라는 단어는 배아, 태아, 갓난아기를 모두 지칭한다. (그와 동시에) 아직 태어나지 못한 아기 정령을 뜻한다"[46]고 기

  ---

  45 Cowan, J., 1997.

록했다. 아래의 인터뷰 기록을 보면, 어린이들 스스로도 정령과 자신과의 연관성을 잘 알고 있다.

8~9세 어린이들은 대개 자신을 '잉태하게 한 토템'이 무엇인지 알고 있으며, 자신이 정말로 예전에는 물고기나 새, 파충류나 다른 짐승이었는지를 궁금해한다. 한 아이가 나에게 '나는 물고기였어요. 물가에 온 아버지가 창으로 나를 잡았죠. 그렇게 마을로 잡혀 와서 엄마에게 갔어요. 그리고 아기가 되어 나왔죠'[47]라는 이야기를 자랑스럽게 했다.[48]

카베리는, '킴벌리 애보리진은 생물학적 아버지를 부정하는가?'를 논의할 때 이 어린이의 관점을 주의 깊게 살펴볼 필요가 있다고 했다. 카베리는, 설령 애보리진들이 임신과 수정에 관한 생물학적 진실을 배우고 받아들였다고 하더라도, 그들의 친족관계 개념은 크게 달라지지 않았을 것이라고 주장했다. 그들의 아버지는 여전히 "아기의 영혼이 되어줄 영적인 존재"[49]를 찾아야 아버지가 될 수 있으며, 자녀를 갖기 위해 아버지가 해야 할 가장 중요한 역할이 바로 그 일이라고 알고 있다. 그들에게 생물학적 자녀와 아기 정령은 떼어놓고 생각할 수 없는 한 쌍의 존재다. 그러므로 둘 중 하나만 따로 떼어놓고 연구해서는 킴벌리 애보리진들의 유년기 관념을 제대로 파악할 수 없다.

---

46 Malinowski, B., 1948, p. 191.
47 인용된 아이의 말 번역은 James, W., 2000, p. 173에서 발췌.
48 Kaberry, P., 1939, p. 74.
49 Kaberry, P., 1936, p. 399.

서아프리카의 아기 정령은 최근 수년간 많은 주목을 받고 있는 주제다. 하지만 이에 대한 가장 유명한 사례들은 인류학 민족지가 아니라, 치누아 아체베의『모든 것이 산산이 부서지다』(2008)[50], 월레 소잉카의 『아케, 그 어린 시절』(1986)[51], 벤 오크리의『굶주린 길』(2014)[52] 등과 같은 문학 작품에서 볼 수 있다.[53] 물론 문학 작품과 민족지를 동일선상에서 논의하는 것은 문제의 소지가 있다. 하지만 아기 정령에 관한 다수의 인류학적 연구에서도 이 문학 작품들을 유용한 참고 자료로 활용했다.[54] 서아프리카의 요루바(Yoruba)족과 이보(Igbo)족은 모두 아기 정령에 대한 믿음을 가지고 있다. 요루바족은 아비쿠(abiku), 이보족은 오그반지(ogbanje)라 부르는데, 이들은 한 집안에서 짧은 생을 여러 차례 반복해 살다 죽는다고 한다. '아비쿠' 또는 '오그반지'로 불리는 아기들은 다른 아기들에 비해 육체적으로나 감정적으로나 특이하게 보인다. 그들은 여전히 다른 세계에 있는 정령 친구들과 어울리고 싶어 하며, 다른 사람들이 보지 못하는 것을 볼 수 있다고 한다.[55] 아기 정령들에게는 영적 세계와 인간 세계의 구분이 없다고 한다. 또한 갓난아기와 어린아이들은 두 세계 모두에 속해 있으며 끊임없이 두 세계 사이를 오락가락하는 존재로 여겨진다. 그 양면성은 서정적인 문체로 영적 세계

---

50 Achebe, C., 1958.

51 Soyinka, W., 1981.

52 Okri, B., 1992.

53 위 작품들에 대한 문학적 분석은 Achebe, C., 1980; Hawley, J., 1995; McCabe, D., 2002; Kehinde, A., 2003 참조.

54 Ferme, M., 2001; Gottlieb, A., 2004.

55 Beier, H. U., 1954; Soyinka, W., 1981.

를 보여 주는 벤 오크리의 글에서 잘 드러난다. 오크리의 소설『굶주린 길』은 아자로(Azaro)라는 아기 정령이 정령 세계로 돌아오기로 한 친구와 한 약속을 깨고 인간 세계에서 살아가기로 결심하는 과정을 묘사하고 있다.

태초의 땅에 아직 태어나지 않은 아기와 정령들이 뒤섞여 있다. 우리 정령들은 어떤 모습으로도 있을 수 있다. 많은 이들이 새의 모습을 취한다. 우리는 한계를 몰랐다. 그곳에는 즐거운 축제와 놀이와 슬픔이 가득했다. 우리는 영원이라는 재앙을 아름답다고 생각했기에 그것을 흠뻑 즐겼다. 우리는 자유로웠기에 실컷 놀 수 있었다. 우리는 항상 산 자들의 세계에서 돌아온 존재들 가운데서 살아야 했기에 슬펐다. 그 영혼들은 산 자들의 세계에 남겨 두고 온 모든 사랑하는 사람들 때문에, 끝내 벗어나지 못한 모든 고통 때문에, 미처 깨닫지 못했던 진리 때문에, 기원의 땅으로 되돌아 올 때가 되어서야 간신히 깨우치기 시작한 모든 것들 때문에 어찌할 바를 모를 정도로 슬퍼했다. (…)

또 다른 탄생을 눈앞에 두고 있을 때, 우리는 가능한 빨리 이곳으로 돌아오겠다는 서약을 했다. 저 세계의 감미로운 달빛이 비추는 꽃내음 가득한 들판에서 우리는 맹세했다. 맹세를 나누고 있는 우리들은 산 자들의 세계에서는 '아비쿠(abiku)', 즉 아기 정령이라 불리는 존재들이다. 산 사람들 모두가 우리를 못 알아보는 것은 아니다. 우리는 저 세계와 이 세계를 왔다 갔다 하는 존재이며, 살아있는 생명으로 태어나는 일을 그다지 원하지 않는다. 우리는 스스로의 죽음을 결정할 수 있는 능력이 있다. 우리에겐 맹세를 지킬 의무가 있다. (…)

우리는 존재의 반을 항상 정령의 세계에 두고 있는 낯선 존재들이다.[56]

아기 정령은 현세에 강한 애증을 느끼고 있으며, 그들의 부모에게 적
대감이나 악의를 품기도 한다. 에스더 엔즈위는 '오그반지'들은 부모
에게 창피를 주고 싶어 하며 부모에 대한 복수심으로 움직인다고 묘사
했으며, 부모들은 '오그반지'를 '무심하고, 냉정하고, 역겹고, 속을 알
수 없는' 것이라고 표현했다는 기록을 남겼다.[57] 치쿼나이 오군예미는
아기 정령을 '아이의 생명을 걸고 온 힘을 다해 부모에 맞서 싸우는 존
재'라고 했다.[58] 정령 세계에 있는 아기 정령의 친구들도 애증의 대상이
다. 울리 베이어에 의하면, 어린 시절 아기 정령들과 즐겁게 놀았던 기
억이 있다고 말하는 사람들조차도 정령들 때문에 위험에 빠질 뻔했다
고 한다.[59] 베이어는 아기 정령들이 살아있는 어린이들에게 물속에 뛰
어들라거나 그 밖의 위험한 일을 해보라고 종용하는 사례들을 기술했
다.

잔인하고 악의에 찬 아기 정령은 문학 작품에 끊이지 않고 등장하는
소재다. 티모시 모블리드는 "요루바 사람들은 '아비쿠들에게 가장 귀
한 보물은 아이를 잃은 어머니의 눈물이다'는 믿음을 갖고 있다"[60]고
했다. 그리고 자신이 아비쿠라고 주장하던 친 이모를 회상하며, "이모

56 Okri, B., 1992.
57 Nzewi, E. 2001.
58 Ogunyemi, C., 2002.
59 Beier, H. U., 1954.
60 Mobolade, T. 1973, p. 62.

는 자기가 죽을 때마다 슬퍼하는 가족들의 모습을 보는 것이 너무나도 즐거웠다는 이야기를 어머니와 친척들 앞에서 했다"[61]고 했다.

이처럼 잔인한 아기 정령이지만, 부모는 정령을 붙잡아 둘 능력이 없기 때문에 자녀를 살려두기 위해서는 각별히 정령에게 신경을 써야 했다. 윌레 소잉카는 어린 시절 그의 고향 부콜라(Bukola)에서 아비쿠로 알려졌던 친구와 지냈던 이야기를 글로 남겼다.[62] 소잉카는 짧은 글 속에서 그 소녀가 남다른 존재였음을 담담하게 인정하면서도, 소녀가 언제나 동료 정령들이 있는 곳으로 돌아가고 싶어 했으며, 그녀의 부모와 친구들은 소녀가 기분이 상해 영적 세계로 돌아갈 마음을 먹지 않도록 최대한 신경을 쓰고 있었다고 묘사했다. 티모시 모블리드에 의하면, 부모들은 자녀의 생존을 염원하며 자녀의 이름을 '듀로자이예(Durojaiye: 서두르지 말고 인생을 즐겨라)', '파쿠티(Pakuti: 죽음을 피하고 막아내다)', '로티미(Rotimi: 참고 머물러라)'와 같이 짓는다.[63]

아비쿠와 오그반지라는 개념은 서 아프리카에서 나타나는 여러 가지 현상들을 설명하는 데도 사용된다. 변덕스럽고 악랄한 아기 정령이 한 명의 엄마에게서 다시 태어나기를 반복한다는 이야기는 아프리카 및 아프리카계 미국인 작가들 사이에서는 흔한 소재다. 토니 모리슨(Tony Morrison)의 『술라(Sula)』(1973)와 『사랑받는 아이(Beloved)』(1987)는 미국 노예 집단에 남아 있는 서아프리카의 문화적 유산을 드

---

61 Mobolade, T. 1973, p. 62.

62 Soyinka, W., 1981.

63 Mobolade, T. 1973.

러내는 수단으로 아기 정령이라는 소재를 이용한 작품이다.[64]

한편, 아기 정령 신앙은 영아 사망률이 높은 사회에서 아이를 반복해서 잃은 슬픔을 극복하기 위한 부모들의 심리적 대처 수단이라는 해석도 있다.[65] 비록 현재는 아기 정령에 대한 믿음이 변하고 있기는 하지만, 여전히 많은 요루바족 여성들은 아비쿠의 존재를 믿는다. 그녀들은 주로 겸상적혈구 빈혈과 같은 질병을 앓는 아이가 바로 아비쿠나 오그반지 때문이라고 여기는 경향이 강하며, 이럴 경우 자녀의 치료 여부를 결정할 때 아비쿠 신앙에 기대어 이야기한다. 여기서 아비쿠나 오그반지는 타고난 신체적 결함을 추상적으로 이해하기 위한 개념이다.[66] 혹은 일종의 정신질환을 문화적으로 받아들이는 방편이기도 하다.[67]

서아프리카의 다른 지역에서 아기 정령 신앙을 연구한 최근의 민족지 사례도 있다.[68] 여기서도 정령 세계를 언급하지 않고 살아있는 어린이들의 삶을 연구하기란 불가능했다. 아기 정령 신앙은 그들의 부모를 비롯한 사회 전체에 널리 퍼져 있었으며, 민족지에 등장한 모든 사례에서 그 믿음을 확인할 수 있다.

이조(Ijaw)족 사람들은 다른 세계에서 이쪽 세계로 넘어온 지 얼마 되지 않는 어린이들에게는 특별한 능력이 있다고 생각한다. 그들은 살아있

---

64 Ogunyemi, C., 2002; Okonkwo, C., 2004.

65 Ilechukwu, S., 2007.

66 Nzewi, E. 2001; Ogunjuyigbe, P., 2004.

67 Achebe, C., 1986.

68 Leis, N., 1982; Gottlieb, A., 1998, 2000.

지 않은 자들의 세계(두워이마duwoiama)와 산 자들의 세계(엑시아마ex ama) 사이에 걸쳐 있는 존재들이며, 양쪽 세계의 존재 모두를 볼 수 있고 그들과 소통할 수 있다. 또한 그 어린이들은 이 세계에서 어떤 삶을 살 것인지를 두고 워닝하이(Wonyinghi)라 불리는 모신(母神)과 했던 약속을 기억하고 있다. 이조족은, 모든 사람들은 태어나기 이전부터 이미 자신의 수명과, 낳을 자녀의 수와, 얼마나 풍요롭게 살 것인지, 대략적인 삶의 방향은 어떠할 것인지를 스스로 결정하고 모신과 약속했다고 믿는다. 이 약속을 마친 뒤에야 정령의 모습으로 이 세상에 내려와 (…) 잉태를 기다리는 것이다."[69]

정령 세계에서 미리 죽을 날을 정해 놓는다는 말은, 자녀의 수명은 자녀가 직접 결정한 것이라는 뜻이다. 이곳 사람들은 영아 사망률이 높은 이유는 자녀들이 부모 곁에 아주 잠시만 머물다 돌아가기로 창조주와 약속했기 때문이며, 이는 그 천진난만한 것들이 자신의 선택이 부모에게 얼마나 큰 괴로움을 안겨주는지 잘 모르기 때문이라고 설명한다. 어린 자녀의 죽음이 반복해서 계속되면, 부모는 매번 같은 정령이 자기들에게 찾아오기 때문이라고 생각한다. 이 경우 아버지는 그 아기 정령에게 이 세상에서 살아가고자 하는 굳은 의지가 없다면 다시는 돌아오지 말라는 뜻을 전하기 위해 죽은 자녀의 시신을 숲으로 가져가 여러 조각으로 자르기도 한다.[70]

---

69 Leis, N., 1982, p. 154.
70 Leis, N., 1982; Mobolade, T. 1973 참조.

때로 아기 정령은 먼저 잉태된 아기나 이미 태어난 아기에게 영향을 미친다고 한다. 이조족은 형제자매들끼리 질투하는 이유는 정령들이 서로 막내나 외동으로 태어나기를 원하기 때문이라고 생각한다. 임신 실패나 유산이 잦은 엄마들은 그것이 큰 아이의 질투심 때문이라고 생각하기도 한다. 반대로 임신 중에 큰 아이가 병에 걸리면 태중의 아기가 큰 아이를 해치려 하기 때문이라고 생각한다. 이럴 때는 태중의 아기 정령과 먼저 태어난 자녀끼리 서로를 해치지 않겠다는 약속을 하게 해야 한다.[71] 어린이들은 자라면서 차츰 정령 세계에서 살았던 기억과 창조주와 했던 약속을 잊어버린다. 또한 정령 세계의 존재들을 보고 그들과 소통할 수 있는 능력도 잃어버리며, 오로지 이세계의 존재로만 살아가게 되면서 어른이 된다.

알마 고틀리브는 코트디부아르의 벵(Beng)족을 대상으로 정령 세계와 어린이들의 관계를 연구했다.[72] 벵족은 아직 태어나지 않은 아기의 영혼과 죽은 자의 영혼은 모두 '루익비(wrugbe)'라 불리는 정령 세계에 머문다고 믿는다. 루익비에 닿을 수 있는 어른은 점술가들뿐이며, 그 외 사람들은 아주 가끔 꿈을 통해서 접할 수 있을 뿐이다. 하지만 어린이들은 루익비와 가장 가까이에 있으며 쉽게 그곳에 들어갈 수 있는 존재들이다. 실제로 벵족은 아이들이 태어난 지 몇 해 동안은 루익비에서 온전히 벗어나지 않은 상태이며 항상 그곳과 연결되어 있다고 믿는다. 고틀리브에 의하면, 갓난아기는 온전히 영적 세계에 속한 존재

---

71 Leis, N., 1982.
72 Gottlieb, A., 1998, 2000.

로 취급한다고 한다. 고틀리브는 "배꼽이 떨어진 아이도 아직은 영적 세계를 완전히 벗어나지 않은, 인간이 아닌 작은 존재로 여겨진다. (…) 그러므로 태어난 지 하루 이틀 안에 죽은 아기는 장례식도 치르지 않으며 사인도 알려주지 않는다. 이 아기의 죽음은 죽음이 아니라 귀환이다. 그 영혼이 아기의 신체에 잠시 머물렀다가 원래 사는 곳으로 돌아간 것이다"[73]라고 기록했다. 배꼽이 떨어진 아기는 여러 해에 걸쳐 조금씩 정령 세계를 떠나 세속 세계로 정착한다. 이조족은 성장이란 루익비를 떠나는 과정이며, 이는 일련의 성장 의례(귀를 뚫거나 관장을 하거나 하는 등)를 거치며 이루어진다고 생각한다. 다음은 점술가 케알로 바(Koualou Ba)와 알마 고틀리브의 대화다.

케알로: 언젠가 그럴 때가 오면 어린이는 영원히 루익비를 떠나 이 세계에서 살아갈 결심을 합니다.

갓틀리브: 그때가 언제인지 어떻게 아십니까?

케알로: 어린이가 꿈에 대해 이야기를 하거나, 어떤 극적인 상황(예를 들자면, 어머니나 아버지의 죽음과 같은)을 이해하기 시작할 때입니다. 그런 어린이는 완전히 루익비를 떠났다고 볼 수 있습니다.

갓틀리브: 언제 그 일이 일어납니까?

케알로: 7살이 되기 전에는 반드시 일어납니다! 3살짜리는 여전히 한 발은 루익비에, 다른 한 발은 이 세계에 걸쳐두고 있습니다. 그들은 이 세

---

73 Gottlieb, A., 1998, p. 124.

계에서 벌어지는 일들을 볼 수 있지만, 이해하지는 못합니다.[74]

뱅족은 루익비에는 어른 정령도 함께 살고 있으며, 아기 정령들에게는 정령 부모가 따로 있다고 믿는다. 정령 부모는 현세로 내려간 그들의 자녀가 배고파 울 때 먹을 것을 받지 못하거나 괴로워할 때 위로받지 못하는 등 제대로 보살핌을 받지 못하면 분노한다. 그리고 현세의 부모로부터 아이를 데려가 더 좋은 부모를 찾아 다시 태어나게 할 수도 있다. 뱅족은 아기 정령들은 모든 것을 알고 있고 무엇이든 이해할 수 있다고 생각한다. 그래서 루익비에 사는 정령은 모든 세계의 언어를 다 할 수 있다고 생각한다. 그러므로 아기들은 하나의 언어를 배우는 것이 아니라, 나머지 언어를 모두 잊어버리는 것이다. 하지만 태어나자마자 잊어버리는 것은 아니므로, 어린 아기들은 모든 언어를 이해하고 알아들을 수 있다고 믿는다. 아기들은 부모에게 직접 말을 걸기도 하지만, 그들의 부모는 정령 세계의 언어를 잊어버렸기 때문에 아기의 말을 알아듣지 못하고 아기가 원하는 것을 들어주지 못한다고 생각한다. 그래서 부모는 정령 세계의 말을 알고 있는 점술가들에게 아기가 지금 무슨 말을 하고 있는지 알려 달라고 도움을 요청하는 것이다.

이러한 관념은, 아기는 언어 능력 및 사고력이 전혀 없는 상태에서 태어나고 성장하면서 조금씩 배운다고 생각하는 서양의 발달 개념과 완전히 다른 것이다. 서양 사람들하고는 달리 뱅족이나 멘데(Mende)족을 비롯한 서아프리카의 사람들은 인간이 계속해서 성장하기만 하는

---

74 Gottlieb, A., 1998, p. 125.

것은 아니라고 생각한다. 오히려 어린이는 태어날 때 많은 능력을 갖고 있지만, 사회화 과정에서 필요한 지식과 능력을 얻는 대가로 타고난 능력을 잃어버린다고 생각한다.[75] 서양에서는 아기가 어른의 말을 알아듣지 못한다고 생각하지만, 서아프리카에서는 말을 못 알아듣는 쪽은 아기가 아니라 아기의 말을 잊어버린 어른이라고 생각한다.

환생

아기 정령에 대한 믿음은 아이가 태어나기 이전부터 별도의 시공간에 존재하고 있다는 믿음을 전제로 한다. 환생을 믿는 사람들도 아이는 기존에 있던 다른 존재, 예를 들면 자신의 부모나 가족이나 조상 중 누군가가 다시 태어난 것이라고 믿는다. 말리노프스키가 연구한 트로브리안드 군도의 사람들도 환생을 믿었다. 말리노프스키에 의하면, 트로브리안드 사람들은 자신의 자녀가 모계 씨족 누군가의 환생이라고 생각한다. 하지만 몇 세대 전의 사람이기 때문에 정확히 누구였는지는 알기 어렵다고 했다.[76] 트로브리안드 군도 사람들은, 죽은 자의 영혼은 정령의 땅 '투마(Tuma)'에서 환생을 기다린다고 믿었다. 투마는 현세와 나란히 존재하는 평행 세계이며, 투마의 정령들도 나이를 먹고 결혼도 한다. 하지만 언젠가는 세속 세계로 환생해야 한다.

---

75 Ferme, M., 2001.

76 Malinowski, B., 1948.

늙어서 이빨이 빠지고 피부가 쭈글쭈글해진 발로마(baloma: 정령)는 해변으로 가서 소금물에 목욕을 한다. 그러면 뱀이 허물을 벗듯 피부가 벗겨지고 다시 어린아이의 모습으로 변한다. 진짜 와이와이(waiwai: 태아와 갓난아기를 지칭하는 표현)가 된다. 다른 발로마 여인이 이 와이와이를 발견하면 그것을 바구니나 푸아타이(puatai: 코코넛 잎사귀를 접어 만든 주머니)에 담아 키리위나(Kiriwina) 섬으로 가져와 어느 여자의 자궁 속으로 집어넣는다. 그러면 그 여자는 임신을 하게 된다.[77]

태어난 아이는 대체로 몇 세대 전 인물의 환생이기 때문에, 전생에 누구였는지 어떤 특성을 가졌는지 알기 어렵다. 하지만 죽은 지 얼마 되지 않은 사람과 유사한 점이 많다고 생각될 경우, 그 사람의 환생이라고 믿기도 한다. 주로 아기에게 그 망자와 동일한 신체적 특징이 있다던가, 혹은 아기의 행동이나 습성에 그 망자를 연상시킬 정도로 닮은 구석이 있을 때다.

캐나다 이누이트족의 한 부족은 어려서 죽은 아기의 영혼은 다음에 태어난 동생에게 깃든다고 믿는다. 만약 쌍둥이 중 한 명이 죽으면, 나머지 한 명의 몸에 죽은 이의 영혼이 함께 산다고 생각한다.[78] 어른도 죽고 나면 다른 갓난아기로 환생한다고 믿는다. 그들은 태어난 아이가 어떤 사람의 환생인지 찾기 위해 아기의 몸에 있는 반점의 형태를 조

---

77 Malinowski, B., 1948, p. 190.

78 Mills, A., 1994.

사하거나 전생의 기억을 갖고 있는지 확인해 본다. 다음은 에디트 터너가 기록한 한 고래잡이 가족의 사례다.

한 고래잡이 가족에게 세 명의 아이가 있었는데, 고래사냥 때가 오면 사람들은 그 중 한 아이의 말을 유념해서 듣는다. 그 어린이는 조상들로부터 특별한 능력을 부여받았던 지혜로운 삼촌 패트릭의 환생이라 여겨지기 때문이다. 어느 날 그 어린이가 '아파(Aapa)가 고래를 잡아요'라고 말하자 모두가 기뻐했다. 그리고 아파, 즉 그의 할아버지는 정말로 그해에 고래를 잡는 데 큰 역할을 했다. 사람들은 그 어린이 애런(Aaron)을 특별히 떠받들고 진심으로 경외했으며, 그 집안에 새로운 아이가 태어났어도 애런을 향한 사람들의 마음은 변하지 않았다.[79]

위 사례에 등장한 어린이의 정체성과 성장 과정은 그의 전생이라고 여겨지는 사람에 의해 결정되었다. 애런은 그의 삼촌이라는 사람과 성격은 물론이고 고래잡이 능력도 비슷해져야 했다. 애런은 일상생활에서 전생의 존재를 염두에 두고 있었을 것이며, 전생의 경험을 깨닫는 것은 애런의 인생뿐만 아니라 그의 전생인 삼촌을 위해서도 필요한 일이었다.

이들은 아이가 새로 태어났다고 해서 공동체에 새로운 사람이 들어왔다고 생각하지 않는다. 마크 누탈에 의하면, 그린란드의 이누이트는 다음과 같이 생각한다.

---

79 Turner, E., 1994, p. 69.

아기에게 죽은 이의 이름을 부여할 때 (…) 죽은 이와의 정서적 유대 관계도 되살아난다. 그렇게 죽은 이를 '집으로 불러' (…) 사별했던 가족들 곁으로 돌아오게 한다. 만약 아기에게 새로운 이름을 지어 주면 아기는 그들의 세계에는 없었던 완전히 모르는 사람이 된다. 하지만 옛 사람의 이름을 주면 그들과 함께 살았던 사람이 그들의 세계로 돌아오는 것이 된다.[80]

세계 각지에 널리 퍼져 있는 이러한 믿음은 유년기를 연구하는 인류학자들로 하여금 한층 더 고민에 빠져들게 했다. 잠비아의 은뎀부(Ndembu)족은 아기가 태어나면 그 아기의 전생을 알아내기 위해 징표를 찾는다. 아기의 부모와 친척들은 우는 아기를 앞에 두고 조상의 이름을 나열한다. 아기는 자기 전생(항상 부계 친족 중에서 나온다)의 이름을 듣는 순간 울음을 그친다.[81] 그러므로 그 어린이의 일상생활과 경험을 기록하고 분석할 때는 어린이 개인만 살펴봐서는 안 되며, 보다 넓은 세계관 안에서 어떤 조상이 왜 그들에게 돌아왔는지를 연관시켜서 생각할 필요가 있다. 기니비사우의 파펠(Papel)족도 조상의 정령이 갓난아기에게로 돌아온다고 믿으며, 아기가 자주 울거나 조숙한 모습을 보이면 가까운 친척이 환생한 것이라고 생각한다. 때로는 자녀의 신체적 특징이 전생을 추론하는 단서가 되기도 한다. 조니나 이나스도티르의 연구에는 "한 번은 십대 딸과 함께 있는 나이 지긋한 남자를 만났다.

---

80 Nuttall, M., 1994.
81 Turner, E., 1994.

딸은 약간 통통한 편이었지만 말끔하게 차려입고 있었다. 나는 그녀의 얼굴이 심하게 일그러져 있으며, 코도 거의 보이지 않고, 입은 작은 구멍처럼 생긴 것을 보았다. 나는 그녀의 아버지에게 혹시 따님이 어릴 적에 화상을 입었느냐고 물어보았다. 아버지는 '아니, 그런 적은 없소. 내 딸은 죽은 이의 환생인데, 그 자가 불에 탔던 것이오'라고 대답했다"는 기록이 있다.[82]

불교나 힌두교를 믿는 사회에서도 세상을 떠난 누군가와 닮은 점을 보이는 어린이들을 망자의 환생으로 여기는 사례가 아주 많다. 어떤 아기는 자기와 전혀 연관성이 없는 수천 킬로미터나 떨어진 곳에서 죽은 이방인의 환생으로 여겨지기도 한다. 티베트 불교에서 달라이 라마의 환생을 찾는 일이 대표적 사례다. 그들은 달라이 라마의 환생은 전 세계 어느 곳에서든 나올 수 있다고 한다. 특정한 표식을 보이거나 어떤 글귀를 알아보는 어린이를 달라이 라마의 환생이라 믿으며, 일단 달라이 라마의 환생이라고 정해진 어린이는 그와 연관된 종교 유적지에서 수련을 받게 된다.[83]

비정상

영유아의 본성과 인간성에 관하여 인류학자들이 주목하는 또 다른

---

82 Einarsdóttir, J., 2000, p. 103.

83 Gupta, A , 2002.

연구 대상은 쌍둥이다. 쌍둥이에 관한 연구는 꽤 많은 편인데, 이에 의하면 사람들은 대체로 쌍둥이의 본질이 명확하지 않다는 점을 신경 쓴다고 한다. 예를 들자면 '쌍둥이는 영혼이 하나인가 두 개인가?', 혹은 '쌍둥이는 사람인가, 아니면 정령이나 괴물인가?'와 같다. 또한 맥락에 따라서는 '쌍둥이'라는 용어가 전혀 다른 의미로 사용되기도 한다. 예를 들면, 다태아 임신이 아닌 단태아 임신의 경우에도 아이가 거꾸로 나오거나 양막을 걸친 채 나오면 '쌍둥이'라고 부를 때가 있다.[84] 이렇듯 출산 형태가 정상적이지 않을 때도 쌍둥이라 부르기도 한다. 하지만 이러한 사례는 오래전 이야기일 때가 많다. 요즘은 식민지 시절 내정간섭, 세계화, 선교활동의 영향과 국가 정책의 변화로 인해 쌍둥이에 대한 인식과 사회적 지위가 달라졌다.[85]

그럼에도 여기서 그러한 연구에 주목하는 이유는, 단순히 지난 장에서 다루었던 어린이 인식과 처우에 관련된 주제라서가 아니라, 비정상에 대한 연구를 통해 어린이에게 '정상'이라는 지위와 인간성을 부여하는 과정을 드러내 보이기 위함이다. 일찍이 남아프리카의 쌍둥이에 대한 비교 연구를 수행한 아이작 셰퍼라는 다음과 같이 주장했다.

쌍둥이를 대하는 관습과 의례를 조사할 때는, 그것이 쌍둥이를 위해 특별히 준비된 의례라고 생각하기보다는, 정상적인 어린이를 대상으로 한 의례가 변형된 것이라는 관점에서 바라봐야 한다. 또한 쌍둥이가 태어났

---

84 Diduk, S., 2001.

85 Chappel, T. H. J., 1974; Bastian, M., 2001; Diduk, S., 2001; Renne, E. P.,2001.

을 때 사람들이 어떤 반응을 보이는지에 대한 조사 역시 정상적인 아이가 태어났을 때의 반응과 함께 살펴봐야 납득할 만한 설명이 가능해진다.[86]

셰퍼라와 더불어 저 유명한 에반스-프리처드도 원주민들이 지닌 인간성과 정체성 개념을 연구하기 위해 쌍둥이를 조사했다.[87] 에반스-프리처드는 남수단 누어족의 쌍둥이에 대한 생각을 "누어족은 쌍둥이의 인격은 하나라고 생각하며, 쌍둥이를 '새'라고 부르기도 한다. 그들은 나에게 종종 '쌍둥이는 사람이 아니다. 새다'라고 말했다. (…) 쌍둥이로 태어난 아기가 죽으면 그들은 언제나 'Ce par(날아가 버렸다)'라고 말했다"[88]고 기록했다. 비록 쌍둥이를 새와 연관 짓는 관습이 단순한 은유적 표현인지 아닌지에 대해 논쟁[89]이 있었지만, 에반스-프리처드는 새라는 표현을 글자 그대로 받아들이기보다는 비정상의 관점에서 나온 표현이라고 보았다.

에반스-프리처드에 의하면, 누어족은 쌍둥이는 두 개의 신체에 하나의 영혼을 지닌 '신의 자녀'이며 보통의 어린이들과는 다른 존재라고 믿었다고 한다. 형제자매 간의 위계질서를 중요하게 생각하는 사회에서 쌍둥이는 유산의 상속에도 논란을 유발하고, 사회적으로도 적합한 분류 카테고리가 없는 존재였다. 빅터 터너는 이 문제를 "쌍둥이는 사회 구조적 관점으로는 하나지만 신체적으로는 둘이며, 영적으로는

---

86 Schapera, I., 1927, pp. 134-135.
87 Schapera, I., 1927; Evans-Pritchard, E. E., 1936.
88 Evans-Pritchard, E. E., 1936, p. 235.
89 Firth, R., 1966.

하나지만 실제 경험은 둘로 나뉘는 모순된 존재다"[90]라고 정리했다.

때로 쌍둥이들에게 특별한 힘이 있다거나 쌍둥이가 정령 세계나 조상령과 소통할 수 있다고 믿는 사회도 있다. 마리안느 페르메에 의하면, 멘데족은 영적 세계에 자신의 쌍둥이 형제가 살고 있다고 말하는 경우가 많다.[91] 홀로 태어난 아이가 자궁 안에서 죽은 쌍둥이 동생에게 특별한 힘을 부여받아 예지력을 가지게 되었다고도 말하는 경우도 있다. 영적인 쌍둥이의 존재는 아기가 태어나기 이전에 꿈을 통해 알게 되거나, 출산 이후에 태반을 검사하는 과정에서 드러난다. 이는 주로 분만 과정보다는 죽은 태아의 유해를 확인 할 때 밝혀진다. 또 다른 사례에서는 쌍둥이가 꼭 동시에 태어나지 않을 수도 있다고 생각해서, 몇 년 뒤에 태어난 동생을 쌍둥이라 부르기도 한다. 보이는 세계와 보이지 않는 세계, 또는 드러난 세계와 감추어진 세계 사이의 연관성을 중시하는 멘데족 사회에서는, 쌍둥이는 영적 세계와 특별한 연관성을 지닌 채, 이 세계와 저 세계 사이의 경계 지대에 위태롭게 서 있는 존재라고 생각한다.

쌍둥이에 대한 사회적 인식에 따라 쌍둥이를 대하는 태도도 달라진다. 우간다의 레부어(Labwor) 지역에서는 쌍둥이를 위험한 골칫거리로 생각한다. 쌍둥이 각자를 한 명의 사람으로 여기지 않으며, 상을 받을 때도 벌을 받을 때도 똑같이 받게 한다. 쌍둥이 중 한 명이 상을 받으면 다른 한 명도 같은 상을 받고, 한 명이 벌을 받으면 다른 한 명도 같이

---

90 Turner, V., 1969, p. 45.

91 Ferme, M., 2001.

받는다. 쌍둥이는 부모에게 불만이 생기면 둘이서 함께 힘을 모아 부모를 해칠지도 모르는 위험한 아이들이라고 생각한다.[92]

어떤 사회에서는 사람은 짐승과 달리 한 번에 한 명씩 태어나는 것이 자연의 섭리라고 믿기 때문에, 그 섭리를 거스르는 존재인 쌍둥이는 사람이 아니라고 생각한다. 미스티 바스티안은 19세기에 있었던 기독교 선교사들과 서아프리카 이보(Igbo)족 간의 다툼에 대해 다음과 같은 기록을 남겼다.

> 북부 이보족 사회에서는 여전히 원로들의 영향력이 세다. 원로들은 사람과 짐승은 분명히 다른 존재이며, 사람이라면 결코 짐승의 습성을 따라하지 않을 것이라고 했다. 이들은 정령이나 짐승이 가면을 쓰고 인간으로 변할 수 있다고 믿는다. 그래서 그런 존재가 인간에게 무슨 짓을 저지르지는 않는지, 그것이 인간의 양심을 속이려 하거나 사악한 의도를 품고 있지는 않는지 반드시 확인해야만 한다고 했다. 원로들은 새끼를 한 번에 하나씩 배지 않고 한꺼번에 여럿을 배는 습성이 바로 짐승의 전형적인 특성이라고 했다.[93]

이보족은 쌍둥이가 태어나면 내다버리거나 질식시켜 죽인 다음에 마을 밖에 있는 '부정한 덤불 지대'에 처리한다. 아이작 셰퍼라의 남아프리카의 !쿵족과 오인(Auin)족 연구에서도 쌍둥이를 부모와 목동들

---

92 Abrahams, R., 1972.

93 Bastian, M., 2001, p. 16.

에게 불행을 가져다주는 존재로 여겨 둘 중 하나 혹은 둘 모두를 태어나자마자 죽이는 사례가 있다. 간통 등 정상적이지 않은 경로로 임신을 하면 쌍둥이가 태어난다고 생각하기도 한다. 예를 들면, 쌍둥이는 남편이 아닌 다른 사람의 아기가 같이 나온 것이라고 보는 것이다.[94] 만약 쌍둥이인데 성별이 다를 경우, 남녀가 엄마 뱃속에서부터 가까이 붙어 있었다는 이유로 근친상간과 같은 끔찍한 일을 저지를 것이라고 여기는 경우도 있다.[95]

몇몇 인류학자들이 지적했듯이[96], 쌍둥이에 대한 인식은 정치적·사회적 요인에 크게 영향을 받고 있었으며, 외부의 영향력으로 인해 인식이 바뀐 사례도 많다. 나이지리아의 경우에도 기독교가 물밀듯이 들어오면서 사상과 세계관을 둘러싼 논쟁이 벌어졌고, 그로 인해 쌍둥이에 대한 인식이 완전히 뒤바뀌었다.

엘리샤 르네는 나이지리아 옛 요루바 왕국 지역에서 쌍둥이에 대한 인식이 죽여야 할 마녀에서 숭배 대상으로 변한 과정을 조사했다.[97] 그 지역 사람들은 이제 쌍둥이에게는 조상이 깃들어 있다던가, 정령 세계와 소통할 수 있다거나, 가족들에게 커다란 부를 가져다준다던가 하는 특별한 힘이 있다고 믿는다.[98]

이와 반대로 미스티 바스티안이 조사한 나이지리아의 하우사

94 Bastian, M., 2001.
95 Errington, S., 1987.
96 Chappel, T. H. J., 1974; Diduk, S., 2001; Renne, E. P.
97 Renne, E. P.,2001.
98 Renne, E. P., and M. Bastian, 2001.

(Hausa) 어족(語族)의 경우에는, 과거에는 쌍둥이를 환영했으나 지금은 부정한 관계에서 얻은 아이라며 매도한다고 했다.[99]

이 두 가지 사례는 모두 기독교 사상이 토착 사상과 부딪힌 결과 쌍둥이에 대한 관점이 크게 달라진 경우다. 이는 유년기에 대한 관념은 자연적인 것도 생물학적인 것도 보편적인 것도 아닌, 문화적·사회적으로 구성된 개념이며 언제든 바뀔 수 있는 대상이라는 사실을 다시 한 번 증명해 주는 사례다.

쌍둥이처럼 출생부터 남들과 다르거나 특이했던 어린이는 비정상으로 분류되기 쉬우며, 우리는 이러한 사례를 통해 그 사회가 생각하는 정상적인 어린이의 개념을 유추해 볼 수 있다. 자메이카 시골지역에서는 '더피(duppie: 조상의 영혼)'가 찾아와 본의 아니게 임신을 한 여성을 '부정한 배'라고 불렀다. 임신 중에는 특별히 다른 증상을 보이지 않지만, 9개월 뒤 결국 출산에 실패하거나 기형아를 낳은 여성을 주로 이렇게 불렀다.

엘리사 소보는 이러한 관념은 여성에게서 유산이나 기형아 출산의 고통을 덜어 주기 위한 방편이 될 수도 있지만, 다른 한편으로는 태아에게 그 어떤 인간성도 부여하지 않음으로써 임신중절을 용이하게 만드는 수단도 될 수 있다고 했다.[100] 아무런 문제가 없는 태아를 중절을 하려 할 경우, '부정한 배'라는 명칭이 임신중절을 정당화하는 수단이 되는 것이다.

---

99 Bastian, M., 2001.
100 Sobo, E. J., 1996.

이전 장에서 유년기의 성격 규정에 따라 어린이를 대하는 태도와 방법이 어떻게 변하는지를 살펴본 적이 있다. 그리고 그 규정에 따라 인간이 아니라고 분류된 어린이들이 얼마나 쉽게 상처 입거나 죽임 당할 수 있는지도 보았다. 하지만 그 대상이 갓난아기인 경우에는 그보다 훨씬 더 위해를 당하기 쉽다. 이는 갓난아기가 신체적으로 연약하기 때문이기도 하지만, 갓난아기의 인간성 여부를 두고 격렬한 논쟁이 벌어질 때가 있기 때문이다. 인간성을 인정받느냐 못 받느냐에 따라 삶과 죽음이 극적으로 갈릴 수 있다.

쌍둥이는 사람이 아니라고 분류될 때가 많으며, 쌍둥이가 아니라도 정상적이지 않거나 이해하기 힘든 과정으로 태어난 아기들은 일종의 악마나 인간이 아닌 것이라는 의심을 받기 쉽다. 데이비드 파킨은 역사적 사료 조사를 통해, 케냐 지라마(Girama)족은 태어날 때 발이 먼저 나온 아기나 이빨이 나올 때 윗니가 먼저 나온 어린이는 악마를 불러올 수 있다고 생각했으며, 가족이 아닌 다른 사람의 손으로 익사시키기도 했다는 사실을 밝혔다.[101]

알마 고틀리브는 벵(Beng)족의 '뱀 어린이(Snake Children)' 개념을 조사했다.[102] 뱀 어린이는 뱀이 엄마의 자궁 속으로 들어와 먼저 있던 태아를 쫓아내고 태어난 존재다. 뱀 어린이는 뱀의 본성에 영향을 받아 튼튼하게 자라지 못하고 뱀의 습성을 흉내 낸다. 점술가들은 뱀 어린이로 의심되는 어린이를 불러 뱀이 먹는 음식을 준다. 음식을 거부하면

---

101 Parkin, D., 1985.
102 Gottlieb, A., 2004.

사람이라는 증거이고, 좋아하면 스스로 뱀이라는 것을 밝히는 셈이다. 그러나 뱀 어린이라고 해서 죽이는 일은 거의 없으며, 대개 키우기는 하지만 결혼은 허락하지 않는다. 그렇지만 어떤 곳에서는 뱀 어린이에게서 뱀의 본성이 강하게 드러난다고 생각하면 아이를 버리기도 한다.

캐서린 디트와일러는 말리(Mali)에서 한 점술가에게 뱀 어린이는 무엇이며 어떻게 구별하는지를 물어보았다.[103] 다음은 점술가의 대답이다.

> 그들은 전혀 자라지 않습니다. 그들은 손을 뻗어 물건을 잡지도, 앉지도, 걷지도, 말하지도 않습니다. 무엇인가를 하려고 하면 곧바로 그만두지요. 그들의 완치를 기원하고 약을 구해 와도 소용이 없습니다. (…) 그렇게 한두 해가 지나도 차도가 없으면, 그때서야 부모는 그들이 악령임을 깨닫고 포기하게 됩니다. (…) 그리고 아기를 덤불숲으로 데려가 놓아두고 돌아옵니다. (…) 그러면 그들은 뱀의 모습으로 돌아가 스르르 기어서 사라지지요. (…) 다음날 그 자리를 찾아가 아이가 없는 것을 확인하면, 그때서야 정말로 그 아기가 악령이었다는 것을 깨닫게 됩니다. 만약 그 부모가 길을 걷다가 뱀을 보게 되면 내 아이가 아니었을까 하는 생각을 합니다.[104]

비정상으로 분류되는 모든 아기들 중에 가장 배척받기 쉬운 존재는

---

103 Dettwyler, K., 1994.

104 Dettwyler, K., 1994, pp. 85-86.

신체적 결함이나 기형을 안고 태어난 아기들이다. 낸시 셰퍼-휴지스는 이에 대해 다음과 같이 이야기했다.

어른들조차도 그런 낙인이 박히면 사람들로부터 따돌림을 받고 주변으로 밀려나기 쉬운데, 힘없는 신생아에게 그 같은 낙인은 사형선고나 다름없다. 병들고 쇠약하거나 선천성 기형을 안고 태어난 아기들은 인간과 인간이 아닌 존재, 자연과 초자연, 정상과 기피 대상 사이의 경계 지점에 아슬아슬하게 걸쳐 있다. 그런 아기들은 인간으로 분류되지 않기도 하며, 더러움과 무질서와 위험을 몰고 올 수 있는 경계 대상 또는 혐오 대상으로 여겨지기도 한다.[105]

기형아를 인간으로 보지 않겠다는 결정에는, 그 아이를 돌보는 일에 다른 가족들이 많은 힘과 시간을 빼앗기는 사태를 방지하려는 이유도 있다고 항변할 수도 있다. 하지만 많은 부모들은 자기 자녀를 버려야 한다는 결정에 크게 반대하며, 공동체 내부에서도 종종 아기와 가족의 앞날을 놓고 치열한 논쟁이 벌어진다. '그들은 사람의 자식인가, 악령의 자식인가?'를 정하는 자리에서는 그 어린이들이 가진 근본적인 인간성이 논쟁의 쟁점이 된다.

조니나 이나스도티르는 기니비사우의 파펠족을 대상으로, 그들 사회에서 영아 사망률이 높은 이유가 영아의 생존율이 낮을 수밖에 없는 환경 때문인지 아니면 의도적인 영아 살해가 있었기 때문인지를 조사

---

105 Shepher-Hughes, N., 1992, p. 375.

했다.[106]

이나스도티르는 그들이 '이란(iran: 사람이 아닌 어린이)'이라 부르는 존재를 조사했다. 이들은 대체로 신체적 기형을 안고 있거나 선천성 색소결핍증을 앓고 있는 등 태어날 때부터 다른 이들과 외형적인 차이가 분명하게 드러나는 이들이다. 하지만 아무리 외형적 차이가 눈에 보여도 우선은 점술가의 판단에 따른다. 점술가는 아기의 진짜 본성을 파악한 뒤, 부모에게 이 아이가 해로운 존재인지 그렇지 않은 존재인지를 알려준다. 만약 그 어린이가 '이란'이라고 판명되면, 아이가 원래 있던 정령 세계로 돌아갈 수 있도록 바다에 데려간다.(이는 익사시킨다는 말을 완곡하게 표현한 것이다.) 만약 그대로 물속으로 가라앉으면 아기는 '이란'이었던 것이지만, 울부짖는다면 사람이므로 구해내야 한다. 혹은 '이란'을 죽인 다음에 불에 태워 그 정령이 다시 인간으로 태어나지 못하도록 한다. 그러나 모든 장애아를 위험한 악마로 분류하지는 않는다. 이나스도티르의 연구에는 장애를 가지고 태어난 아기가 부모의 적극적인 항변으로 인간임을 인정받고 공동체에서 보호를 받게 된 사례도 기록되어 있다.

설령 장애를 가졌어도 그 장애를 불길한 것으로 여기지 않는다면, 그 어린이는 결코 '이란'이라거나 사람이 아닐지도 모른다는 의심을 받지 않는다. 심각한 신체적 장애를 가지고 있어도 진짜 사람이라고 인정받으면 죽임당하지 않는다. 만약 누군가가 그 어린이를 죽이면 비도덕적이고 나

---

106 Einarsdóttir, J., 2000.

뿐 행위를 한 살인자가 된다. 엄밀히 따진다면, '이란'은 죽이는 것이 아니다. '이란'은 다시 돌아오지 못하도록 불로 태워 없애는 것이다.[107]

결론

인류학자들은 오래전부터 태아를 민족지 조사에 포함시켰으며, 태아의 수정과 임신 과정에 대한 사회적 관념에 관심이 많았다. 그러한 관심이 유년기 관념과 어린이들의 삶까지 확장된 경우도 있다. 하지만 대체로 아기 정령, 수정과 번식에 관한 고유의 믿음, 의사분만 의례에 대한 묘사 속에 간접적으로 어린이가 등장할 뿐, 어린이에 대한 직접적인 연구 조사는 행해지지 않았다. 그래도 유년기 인류학자들은 이러한 문헌을 통해, 유년기의 시작에 관한 해체적 분석이 어린이의 사회화 과정을 올바로 이해하는 데 얼마나 중요한 일인지 깨닫게 되었다.

이 책에서는 간략하게 훑어보았지만, 태아와 신생아에 대한 분석은 인류학의 오래된 핵심적 논의들, 즉 '무엇이 사람을 사람으로 만드는가?' '어른과 어린이는 어떻게 다른가?' '사람과 사람이 아닌 존재는 어떤 차이가 있는가?'와 같은 질문들을 내포한다. 이 질문들에 답을 구하기 위해 인류학자들은 수많은 문화를 조사했다. 그리고 이제는 어린이를 대상으로 그 질문들을 던져 볼 차례다. 특정 사회가 어린이를 대하는 방식을 더 깊이 이해하기 위해서는, 그 사회가 생각하는 어린이의

---

107 Einarsdóttir, J., 2000, p. 191.

지위와 역할은 어떤 것이며, 그 사회의 일원으로서 어린이가 갖는 정체성은 무엇인지를 알아야 한다.

4장

가족, 친구, 또래

Family, Friends, And Peers

서론

어린이는 친족관계의 인식과 유지에 근본이 되는 요소다. 가족 내에서 어린이의 역할을 탐구한 자료는 매우 많지만, 이 장에서는 그 중 몇몇만 살펴보겠다. 아울러 어린이와 실제로 함께 사는 사람은 누구인지, 실질적인 양육자는 누구인지를 집중적으로 논의하며, 입양과 수양 문제도 함께 다룰 것이다. 또한 어린이들의 삶에서 형제자매, 친구, 또래들이 갖는 역할과 중요성을 논의할 것이다.

누가 나의 친족이며, 친족의 의미는 무엇이냐에 따라 어린이의 삶은 크게 달라질 수 있다. 2장에서 언급했듯이, 풀라니족은 어린이가 가까운 친척들의 얼굴과 이름을 구별할 줄 알아야 사리판단을 할 줄 안다고 생각한다. 비슷한 사례로, 세네갈의 만딩고(Mandinka)족 어린이도 어른에게 귀띔 받지 않고 친족을 구별할 수 있어야 하며, 사람들 가운데에서 자기 신분에 맞는 물리적·사회적 자리를 찾을 줄 알아야 한다. '자리의 위치가 곧 신분'인 만딩고 사회에서는 어린이들도 반드시 상황에 맞는 자리를 알고 있어야 한다.[1] 어린이는 친족관계를 배우면서 자기가 속한 사회의 핵심 문화를 배우게 된다.

이 장에서는 에스더 구디의 논의에 부분적으로 기대어 부모의 역할을 살펴보겠다. 구디는 서아프리카의 수양부모와 수양자녀를 연구한 저서에서 "부모 노릇이란 사회의 후임을 키우는 것이다"[2]고 했다. 또한 '부모'에는 복합적 의미가 담겨 있으며, 이는 해당 사회의 친족 개념과 맥락에 따라 달라질 수 있다고 했다. 그러면서도 부모의 주된 역할을 "1) 임신과 출산 2) 가족과 사회에 정착 지원 3) 애정 어린 보살핌 4) 교육 5) 성인이 되기까지의 지원"[3]의 다섯 가지로 정리했다. 이중 4번과 5번은 각기 6장과 8장에서 더욱 상세하게 다룰 것이다. 나머지 세 가지는 이 장에서 다루고자 한다.

부모의 역할

부모가 되기 위해서 가장 먼저 해야 할 일은 자녀를 갖는 것이지만, 앞 장에서 살펴보았듯이 그리 쉬운 일은 아니다. 인류학자들은 친족관계를 논의할 때는 항상 자녀를 길러 준 사회적 부모(아버지는 pater, 어머니는 mater)와 자녀에게 유전자를 물려준 생물학적 부모(genitor와 genetrix)를 반드시 구분해 왔다. 유전자 검사 기술이 발달하지 않았던

---

1   Beverly, E., and R. D. Whittemore, 1993, 270.

2   Goody, E., 1982, p. 7.

3   Goody; E., 1982, p. 7.

과거에는 아버지라는 단어가 사회적 지위를 나타내는 표현이었다. 어머니와는 달리 아버지는 자식과의 생물학적 연관성을 증명하기 어려웠기 때문에, 아버지는 언제나 아이 엄마의 배우자라는 뜻이었다.

말리노프스키의 유명한 트로브리안드 연구에서도 이 같은 사례를 볼 수 있다. 트로브리안드 사람들은 아버지와 자식 간에는 생물학적 연관성이 없다고 생각하기에, 아버지에게는 친자식에 대한 책임감을 강요하지 않았다. 그 대신 부인에 대한 사회적 책임을 강조하며, 그것을 아버지 노릇이라 생각했다.(3장에서 기술한 임신수정 관련 논의를 참조) 이와 비슷한 또 다른 유명한 사례는 영혼 결혼 관습이다. 에반스-프리처드의 연구에 의하면, 남수단 누어족은 죽은 남편 대신 그 동생과 결혼한 여성이 아이를 배면, 이는 현재 남편의 자식이 아니라 죽은 남편의 자식이라고 생각한다.[4] 심지어 사회적 아버지의 성별이 남성이 아닌 사례도 있다. 에반스-프리차드에 의하면, 누어족은 여성끼리 결혼하기도 하며 그 사이에 자녀를 두기도 한다. 이때 물론 자녀의 생물학적 아버지는 따로 있지만, 남편 역할을 하는 여성도 같은 자녀의 아버지로 인정을 받으며 아버지로서의 책임도 함께 나누어 진다.[5]

한 명의 자녀에게 여러 명의 아버지가 있는 사례도 있다. 아마존 유역의 일부 지역에서는 태아의 몸은 여러 남자의 정액이 모여 만들어지는 것이므로 한 명의 자녀에게는 여러 명의 아버지가 있다고 생각한다.[6] 아기가 태어나면 아기 엄마와 관계를 가졌던 남자들 중 몇몇 혹은

---

4   Evans-Pritchard, E. E., 1951.
5   Evans-Pritchard, E. E., 1951.
6   Beckerman, S., and P. Valentine, eds., 2002.

전부에게 사회적 아버지의 지위가 부여되며, 이들은 의사분만 의식을 행할 책임이나 아기에게 이름을 지어 줘야 할 의무 등을 져야 한다. 이 사회에서 아버지란 여러 명이 공유할 수 있는 역할이며, 남성들은 자신의 행위에 대한 책임 의식을 갖고 아버지 역할을 한다.

에스더 구디가 제시한 부모의 역할 다섯 가지 중 두 번째는 '가족과 사회에 대한 정착 지원'이다. 이는 어린이의 사회적 지위와 관련된 중요한 주제다. 어린이는 태어나는 순간부터 복잡하게 얽힌 사회적 관계망 안에 들어오며, 그 관계망 또한 어린이의 출현으로 큰 변화를 맞이하게 된다. 아기의 탄생은 엄마와 아빠의 사회적 지위에도 변화를 가져온다. 혼인 관계를 공식적으로 인정받게 될 수도 있고, 양쪽 집안 사이에 재물교환이 시작되기도 하고, 부부만으로 이루어진 불완전한 가정에서 완전한 가정이 되었다고 인정받기도 한다. 이 과정에서 어린이가 얼마나 주도적인 역할을 하느냐에 대해서는 논란이 있지만, 어쨌든 그 모든 변화가 자녀의 탄생으로부터 생겨난다는 사실은 틀림없다.

부모가 자녀에게 사회적 지위를 부여한다는 구디의 분석을 뒤집어 말하면, 자녀도 부모에게 지위를 부여할 수 있다는 말이 된다. 어린이에게 부여되는 사회적 지위는 사회 경제적 제도 및 넓은 범위의 친족 체계에 근거해 정해진다. 예를 들어, 혼외 자녀를 인정하지 않는 사회에서 태어난 미혼모의 아기는 그 사회의 가치관에 따라 낮은 지위를 부여받게 될 것이며, 이는 그 아기의 인생에 지대한 영향을 미칠 것이다. 또한 도와줄 가족도 친척도 없는 고아 역시 사람들로부터 의혹과 적대심이 담긴 눈초리를 받게 될 것이다. 반대로 신분이나 지위가 높은 부모에게서 태어난 아기는 그렇지 않은 아기에 비해 상대적으로 사회적 지위도 높아진다. 이러한 지위가 어린이들의 인생에 미치는 영향은 상당히 크다. 우리는 이미 2장에서 언급한 브라질 빈민가의 사례에서, 사회로부터 도움 받기 힘든 취약 소외 계층의 엄마가 자기 자녀보다도 고용주의 자녀를 더 보살펴 주는 모습을 보았다.

'양육'이 무엇인지 알기 위해서는 어린이들의 삶을 구성하는 모든 요소를 광범위하게 고려해야 한다. 양육은 그저 어린이에게 먹을 것을 주고, 보호해 주고, 신체적 욕구를 채워 주는 것만을 이야기하지 않는다. 생물학적인 번식이 아닌 사회적인 번식(재생산)이 부모의 역할이라면, 부모는 자녀가 사회에 진입하여 하나의 주체로서 활동할 수 있도록 가르쳐야 할 의무가 있는 것이다. 어린이들의 생활은 사회가 허락한 범위 안에서 이루어지지만, 때로는 어린이들에 의해 사회적 규정이 다듬어지거나 바뀌기도 한다. 양육은 자녀가 태어나기 이전부터 시작되고, 그들이 어른이 되어야 끝난다. 때로는 어른이 되어도 양육이 끝나지 않는다.

유년기 인류학자들은 전 세계 보편적인 양육 형태란 존재하지 않으며, 양육은 생물학적인 행위가 아니라 문화와 환경에 따라 달라지는 행위라는 주장을 꾸준하게 내세웠다. 마이어 포르테스는 탈렌시족 부모들이 자식에게 제공해야 할 세 가지 의무를, 먹을 것을 제공할 의무, 아플 때 치료를 받게 해줄 의무, 그리고 아버지가 아들의 신부대를 제공해 줄 의무라고 정리했다.[7] 아버지는 아들의 신부대를 치러 주는 보상으로 아들의 노동력과 재산에 대한 권리를 가지며, 노후에 아들이 자신

---

7 Fortes, M., 1949.

을 보살펴 주기를 바란다. 아들과 아버지가 서로에게 져야 할 의무도 양육의 일부이며, 이러한 의무는 할아버지와 손주들 사이에도 존재한다. 이처럼 양육은 다면적 특성을 가진다.

1장에서 문화적 환경적 맥락에 따라 영유아 보육 방법이 변하는 과정을 자세히 살펴본 바 있다. 거기서 다루지 못했던 논의는 '과연 그 아기들을 실제로 돌보는 사람은 누구인가?'라는 질문이다. 인류학자들은 수렵채집사회에서는 주로 아버지가 자녀를 돌본다는 사실에 주목했다. 그곳 아버지들은 자녀들과 굉장히 많은 시간을 함께 보내며 자녀들도 아버지에게 큰 영향을 받는다. 배리 휴렛은 중앙아프리카 아카(Aka)족 아버지들을 연구한 뒤 "아카족 아버지들은 그 어떤 사회의 아버지들보다 더 열심히 아이들을 돌본다"고 기술했다.[8] 이 사례는 어린아이에게 가장 자연적인 보살핌을 제공할 수 있는 것은 모성애를 가진 어머니라는 전제에 의문 부호를 붙이게 만든다. 하지만 멜빈 코너의 연구에 의하면, 그렇게 아버지의 양육 참여 비중이 높다는 아카족조차도 아이들에게 더 많은 신경을 쓰고 더 많은 대화를 하는 건 어머니였다고 한다.[9] 또한 그 외에 다수의 양육자가 어린이 하나를 돌보기도 하는 다른 수렵채집사회에서도, 여전히 어린이들과 신체적인 접촉이 가장 잦은 사람은 어머니이며, 어린이들에게 매일 필요한 것들을 챙겨 주는 일도 어머니의 몫인 경우가 많다고 강조했다.

수렵채집사회에서는 형제자매와 조부모들 역시 양육에 중요한 몫

8　Hewlett, B., 1991, p. 5.

9　Konner, M., 2005.

을 담당한다. 닉 블러튼-존스와 동료들은 탄자니아 하드자(Hadza)족 외조부모들의 양육 역할 차이를 조사한 결과, 딸과 함께 살며 외손자의 양육을 돕는 것은 주로 외할머니라는 사실을 알았다.[10] 진화론적인 적응의 관점에서 보자면, 나이가 들어 생식 능력을 잃어버린 여성들이 손주의 양육을 도와주는 이유는 더 많은 자손을 후세에 남기고 스스로의 건강함을 증명하기 위함이다. 하지만 할아버지들은 그렇게 하지 않아도 사냥이나 재혼을 통해 자신의 건재함을 알릴 수 있다. 그러나 사냥을 잘 못하는 할아버지들은 할머니들처럼 손주들을 돌보는 일에 힘을 보태는 경우가 많다.

입양과 수양

과거 인류학자들은, 자녀의 사회적 지위는 생물학적 부모를 따라 정해진다고 보았다. 하지만 요즘은 사회적 부모와 생물학적 부모를 구분하게 되었을 뿐 아니라, 입양과 같이 아이를 낳지 않고서도 가정을 이루거나 부모 역할을 하는 사례를 많이 접하게 되면서 그처럼 생각하지 않게 되었다. 또한 과거에는, 입양을 하면 자녀의 신분과 집안이 완전히 바뀐다고 보았으며, 기존 가족은 더 이상 떠난 자녀의 생계를 책임지지도 않고 상속권을 물려주지도 않았으며, 그 책임과 권리는 새로운 가족이 대신한다고 보았다. 서양 사회에서는 미성년자가 입양될 때 법

---

10 Blurton-Jones, N., K. Hawkes, and J. O'Connell, 2005.

적인 신분도 완전히 바뀌는 것으로 생각한다.[11] 잭 구디는 "자녀의 부모가 다른 사람으로 바뀌는 것이며, 부모와의 관계가 '태생적인' 관계에서 '인위적인' 관계로 변하는 것이다. 하지만 법적으로는 똑같은 부모다"라고 서양의 입양을 정리했다.[12] 때로는 성인이 된 이후 입양이 될 수도 있지만, 이 경우에도 상속권을 비롯한 법적인 권리 변화는 미성년자를 입양할 때와 동일하다.

그에 반해 수양은 어떤 신분의 변화를 수반하지 않는다. 때로는 낳은 아이와 오랜 세월 떨어져 있었어도 친부모의 사회적·법적 지위가 그대로 유지되기도 한다. 수양된 어린이는 족보에도 그대로 남아 있고 상속권도 유지되며, 어린이를 보낸 집과 받은 집 사이에 그 어떤 권리의 양도나 부여도 없다. 하지만 멜리사 데미안은 서양의 수양/입양 개념 구분이 다른 모든 사회에도 똑같이 적용되는 것은 아니며, 실제로는 수양과 입양을 명확하게 구분하기 어려운 경우가 많다고 했다.[13] 때로는 공식적으로 입양이 완료된 어린이가 기존 가족에 대한 의무를 버리지 않고 양부모와 친부모 모두에게 자녀로서의 책임을 지기도 한다. 데미안은 파푸아뉴기니 사람들의 입양에 대해 "입양된 자녀는 양부모와 친부모 모두에게 의무를 지고 있으며, 자녀의 성장에 따라 그 책임도 늘어난다. 친부모는 자녀를 잃은 것이 아니라, 자녀를 기를 책임과 그에 따르는 육아 노동의 의무를 던 것이다"라고 기술했다.[14]

---

11 Modell, J., 2002.
12 Goody, J., 1969, p. 58.
13 Demian, M., 2004.
14 Demian, M., 2004, 103.

이슬람 문화권에서는 입양이 공식적으로 불가능 하지만, 때로 입양도 수양도 아닌 중간적 형태로 자녀를 다른 사람의 손에 맡기기도 한다. 자밀라 바르가흐는 모로코에서 자녀의 보호자를 친부모가 아닌 다른 사람으로 바꿀 수 있는 방법이 세 가지 있다고 했다.[15] 첫째는 가족 간 입양 혹은 관습적 입양으로서, 한 가족이 다른 가족에게 자녀를 '선물'하는 경우다. 둘째는 비밀리에 하는 입양이며, 셋째는 공식적으로 보호자가 바뀌는 것이다.

첫 번째 입양 방식은 주로 가까운 친척 간에 일어나지만 때로는 이웃 간에도 일어난다. 자녀를 들이고자 하는 집에서 아이를 맞을 준비를 마친 뒤, 자녀의 친부모에게 아이를 '오랫동안 여행' 보내라고 요구한다. 이 경우 그 어린이는 원래 부모의 성을 유지한다. 그러나 바르가흐는 그 여행에 대해 "표면적으로는 '여행'이지만, 이는 '지긋지긋할 정도로 지루하고 힘든 여행'이다. 이 여행은 필연적으로 입양된 어린이와 양부모와 그 형제자매들 사이에서 애착, 분노, 사랑, 질투와 같은 감정들이 뒤엉켜 나타나게 만든다. 마치 진짜 친부모의 가정에서 자라나는 것과 똑같은 경험을 하는 것이다"[16]라고 서술하고 있다.

두 번째 형태의 입양은 어머니가 중개인을 통해 자녀를 보내는 것으로, 서양의 입양과 유사한 개념이다. 이때 양부모는 자녀의 출생 사실을 새롭게 꾸며내고 마치 친부모처럼 행동하며 자신의 성을 입양아에게 물려준다. 불법적인 입양이기 때문에 나중에 문제가 발생할 소지가

---

15 Bargach, J., 2002.
16 Bargach, J., 2002, p. 27.

있기는 하지만, 이 역시 가족을 구성하는 하나의 방법으로 존재한다. 마지막 세 번째 형태의 입양은 고아나 버려진 아이의 공식적 보호자가 되는 것이다. 이슬람 사회는 혈연이 없는 친족관계를 인정하지 않으며 가계의 정통성을 대단히 중시하기 때문에 서양식 입양을 인정하지 않는다. 하지만 이러한 방법은 이슬람의 정신을 훼손하지 않은 채 가정에 새로운 자녀를 맞아들일 수 있게 해준다.

1969년, 잭 구디는 고대 로마, 그리스, 1960년대 중국, 인도, 몇몇 아프리카 부족들의 입양을 비교문화적으로 연구한 저서를 출간했다.[17] 구디는 각각의 사회가 입양을 하는(혹은 하지 않는) 이유를 살펴보고, 입양인과 입양아의 역할을 분석했다. 그 결과 입양의 종류를 두 가지로 나누었다. 하나는 어린이를 위한 입양으로서, 고아나 버려진 아이를 대상으로 한다. 다른 하나는 가문을 잇게 할 목적으로 이루어지는 것이며, 입양된 아이는 가문의 정신적 유지(有志: 조상의 제사를 모시는 일 등)와 물질적 유산을 이어받아야 한다.

구디는 중국인과 인도인에게 가문을 이을 자손의 존재가 얼마나 중요한지를 강조하면서, 입양을 뜻하는 단어인 사계(嗣繼: 웨이드식 중국어 발음표기로는 'ssu chi', 중국식 한어 병음표기로는 'si ji(쓰지)'다. 이 단어는 현재는 쓰이지 않는 고문(고전 중국어)임.-역자 주)는 '가문을 이어받는다'는 뜻이라고 설명했다. 구디에 의하면, 중국은 일부일처제의 단계 혈통 사회이기 때문에, 부부 사이에서 태어나지 않은 자녀를 데리고 올 때는 반드시 '값을 치르고' 사와야 한다. 그와는 달리 아프리카에서는

---

17 Goody, J., 1969.

가문의 후계자를 만드는 방법이 다양하다. 딸의 자녀가 모계 씨족의 후계자가 될 수도 있기 때문에[18] 후계자를 구하지 못하는 경우는 거의 없다. 자식이 없는 남편은 또 다른 아내를 맞이할 수도 있다. 자손을 남기지 못하고 죽은 남자도 영혼 결혼과 같은 의례를 통해 후계자를 가질 수 있다. 구디는 중국이나 인도처럼 가족의 재산이 후대로 이어지는 것을 보증하기 위한 입양이 자주 일어나는 사회와, 아프리카처럼 직계 자손을 상대적으로 중요하게 생각하지 않고 가문의 후계자가 될 수 있는 사람이 다양한 사회 사이에는 많은 차이가 있다고 했다.

가문의 계승과 자손 문제는 어린이들의 삶을 연구하는 데 그다지 중요하지 않게 보일수도 있다. 하지만 그것과 얽힌 신념 및 가치 체계는 양육 형태와 어린이들의 삶에 적지 않은 영향력을 행사한다. 이러한 사실은 일본 정부의 입양 정책 변화에 따라 입양아들에게 제공되는 복지가 어떻게 달라졌는지 분석한 로저 굿맨의 연구에서 확인할 수 있다.[19] 잭 구디에 의하면, 과거 일본은 중국의 입양 방식을 모방해 왔기에, 대체로 성인이 된 자녀를 입양했으며 그 목적도 자녀를 돌보기 위함이 아니라 가문을 계승하게 하기 위함이었다.[20] 입양된 자녀는 그들이 사는 곳이 어디건, 길러 준 사람이 누구이건 상관없이 친부모에게도 사회적 책임을 지고 있었다. 그러나 입양아들을 보호하기 위해 법을 개정한 1988년 이후로는 입양아를 친자녀와 똑같이 호적에 올릴 수 있게 되었으며, 친부모와 입양아의 관계 및 그에 따른 책임을 완전히 말소할 수

---

18 자녀가 엄마의 성을 받는 것이다.-역자 주
19 Goodman, R., 2000.
20 Goody, J., 1969.

있게 되었다. 입양된 자녀는 더 이상 친부모의 노후를 돌봐야 할 의무를 지지 않게 되었고, 친부모로부터 상속 받는 것도 없다.[21]

그러나 이러한 입양에서 입양아의 삶의 질은 고려 대상이 아니다. 구디는 중국이나 인도 같은 사회에서는 가문 계승을 목적으로 하는 입양은 비교적 흔한 일이지만, 자녀에게 선의를 베풀 목적으로 입양을 하는 경우는 거의 없다는 사실을 밝혔다. 가문의 후계자로 남성을 원하는 사회에서는 여자아이를 입양하려 하지 않는다. 여자아이는 입양도 되지 않을 뿐더러 때로 버려지거나 죽임을 당하기도 쉽다. 이러한 입양은 가문의 이익을 위해 하는 것이며, 입양된 자녀 개인의 문제는 부차적이다. 이와는 대조적으로, 아프리카에서는 정형화된 입양 방식은 없지만 매우 다양한 형태의 수양 관습이 있다. 수양된 자녀는 친부모와 떨어진 곳에서 상당한 기간을 지내게 되는데, 그 목적은 어른들의 이익 때문일 수도 있고, 자녀 개인이 바라는 사회적 이익 때문일 수도 있다. 또한 자녀를 버리거나 하는 일은 상대적으로 드물다. 이들 사회에서는 아주 먼 친척에게 아이를 맡기는 것도 가능하므로, 수양이 양육에 드는 비용과 수고를 사회적으로 분산시키는 역할도 한다.

수양의 형태는 길게는 어린 나이에 먼 곳으로 맡겨져 수년간 친부모를 만나지 않고 사는 경우부터 짧게는 2~3주 정도 아이를 다른 가족에게 맡기는 정도까지 다양하다. 친부모, 수양부모, 자녀 사이에 협의하는 내용도 다양하며, 각자가 맡아야 할 책임과 역할도 다 다르다. 수양된 자녀는 대체로 친부모 수양부모 모두와 부모자식 관계를 유지하며,

---

21 Goodman, R., 2000.

친부모가 원하면 언제든 다시 집으로 돌아올 수 있다. 수양의 종류만큼 이유도 다양하다. 친부모가 사망했거나 혹은 친부모에게 완전히 버림받았기 때문일 수도 있다. 때로는 내 자식을 다른 친척에게 보내고 나는 또 다른 사람의 자녀를 맡아 주는 것이 당연한 관습으로 여겨질 때도 있다. 부모의 재혼으로 새엄마 혹은 새아빠와 함께 살기 어려워 수양을 가기도 한다. 또는 가사노동을 도와줄 사람이 필요하다거나, 자녀가 한 명도 없다는 이유로 수양 자녀를 들이기도 한다. 수양 관계를 연구한 민족지 자료들 중에는, '친족관계에서 가장 중시하는 것은 혈연이며, 어린이는 안정된 보호자와 지속적인 애착 관계를 형성하는 것이 좋다'는 관점에 이의를 제기하는 연구가 많다.

시에라리온의 멘데(Mende)족은 "집밖으로 멀리 나가 본 적이 한 번도 없는 어린이는 참으로 불행하다"[22]고 생각하며, 파푸아뉴기니의 워지오(Wogeo) 섬사람들과 베넹의 바톰부(Baatombu)족 사람들이 자녀를 수양 보내는 이유는 집안 사정이 어려워서가 아니라 그것이 자녀 교육에 좋다고 생각하기 때문이다.[23]

수양제도는 여러 사회에서 발견되고 있으며, 이중 서아프리카 지역에서 가장 많은 연구가 이루어졌다. 잭 구디와 에스더 구디는 다양한 사회의 수양제도를 여성과 자녀의 교환이라는 맥락에서 바라보고, 그것이 결혼 및 가문 계승과 어떤 연관이 있는지를 연구했다.[24] 에스더 구디는 가나의 곤자(Gonja)족 수양제도를 연구하면서, 수양이 부모와 자

22 Bledsoe, C., 1990a, p. 85.
23 Alber, E., 2004.
24 Goody, J., and B. Goody, 1967.

녀와 공동체 전체에 어떤 이득을 주는지를 살펴보았다. 곤자족의 수양은 대체로 친척들끼리 이루어지며, 대개 남자아이는 외삼촌에게, 여자아이는 고모에게 수양 보낸다. 원칙적으로는 수양부모와 친부모는 똑같은 부모이며, 친부모와 자녀의 관계가 단절되지는 않는다. 구디는 이런 식으로 서로 아이를 맡기는 일이 곤자족 사회에서는 대체적으로 좋은 결과를 거둔다고 보았다. 수양된 아이는 자라는 과정에서 부모와 지속적이고 장기적인 관계를 형성하는 데 큰 어려움을 겪을 것이라는 서양의 견해와는 반대로, 곤자족 수양 자녀에게서 어떤 장기적이고 부정적인 영향도 발견할 수 없었다고 한다.

수양을 결정하는 이유에는 문화적인 배경도 있지만 사회적 경제적 요인들도 적지 않은 영향을 미친다. 경제적으로 곤란한 상황에 있을 때는 자녀를 수양 보내 양육에 드는 비용을 절감할 수 있다. 반대로 수양부모는 수양자녀(특히 수양딸의 경우)에게 동생들을 돌보는 일이나 허드렛일을 맡겨 가사노동에 도움을 받을 수 있다. 또한 수양제도는 일시적인 경제적 어려움을 극복할 수 있는 중요한 방편이기도 하다. 캐롤 스택은 1960년대 시카고의 흑인 빈민층을 대상으로 자녀들의 거주지 변화 패턴을 살피고 그것이 사회적 관계에 어떤 영향을 미치는지 조사했다.[25] 스택은 이 연구를 하면서 빈민가의 흑인 여성들이 사회적·경제적으로 한정된 자원으로 자녀를 양육하기 위해 이웃 간에 다양한 방법으로 자녀를 함께 기르거나 서로 돌아가며 돌보는 모습을 보았다. 그들은 공동체 안에서 엄마들이나 친구들끼리, 또는 다른 여성 친척들과 함

---

25 Stack, C., 1974.

께 공동 양육을 함으로써 사회적·재정적 어려움에 대처했다. 이들의 양육 시스템은 비록 불가피한 상황에서 만들어진 것이지만, 가족의 해체를 방지하고 사회적 유대를 강화시켜 주는 긍정적 기능을 가졌다.

자녀를 다른 가정에 수양 보낸 집이 동시에 다른 가정으로부터 수양자녀를 받아들이는 경우도 많다. 이는 얼핏 수양으로 얻는 경제적 효과를 무효로 만드는 듯 보인다. 하지만 수양을 결정하는 배경을 경제적 관점만이 아닌, 보다 넓은 관점에서 살펴보면, 가족들 간의 책임의식이나 자녀에게 가장 적합한 양육자를 찾기 위함이라는 문화적 관점도 발견하게 된다. 1960년대에 에스더 구디가 가나에서 현지 조사를 할 때, 다이애나 아즈 역시 가나 라바디(Labadi) 지역의 가(Ga)족을 대상으로 연구를 했다. 아즈는 한 사회 안에서 가족끼리 상호 수양을 하는 배경을 명쾌하게 설명했다.[26]

'가'족은 자녀를 가르칠 때는 어느 정도 엄격하면서도 가혹하지 않은 훈육이 반드시 필요하다고 생각하는데, 친부모는 자녀를 너무 아끼는 나머지 이런 교육을 잘 못하기 때문에 좋은 양육자가 될 수 없다고 생각한다.

자녀를 친척이나 다른 사람에게 수양 보내는 이유는 대개 이러한 교육적 목적이다. (…) 이들은 되도록 자녀의 성별과 양육자의 성별이 동일하기를 원하며, 항상 그런 건 아니지만 대개는 수양자녀와 동일한 성별의 양육자가 아이를 맡아본다. 여자아이는 대체로 외할머니나 친할머니 혹

---

26 Azu, D., 1974.

은 다른 친척들 중에 부양하는 자녀가 없는 여성에게 맡겨진다. 수양딸을 맡는 여성은 이미 이 같은 과정을 통해 '숙녀가 되는 교육'을 받은 사람들이며, 자신들이 배운 것을 수양딸에게 가르친다. 딸은 대체로 7~8세 정도가 되면 다른 사람의 손에 수양딸로 맡겨지며, 종종 친부모를 만나러 오기는 하지만 결혼하기 이전까지는 계속 수양딸로 지낸다. 수양딸은 주로 수양엄마의 가사 노동을 도우며 때때로 시장에서 함께 물건을 사고팔기도 한다. 만약 수양엄마가 바느질을 할 줄 알면, 수양딸도 바느질을 배우게 된다. 수양딸은 맡은 일을 열심히 한 대가로 먹을 것과 입을 것을 제공받고, 시장 거래를 통해 돈을 벌 수도 있다.[27]

이는 구디의 주장에 힘을 실어 주는 사례다. 구디는 수양부모들에게 수양자녀를 받아들인 다양한 이유를 물었다. 어떤 이는 받은 은혜를 갚는 상호 호혜의 뜻(그들 역시 어릴 때는 수양자녀로서 양육을 받았으며, 때가 되면 이를 갚아야 한다고 생각했다)으로 수양자녀를 받았으며, 어떤 이는 자신들은 자녀가 없지만 다른 형제자매를 위하는 마음에서 그들의 자녀에게 선의를 베풀고자 하는 마음으로, 또 어떤 이들은 자신이 자녀를 부양하고 가르치는 일을 할 수 있고, 또 해야 할 위치에 있다고 생각하기 때문에 수양부모 역할을 맡았다.

구디가 예시로 든 수양의 마지막 형태는 빚에 대한 담보의 성격으로 아이를 데려가는 것으로서, 구디는 이를 '채무 수양(debt fostering)'

---

27 Goody, E., 1982, p. 151에서 인용.

이라고 불렀다.[28] 이 경우 수양자녀는 빚을 다 갚을 때까지 채권자의 집에 살면서 일을 해야 한다. 그들이 다른 수양자녀들과 마찬가지로 가사 노동을 돕거나 시장 거래에 함께 나서는 경우가 있기는 해도, 채권자인 수양부모의 성을 받거나 하는 일은 없으며, 그들과 어떤 연관 관계도 형성하지 않는다. 구디는 서아프리카의 요루바족, 가(Ga)족, 크로보 (Krobo)족에게서 이러한 사례를 발견했다.

크로보족 사람은 돈을 빌리면 그 자녀들 중 한 명을(주로 아들이다) 볼모로 삼아 채권자에게 보낸다. 볼모가 된 아이는 돈을 다 갚을 때까지 채권자를 위해 일을 해야 한다. (…) 빚을 갚기로 약속한 날이 되면 채무자는 빌린 돈과 술 한 병을 들고 오며 (…) 볼모로 잡혔던 자녀도 집으로 돌아온다.[29]

'볼모'라는 표현이 가혹하게 들릴 수 있지만, 이 역시 수양의 한 형태임에는 분명하다. 엘리샤 르네는 어린 시절 친척이 진 빚 때문에 볼모가 되었던 한 노인의 일대기를 통해 요루바족이 아이오파(iwofa)라 부르는 자녀를 저당물로 잡는 관습을 연구했다.[30] 비록 그 관습은 1928년 식민지 점령국에 의해 폐지되었지만, 실제로 제재가 가해지는 경우는 거의 없었다. 그 노인은 빚을 갚아 나가는 9년 동안의 세월을 몹시 견디기 힘들었다고 회상했다. 노인의 회고에 의하면, 볼모가 된 아이는

28 Goody, E., 1982, 더 많은 사례는 Fortes, M., 1949에서.
29 Huber, H., 1963, Goody, E., 1982, p. 148에서 인용.
30 Renne, E. P., 2005.

노예나 다름없었다고 한다. "나는 죽은 사람처럼 살았어요. 살아있는 송장이나 다름없었습니다. (…) 볼모는 노예의 다른 이름이에요. 볼모는 부모님을 만날 수도 없어요. 볼모에게는 목숨을 유지할 수 있을 정도의 식사 외에는 다른 어떤 것도 제공되지 않았어요."[31] 자녀들의 노동력을 담보로 빚을 지는 행태는 명칭은 달라도 세계 각지에서 행해지고 있었으며 쉽게 근절되지도 않았다. 태국에서는 최근까지도 빚 때문에 자녀를 사창가에 볼모로 넘기는 부모들이 있었다.[32] 이는 아동 노동력의 착취에 가깝기 때문에 수양이라기보다는 아동 학대로 분류해야 마땅할 것이다. 하지만 다음에서 살펴볼 사례와 같이 수양과 학대의 경계가 불분명한 경우도 있다.

문화적으로 고착화된 수양제도의 실상을 들춰본 가장 최근의 인류학적 연구로는 캐롤린 블레드소의 시에라리온 멘데(Mende)족 연구가 있다.[33] 이 연구에서 블레드소는 수양제도가 신분 상승의 수단으로 사용될 수 있음을 보여 주었다. 이곳 어린이들은 더 강한 힘과 권세가 있는 가정에 수양자녀로 들어가고 싶어 하기도 한다. 하지만 그 어린이들은 끔찍한 경험을 하게 될 가능성이 높으며, 그로 인해 친부모와 수양부모 사이에 분쟁이 발생하기도 한다. 블레드소는 가혹한 노동을 하는 수양자녀들과, 그런 어린이들에게 동정심을 보이지 않는 수양부모의 사례를 여럿 묘사했다. 때로 친부모와 자녀가 수양 문제로 대립하

---

31 Renne, E. P., 2005, pp. 69-70.

32 Montgomery, H., 2001a.

33 Bledsoe, C., 1990a, 1990b; 피오나 보위(Piona Bowie)의 2004년 저서에 투고된 논문도 참조할 것.

기도 한다. 주로 부모는 자녀에게 살기 위해서는 힘들게 일해야 한다는 교훈을 가르치고 어려움을 극복하는 힘을 길러 주기 위해 수양이 필요하다고 생각하는 반면, 자녀들은 수양을 학대나 방치라고 생각할 때다.

시에라리온에서 수양은 사회적·경제적 행위인 동시에 정치적 행위다. 멘데족 사회는 정교한 후원 시스템을 갖추고 있으며, 부모가 후원자에게 수양자녀를 보내는 이유는 자녀의 능력을 미리 보여 주어 장차 후원자 밑에서 하나의 직책을 맡게 하기 위함이다. 수양 관계는 일방적이지 않다. 수양부모는 수양자녀를 여러 명 받아들임으로써 돌려받을 채무 금액을 늘려 나간다. 그들도 자기 자녀를 다른 사람에게 수양자녀로 들여보내기도 하며, 이러한 관계가 늘어날수록 전체적인 채무 형태의 자산도 늘어나고 채무 관계에 얽힌 자신의 영향력도 강화된다. 블레드소는 이에 대해 다음과 같이 서술했다.

수양 보낸 자녀가 훗날 후원자가 될 수도 있다. 자녀가 상위 계층 가정에 수양자녀로 들어가 좋은 학교를 다니게 되면, 우수한 기술을 배우거나 든든한 인맥을 쌓을 수도 있다. 그 어린이의 친부모 혹은 수양자녀가 되기 전에 도움을 주었던 사람은 후일 장성한 자녀에게 금전적·정치적 대가를 요구할 수도 있다. 멘데족 속담인 '어린이는 한 사람만의 자녀가 아니다'는 말은, 어린이를 수양자녀로 보내 교육시키는 일이 결국에는 사회 전체의 발전을 이루는 방편이 된다는 뜻이다. 자녀가 있는 가정에서도 투자의 일종으로 수양자녀를 들이거나 학교 수업료를 대신 내주기도 한다. 이런 일을 통해 자신들의 인맥을 넓히고 채무 형태의 자산이나 영향력을

강화하는 것이다.[34]

　사회 전체의 측면에서 보건 개인적인 측면에서 보건 수양이나 입양으로 이득을 보는 것은 어른들이라고 할 수 있다.[35] 주디스 에뉴에 의하면, 스코틀랜드의 헤브리디스(Hebrides) 제도에서는 1950년대까지 혼자 사는 여성이 곤경에 처하지 않도록 반드시 그녀에게 한 명의 어린이를 맡기는 관습이 있었다고 한다.[36] 이처럼 자녀가 없는 부부에게 자녀를 선물하여 자녀를 갖지 못했다는 사회적 오명을 씻어 주거나 노부모에게 자녀를 보내 노후를 돌봐 드리도록 하는 관습은 여러 민족지 사례를 통해 확인되고 있다. 아마존 지역에서는 혼자 사는 연로한 부모에게 자녀 중 한 명을 입양시키는 사례가 보고된 바 있다. 연로한 부모를 자기 집으로 모셔 오는 행위는 그 부모가 어른으로서의 지위와 권위를 잃었다는 것을 의미하기 때문에, 그 대신 자녀 한 명을 바쳐 노후를 돌보게 하는 것이다.[37] 동아프리카의 마사이(Maasai)족은 자녀를 갖지 못한 부인이 임신한 친척에게 뱃속의 아이를 자기가 기를 수 있도록 허락해 달라고 부탁할 때도 있다. 이때 자녀를 포기하고 입양을 허락한 친부모는 마음씨가 관대한 사람으로 인정받게 된다.[38] 파푸아뉴기니에서는 두 가족 사이에 상호 입양이 이루어지기도 하는데, 그 목

---

34 Bledsoe, C., 1990b, p. 75.

35 Bledsoe, C., 1990a.

36 Ennew, J., 1980.

37 Halbmayer, E., 2004.

38 Talle, A., 2004.

적은 가족 내 자녀들의 성비를 조절하기 위해서일 수도 있고, 땅을 사용할 권리를 보장받기 위해서일 수도 있고, 양쪽 가족 간에 유대 관계를 강화하기 위해서일 수도 있다.[39] 카트리앙 노테르망은 카메룬 사회에는 또 다른 형태의 입양이 있다고 보고했다.[40] 카메룬은 부계 사회지만, 때로는 부인이 모계 혈통을 이을 권리를 주장하며 자녀를 모계 씨족의 가계에 편입하기도 한다. 여성은 이를 위해 이혼을 주장하기도 하며, 때로는 자녀의 출생증명서에 아버지가 서명하지 못하도록 막기도 하고 혹은 신부대를 거절하기도 한다. 외할머니가 나서서 아버지의 가계에 등록된 자녀들 중 한 두 명의 출생증명을 파기하고 자신들의 가계에 이름을 올리기도 한다. 노테르망은 이를 '수양의 정치'라고 불렀다.[41]

현대(1960년대) 중국에서는 단순히 자녀를 원하는 마음으로 하는 입양보다는, 양부모가 어떤 이득을 바라고 하는 입양이 많다. 입양은 국가적 차원에서 이중으로 도움이 된다. 개별 가정에서 양육비를 감당하기 힘든 자녀가 있을 경우, 그 양육비를 사회적으로 분산시키며 정부가 써야 할 보조금을 줄여 준다. 뿐만 아니라 입양된 자녀에게 양부모의 노후를 돌볼 책임이 생기므로 정부의 노후 대책 부담도 줄여 준다.[42] 비록 중국 정부에서 입양은 7세 이하의 어린이만 가능하며 부모가 건강해야 한다는 조항을 만들었지만, 노년층에 대한 미래의 사회적 부담을

---

39 Anderson, A., 2004.

40 Notermans, C., 2004.

41 Notermans, C., 2004, p. 56.

42 Palmer, M., 1989.

줄이기 위해 규정을 완화해 주는 경우가 많았다. 노후를 돌보기 위해 때로는 20살이 넘은 자녀를 입양하기도 하며, 이러한 입양은 나이 들거나 병약한 사람들에게는 뒷바라지를 받을 수 있는 좋은 수단으로 여겨진다.[43] 한국에서도 이처럼 자녀가 아닌 부모의 입장을 중시한 입양이 존재한다. 한국에서 입양은 무엇보다도 가문을 잇기 위해 이루어지며, 때로는 죽은 사람의 후손으로 입양이 되기도 한다.[44]

그렇지만 이러한 입양이 자녀들에게 도움 되는 측면이 없지는 않으며, 전적으로 어른들의 필요에 의해서만 이루어지는 것도 아니다. 자녀가 사회적 지위의 상승이나 더 좋은 교육 기회 등의 가능성을 보고 스스로 입양을 선택하는 경우도 있다. 위에서 언급했던 중국의 사례가 바로 그러한 경우인데, 이때 수양자녀들은 장기적인 관점에서 얻게 될 경제적 이득과 상속권을 바라고 있다. 1950년대 초에 싱가포르와 말레이시아를 대상으로 작성된 민족지에서는, 자녀가 심각한 병에 걸려 목숨을 부지하기 힘들 것 같다고 생각되면 수양을 보내는 사례를 볼 수 있다. 그 친부모들은 자녀가 자신들과 함께 살다가 그런 불행을 겪게 되었으므로 자신은 그 아이를 키울 자격이 없다고 생각한다. 그리고 혹시 다른 부모 밑에서 자라게 되면 살아남을 가능성이 더 높아질지도 모른다는 기대감을 갖고 수양을 보낸다.[45]

어떤 사회에서는 젊은 엄마는 자녀를 기를 만한 지식과 경험이 부족하기 때문에 수양은 엄마와 아이 모두에게 좋은 선택이라고 생각한다.

---

43 Palmer, M., 1989.

44 Roesch-Rhomberg, I., 2004.

45 Djamour, J., 1952.

남아프리카의 코사(Xhosa)족은 외할머니가 딸의 자녀를 길러 주는 경우가 많다. 한 코사족 엄마는 "아이를 처음으로 낳아 본 엄마는 육아 경험과 지식이 부족한 경우가 많아요. 그때는 그 엄마의 엄마가 아이를 맡아 길러 주시고, 아이 엄마는 아이의 외할머니가 하는 걸 보고 배우는 거죠. 그래서 둘째를 낳을 때는 아이 기르는 법을 거의 다 알게 되지요"[46]라고 이야기했다. 때로 자신은 자녀를 기르기에 적합한 사람이 아니라는 생각을 당연하게 여기는 친부모도 있었다.(심지어는 자신에게 자녀가 있다는 사실조차 대수롭지 않게 여긴 듯하다.) 베냉 북부에 사는 바톰부(Baatombu 혹은 Bariba)족은 부모와 자녀가 사회적으로 떨어져 있어야 한다고 생각하며, 부모와 자녀를 서로 떨어뜨려 놓기 위한 여러 가지 법이 존재한다.[47] 바톰부족은 어린이들의 교육은 전체 공동체가 해야 할 일이며, 친부모는 자녀에게 관대하기 때문에 교육자로서 적절하지 않다고 생각한다.

하지만 어린이를 가장 잘 돌봐주고 키워 줄 수 있는 사람을 정하는 사회적 기준은 시대와 상황에 따라 변하기 마련이다. 엘리샤 르네는 요루바족 마을을 현지 조사할 때 자녀 양육과 수양 관습에 대한 관념이 변하고 있는 것을 발견했다.[48] 한 요루바족 엄마는 르네에게, 자녀를 수양 보내는 것이 오랜 전통이기는 하지만 자신의 자녀를 다른 사람의 손에 맡기는 일이 고민된다고 털어놓았다. 수양부모의 폭력과 학대를 견디지 못해 도망쳐 나오는 아이들도 많았고, 할머니들은 자녀를 너무

46 Burr, R., and H. Montgomery, 2003 에서 인용한 코사족 엄마의 인터뷰.
47 Alber, E., 2004.
48 Renne, E. P., 2005.

응석받이로 키우는 경향이 있기 때문이었다. 르네의 연구에 따르면, 젊은 부모들은 자신들이 직접 자녀를 키우는 것이 가장 좋다고 생각하고 있으며, 스스로 감당할 수 있을 만큼의 자녀만 가지려하고 예전처럼 대가족을 만들려 하지 않는다고 한다.

드문 사례이긴 하지만, 어린이 스스로가 수양자녀로 들어가고 싶은 부모를 선택할 때도 있다. 시카고 공동주택단지 가정을 연구한 캐롤 스택에 의하면, 나이 많은 남자아이는 부모가 이혼했을 경우 엄마와 함께 살기를 어려워하며 친아빠와 함께 살기를 선택할 때가 많았다고 한다.[49] 이처럼 수양된 자녀들이 양쪽 가정 사이에서 자유롭게 살 곳을 고를 수 있는 경우는 바버라 보덴혼의 연구에서도 확인할 수 있다.[50] 보덴혼은 캐나다 북부 이누이트 사회에서 친가와 수양 가정을 왕래하며 지내는(때로는 친가를 더 꺼려하는) 어린이들을 보았다. 이들이 그렇게 하는 이유는 이름을 잘못 지었기 때문이거나(캐나다 북부 이누이트족의 이름 짓는 관습과 환생에 대한 믿음 사이의 연관성은 3장을 참조), 자신의 정령이 친부모에게 불편함을 느끼기 때문이라고 한다. 그러나 실제 수양을 하는 이유는, 한 가정 안에서 자녀들의 성비율을 맞추기 위해서 이거나, 아무리 해도 아이가 생기지 않는 엄마를 위해서 이거나, 더 이상의 자녀를 먹여 살릴 형편이 되지 않아서일 수도 있다.

이러한 수양 사례는 특수한 것이라기보다는 교환과 공유 및 호혜에 관한 보다 일반적인 문화적 관습의 일부로서, 공동체 안에서 음식만 함

---

49 Stack, C., 1974.
50 Bodenhorn, B., 1988.

께 나누는 것이 아니라 자녀를 키우는 고생과 보람도 함께 나누는 것이다. 때로는 부모의 반대에도 불구하고 자녀가 수양자녀로 들어가기를 자청할 때도 있다. 이들은 어린 자녀의 선택권과 판단 능력도 부모의 의견과 마찬가지로 중요하게 여긴다. 한 이누이트 여성은 보덴혼에게 "그 아이는 잠시 동안 우리와 함께 살기 위해 스스로 찾아왔어요. 그는 우리와 함께 사는 것을 좋아해요"[51]라고 말했다. 비록 어린이가 그만한 판단력을 갖췄다고 인정받는 나이가 언제인지는 알 수 없지만, 캐나다 이누이트족은 어린이들에게는 스스로의 의지로 부모가 아닌 다른 사람의 수양자녀로 들어갈 선택권이 당연히 있다고 생각한다. 하지만 잦은 수양과 입양은 때로 문제를 초래하기도 한다. 진 브릭스는 유년기의 중반 즈음에 이루어진 입양은 "결과적으로 불행할 때가 더 많다"[52]는 사실을 상기시켰다.

재닛 카스텐은 말레이시아 랑카위 섬의 플라우(Pulau)족의 수양과 입양 방식을 조사했다.[53] 카스텐에 의하면, 플라우족의 친족관계는 유동적이며, 이들에게 친척은 음식이나 식구를 함께 공유하는 사람이다. 심지어는 어린 나이에 입양된 자녀는 양부모의 신체적 특징까지도 닮는다는 믿음이 있다. 또한 플라우족은 어린이들의 최대 25%가 친부모와 함께 살지 않을 정도로 입양 비율이 높지만, 그 어린이들은 친부모와도 밀접한 유대 관계를 갖고 있다고 했다. 대가족 형태의 복잡한 친족제도에서, 자녀란 공유와 교환이 가능한 존재다. 카스텐은 "그들의

51 Bodenhorn, B., 1988, p. 14.
52 Briggs, J., 1991, p. 261.
53 Carsten, J., 1991.

친족제도는 자녀에 의해서 만들어진다"[54]고 주장했다. 플라우족의 친족 구성 과정에서 자녀들은 결코 수동적인 존재가 아니며, 부모는 자녀의 선택권을 존중한다. 부모는 자녀를 다른 친척에게 수양 보내고 싶어 할지라도, 자녀가 원하지 않으면 보내지 않는다. 하지만 이누이트나 플라우 사회에서 자녀들이 자기 집을 놔두고 다른 곳에서 살겠다는 선택을 하는 이유는 아직 조사된 적이 없다. 스스로 양육자를 선택하는 이곳 어린이들의 사례는 대단히 흥미로운 읽을거리가 될 것임에 틀림없지만, 이에 대한 인류학자들의 질문은 오로지 어른들을 대상으로만 했다.

가정 밖에서 사는 어린이

최근 유년기 인류학자들이 주목하고 있는 연구 대상은 정부에서 운영하는 보호소나 길거리처럼 가정 바깥에서 사는 어린이들이다. 특히 거리에서 부랑생활을 하는 어린이는 '어린이는 가족과 함께 사는 것이 가장 좋다'는 이상적 관념(서문 참조)과 정반대의 상황에 처해 있기 때문에 많은 관심의 대상이 되었다. 1980년대에 NGO 운동이 활발히 일어나기 시작하면서, 남아메리카에서 가난과 학대를 견디지 못해 도망쳐 나오거나 가족들에게서 쫓겨나 길거리에서 생활하는 어린이들의 문제가 제기되었고, 이는 결코 좌시해서는 안 될 경제 개발의 어두운 단면이라는 비난이 쏟아졌다.

---

54 Carsten, J., 1991, p. 425.

그러나 루이스 압티클, 토비아스 헥트, 캐서린 팬터-브릭 등은 그 상황이 그리 단순하지 않다고 하며 다른 견해를 내놓았다.[55] 이들은 거리에 사는 아이들이 실제로 가족들과 완전히 단절된 채 살고 있는 경우는 거의 없으며, 대부분은 집에 있는 시간과 거리에 있는 시간이 따로 정해져 있다고 했다. 특히 토비아스 헥트는 길거리에서 지내는 어린이들도 수시로 집을 들르고 있으며, 그들의 엄마도 여전히 아이들과 함께 생활하고 있기 때문에, '아동 부랑자(street children)'라는 표현은 실제 어린이들과 가족의 관계를 오해하게 할 소지가 있다고 주장했다.

어린이들이 거리에서 생활하며 일을 하는 것은 집에서 겪는 활동 제약과 빈곤 상황에서 벗어나기 위한 선택이다. 스스로 집 밖에서 가족들과 떨어져 살기를 선택한 어린이들은 언제든 스스로의 뜻으로 가족들과 함께 살 수도 있다. 물론 그렇다고 해서 거리에서 생활하는 어린이들의 모습을 너무 긍정적으로 바라봐서도 안 된다. 때로 거리의 어린이들은 저희들끼리 가족과 비슷한 형태의 조직을 형성하기도 한다. 주로 조금 나이가 있는 남자아이들이 여자아이들의 뒤를 봐주고 어떤 대가를 받거나 잔심부름 등을 시키는 식이다. 하지만 그렇게 길거리 가족이나 조직을 만들지 못하고 각자 알아서 생존해야 하는 상황으로 내몰리는 어린이들도 있으며, 이 경우 자기보다 어리고 약한 어린이들을 공격의 대상으로 삼기 쉽다.[56]

정부에서 운영하는 어린이 보호기관을 연구한 인류학자들도 있다.

---

55 Aptekar, L., 1988; Hecht, T., 1998; Panter-Brick, C., 2000.
56 Hecht, T., 1998, Ennew, J., and J. Swart-Kruger, 2003.

일본에서 과거 고아원이라 불렸던 아동양호시설[57]을 연구한 로저 굿맨은, 일본인들 사이에는 아직도 아동양호시설을 부정적으로 바라보는 경향이 남아 있다고 했다.[58] 이는 과거에 사용했던 '고아원'이라는 명칭이 병든 어린이들을 돌보는 '양호시설'과 발음이 똑같았던[59] 탓에, 두 시설 모두 신체적 정신적으로 문제가 있는 어린이들이 사는 곳이라는 인식이 박혔기 때문이라고 한다. 굿맨은 또한, 고아원이 애초에 순수한 고아들만 돌보던 시설도 아니었고, 생계가 어려워 아이를 키우기 힘든 가정의 자녀나 학대나 방임 피해를 입은 아동들을 돌보는 경우가 더 많았던 시설인데, 여기에 '고아원'이라는 명칭을 붙인 것부터가 잘못이었다고 지적했다. 굿맨은 '이곳 어린이들에게는 사생활이 없었고, 전문적인 사회복지도 거의 제공되지 않았다'고 하며 아동양호시설의 암울한 생활상을 드러내었다. 로저 굿맨의 저서는 비록 그 어린이들이 직접 생각하고 느낀 바를 조사하지는 않았지만, 어린이들의 입양과 보호라는 주제를 전체 사회 구조 안에서 폭넓게 다루면서 어린이들을 대상으로 한 정부 정책의 문화적 특성을 보다 일반적인 시각으로 바라볼 수 있게 해주는 귀중한 자료다. 일본 정부는 형편이 어려운 가정의 자녀는 입양이나 수양을 보내기보다는 저렴한 비용으로 시설을 통해 돌보는 것을 선호한다. 또한 빈곤층의 사회적 지원 및 보호 정책

---

57 養護施設. 일본에서 과거 고아원이라 불렸던 양육시설의 법률상 정식 명칭으로 1998년부터 사용했다. 영어로는 children's home(보육원)으로 번역된다.—역자 주

58 Goodman, R., 2000.

59 고아원(孤兒院)과 양호시설(養護施設)은 과거에 모두 코지-인(こじいん)으로 발음이 같았다. 현재의 아동양호시설도 한자로는 동일하게 養護施設이지만, 발음은 요-고시세츠(ようごしせつ)다.—역자 주

에 투자하기보다는 중산층 아동을 위한 주간 보육시설과 방과 후 클럽 활동에 더 많은 예산을 쓴다. 결국 양호시설에 들어가는 어린이들은 사회적으로 가장 취약한 계층의 자녀들이다.

이 같은 시설 운영 정책은 부모와 자녀와 정부 간의 삼자 관계를 문화적으로 어떻게 규정하느냐에 따라 달라진다. 앞서 언급한 중국의 사례에서는 정부가 어린이나 노년층 및 병자들을 돌보는 책임을 피하고 각 가정으로 넘기기 위해 입양 정책을 적극 권장했다. 포르투갈의 경우에는 어린이들을 돌보는 일을 정부가 아닌 자선단체나 종교단체에게 독자적으로 맡기며, 가톨릭교회가 운영하는 보육시설이 널리 일반화되어 있다.[60] 이들은 정부로부터 규제도 거의 받지 않을 뿐더러 운영 정책도 정부의 정책과는 달리 기관의 설립 의도대로 가는 편이다. 카렌 아아레의 연구에 의하면, 그러한 시설에서는 빈곤과 자선에 대한 자신들의 이념을 중시한다.[61] 그곳에서는 어린이들에게 자신들의 빈곤한 처지를 받아들이되 신앙을 통해 해방될 수 있다는 믿음을 가지라고 가르친다. 그 가르침을 실천하기 위해 사생활과 사유재산을 거의 허용하지 않으며 때로 가족들과 편지를 주고받는 것도 허용하지 않는다. 물론 이는 정부의 아동정책에 위배되는 일이긴 하지만, 정부가 그 모든 시설을 전부 제재하지는 않는다. 그러므로 보육기관의 인류학적 연구에서 중점적으로 다루어야 할 주제는 어린이들을 돌보는 규정에서 국내법과 국제법의 충돌 문제와 보육시설을 운영하는 기관의 고유한 이념에

---

60 Aarre, K., 2000.
61 Aarre, K., 2000.

따른 자율성을 어디까지 허용해야 할지 정하는 문제라고 할 수 있다.[62]

인류학자들이 보육시설을 향해 우려 섞인 시선을 넘어 때로 비판을 가하는 이유가 하나 더 있다. 그러한 시설들이 한 지역의 고유한 친족 체계와 가족의 울타리를 약화시킬 가능성이 다분히 있기 때문이다. 1969년 잭 구디는 아프리카에 가정법원이나 보육시설과 같은 서양식 복지 모델을 적용하는 것은 아프리카의 사회적 맥락과도 맞지 않으며 그들의 고유한 문화적 규범과도 충돌한다고 경고했다. 구디는 아프리카 사람들이 생각하는 '생계를 책임져야 할 가족 구성원의 범위'는 꽤 넓고 융통성이 있어서, 아무리 부모로부터 부양받지 못하는 어린이들이 있어도 충분히 그들 공동체 안에서 수양의 형태로 돌보아 줄 수 있을 만큼 여유가 있다고 보았다. 때문에 취약 계층 어린이들을 위한 지역 고유의 사회적 시스템을 갖추고 있는 신생 독립국들에게 서양식 보육시설이나 법제화된 입양 절차를 도입하면 모두를 불행하게 만들 것이라고 목소리를 높였다. 식민 지배에서 벗어난 아프리카 신생 독립국들에서 실제로 수양제도가 완전히 무너졌는지를 조사한 후속 연구는 없지만, 가족이라는 울타리를 보육시설에게 빼앗길지도 모른다는 사회적 두려움은 확인된 바가 있다. 데이비드 톨프리는, 고아원에서 어려운 친척의 자녀를 대신 돌보아 주려는 가족들에게 수양자녀에 대한 권리를 포기하면 장려금을 지급하겠다고 하는 등 어린 자녀들에 대한 친족들의 책임감을 무너뜨리는 일이 발생하고 있다는 사실을 보고했다.[63]

---

62 Aarre, K., 2000.
63 Tolfree, D., 1995.

형제자매

어린이들의 인간관계가 부모로만 제한되는 경우는 거의 없으며 형제자매와의 관계가 어린이들에게 미치는 영향 역시 유년기 인류학의 중요한 연구 주제였다. 주디스 헌츠만은 오세아니아 섬 사회에서는 형제자매 관계가 일생 동안 지속되는 상호 교환 관계이기 때문에 모든 가정은 딸과 아들의 수가 동일하기를 바라며, 때로는 자녀간의 성비를 맞추기 위해 입양을 하는 경우도 있다고 했다.[64] '형제자매'라는 말은 '부모'와 마찬가지로 각 문화권마다 기준이 서로 다르므로 맥락을 잘 살펴볼 필요가 있다. 빅토르 치치렐리는 형제자매의 다양한 종류를 다음과 같이 정리했다.

오세아니아의 마르키즈 제도에서 형제자매란 아버지와 어머니가 모두 같은 경우에만 해당된다. (…) 오세아니아 쿡 제도의 푸카푸카(Pukapuka) 섬에서는 이복 형제자매도 형제자매다. (…) 솔로몬 제도의 크와래 (Kwara'ae) 섬에서는 형제자매의 범위에 사촌들이 포함된다. (…) 뉴헤브리 디스 제도의 말로(Malo) 섬에서는 성별이 같은 종형제 혹은 종자매끼리만 형제자매라 칭할 수 있는데, 종형제와 종자매의 범위가 사촌만이 아니라 육촌(할아버지의 형제자매의 손주)들까지도 해당이 된다. (…) 케냐의 아발루 이야(Abaluyia)족은 수양제도를 통해 한 가정에서 함께 자란 어린이들을

---

64 Huntsman, J., 1983.

형제자매라 부른다. (⋯) 케냐의 기리아마(giriama)족은 같은 마을 혹은 같은 부족 내에서 연령대가 동일한 어린이들은 모두 형제자매라고 한다.[65]

형제자매라는 관계에는 그에 따르는 책임과 의무가 부여되기 때문에, 형제자매의 범위는 어린이들의 삶에 많은 영향을 준다.

다음 장에서도 살펴볼 테지만, 어린이들의 사회화는 다른 어린이들에 의해서 이루어지는 부분도 많으며, 여기에 형제자매도 많은 역할을 한다. 손아래 형제자매는 손위 형제자매의 책임 아래 함께 지내는 시간이 상당히 많기 때문에 손위 형제자매의 영향력도 크게 받는다.[66] 특히 언니나 누나들에게 동생들을 돌볼 책임이 주어지는 경우가 많다. 많은 민족지에서 어린 동생을 돌보는 아이들의 사진을 삽화로 쓰고 있었으면서도, 어째서 그들에게 그런 책임이 주어지는지 물어본 경우는 많지 않았다. 대개는 소녀들이 어린 시절에 자주 겪는 일상 중 하나라고 생각했거나, 미리 엄마가 될 준비를 하는 일종의 사회화 과정이라고 여겼다.(5장 참조) 혹은 다른 양육자(부모)가 사망하거나 하는 사태를 미리 대비하는 일이라고도 보았다.[67] 또는 나이 많은 형제자매가 어린 동생을 돌보게 함으로써 사회적 위계질서를 배우게 하고 어린 자녀에게 자신의 낮은 지위를 깨닫게 하는 행위라고 분석했다.

사모아 제도에서 언어사회화 과정을 분석한 엘리노어 오크스는 자녀에게 동생 돌보는 일을 맡기는 것은 엄마의 부담을 덜어 주기 위한

---

65 Cicirelli, V., 1994, p. 9.

66 Weisner, T., and R. Gallimore, 1977; Cicirelli, V., 1994.

67 Cicirelli, V., 1994.

목적도 있지만, 자녀들이 사회적으로 낮은 지위에 있다는 사실을 깨닫게 하기 위해서라고 했다.[68] 이는 사모아 제도가 고도로 계층화된 사회이며, 계층 질서를 대단히 중요하게 생각하기 때문이다. 족장과 같은 칭호가 있으면 지위가 높은 사람이고, 나이나 세대도 지위를 결정하는 요소가 된다. 그러므로 어린이는 어른보다 지위가 낮고, 어린이들끼리도 나이에 따라 지위의 높고 낮음을 나눈다. 높은 지위를 나타내는 특성 두 가지는, 육체노동의 비중이 적고 다른 사람의 일로 신경 쓰거나 수고를 하지 않아도 된다는 것이다. 때문에 엄마들은 아기 근처에 큰 딸이 있으면 당연히 딸이 아기를 돌봐야 한다고 생각한다. 엄마는 아기를 돌보기 위해 몸을 움직이지 않을 것이며, 딸이 불만을 가질 거라는 생각도 하지 않는다. 엘리노어 오크스는 이를 다음과 같이 묘사했다.

어린 보모들은 쉴 틈이 없다. 동생들의 옷을 세탁하고 식사를 준비할 책임은 첫째로 이 어린 보모들에게 있다. 갓난아기가 젖을 찾을 때 아기를 엄마에게 데려다 주는 것도 어린 보모들이다. 아기가 스스로의 힘으로 기어서라도 엄마를 찾아가 안길 수 있게 될 때까지는 아기를 안고 달래줘야 할 책임도 있다. 지위가 높은 보호자(엄마)는 지위가 낮은 보호자(딸)가 보호 대상(아기)을 돌보고 있으면, 되도록 그 근처에 가지 않으려 하고 아기가 무슨 행동을 하더라도 신경 쓰지 않으려 한다. 만약 형제자매 간에 다툼이 발생하면 지위가 높은 보호자(엄마)는 그들끼리 해결할 수 있도록 자리를 비켜 준다. 그래도 다툼이 더 커지면 조금 더 나이가 많은 형제

---

68 Ochs, E., 1982, 1988.

자매를 불러 분쟁을 해결하도록 지시한다. 그래도 해결되지 않을 때 비로소 자녀들 중 한 명 혹은 모두가 가장 높은 지위에 있는 보호자(엄마)를 찾아와 조치를 취해 달라고 부탁한다. 상위 보호자가 직접 지시해서 벌어진 일이 아닌 이상, 상위 보호자는 어린이들의 일에 되도록 끼어들지 않는다. 아기가 높은 곳에서 떨어지지 않도록 하고, 뜨거운 주전자에 가까이 가지 못하게 하고, 돌이나 흙을 먹지 못하게 보호하는 일도 원칙적으로는 하위 보호자가 해야 할 일이다. [69]

사모아 제도의 동생 돌보기 관습은 부모의 편의를 위한 일이기도 하지만, 자녀들에게 '어린이는 사회적으로 낮은 지위에 있으며, 어른을 공경해야 한다'는 점을 가르쳐 주는 방편이기도 하다. 이러한 관점은 통가 사회에서도 확인된다. 통가 어린이들은 부모나 형제에게 순종적이어야 하며, 자기 의지와 상관없이 부모의 뜻에 따라 수양자녀가 될 때도 있다. 뿐만 아니라, 통가 부모들은 편애하는 자녀에게는 일도 줄여 주고 체벌도 약하게 하는 등 특별한 대우를 함으로써 가정 내 불평등한 위계질서를 일부러 강조하는 경우가 상당히 있다. 통가족의 육아 관습을 연구한 헬렌 모턴은, 어린 보모들이 해야 할 가장 중요한 일은 바로 동생들에게 사회적 위계질서를 가르치는 것이라고 했다. [70] 통가족은 어린이들에게 위계질서를 가르치고 사회적 능력을 길러 주는 것은 부모나 손위 형제자매의 의무이며, 이는 강력한 신체적 체벌과 훈육

---

69 Ochs, E., 1982, p. 83.

70 Morton, H., 1996.

을 통해서만이 가능하다고 생각한다. 손위 형제자매는 동생을 훈육하기 위해 부모에게 동생의 체벌을 요구할 수도 있고 직접 때릴 수도 있다. 하지만 때로는 처벌이 가혹할 때도 있고, 처벌 권한을 남용하는 경우도 많다. 과연 이것을 훈육으로 봐야할 것인가 학대로 봐야 할 것인가? 그 경계에 대한 논의는 6장에서 좀 더 깊이 할 것이다.

형제자매에게 동생을 돌보게 하는 관습은 세계 각지에 있으며, 꼭 여자아이에게만 시키는 것도 아니다. 콩고 이투리(Ituri) 숲에서 유랑하며 수렵채집 생활을 하는 에페(Efe)족 어린이들은 남녀 모두가 1살짜리 아기를 돌보는 일을 한다. 주로 아기와 놀아 주고 이유식을 먹이는 일인데, 성별과 상관없이 대부분의 일을 똑같이 한다. 다만 조금 더 큰 어린이들이 좀 더 숙련도가 필요한 일, 이를 테면 목욕시키거나 달래 주기 같은 일을 한다. 여섯 살이 되기 전에는 남녀를 구분지어 일을 주지 않지만, 그 이후부터는 성별에 따라 역할이 달라지기 시작한다. 여자아이는 계속해서 다른 동생들을 돌보며 점차 엄마의 역할을 많이 하게 되고, 남자아이는 숙소를 떠나 사냥을 다니기 시작한다.[71]

하지만 이 사례가 예외적일 뿐, 대체로 동생 돌보는 일은 여자아이들에게 맡겨진다. 이는 그들이 돌보는 동생들뿐만 아니라 어린 보모 자신들에게도 적지 않은 영향을 준다. 일례로 마저리 울프는 대만 시골 지역에서는 여자아이에게 아이 돌보는 일을 맡기기 위해 남자아이보다 엄하게 키운다고 했다. 울프는 "복종 훈련은 여자아이들이 먼저 받는다. 이는 계획적으로 시키는 것이라기보다는 그럴 필요가 생겼을 때 즉

---

71 Henry, P., et al. 2005.

각적으로 시키는 편이다. 어린 동생을 돌봐야 할 책임이 있는 어린이는 제 마음대로 이를 거부할 수 없다"[72]고 기록했다.

어린 보모들이 동생들에게 뚜렷한 애착의 감정을 갖고 있는 모습은 많은 민족지에서 묘사하였지만, 정작 그 어린 보모들이 어떤 생각과 감정을 가지고 있는지를 조사한 인류학자는 거의 없다. 통가나 사모아에서는 어린이들에게 낮은 사회적 지위를 가르치려고 아이 돌보는 일을 맡긴다 하지만, 다른 곳에서는 반대로 그 일이 어린이들의 능력을 증명하고 사회적 지위를 올리는 수단이 되기도 한다. 생애 주기 측면에서 보자면, 아무런 책임질 일도 없었던 상태에서 어린 동생을 돌보는 일을 갖게 된 것은 큰 변화이며, 그 이후로 어린이와 가족들 간의 상호작용 형태도 변한다. 이제 막 걸음마를 뗀 아기에게 갓난아기를 돌보게 하지는 않지만, 7~8세 정도의 어린이에게는 대체로 그럴만한 능력이 있다고 생각한다. 친동생이나 이웃집 동생을 돌보는 일을 하는 어린이는 부모에게 더 많은 재량권을 요구할 수도 있다. 마거릿 리드는 말라위 응고니(Ngoni)족 어린 소녀들이 동생을 보호하고 양육할 수 있는 능력을 가졌다는 사실을 얼마나 자랑스러워했는지 묘사한 적이 있다.[73] 어린이들은 다른 사람을 관리할 수 있는 권한과 책임을 자랑스럽게 생각할 때도 있지만, 반대로 일을 맡긴 어른과 돌봐야 할 동생 양쪽으로부터 스트레스를 받기도 한다. 케냐 키쿠유(Kikuyu)족을 연구한 허버트 라이들맨과 글로리아 라이들맨 부부는, 어린 보모들이 맡은 일과 개인적

---

72 Wolf, M., 1972:79.
73 Read, M., 1968.

인 욕구 사이에서 느끼는 갈등과 부모에게 기대고 싶은 마음과 자유를 누리고 싶은 마음 사이에서 고민하는 모습을 다음과 같이 기록했다.[74]

어린 보모들은 이런 일에 따르는 책임과 의무를 잘 알고 있지만, 한편으로는 여전히 어린이답게 놀고 싶은 마음도 가득하다. 이들의 주된 일과는 엄마가 일어날 때 같이 일어나 집안일을 돕는 것이다. 엄마가 물을 긷고 땔감을 모으러 나가는 길에 동행하며 동생들을 챙기는 것이 그녀들의 주된 일이다. 때로는 농사일에 손을 보태기도 하고, 엄마가 허드렛일을 하는 동안 동생들을 돌보기도 한다. 만약 집안에 다른 어른이 없을 경우, 그 어린 보모가 아기들의 유일한 보호자가 된다. 아기가 배고파하면 어린 보모가 직접 이유식을 만들어 먹이고, 아기가 젖을 먹어야 한다면 엄마에게 데리고 간다. 어린 보모들에게는 언제나 아이들을 보살펴야 한다는 책임이 있지만, 개인적으로 놀고 싶은 마음도 있기 때문에, 때로는 다른 친구들과 함께 놀면서 짬짬이 아기를 살피곤 한다. 그래도 어린 보모들은 대부분 동생들을 돌봐야 한다는 책임감을 결코 가볍게 여기지 않으며, 나름대로 어린 아기를 데리고 친구들과 놀 수 있는 현명한 방법을 고안해내기도 한다.[75]

어린 보모들은 동생 돌보는 일에 대해서 상당히 양면적인 감정을 갖고 있다. 그들이 동생을 돌보는 일을 당연히 해야 할 일이라고 생각하

---

74 Leiderman, H. P., and G. F. Leiderman, 1973.

75 Weisner, T., and R. Gallimore, 1977, p. 174에서 인용.

지 않으며 하기 싫어할 때도 많다는 것은 조금만 사례를 찾아봐도 알수 있다. 마거릿 미드는 어린 보모들이 동생들에게 별로 신경을 쓰지 않는 경우도 많고, 때로는 자신의 평화로운 일상을 지키기 위해 '작은 폭군'으로 변하는 경우도 있다며 다음과 같은 글을 남겼다. "작은 보모들은 자기에게 맡겨진 임무인 동생 돌보기보다는 자기 일상의 평화로움을 지키는 일에 더 관심이 있다. 때로는 아기가 울어도 어른들이 울음소리를 듣지 못하도록 아기를 멀리 옮겨 놓기만 한다."[76] 레이몬드 퍼스 역시 폴리네시아 티코피아 섬에서도 매일매일 동생을 돌봐야 하는 어린 보모들은 때로 어른들보다도 더 가혹하게 동생을 체벌한다고 했다.[77]

최근에는 어쩔 수 없이 어린이가 어린이의 유일한 보호자가 되는 경우가 늘어나고 있으며, 이처럼 자신도 어린이면서 다른 어린이의 양육은 물론 생계까지 책임져야 하는 소년소녀 가장들에 대한 관심도 증폭되고 있다. 1960년대와 1970년대 경제인구조사에서 여성이 가장인 것으로 조사된 가정 중에 소녀가장들도 많이 있었지만 기록에는 잘 반영되지 않았다고 본다. 소녀가장 가정은 그들 중에서 가장 빈곤한 계층이기도 하다. 르완다에서 벌어진 대규모 학살과 같은 비상사태가 발생하면, 부모님을 잃고 강제로 동생들을 책임져야 할 상황에 놓인 어린이들을 몹시 많이 보게 된다. 하지만 그런 사태가 발생하지 않았는데도 부모님을 잃고 똑같은 상황에 처한 어린이들도 많으며, 이들의 현황은 아

---

76 Mead, M., 1971[1928]), pp. 26-27.

77 Firth, R., 1936.

직도 제대로 파악되지 않았다. 아프리카 사하라 사막 이남에서는 에이즈로 인해 부모를 잃고 고아가 되거나 소년소녀 가장이 된 아이들의 수가 점점 늘어나고 있다는 보고가 있다.[78] 하지만 그 어린 가장들이 어떻게 가정을 꾸려 나가고 있는지, 부모가 해야 할 사회적·문화적 역할을 얼마나 대신할 수 있는지를 상세하게 조사한 적은 없다. 그 어린 가장들이 신부대나 혼수를 마련해 줄 수 있을까? 그들이 다른 형제자매들을 위해 성인식을 치러 줄 수 있을까? 부모의 상실은 어린이들의 삶에 많은 영향을 미치며, 이는 단순히 감정적·개인적 차원의 문제가 아니라 문화적·사회적으로도 큰 문제가 될 수 있다.

친구와 또래 집단

또래관계는 어린이들의 삶에 큰 의미와 중요성을 지닌다. 또래관계를 가장 폭넓게 연구해 왔던 학문은 심리학이다.[79] 심리학계의 연구는 주로 서양 어린이들을 대상으로 한 것이지만, 어린이들은 자랄수록 부모보다는 친구에게 더 많은 영향을 받게 된다는 사실을 밝혀냈다. 또한 청소년들은 친구나 또래에게 많은 것을 의지하는 편이며, 설령 아니라고 하더라도 가족보다는 또래를 더 의지하기 쉽다는 사실을 지속적으로 강조해 왔다.[80] 심리학자 윌라드 하트업은 "대부분의 사회화 과정에

---

78 Lugalla, J., 2003.

79 심리학적 또래관계 연구의 전체적 개요는 Hartup, W., 1983 참조.

서 또래관계는 가족만큼이나 중요한 영향력을 갖는다"[81]고 말했다. 이러한 연구는 대부분, 어린이가 또래관계를 통해 어른들 세계의 가치관을 자기들 나름대로 조율하고 받아들이는 과정을 분석하고, 어린이의 사회적 발달 과정에서 또래관계가 갖는 중요성이 어느 정도인지를 파악하는 데 초점을 맞추고 있다.[82]

심리학자 주디스 리치 해리스는 여기서 한 발 더 나아가, 사회화 과정에서 또래 집단의 역할은 부모 이상이라고 주장하며 다음과 같은 글을 남겼다.

어린이들은 모든 사람들의 사회생활을 따라할 필요가 없다. 사람들마다 사회적인 행동이 전부 다르기 때문이다. 어떤 사회이건 간에 사회적으로 용인되는 행동이란 어른이나 어린이나 남성이나 여성이나 등의 기준에 따라 달라진다. 어린이들은 자신들과 같은 카테고리에 속한 사람들과 같은 행동을 익히면 되는 것이다. 어린이들 대부분은 자진해서 다른 어린이들의 행동을 배운다. 어른들이 어린이들을 사회화시켜 주는 것이 아니라, 어린이들이 어린이들을 사회화한다. (…) 현대의 어린이들은 부모에게 배운 것들을 자신들의 그룹으로 가져와 전파한다. (…) 얼핏 보면 부모가 문화의 전달자인 것 같지만, 사실은 그렇지 않다. 또래 집단이 전달해 주는 것이다. 또래 집단의 문화와 부모의 문화가 서로 다를 경우, 어린이

80 Steinberg, L. D., and S. B. Silverberg, 1986; Bukowski, W. et al. 1996; 이 주제에 대한 비교 문화적 연구는 Chen, X. et al. 2006 참조.

81 Hartup, W., 1983, p. 103.

82 Corsaro, W., and D. Eder, 1990.

들이 받아들이는 것은 언제나 또래 집단의 문화다. [83]

여러 심리학 연구에 의하면, 중기 유년기(대략 6세에서 초등학교 저학년 사이)에 속한 어린이들은 보편적으로 남녀를 구별하고 동성끼리 노는 것을 선호하는 경향이 있다. 하트업은 "어린이들은 연령대와 관계없이 이성보다는 동성 친구들과 어울리는 것을 선호한다. (…) 중기 유년기에서 청소년기 사이 어린이들을 살펴보면 그들이 이성 친구를 거부하는 경향이 있다는 사실을 분명하게 알 수 있다"[84]고 주장했다.

그러나 이런 사례는 주로 서양을 대상으로 한 연구에서 나온 것이며, 다른 지역 사회를 대상으로 했을 경우는 다르다. 일례로 사라 하크니스와 찰스 슈퍼의 연구에 의하면, 케냐의 킵시기스(kipsigis)족 사회는 남녀를 엄격하게 구분하지만, 어린이들은 남녀를 구별하거나 동성끼리만 어울려 노는 경향이 없다.[85] !쿵족이나 에페족과 같은 몇몇 수렵채집사회에서도 동성 혹은 동년배끼리만 이루어진 어린이 집단은 보이지 않았으며, 멜빈 코너는 "다양한 연령층의 어린이들이 함께 다니는 것은 수렵채집사회의 특성"[86]이라고 했다.

인류학자들은 '어린이들은 일반적인 발달 과정상 자기와 같은 연령대, 성별, 민족 집단을 찾아다니게 되어 있다'는 서양의 관념을 재검토하면서, 또래 집단이 형성되는 문화적 맥락을 세심하게 들여다보기 시

---

83 Harris, J. R., 1998, pp. 357-358.
84 Hartup, W., 1983, p. 110.
85 Harkness, S., and C. Super, 1985.
86 Konner, M., 2005.

작했다.[87] 그 결과 기존 연구에서 어린이들의 성별 구분 경향이 지나치게 강조된 정황이 있으며, 대부분의 자료가 학교생활을 근거로 삼고 있는 반면, 학교 바깥 생활을 조사한 자료에서는 그처럼 자기와 동일한 집단을 찾는 경향이 별로 드러나지 않는다는 사실을 밝혀냈다. 마저리 굿윈은 필라델피아의 아프리카계 미국인 사회에서는 어린이들 대부분이 성별을 가르지 않은 채 많은 시간을 함께 논다고 했다.[88] 사회학자 베리 소른은 9~10세 미국 초등학생들의 놀이와 대화를 중점적으로 조사한 결과, 학교 안에서는 놀이를 할 때에도 철저하게 성별을 구별하지만, 학교 밖에서는 성별을 구분하는 장벽이 약해진다는 사실을 발견했다.[89] 뿐만 아니라, 학교에서도 이성간의 장벽이 겉보기와는 달리 두텁지 않고 넘나들기 쉬운 편이라고 보았다. 소른은 어린이들이 성별 간 경계를 강화하기 위해 (혹은 반대로 허물기 위해) 동성 그룹이나 놀이 그룹을 만드는 과정에 주목하면서, 이러한 분리(혹은 결합) 과정을 '경계선 만들기(borderwork)'라 칭했다. 또한 이 경계는 모호하면서도 유동적이며, 언제 어디서든 소년과 소녀가 따로 떨어져서 지내야 할 필요는 없다고 주장하며 다음과 같이 설명했다.

'경계'의 형상화는 사회적 관계를 완전히 둘로 갈라놓는 두터운 장벽을 쌓는 일일지도 모른다. 그러나 경계의 이미지는 거대한 하나의 장벽이 아니라, 쉽게 세우고 부술 수 있는 낮은 장벽 여러 개에 가깝다. 성별 간의

---

87 Chen, X. et al. 2006.

88 Goodwin, M. H., 1990.

89 Thorne, B., 1993.

경계는 일시적이고 모호하다. 그러므로 '경계선 만들기'라는 개념은 '중립화(neutralization)'와 병행하는 개념이며, 소년과 소녀들이(어린이들의 사회적 관계망에 포함된 어른들도 해당한다) 서로의 성별을 구분하고 서로를 반대편으로 생각하는 경향을 줄여 나가는 과정이다.[90]

소른의 연구에서 볼 수 있듯이, 남녀 사이에 완전한 구분이란 없다. 경계선을 긋는 행동은 그 반대급부로 선을 넘어갈 가능성도 함께 제공한다. 소른은 성별 간의 구분을 비교적 엄격하게 지키는 어린이 집단 안에서도, 서열이 높은 어린이는 장벽을 넘나들 권리를 가진 경우가 많다고 했다.

소른은 또한 또래 그룹에서 성별을 구분하는 것은 이성교제 및 이성에 대한 호감과 연관이 있다고 보았다. 소른은 "유치원에서는 이성간의 교제가 드러내놓고 이루어지는 편이다. 하지만 초등학교에 올라가고 학년이 올라갈수록 이성간에 괴롭힘이 발생할 위험이 높아지고 이성간의 공개적인 교제는 줄어든다"[91]고 했다. 하지만 어린이들이 초등학교에 입학한 이후부터는 이성 간의 차이에 대단히 예민하게 반응하기 시작하고, 이성을 '좋아하는 감정'을 들키는 것에 민감해 한다고 했다. 영국 어린이들의 남녀 사이를 연구한 사회학자 데비 엡스타인은 어린이들의 성별 개념은 대부분 이성교제에 관련되어 있다고 했다.[92] 엡

90 Thorne, B., 1993, p. 84, 강조는 원문.
91 Thorne, B., 1993, p. 50.
92 Epstein, D., 1997.

스타인은 '키스 체이스(Kiss Chase)'[93]와 같은 게임을 통해 여자아이들은 여성스러운 이미지를 만들어 나가고 낭만적인 데이트와 결혼과 엄마가 되는 꿈을 키우게 되며, 남자아이들은 터프하고 남성다운 이미지를 만들어 나가며 여자아이들과 거리를 두기 시작한다고 보았다.

사회학자들은 오래전부터 청소년기와 그 이전 시기의 또래 집단의 문화가 어린이들 서로에게 미치는 영향을 연구해 왔다. 사회학자 윌리엄 코사로는 청소년기 이전 어린이들의 또래 집단을 연구하기 위해 스스로 어린이들 집단에 들어가 참여 관찰을 했다.[94] 그는 '어린이들의 사회화 과정에는 어른들과의 소통 못지않게 어린이들 또래 간의 교류가 중요하다'는 전제를 세우고 미국과 이탈리아의 여러 유치원에서 참여 관찰 연구를 수행했다.[95] 코사로는 또래 집단의 문화를 "또래 어린이들 사이에 만들어지고 공유되는 일정한 활동, 일상, 물건, 가치, 관심사 등의 집합체"[96]라고 정의했다. 코사로는 어린이들이 이러한 문화를 스스로 재생산해내는 과정을 분석하며, 또래 집단의 문화는 어른들의 문화와 항상 일치하지는 않는다고 했다. 즉, 어린이들의 문화가 단순히 어른들의 생각과 가치관을 보고 따라하는 수준은 아니라는 뜻이다. 코사로는 "어린이들은 세계에 부여된 의미를 스스로 찾아 나서는 탐험자

---

93 술래잡기의 변종 게임이다. 남성 팀과 여성 팀으로 나누어서 진행한다. 둘 중 어느 한 팀이 전부 술래가 되며, 술래들은 상대방을 잡으면 키스를 한다. 상대편 모두를 잡기 전에는 술래가 바뀌지 않는다. 혹은 팀에서 한 명만을 술래로 지정하고 다른 팀원들은 술래를 돕는다. 상대편 중에 누군가가 잡혀서 키스를 받으면 그 사람이 새로운 술래가 되면서 공수가 교대된다. 위키백과 참조.—역자 주

94 Corsaro, W., 1985, 2003.

95 Corsaro, W., 1985;Corsaro, W., and D. Eder, 1990; Corsaro, W., and T. Rizzo, 1998.

96 Corsaro. W., 1992, p. 162.

들"[97]이며 어른들의 문화적 관념에 반론을 제기하는 존재라고 보았다. 또한 또래 집단을 형성하는 어린이들은 모두가 주체적인 동반자 관계이며, 그 집단에 부여하는 의미 역시 상호 협의 하에 만들어 간다는 점을 강조했다.[98]

조이 헨드리는 일본 어린이들의 또래관계 중요성을 연구했다.[99] 헨드리에 의하면, 교사들은 어린아이들조차도 또래 집단의 영향력을 두려워 한다는 사실을 잘 알고 있으며, 자주 이를 이용해 학생들을 원하는 방향으로 이끈다고 했다. 교사들은 어린 학생들이 모두 함께 어울려 노는 것을 적극 권장한다. 만약 잘 어울려 놀지 못하는 친구가 있으면, 교사가 다른 학생들에게 그 친구를 이상하고 별난 친구라고 부르며 함께 놀지 말 것을 권한다. 어린이들은 무엇보다도 또래들 사회에서 인정받지 못하는 상황을 두려워하기 때문에, 시간이 지나면 곧 모든 어린이들이 함께 어울려 놀게 된다고 한다. 헨드리는 또한 또래들끼리 집단행동에 대해 이야기하면서 잘못을 저지른 친구를 어떻게 제재할 것인지를 논의하는 모습도 긍정적으로 바라보았다. 예를 들어 또래 집단에서 다툼이나 따돌림이 발생했을 경우, 서양 어른은 어린이들에게 싸움을 건 사람이 누구였는지 물어보고 무엇이 잘못된 행동이었는지를 지적할 것이다. 하지만 일본의 교사들은 헨드리에게 말하기를, 그런 말은 교사들이 했을 때보다 또래들이 했을 때 더 효과가 좋으며, 또래 집단을 이용하면 어린이들을 좀 더 수월하게 다룰 수 있다고 했다.

---

97 Corsaro. W., 1988, p. 2.

98 Corsaro. W., 1988, 1992; Corsaro et al. 2003.

99 Hendry, J., 1986.

또래 집단 문화가 갖는 중요성에 주목한 다른 인류학자들은 또래 집단 문화가 재생산되는 방식과 유소년과 청소년 간의 또래 집단 문화 차이를 연구했다. 하크니스와 슈퍼는 아프리카에 의무교육, 텔레비전, 서양식 청소년기 개념이 도입된 이후 또래 집단의 변화 양상을 연구했다.[100] 하드먼 등은 유소년과 청소년의 세계를 이해하는 중요한 키워드인 우정에 대해 연구했다.[101] 그 외에도 청소년들이 우정을 쌓고 유지하는 이유와 방법에 대한 최근 연구가 많다.[102] 런던 소녀들의 타인종 간 교우관계를 연구한 헬레나 불프는, 그 소녀들에게는 함께 음악을 듣고 쇼핑을 다닐 수 있는 믿을 만한 친구도 중요한 만큼, 인종적 논란에서 도움이 되어 줄 친구도 중요하다는 점을 강조했다.[103] 북부 브리튼 마을에서 교우관계가 어린이들의 언어에 미치는 영향을 조사한 앨리슨 제임스는, 어린이들만의 방언은 어른들의 언어와 상당히 다르며 어린이들을 통해서만 배울 수 있다고 했다.[104]

교우관계가 청소년들에게 미치는 영향력이 상당히 크기 때문에, 청소년 또래 집단의 문화가 기존 사회와 대립하거나 문제를 일으킬 소지가 있다고 보는 어른들의 우려 섞인 시선을 연구한 학자도 있다.[105] 그러나 모든 사회에서 청소년기 문화와 교우관계를 부정적으로 바라보

---

100 Harkness, S., and C. Super, 1986; 8장의 리처드 콘던(Richard Condon)에 대한 논의를 참조.
101 Hardman, C., 1973; James, A., 1993, 1995; Hirschfeld, L., 2002.
102 Adler, P., and P. Adler, 1998.
103 Wulff, H., 1995.
104 James, A., 1995.
105 Kehily, M.-J., 2007.

는 것은 아니다. 미국과 일본의 청소년 문화를 비교 연구한 메리 화이트는 "약간의 과장된 진술이 있을 수 있으나 양해 바란다. (…) 미국인들은 청소년 자녀들이 또래 사이에서 인기가 있기를 바라지만, 한편으로는 또래 집단에게서 나쁜 영향을 받을까봐 두려워하고 있다. 일본인 부모들은 청소년 자녀들이 교우관계를 형성하고 또래 집단을 만드는 일은 일종의 사회성 훈련이자 사회에 나가 겪게 될 조직생활을 미리 체험하는 것이라고 생각한다. 그리고 또래 집단에 맞춰 사는 것이 청소년들에게 부정적인 영향을 줄 것이라는 우려는 거의 하지 않는다"[106]고 했다.

도로시 홀랜드와 마거릿 아이젠하트는 미국 여대생 또래관계의 영향력을 연구했다.[107] 홀랜드와 아이젠하트는 두 곳의 대학교에서 여대생들의 교우관계와 또래 문화를 연구하면서, 그들이 사회적으로 중요시하는 덕목은 무엇이며 그러한 가치관 형성에 교우관계가 어떤 긍정적(혹은 부정적) 영향을 미쳤는지를 분석했다. 그 결과, 여대생들의 현재 가치관과 미래 구상에 가장 많은 영향력을 준 사람은 또래 친구들이었으며, 그에 비하면 학교 내의 다른 어른들(교수나 선생님)의 영향력은 미비한 수준이었다고 했다. 여대생들은 어떤 결정을 내리거나 사회적 관계를 형성할 때 '매력적인 여성'과 '로맨틱한 연애'라는 문화적 개념에 높은 가치를 두고 있었다. 이들은 남자들에게 매력적으로 비춰질수록 자신의 사회적 지위가 더 높아진다고 생각했다. 여자들 간의 우

106 White, M., 1993, pp. 22-23.
107 Holland, D., and M. Eisenhart, 1990.

정이나 학업 성취도는 상대적으로 평가절하되었으며, 때로는 매력적인 여성이 되어야 한다는 더 중요한 목표에 방해가 되는 요소로 여기기도 했다.[108]

학교 바깥의 또래 집단 연구로는 수십 년 전의 민족지에서 주로 볼 수 있는 연령 집단(age-sets)[109] 연구가 있다. 상당히 오래된 자료인데다가 현지 조사 지역의 정치 사회적 상황이 변했기 때문에 더 이상 유효하지 않은 분석일 수도 있다. 하지만 그 시절에도 이미 여러 인류학자들이 청소년 또래관계의 중요성을 인식하고 그 영향력을 주의 깊게 살펴보았음을 알려주는 자료다. 또한 그들은 어린이와 청소년은 그 자체로도 연구할 가치가 충분할 뿐만 아니라, 어린이 연구 없이는 사회의 총체적 이해가 불가능하다고 보았다. 일례로 필립 메이어와 이오나 메이어 부부는 민족지 연구에서 어린이와 청소년의 생활을 소상히 연구하지 않아서 생긴 누락에 대해 다음과 같이 이야기했다.

레드 코사(Red Xhosa)족 사회에는 어린이와 젊은이들을 고려한 핵심적 기능이 존재하지만, 기존의 고전적 구조적 분석에서는 누락되어 있었다. 그 기능은 고전적 이론의 사회 체계(친족, 정치, 법, 의례 등)에는 어디에도 분명하게 속하지 않는다. 하지만 우리가 보기에는 이 모든 체계에는 청소

---

108 미국 여고생들을 대상으로 수행된 이와 비슷한 연구는 Eder, D., 1985가 있다.

109 인류학에서 연령 집단(age-set)은 연령과 성(性)이 같은 사람들로 이루어진 집단이라는 뜻이며, 반드시 또래만을 의미하지는 않는다. 우리가 학교에서 쓰는 '학년(grade)'의 개념과 비슷하지만, 단위가 1년보다 길 수 있다는 차이가 있다. 일종의 세대 구분으로도 볼 수 있다. 아프리카 연구에서는 주로 성인식을 기준으로 연령 집단을 나누며, 하나의 연령 집단은 사회적으로 하나의 공동 운명체와 비슷하게 취급된다.─역자 주

년들에게 적절한 가치관과 행동 습관을 심어 주기 위한 핵심 기능이 존재한다.[110]

연령 집단의 사례는 8장에서 다시 자세히 논의하기로 하고, 여기서는 그보다 덜 정형화된 한 아프리카 또래 집단의 사례를 살펴보겠다. 바로 메이어 부부가 연구한 1950년대 남아프리카의 레드 코사족 또래 집단이다. 다른 코사족의 도시보다 상대적으로 덜 도시화되었고 선교사들도 거의 없었던 이 지역에는, 가족보다도 영향력이 강한 특유의 청소년 그룹이 있어서 어른들과는 다른 그들만의 생활 체계를 영위하고 있었다. 이 또래 집단이 지향하는 가치는 어른들과 비슷했지만, 정체성 측면에서는 어른들의 혈연관계나 정치적 파벌 관계와 상관없는 그들만의 정체성을 가지고 있었다.

메이어 부부에 의하면, 이들은 꽤 어린 나이에 그들만의 규율을 자율적으로 제정하는 독립적인 단체를 조직하며, 이 조직의 영향력은 가족이나 다른 어른들보다도 강하다. 이러한 집단은 크게 두 종류로 나뉘는데, 하나는 인투투(intutu)로서 한 동네에 사는 9~13세 사이의 소년 소녀들로 구성된다. 다른 하나는 좀 더 연령이 높은 청소년들로 구성된 무초토(mtshotso)로서 인투투에 비하면 비교적 자유롭게 여행을 다니거나 이웃 마을을 돌아다닐 수도 있다. 이 집단의 활동 목적은 싸움과 성행위의 철저한 통제에 있었다. 코사족 소년들은 어릴 때부터 신체 능력, 용기, 싸움 실력을 과시하고 남성성을 드러내 보이도록 교육받는

---

110 Mayer, P., and I. Mayer, 1970, p. 160.

다. 처음에는 어른들이 갈대나 막대기를 어린이들의 손에 쥐어주며 서로 싸워 보라고 시킨다. 인투투에 들어온 아이들은 이미 싸움의 방법과 규칙을 잘 알고 있다. 그들은 자기들보다 어린 아이들을 때리지 않으며, 결투는 언제나 같은 또래 집단 안에서 동등한 상대와 해야 한다. 인투투나 무초토 내에서 벌어지는 싸움에는 되도록 어른들이 끼어들지 않으며, 또래들끼리 싸움의 규칙과 방법을 규정한다. 이러한 관습은 개인적인 결투에만 적용되는 것이 아니라, 다른 마을의 무초토와 결투를 벌일 때도 해당된다.[111]

여자들은 결투를 구경할 수 없었으며, 메이어 부부도 여자들의 인투투 경험에 대해서는 조금밖에 이야기하지 않았다. 남자들의 인투투에서는 주로 싸움을 관리했다면, 여자들의 인투투는 주로 이성교제와 성생활의 영역을 통제했다. 이성간의 성적 교제는 그것이 공개적으로 이루어지는 한에서만 사회적으로 용인된다. 소녀들은 장식을 새긴 나무 막대기를 선물함으로써 좋아하는 소년을 공개적으로 밝힌다. 선물을 받은 소년은 공개적으로 그녀의 연인으로 인정된다. 공개되지 않은 사적인 연애는 금지되며 또래 집단으로부터 제재를 받는다. 비공개 연애는 집단의 통제를 벗어난 행위이며 이성교제의 사회적 측면을 고려하지 않은 일이기 때문이다. 이를 통해 한 여자가 여러 명의 애인을 만나는 상황을 방지하고(이것이 결혼생활을 위한 훈련이라고 생각한다), 또래 집단 안에서 벌어지는 이성간의 성적 행위와 그로 인해 초래될 결과와 영향력을 통제할 수 있다. 비록 그들이 하는 일이 어른들의 사회생활과

---

111 Mayer, P., and I. Mayer, 1970.

많이 유사하긴 하지만, 어쨌든 집단의 도덕 규정을 세우고 단속하는 주체는 어린이들 자신들이다. 이런 과정을 거치며 코사족 어린이들은 어른들의 권위에 거의 반항하지 않으면서도 어른들의 가치관을 계승하고 지켜 나가게 된다.

결론

이 장에서는 어린이들의 삶에서 가족·부모·또래·형제자매·친구가 갖는 다양한 의미와 역할을 살펴보았다. 부모-자녀관계는 예전부터 많은 논의가 있었던 주제지만, 여기서 살펴보았듯이 결코 단순하게 정의할 수 있는 관계는 아니다. 가족에는 여러 가지 형태가 존재하며, 친족의 개념도 사회에 따라 달라진다. 비교문화적 관점에서 보자면, 친족관계를 정의하는 제1원칙은 생물학적 혈연관계가 아니다. 오히려 친족관계는 생물학적 사실에 대한 자의적 해석이자, 친족이 되어 달라는 적극적인 요구이며, 각각의 환경에 맞는 가족제도를 만들어내는 사회적 유대 관계다. 그렇기 때문에 입양 및 수양 연구가 중요한 것이다.

우리는 입양과 수양을 연구함으로써 어린이들의 양육자가 누구인지, 함께 사는 사람이 누구인지, 누구를 친족이라 주장할 수 있는지를 알 수 있었다. 뿐만 아니라 다양한 기성 사회의 친족제도를 연구하고 어린이와 어른들의 상호 관계를 살펴볼 수 있었다. 또한 자녀 양육에 가장 적합한 사람을 정하는 기준이 시대의 흐름에 따라 변하는 사례를 통해 부모 노릇의 사회적 본질이 끊임없이 변화해 왔음을 알게 되었다. 어린이를 양육하는 사람은 나이가 많을 수도 있고 적을 수도 있으며, 가족일 수도 있고 가족이 아닐 수도 있다. 비록 자녀의 양육과 사회화에 가장 중요한 역할을 담당하는 건 부모지만, 부모 이외에도 공식적 비공식적인 양육자들이 존재한다. 또한 어린 자녀들이 가족의 테두리를 수동적으로 받아들이는 것만은 아니다. 때로는 적극적으로 누군가를 가족이라 주장하기도 하고, 아니라고 거부하기도 한다. 어린이들의 경험 속에서 가족과 비가족은 중첩되어 있는 동시에 분화된 영역이다.

어린이들의 삶에서 형제자매와 또래가 차지하는 비중은 대단히 크다. 이에 대한 연구 없이 어린이들의 삶을 온전히 이해하는 것은 불가능하며, 최근의 인류학 연구자들은 어린이들만의 문화적 세계를 넓은 맥락에서 연구하기 위해 또래 집단의 문을 열고 들어가기 시작했다.

5장

말하기, 놀기, 일하기

Talking, Playing and Working

서론

앞서 살펴보았듯이, 어린이의 성장과 발달에 대한 해석은 사회마다 다르고 어린이를 사회화하는 방법도 무척 다양하다. 하지만 이런 차이점이 아무리 많다 해도 어린 시절에 누구나 배워야 할 요소는 있다. 언어의 습득은 모든 사회의 유년기에서 필수적인 공통 요소이며, 말하기와 듣기는 아동 발달과 유년기 교육에서 가장 핵심적인 영역이다. 어린이의 언어사회화에 대한 인류학적 연구는 언어 습득의 과정만을 조사하는 것이 아니라, 어린이가 언어를 배우면서 사회와 관계를 형성하는 과정도 함께 들여다본다.

놀이 역시 유년기에서 큰 비중을 차지하는 요소다. 놀이는 특별한 목적 없이 오로지 재미만을 추구하는 활동이기에 어른들의 세계에는 없는 어린이다운 것으로 여겨진다. 하지만 놀이는 중층적이고 복잡한 의미를 담고 있으며, 해당 사회의 사회화 과정의 특성, 그리고 직업과 어린이에게 허용된 경제 활동의 수준까지도 함께 고려해서 연구해야 한다. 이 장에서는 말하기, 놀기, 일하기라는 유년기의 중요한 요소 세 가지에 관한 분석을 토대로 유년기 이해에 깊이를 더해 보고자 한다.

말 배우기

어린이들의 언어 습득 과정 연구는 방대한 언어를 대상으로 각 언어마다의 특수하고 고유한 체계를 연구해야 한다. 이 분야에서 가장 활발한 연구를 했던 것은 언어학과 심리학이었으며, 인류학은 그에 비하면 상당히 늦게 그 대열에 합류했다.

로버트 르바인을 비롯한 몇몇 학자들은 주로 언어와 사용자 사이의 상호작용, 그리고 언어사회화를 통해 언어가 반영하는 문화적 가치 체계를 받아들이고 형성하는 과정에 초점을 두고 연구했다.[1] 예를 들자면, 엄마가 아기에게 주로 하는 말과 행동을 조사하고, 그것이 아기에게 미치는 영향을 분석함으로써 유년기의 특성을 이해하는 것이다. 르바인과 동료들은 케냐의 구시(Gusii)족 엄마들과 미국 중산층 엄마들을 비교 연구한 결과, 구시족 엄마들은 미국 엄마들보다 아기들의 울음소리에는 훨씬 더 민감하게 반응하지만, 옹알이 등의 다른 소리에는 크게 신경 쓰지 않고 가만히 두는 편이라는 사실을 알아냈다. 또한 구시족 엄마들은 아기에게 쭈쭈소리를 내거나 키스를 퍼붓지 않으며 되도록 강렬한 감정을 느끼지 않도록 한다. 구시족 사람들은, 아기는 너무

---

1   LeVine, R., S. Dixon, S. LeVine, et al., 1994.

힘들어 하지도 너무 기뻐하지도 않는 평온한 상태로 있을 때가 가장 좋다고 생각하며 그 상태를 유지하기 위해 노력한다. 반면 미국 엄마들은 아기들이 내는 소리에 의미를 부여하고 적극적으로 반응하며, 마치 아기와 대화하는 것처럼 행동하며 아기의 반응을 유도한다. 겉보기에는 두 집단 엄마들의 태도가 매우 다르게 보이지만, 이는 모두 자기 사회에서 가장 올바르다고 여겨지는 행동이다. 이처럼 엄마들이 아기에게 하는 말과 행동을 살펴보면 그 사회의 유년기 개념과 양육자에게 요구되는 역할을 알 수 있다.

엘리노어 오크스는 서사모아 어린이들이 언어를 통해 문화를 배우는 과정을 연구했다.[2] 오크스는 유아 양육자의 하는 일과 언어의 사용 방식을 조사하면 그 사회의 유년기 개념, 어린이의 지위와 역할, 양육자와 피양육자의 이상적인 모습이 무엇인지를 알 수 있다고 보았다.

양육자들이 어린이들에게 말을 걸거나 어떤 보살핌을 제공할 때는, 항상 어린이의 수용 능력을 고려해서 가장 적당하다고 판단한 행동을 취한다. 그러므로 우리는 양육자들이 사용하는 언어에서 사회화 과정을 유추해 볼 수 있다. 양육자는 어린이의 이해 능력을 가정하여 특정한 언어를 골라서 쓰며, 어린이들 역시 양육자가 사용하는 언어에 영향을 받는다. 어린이들은 양육자로부터 언어만 배우는 것이 아니라 문화를 함께 배우는 것이다. 예를 들자면, 어떤 상황이 벌어졌을 때 이것을 어떻게 해석해야 할지, 적절한 대응 행동은 무엇인지를 배우는 것이다.[3]

---

2 Ochs, E., 1982, 1988.

사모아 사회는 연령에 따라 사회적 계층이 촘촘하게 구분되어 있으며, 어린이들은 일찍부터 이 질서를 배워야 한다. 사모아에서는 지위가 높은 사람이 지위가 낮은 사람에게 아기 돌보기를 시키는 관습이 있기 때문에, 대체로 엄마들이 아니라 손위 누이들이 동생들을 돌본다. 엄마는 자기 외에 다른 양육자가 없을 경우에만 아이를 보살핀다.(이에 대한 자세한 분석은 이전 장 참조)

사모아 사람들은 지위가 높은 사람이 지위가 낮은 사람을 위해 행동이나 말을 바꾸지 않는다. 어른이 어린이의 눈높이에 맞춰서 몸을 굽히지도 않으며, 어린이가 못 알아듣는다고 해서 쉬운 단어나 짧은 문장 위주로 말하지도 않는다. 뿐만 아니라 사모아 엄마들은 북미 엄마들처럼 어린이가 하는 말을 알아들으려 애쓰지 않으며, 유아기 어린이들의 옹알이를 대화 시도라고 생각하지 않는다. 이곳 양육자들은 언제나 어린이들의 입장을 고려하지 않고 자기중심적으로 생각하고 행동한다. 사모아 부모들이 어린 자녀들의 대화를 해석하려 애쓰지 않는 것은 언어능력의 차이를 통해 사회적 지위 차이를 드러내기 위함이다. 오크스는 다음과 같이 주장했다.

사모아 사람들은 대체로 유아기 어린이들을 사회적인 상호작용이 가능한 존재로도, 스스로 행동을 조절할 줄 아는 존재로도 생각하지 않는다. 유아들이 어떤 행동을 하거나 소리를 내는 것은 본인이 의도를 갖고 하는

---

3 Ochs, E., 1982, p. 79.

일이 아니라, 배고픔·만족감·슬픔 등 생리적인 현상의 표현이라고 여긴다. 옹알이나 하는 걸음마 단계의 아기들과는 사회적인 대화가 불가능하다고 생각한다.[4]

파푸아뉴기니의 칼루리(Kaluli)족 역시 이와 비슷한 사고방식을 갖고 있다. 오크스와 밤비 셰플린에 의하면, 칼루리 엄마들은 아기들이 자기 의사를 표현하지 못한다고 생각하며 이를 불쌍하게 여긴다.[5] 칼루리 엄마들은 어린이를 혼자 두거나 다른 사람에게 맡기는 일이 없으며, 아이를 안고 다닐 수 없을 때는 항상 망태기에 넣어서 다닌다. 아기의 이름을 불러 주기는 하지만, 눈을 맞추며 대화를 시도하지는 않는다. 대신 아기의 시선을 엄마가 아닌 바깥쪽을 향하게 해서 아기가 다른 사람들을 볼 수 있게 하고, 또 다른 사람들도 아기를 잘 볼 수 있게 한다. 만약 손위 형제자매가 아기에게 말을 걸면, 엄마는 아기를 대신해서 비음이 섞인 높은 목소리로 큰 아이와 대화를 나눈다. 이렇게 함으로써, 큰 아이가 동생과 유대 관계를 형성할 수 있게 돕는다. 하지만 아기가 그 대화를 알아듣는다고는 생각하지 않는다. 다만 "말을 할 줄 모르는 아기를 대신해서 말을 할 줄 아는 엄마가 대화를 해주는 것"[6]이다.

칼루리 부모는 어린이가 자라면서 차츰 말을 거는 횟수를 늘려 가지만, 대개는 '무엇을 해라' 혹은 '하지 마라'와 같은 일방적인 지시 사항

---

4   Ochs, E., 1982, pp. 92-92.
5   Ochs, E., and B. Schieffelin, 1984, p. 289.
6   Ochs, E., and B. Schieffelin, 1984, p. 290.

이다. 어른들은 18살 이하의 어린이와는 제대로 된 대화를 할 수 없다고 생각하기 때문에, 그들과 대화하지 않고 그저 지시만 할 뿐이다. 하지만 유아가 '엄마'와 '젖'이라는 단어 두 개를 사용하게 되면, 그때부터 자녀가 말을 배울 준비가 되었다고 생각한다. 그리고 주로 어른이 하는 말을 '따라 해봐' 하는 식으로 말을 가르치기 시작한다.[7]

어른들은 어린이들에게 바르고 정확한 표현법의 시범을 보여 주며 말을 가르친다. 그리고 부정확하고 알아듣기 힘든 말은 아기들이나 하는 말이라 하며, 아기들처럼 떼를 쓰지 말고 명확하고 정확하게 자신의 뜻을 전달하라고 강조한다. 칼루리족은 "다른 사람은 내 속을 결코 알 수 없다. 그러므로 대화란 내 말을 다른 사람의 입속에 넣어 주는 것이다"[8]라는 관념을 가지고 있으며, 명확한 표현을 선호한다. 명확한 표현은 말을 하는 사람의 의무이기 때문에, 어린이가 말을 똑바로 하지 않으면 어른은 그 말을 이해하려고 노력하지 않고 다시 한 번 정확하게 말할 것을 요구한다.

오크스와 셰플린은 "말을 배우는 과정과 사회 문화적 지식을 획득하는 과정은 서로 긴밀하게 연관되어 있다"[9]고 했다. 크리스티나 토렌은 오크스와 셰플린의 이론을 바탕으로 피지 어린이들의 인지 발달을 조사하면서, 사회화라는 개념을 조금 더 넓은 맥락에서 바라보았다.[10] 토렌은 사회화를 올바로 이해하기 위해서는 어린이와 어른 모두의 입장

---

7   Ochs, E., and B. Schieffelin, 1984, p. 292.

8   Ochs, E., and B. Schieffelin, 1984, p. 290.

9   Ochs, E., and B. Schieffelin, 1984, p. 310.

10   Toren, C., 1990, 1993.

을 조사해야 하며, 사회화의 시기를 유년기에 국한하지 말고 전체 인생 주기로 봐야 한다고 했다. 또한 "어린이들의 인지 과정 연구는 어른들의 행위와 말을 분석하는 데 반드시 필요한 과정이며, 만약 이를 무시하면 그릇된 선입관을 갖고 어른이 된 이후의 생애를 분석하게 될 것이다. 마찬가지로, 어린이들을 연구할 때도 전체 사회 구성원과의 연관성을 고려하지 않으면 분석이 틀리게 될 것이다"[11]라고 주장했다.

토렌은 하나의 의례적 공간을 어른과 어린이가 서로 다르게 인식하는 사례를 분석함으로써, 어린이들의 인지 발달 과정은 한 사회의 사상과 관습이 전수되는 미시사적 과정이라고 분석했다. 토렌은 피지 어린이들이 공간에 부여된 위계질서의 의미를 깨달아 가는 과정을 살펴보았다. 그 결과 피지 어린이들은 공적 공간을 체험하고 관찰하면서 점차 '어른들은 지위에 따라 사용하는 공간이 다르다'고 생각하게 된다. 그 경험을 바탕으로 사회적으로 높은 지위에 있는 어른이 높은 자리에 앉는 것이라고 판단하게 된다. 하지만 어른들은 그와는 반대로, 그 자리가 차지하는 공간 자체가 중요하고 높다고 생각한다. 즉, 지위가 높은 사람 때문에 자리가 높아지는 것이 아니라, 그 사람이 높은 자리에 들어가기 때문에 지위가 높아지는 것이다. 토렌은 "어린이들의 인식은 어른들과 정반대 의미를 지니는 경우가 많다"[12]고 하며, 어린이들이 그렇게 생각하는 건 그들이 틀렸기 때문도 사회화가 제대로 되지 않았기 때문도 아니며, 오히려 어른이 되어 가는 정상적인 과정의 일부라고 보

11 Toren, C., 1993, p. 462. 강조는 원문.
12 Toren, C., 1993, p. 462.

았다. 피지 어린이들은 사회적 위계질서에 대한 자신의 생각이 틀렸다는 것을 깨달아야 어른이 된다.

미국에서는 사회 집단에 따른 언어 사용 전략의 차이와 대화 속에 드러나는 사회적 가치관의 차이가 중요한 연구 주제 중 하나였다. 1970년대 미국 시골 지역의 두 마을 간 언어를 연구한 셜리 브라이스 히스의 연구가 대표적이다.[13] 임의로 '로드빌과 트랙톤'이라 명명한 두 마을은 캐롤라이나 주 산기슭에 위치했다는 공통점이 있었지만, 로드빌 마을 주민은 공장에서 일하는 백인 노동자들 위주였고, 트랙톤은 흑인 마을로서 농장에서 일하는 사람들과 한때 땅을 일구고 살았지만 최근에 공장을 다니기 시작한 사람들로 이루어져 있었다. 히스는 트랙톤과 로드빌 어린이들은 말을 배우고 사용하는 방법에 많은 차이가 있다는 사실을 알게 되었다. 특히 이야기를 다루는 방식이 사뭇 다르고 언어가 가지는 가치를 전혀 다르게 인식한다는 점에 주목했다. 로드빌 마을에서는 어린이들에게 분명한 도덕적 메시지를 담고 있는 이야기를 주로 들려준다. 예를 들자면 동화나 성서, 또는 훌륭한 도덕적 메시지를 담고 있는 실화에 바탕을 둔 이야기들을 주로 들려주었으며, 그들이 스스로 이야기를 만들어내는 것은 기피했다. 또한 어린이들에 의해 과장되거나 각색된 이야기는 '거짓말'로 취급했으며, 어른들은 그런 이야기를 들을 때마다 잘못된 부분을 짚어가며 올바른 방향으로 고쳐 주었다. 서로 대화를 나눌 때는 가급적 실제 사건이나 친구나 이웃들과 했던 대화를 바탕으로 하게 되며, 때로는 요리를 못하거나 신앙심이 투

---

13 Heath, S. B., 1983.

철하지 않은 사람은 마을의 도덕적 규정을 어긴 것이라는 점잖은 훈계조의 이야기도 곁들인다. 어린이들에게는 되도록 도덕적 메시지가 분명하고, 자신과 관련이 있는 이야기를 하도록 시켰다.

그와는 달리 트랙톤 마을 어른들은 어린이들에게 상상력과 창의성을 발휘해 이야기하도록 권장했다. 실화를 바탕으로 한 이야기라 하더라도, 되도록 과장과 수식이 덧붙여진 '말도 안 되는 이야기'를 선호했다. 어린이들이 주로 듣고 또 지어내는 이야기들은 대체로 은유와 비유와 풍자로 가득했고, 듣는 청중들까지도 이야기에 포함되는 경우가 대부분이었다. 갈등과 화해의 스토리가 나오기는 해도, 그 안에 로드빌 사람들이 중시하는 도덕적인 메시지는 담겨 있지 않았다. 트랙톤 마을 사람들은 어린이가 두 살만 되어도 '말도 안 되는 이야기'를 해보라며 부추긴다. 만약 어떤 아이가 어른들의 흥미를 끌 정도로 재미있는 이야기를 할 수 있게 되면 어른들의 대화에 참여할 수 있는 자격을 얻게 된다. 두 마을 어린이들은 모두 특정한 이야기를 듣고 재연해 보거나, 어떤 상황을 묘사하는 데 적절한 문법과 용어가 무엇인지를 배우면서 사회적 가치관과 이웃 사람들과의 관계를 정립해 나간다. 하지만 두 마을에서 '이야기'가 갖는 의미는 상당히 다르다. 트랙톤 어린이들에게 이야기란 꾸며낸 말들로 가득한 일종의 공연이다. 하지만 로드빌 어린이들은 이야기를 도덕적 소설, 또는 어른들의 가치관에 부합하는 해피엔딩을 보여 주는 현실 속 사건이라고 생각한다. 히스는 "로드빌 사람들은 트랙톤 마을의 이야기를 거짓말이라고 할 것이다. 트랙톤 사람들은 로드빌 사람들의 이야기를 이야기로 취급하지도 않을 것이다"[14]라고 했다.

마조리 굿윈도 사회적 조직화와 이야기의 관련성을 고찰했다. 굿윈은 저서 『쟤가 그렇게 말했어(*He-Said-She-Said*)』[15]에서 필라델피아 남동부에 있는 메이플 거리(가칭)에 모여 사는 아프리카계 미국인 노동자 집안 어린이들의 또래 언어를 분석했다. 굿윈은 어린이들이 그들만의 문화를 만들어 나가는 과정과, 남자들끼리 혹은 여자들끼리만 사용하는 말과 즐겨하는 놀이가 어떻게 구조화되는지를 분석하였다. 굿윈은 어린이 언어가 가지는 세 가지 측면에 주목했다. 이는 첫째, 명령하는 말, 둘째, 이웃 간의 다툼과 소문, 셋째, "어린이들의 삶을 구조화하는 대화"[16]였다. 관찰 결과, 놀이를 할 때 소년들은 주로 지시나 명령하는 말을 사용했고 소녀들은 "~하자" 혹은 "~해야 돼"와 같은 문구를 주로 사용하는 차이점이 있었다. 하지만 놀이에서 항상 소녀들만 협조적이고 소년들은 경쟁적인 자세로만 참여했던 것은 아니며, 소꿉놀이를 할 때는 소녀들이 더 높은 지위에서 명령을 내리는 역을 맡기도 했다. 또한 소년들과 소녀들은 상당한 양의 대화를 주고받으며 놀았고, 설령 말다툼이 벌어진다 해도 남자가 여자를 윽박지르는 경우는 없었으며, 소녀들은 자신의 주장을 분명하게 이야기했다. 굿윈은 이들에게서 남녀 간에 확연히 구분되는 문화적 차이를 발견할 수 없었다고 하면서, "성별 간의 차이는, 비유하자면 공과 사의 구분처럼 사회의 양극단을 형성하는 구조적 원리로 여겨진다. 하지만 메이플 거리 어린이들의 사회

---

14 Heath, S. B., 1983, p. 189.

15 Goodwin, M. H., 1990.

16 Goodwin, M. H., 1990, p. 19.

구조에는 성별 차이가 별다른 영향력을 갖지 못했다"[17]고 했다. 하지만 어린이들의 대화에서 남녀 간 차이가 드러나는 점이 한 가지 있었다. 소년들은 다른 남자아이들과 쉽게 다툼을 벌이곤 했지만, 소녀들은 직접 다투기보다는 안 보이는 곳에서 뒷말을 하는 경향이 있었다. 굿윈은 『재가 그렇게 말했어』에서 한 소녀가 제삼자에게 다른 소녀의 험담을 하는 사례를 다루고 있다. 굿윈은 때로 한 달이 넘게 지속되는 이 다툼을 유년기에 흔히 발생하는 다툼과는 다르다고 보았으며, 다음과 같이 분석했다.

분란을 종식시키기 위해 담판을 짓는 자리에서 소녀들은 이 사태를 초래한 모든 과거 사건들을 전부 들고 나와 이야기한다. 여러 가지 복잡한 사건들을 초래한 한마디의 말은 무엇이었으며, 이쪽 편을 들어주는 이유는 무엇 때문인지를 이야기하며, 과거의 경험을 신중하게 선택하고 구성한다. '분노를 전략적으로 이용'하기도 하며 (…) 이렇듯 한 달이 넘게 지속되는 불화를 만들어낸 그 무엇인가를 향한 정당한 분노를 솔직하게 드러내 이야기에 감정을 싣는다. '쟤가 그렇게 말했는데, 얘가 그랬는데(he-said-she-said)'로 시작하는 여러 가지 증언(사건 서술, 험담, 논쟁)이 오고가는 가운데 사건이 하나의 틀로 정리된다. 그들은 이렇게 서로간의 불화를 조정한다.[18]

---

17 Goodwin, M. H., 1990, p. 285.

18 Goodwin, M. H., 1990, p. 286.

어린이들이 언어를 배우는 과정을 연구해 보면 그 사회가 생각하는 유년기의 성격과 조건을 알 수 있고, 나아가 사회 전체의 가치관까지 조망할 수 있다. 돈 쿨릭은 파푸아뉴기니 세픽강 유역에 있는 가푼(Gapun) 지역의 주사용 언어의 변화를 연구했다.[19] 본래 가푼에서는 지역 고유 언어인 태압(Taiap)어를 주로 사용하였으나, 현재는 89명만이 태압어를 제대로 구사할 수 있으며, 그들의 주 언어는 현재 파푸아뉴기니에서 널리 사용되고 있는 변형 프랑스어(크레올)의 일종인 톡 피신(Tok Pisin)어로 대체되었다. 이 변화는 어린이들에게 커다란 영향을 미쳤다. 이들의 언어사회화 과정을 연구한 쿨릭은 두 언어의 어린이와 어른 개념이 얼마나 다른지를 분석했다. 두 언어는 본질적으로 함유하고 있는 인간성에 대한 가치관이 달랐고, 남자와 여자 및 어른과 어린이를 구분하는 기준이 달랐고, 종교적으로는 토속신앙과 기독교라는 차이가 있었으며, 지역적으로는 유럽과 뉴기니라는 차이가 있었다. 파푸아뉴기니에서는, 어린이는 고집이 세고 협조할 줄 모르며 다른 사람을 배려하지 못하는 전형적인 '헤트(hed)'[20]로 규정한다. 어린이가 성장하면서 사회적인 배려심과 협동력 등을 배우게 되면 '사비(save)'[21]를 갖췄다고 한다. 헤트와 사비는 모두 인간 본성의 한 측면이지만 연령과 성별에 따라 다르게 적용된다. 그래서 여성과 어린이는 헤트에 가깝고, 남성 어른은 사비에 가깝다. 이는 남자들은 주로 품위가 있고 공적인

---

19 Kulick, D., 1992.

20 톡 피신어로, '개인적인, 화를 잘 내는, 이기적인, 고집이 센, 오만한, 자존심이 강한'이라는 뜻이다.─역자 주

21 톡 피신어로, '상황에 맞게 말과 행동을 할 줄 아는 지혜'를 뜻한다.─역자 주

언어를 사용하지만, 여자들은 화내는 소리, 비명, 음란한 신음 등을 주로 낸다는 관념에 기반한 것이다. 어린이들은 처음에는 태압어로 말을 배우게 되지만, 자라면서 점차 톡 피신어의 비중이 늘어나고 표현력과 사교적 능력도 함께 늘어난다. 만약 어른이 태압어로 이야기하는데 어린이가 대답을 하지 않으면, 어른이 톡 피신어로 다시 이야기해 준다. 그 결과 지역 내에서 태압어를 사용하는 사람은 점점 줄어들게 되었다. 이제는 톡 피신어로 말하고 생각할 줄 알아야 어린이가 사비를 갖췄다고 생각하며, 어린이들에게 사회적 능력과 사고력을 향상하기 위해 톡 피신어를 사용할 것을 권유하고 있다.

어린이와 놀이

유년기는 모든 어린이들이 말을 배우고 언어적·사회적 능력을 길러야 하는 시기다. 하지만 또 한편으로는, 그 어떤 목적도 보상도 바라지 않고 오로지 재미를 추구하기 위해 아무 생각 없이 놀이에 빠져드는 때이기도 하다.[22] 피터 반즈와 메리-제인 캐힐리는 문화연구자의 관점에서 놀이를 다음과 같이 이야기했다.

놀이는 유년기의 가장 중요한 특징 중 하나로 꼽힌다. 어린이라면 누구나 놀이를 즐기고, 놀이가 어린이들의 세계를 특별하게 만들어 주기 때문

---

22 Schwartzman, H., 1976; James, A., 1998.

이다. 실제로 많은 사람들이 어린이는 노는 것이 일이고, 유년기는 놀이에 빠져 사는 시기라고 생각한다. 물론 어린이들의 놀이는 성별과 연령에 따라 무척 다양하지만, 어린이라면 누구나 놀이를 즐긴다.[23]

어른들의 세계는 진지하며 생산적인 데 반해, 어린이들의 세계는 경제적이지도 생산적이지도 않으며 가볍고 즐겁다고 생각하기 쉽다. 그러나 놀이도 상당한 집중력을 필요로 하는 진지한 활동이며, 인류학자는 물론이고 심리학자나 사회학자들까지도 '놀이는 별로 중요하지 않은 활동'이라는 생각에 이의를 제기하고 있다. 또한 놀이는 어린이들의 성장에 큰 도움을 주는 '유년기의 일(job)'이라고 주장한다.

인류학자들은 놀이와 놀이의 물질 문화적 요소를 오래전부터 연구해 왔다.[24] 일례로 에드워드 타일러는 어린이들의 놀이를 문화 전파론의 근거로 이용하기도 했고, 놀이의 지역별 차이를 문화의 접촉과 변형을 설명하는 데 사용하기도 했다.[25] 그 즈음 미국에서는 다양한 문화권의 놀이 자료를 수집한 스튜어트 컬린이 놀이는 모든 사회에 있다고 주장했다.[26] 컬린은 타일러의 주장에 동의하지는 않았지만, 브루클린 어린이들의 놀이 자료를 꼼꼼하게 수집한 논문[27]을 위시해 수많은 놀이를 기록으로 남겼다. 그러나 대다수 인류학 놀이 연구는 놀이의 규칙

---

23 Barnes, P., and M.-J. Kehily, 2003, p. 4.
24 Schwartzman, H., 1978; Sofaer Derevenski, J., 2000; Rossie, J.-P., 2005.
25 Tylor, E., 1879.
26 Culin, S., 1898, 1899.
27 Culin, S., 1891.

과 형태를 기록하고 그것을 다른 놀이와 비교하는 가벼운 연구가 많았다.[28] 현지 조사 노트에 어린이들의 놀이를 기록해 놓고서도 막상 논문으로 발표할 때는 대수롭지 않게 여겨 수록하지 않은 인류학자들도 많았다. 놀이를 언급했더라도, 그저 어설픈 어른 흉내, 혹은 기껏해야 장래의 직업을 가정한 역할극 정도로 평가하는 경우가 많았다. 대개 여자아이들의 놀이는 소꿉놀이, 남자아이들의 놀이는 힘겨루기 정도로 언급했으며, 놀이를 비생산적이고 별것 아닌 활동으로 여기는 실수를 하기도 했다.

그에 반해 민속학자들은 오래전부터 어린이들의 놀이를 연구해 왔으며, 사라질 위기에 처한 많은 놀이를 기록으로 상세하게 남겨 두었다. 민속학자 앨리스 고움은 일찍이 『잉글랜드, 스코틀랜드, 아일랜드의 전통 놀이』[29]를 집필해 사라질 위기에 처한 놀이를 기록해 두었다. 이 저서는 '어린이는 어른과 다른 문화를 가졌으며, 그 문화는 놀이를 통해 가장 잘 드러난다'고 주장했던 유명한 오피 부부의 연구를 비롯한 20세기 여러 연구서에 기초 자료가 되었다.[30]

뉴질랜드[31]와 미국[32]의 놀이를 조사한 브라이언 서턴-스미스처럼 다양한 사회의 놀이를 조사한 민속학자들이 뒤를 이어 등장했다. 이들은 단순히 놀이 규칙이나 상황만 묘사하는 데서 그치지 않고, 어른과

---

28 Roberts, J., M. Arth, and R. Bush, 1959.

29 Gomme, A., 1898.

30 Opie, I., and P. Opie, 1969, 1997, 2001[1959]; Opie, L 1993; 오피 부부의 어린이 문화와 인류학에 관한 더 많은 논의를 보려면 1장 '영국 인류학의 어린이'를 참조할 것.

31 Sutton-Smith, B., 1959.

32 Sutton-Smith, B., 1972.

어린이 모두에게 놀이가 지니는 문화적 의미와 역할을 분석했다. 특히 수십 년에 걸쳐 놀이 문화를 연구한 서턴-스미스는, 놀이도 음악이나 미술과 마찬가지로 하나의 중요한 문화적 표현양식이라고 생각했다. 또한 그는 놀이를 진화적 적응의 결과로 바라보았고, 동물과 인간의 놀이가 어떤 관련성을 갖는지 연구하기 위해 어른과 어린이의 놀이 목적과 방법을 조사했다.[33] 나아가 놀이는 자연스럽고 즐거운 일인 동시에 형식과 규칙을 지켜야 하는 활동이라고 하면서, 놀이 안에는 권력의 불균형과 사회적 위계질서가 드러나기도 하고, 현실과 상상의 경계가 흐려지기도 한다고 했다.[34] 서턴-스미스는 "놀이는 언제나 상상의 세계지만, 그 안에서는 모든 것이 진짜 현실이다. 놀이의 세계에서는 무엇이든 할 수 있고 무엇이든 상상할 수 있다"[35]고 했다.

인류학자들은 스포츠, 여행, 텔레비전, 수다 떨기 등 여러 활동을 놀이에 비유해 분석하기를 좋아하지만[36], 정작 어린이들에게 놀이가 무엇인지를 진지하게 연구하기 시작한 때는 30년도 채 되지 않았다. 어린이들의 놀이가 다른 사회 활동처럼 그 자체로 연구 주제가 될 수 있다는 인식은 근래에 생겨난 것이다. 헬렌 슈왈츠먼은 "어린이들의 놀이에 내포된 인식, 사회 구조, 문화적 연관성은 어린이들의 놀이를 직접 연구한 자료에 기초해야만 한다"[37]고 주장했다. 이러한 관념이 생겨

---

33 Sutton-Smith, B., 1977; 다음 자료도 참조. Avedon, E., and B. Sutton-Smith, 1971; Herron, R. E., and B. Sutton-Smith, 1971.

34 Sutton-Smith, B., and D. Kelly-Byrne, 1983.

35 Sutton-Smith, Marano, H. E., 1999에서 인용.

36 Sutton-Smith, B., 1977.

37 Schwartzman, H., 1976, p. 290.

난 이후, 인류학자들은 어린이 문화 중에서도 놀이에 가장 큰 관심을 보이게 되었다. 슈왈츠먼은 놀이를 전문으로 연구하는 인류학자들과 함께 '놀이인류학회(TAASP)'[38]를 조직하여 놀이가 지닌 다양한 학문적 가능성을 연구하였다.[39]

놀이에 중점을 둔 연구가 시작되면서, 모든 어린이가 놀이를 하지만 놀이 상대와 방식은 문화에 따라 많은 차이가 있음이 밝혀졌다. 데이비드 랜시는 "놀이는 하나의 문화적 세계(universe)다. 인류학자들이 조사한 모든 사회에서 어린이들의 놀이가 관찰되었다. (…) 하지만 어린이와 함께 노는 어른의 모습은 거의 발견하지 못했다"[40]고 말했다. 엄마와 자녀의 상호작용이 아동 발달에 절대적인 영향을 미친다고 생각하는 서양의 심리학적 발달 이론과는 달리, 비서양권 사회의 엄마는 특별한 일이 없는 이상 자녀들과 함께 어울려 놀지 않는다. 아빠는 엄마보다도 더 자녀들과의 교류가 적으며, 아빠가 아이에게 장난감을 주는 일도 없다. 1장에서도 예를 들었듯이, 어떤 사회에서는 "조용한 아기가 건강하다"[41]고 생각하며 되도록 아기를 강보에 꽁꽁 감싸 두거나 지게식 요람에 올려 둔 채 마치 "혼수상태에 빠진 환자"[42]처럼 얌전히 놓아

---

38 The Association for the Anthropological Study of Play, 1987년부터는 The Association for the Study of Play(TASP)로 이름을 바꿈.—역자 주

39 그 외 참고할 만한 인류학적 놀이 연구 자료는 Stevens, P., 1977; Lancy, D., and B. A. Tindall, eds., 1977; Roopnarine, J., J. Johnson, and F. Hopper, eds., 1994(여러 학문의 어린이 놀이 연구 자료 모음).

40 Lancy, D., 2007, p. 274.

41 Lancy, D., 2007, p. 275.

42 Lancy, D., 2007, p. 275.

두려 한다. 베아트리체 휘팅과 캐롤린 에드워즈의 육아에 관한 1988년의 비교문화 연구에 따르면, 자녀와 놀아 주거나 놀이와 비슷한 상호작용을 하는 계층은 오로지 미국 중산층뿐이라고 한다.[43] 데이비드 랜시는 엄마와 자녀의 놀이 활동이 중요하다는 시각은 현대적 관점이며, 전 세계의 4분의 3에 해당하는 지역에서는 발견할 수 없는 관점이라고 했다.[44]

한편 놀이는 사회적 긴장 관계와 그에 따른 격렬한 감정 표현을 숨기거나 드러내기도 한다. 진 브릭스는 이누이트 연구에서 놀이가 수행하는 이중적 역할을 살펴보았다.[45] 그에 따르면, 되도록 대립 관계와 격한 감정을 드러내지 않으려 하는 사회에서는 연극 놀이가 그것을 드러내는 수단이 되기도 한다. 집단 내부의 문제를 진심으로 표면화시키기보다는 놀이라는 수단으로 해결함으로써, 어른도 어린이도 다양한 갈등 상황에 현명하게 대처하고 감정을 다스리는 방법을 익히는 것이다. 또한 어린이는 밖으로 드러나는 말과 행동에 내포되어 있는 실제 의미가 무엇인지를 파악하는 법을 배운다. 예를 들자면 애착의 감정이 과격한 형태로 표출될 수도 있고, 그 반대로 적대적인 감정이 호의적인 태도로 나타날 수도 있다는 것을 깨우침으로써, 적절한 상황 판단 능력과 올바른 대처법을 배우게 된다. 브릭스는 이누이트의 이러한 모습을 다음과 같이 묘사했다.

---

43 Whiting, B., and C. P. Edwards, 1988.

44 Lancy, D., 2007.

45 Briggs, J., 1991.

오직 연극 놀이를 할 때만 격한 감정을 드러내는 것이 허용된다. 하지만 진심을 담아서는 안 된다. 그러므로 놀이는 과격한 감정을 드러내지 말라는 규칙을 깨는 것인 동시에 지켜 주는 것이다.

규칙을 깨트림으로써, 공동체 이면에 감춰진 채 꼬여 있던 서로의 생각들이 솔직하면서도 과감하게 드러난다. 그것들은 그대로 놔두면 서로의 몸과 마음을 상하게 하는 분란이나 위험을 초래할 수도 있고, 반대로 사랑과 기쁨을 불러올 수도 있다. 이러한 놀이를 통해 어린이들은 사회생활에서 무엇을 주의해서 살펴봐야 하는지, 그리고 왜 그것을 조심해야 하는지 배우게 된다. 이들은 종종 실제로 큰 어려움과 고민을 겪고 있는 어린이를 주인공으로 삼아, '실제 현실'을 가정한 연극을 한다. 입양된 지 얼마 되지 않은 어린이에게 "너 아빠 어디 있어?"라고 묻거나, 동생을 갖게 된 어린이에게 "그 녀석 죽여 버리지 그래?"라고 묻는 식이다.[46]

어른이 보기에 어린이가 특정한 상황의 실제 의미를 잘 모르는 사람이라면, 어린이가 보기에 어른은 어린이 놀이의 의미를 오해하는 사람이라 할 수 있다. 북아일랜드 벨파스트에서 어린이 놀이를 연구한 도나 란클로는, 그곳 어른들 사이에서는 서로를 종교에 따라 구분하는 일이 당연한데도 불구하고 어린이들은 그러한 경향이 강하지 않다는 사실을 발견했다.[47] 오히려 란클로가 조사한 초등학교 어린이들은 종교보다는 성별과 연령의 차이를 더 중시했으며, 욕이나 금기시하는 말도

46 Briggs, J., 1991, p. 279.
47 Lanclos, D., 2003.

종교가 아닌 성별과 연령에 관련된 비속어들이었다. 비록 오피 부부는 어린이들이 욕이나 금기시하는 말을 써가며 노는 것은 저속한 행위이 므로 막아야 한다고 생각했지만, 란클로는 어린이들은 오히려 금기시 하는 단어를 써가며 놀고 싶은 생각이 가득하며 항상 예의바르고 순진 무구한 태도로 놀이를 즐기는 건 아니라고 했다. 그러면서 어린이들이 주로 쓰는 '저속한' 말들, 예를 들면 배설물과 관련된 표현이라거나, 어 른들 앞에서는 절대로 할 수 없는 성적인 농담이나 노래들을 상세하게 기록해 두었다. 그 기록에 의하면, 프로테스탄트와 가톨릭을 비하하는 용어인 돼지나 고양이(혹은 소) 같은 말은 그다지 욕으로 거론되지 않 았으며, 오히려 어린이들은 남자와 여자를 구분하는 표현들에 더 많은 관심을 가지고 있었다. 여자아이들은 저희들끼리 있을 때는 섹스 이야 기를 하며 즐거워하면서도, 다른 사람들과 함께 있는 자리에서는 남자 아이들의 저질스런 농담에 역겨운 감정을 표현하곤 했다. 그러나 한편 으로 북아일랜드 어린이들은 그 지역의 정치적 상황을 둘러싼 여러 사 회적 문제를 잘 알고 있다. 본인이나 친구의 아버지가 교도소에 들어가 있는 어린이들도 여럿 있고, 사회 문제가 어린이들의 놀이나 동요로 표 현되는 경우도 많다. 이러한 맥락에서 보자면, 어린이들의 언어적 놀이 는 실제 삶과 관련이 있는 사회적 현실의 반영인 동시에, 심각한 사회 문제를 드러내고 극복하기 위한 수단이기도 하다. 란클로는 "놀이란 일종의 논설이나 성명서와 같은 역할을 한다. 많은 사람들에 의해 재연 되고 희화화됨으로써 (…) 한부모 가정, 가정폭력, 대가족제도 등의 실 체를 드러내는 극단적인 비유가 되기도 한다"[48]고 했다.

  조금 큰 어린이들의 놀이도 어른을 중심으로 연구된 경향이 있었다.

주로 아이들의 놀이를 연장자(나이 많은 또래나 부모)의 행동을 모방하는 것이라고 여기며, 이러한 모방을 계속하면서 해당 사회의 문화적 규정을 익힌다는 분석이다. 말리노프스키는, 놀이에는 어린이들이 앞으로 생계를 꾸려 나가는 데 필요한 기술을 익히게 해주는 교육적 목적이 크다고 보았다.[49] 여자아이가 인형을 가지고 노는 것은 동생을 돌보는 연습이자 엄마가 될 준비를 하는 것이며, 남자아이가 장난감 활을 들고 노는 것은 진짜 사냥꾼이 되기 위한 수련 과정이라고 본 것이다.[50] 하지만 어린이 놀이를 단순한 흉내 내기로 치부하는 해석은, 어린이들의 창의력과 상상력을 간과했다는 문제를 안고 있다. 브라이언 서턴-스미스는 어린이는 놀이를 통해 '사회화되는 것'이 아니라 '역량이 강화되는 것'이라고 주장했고, 마이어 포르테스는 더 이상 어린이의 행동을 어설픈 어른 흉내 내기로 생각하지 말아야 한다고 목소리를 높였다. 마이어 포르테스는 가나 북부의 탈렌시족을 예로 들었다.

영유아기에는 어떤 일을 '흉내' 내는 것이 아주 중요하며, '흉내 내기'로 많은 것을 배울 수 있다고 주장하는 연구자가 상당히 많다. 탈렌시족도, 어린이는 '보고 따라하기'를 통해 배운다고 말을 하지만, 그들이 진짜로 하는 일은 '모방(imitation)'도 아니고 정해진 공식을 따르는 것도 아니다. 탈렌시족 어린이들은 아무 까닭도 없이 그저 '모방'만을 위해 어른을

48 Lanclos, D., 2003, p. 86.
49 Malinowski, B., 1960.
50 Rossie, J.-P., 2005.

기계적으로 따라하지 않는다.[51]

토마스 그레고의 연구에 기록된 아마존 유역의 메히나쿠(Mehinaku)
족 어린이들의 '여자의 아들(Women's Sons)'이라는 놀이를 살펴보면
이러한 점을 발견할 수 있다.

　　놀이를 시작하기 전에 어린이들은 둘씩 짝을 지어 가상의 부부가 된다.
남편과 아내는 흙덩이로 아기를 만들며, 팔과 다리는 물론 이목구비와 생
식기까지 표현한다. 그리고 아기를 안아 주고 말을 걸거나, 진짜 엄마가
아기를 다루듯이 골반에 걸치고 춤을 추기도 한다. 잠시 동안 아기를 데
리고 놀더니 이번에는 아기가 병에 걸려 죽었다고 한다. 엄마 아빠는 슬
퍼하며 죽은 아이를 땅에 묻고 무덤을 만들어 준다. 모든 엄마들이 무덤
주위에 둥그렇게 모여 전통적인 장례식을 치르듯이 무릎을 꿇고 머리를
숙인 채 어깨동무를 하고 통곡을 한다.
　　어린이들은 '여자의 아들' 놀이를 하는 동안 내내 즐거워했다. '아기'
를 묻어 줄 때도 남자아이들이 아기를 산산조각 내는가 하면, 여자아이들
은 우는 모습을 흉내 내는 와중에 소리를 지르거나 낄낄거리곤 했다. 하
지만 이 놀이는 영유아기 사망률이 높은 메히나쿠족의 비극적 상황을 드
러내고 있다. 이 놀이를 통해 어린이들은 후일 정말로 자기 동생이나 자
녀가 목숨을 잃게 되어도 어느 정도 대비를 할 수 있다. 소리 내어 우는 의
례를 통해 비통한 감정을 다스리는 방법도 배운다.[52]

51　Fortes, M., 1970, p. 54.

그레고는 그 어린이들이 실제 상황을 가정해 '역할 놀이(role-playing)'를 했다고 분석했다. 역할 놀이를 하면서 감정을 다스리는 훈련을 하고, 성별과 상황에 맞는 적절한 감정 표현법을 배우는 것이라고 했다. 하지만 놀이 과정을 살펴보면, 어른들의 입장에서는 놀이의 내용과 행동이 어울리지 않는 것으로 보인다. 어린이들은 비극적 상황을 연출하면서도 아기를 부수는 등, 슬퍼한다기보다는 오히려 즐거워하는 모습이 분명했다. 이 놀이는 단순히 애도의 의례를 모방한 것이 아니다. 만약 그레고가 어린이들에게 직접 '지금 하는 놀이가 무엇이냐?'고 물어보았다면 조금 다른 해석이 나왔을 수도 있다. 어쩌면 새로운 유년기 인류학적 연구 방법으로 어린이 놀이를 연구해 봤던 로렌스 허슈펠드[53]나 앨리슨 제임스[54] 같은 학자들은 이를 당연하다고 생각할 수 있다. 허슈펠드와 제임스는 어린이들의 놀이가 단순한 모방일 거라는 생각을 접고 당사자들에게 직접 설명을 들어봐야 한다고 이야기한다. 엘리슨 제임스는 "놀이는 모방인 동시에 변형이고, 질서와 규칙을 중시하는 만큼 그것을 어지럽힐 수도 있다"고 역설했다.[55]

윌리엄 배스컴의 나이지리아 남서쪽 요루바족 연구는 이처럼 어린이 놀이를 새로운 시각으로 바라본 사례로 많이 인용되었다. 다음은 그 중 일부다.

---

52 Gregor, T., 1977, pp. 112-113.

53 Hirschfeld, L., 2002.

54 James, A., 1998.

55 James, A., 1998, p. 105.

그들의 아버지와 내가 함께 현지 조사를 하는 모습을 보고, 세 명의 어린이들이 '인류학자 놀이'를 개발했다. 한 아이가 연필과 종이를 들고 내 의자에 앉았다. 다른 한 명은 '통역관'이 되어 아빠의 자리에 앉았다. 마지막 한 명은 마치 내가 인터뷰한 요루바 마을 사람과 같은 태도로 벤치에 앉았다. 통역관이 인류학자에게 '선생님 오셨습니까?'라고 인사한 뒤, 조사 대상자에게 '백인께서 너에게 오두아(Odua)[56] 이야기를 듣고 싶어 하신다'고 말했다. 그 말을 들은 아이가 요루바어로 무어라 이야기하자, 통역관은 인류학자를 향해 몸을 돌려 '통역입니다'라면서 뜻을 알 수 없는 영어 같은 말을 늘어놓았다. 종이에 무언가를 휘갈기듯 쓰고 있던 인류학자 아이는 더더욱 알아들을 수 없는 말로 통역관 아이에게 대답했고, 놀이는 그렇게 계속되었다.[57]

인류학자와 인터뷰하는 것을 성인이 할일이라고 주장하지 않는 이상, 방금 인용한 사례를 보고 '어른이 되기 위한 연습'이라고 할 수는 없을 것이다. 이 어린이들은 서로 다른 언어로 대화하는 어른들을 그저 흉내 내기만 한 것이 아니라, 이상한 말을 만들어내기까지 했다. 그들의 놀이는 어른들의 일을 어린이의 세계로 끌어들이는 동시에 조롱하는 것이었다. 이 어린이들은 역할 놀이를 통해, 그들이 보고 느낀 조사자, 조사 대상자, 통역관 사이의 역학관계와 내재된 관점 차이 등을 드

---

56 요루바족 신화에 나오는 영웅의 이름. 모든 요루바족은 오두아의 자손이라고 한다.–역자 주

57 Bascorn, W., 1969, p. 58.

러낸 것이다.

놀이에는 자기 뜻대로 남을 강제하려는 경향이 있다는 관점이 제기되면서, 놀이 연구에서 권력의 중요성이 부각되었다. 또래들 간에 벌어지는 놀이 중에는 다른 친구를 제 뜻대로 하려는 권력 구도와 지위 관계가 반영이 될 때도 있다. '쿠티(cooties: 세균 또는 머릿니.-역자 주)'라는 말은 어린이 들이 세계를 어떻게 구분하고 이해하는지, 그리고 노는 것을 좋아하는 동시에 상하 관계, 배제, 오염 등의 개념에 얼마나 깊이 물들어 있는지를 보여 준다. '쿠티'는 영미권 어린이들이 쓰는 비속어로, 접촉을 통해 다른 아이에게 전염될 수 있는 가상의 병원균을 뜻한다. 미국에서는 주로 여자아이들 사이에서 더럽다는 혐의가 있는 아이를 향해 '쿠티' 혹은 '더러운 여자'나 '병균'이라고 부르며[58], 때로는 '쿠티 퀸(cooties queens)'이라 부르기도 한다.[59] 하지만 남자아이들은 비슷한 경우에도 이 용어를 쓰지 않으며, 여자아이들도 남자아이들을 그렇게 부르지는 않는다. 마찬가지로 남자아이들이 저희들끼리 더럽다고 생각하는 아이에게 하는 행동을 여자아이들에게 하지는 않는다. 소른은 어린이들의 '쿠티' 관념을 다음과 같이 분석했다.

어떤 아이와의 직간접적 접촉에 혐오감을 드러내며 '쟤 때문에 내가 오염되었다'고 말하는 것은, 그 아이와 나는 사회적으로 거리가 있으며 내가 더 우위에 있다는 것을 강하게 드러내는 행위다. 이들은 원치 않는 접

---

58 Opie, I., and P. Opie, 1969.
59 Thorne, B., 1993, p. 75.

촉에 강한 혐오감을 드러내는 행위를 통해 오염에 대한 믿음을 만들어낸다. (…) 함께 놀던 와중에도 이 같은 '오염 의례'가 시작되면, 아이들은 성별, 계층, 몸무게, 운동능력 등 다양한 기준으로 불평등을 만들어낸다.[60]

어린이 야구단을 연구한 개리 파인은 청소년기 이전의 남자 어린이들이 사내답게 보이고 싶어서 야구를 배우려 한다는 점에 주목했고, 놀이와 권력 사이의 밀접한 연관성을 조사했다.[61] 어른들은 아이들이 야구를 통해 규칙을 중시하는 스포츠를 배운다고 생각하지만, 남자아이들은 자기들 나름대로 다른 의미를 부여했다. 그들은 특히 대중들 앞에서 자신의 남자다운 모습을 보여 준다는 사실을 중시했다. 그러면서 자신은 다른 어린이들이나 여자애들(또는 동성애자나 유색인종들과도) 다르다는 사실을 확실하게 드러내고 싶어 했다. 그들은 모든 여성스러운 것을 평가절하하거나, 동성애를 혐오하고 인종차별을 드러내는 말을 하거나, 자기보다 약한 이들을 괴롭히는 식으로 남성성을 드러내려 했다. 파인은 이에 대해 다음과 같이 말했다.

이는 '정신적으로 어른 사내'가 되고 싶어 하는 청소년기 이전 소년들의 욕망의 일부다. 하지만 그 소년들이 어른 남자와 똑같게 된다는 뜻은 아니다. 그 소년들은 자기가 생각하기에 '사내다운' 행동으로 보이는 것들(주로 방송에 나오는 사람이나 다른 롤 모델들에서 영향을 받는다)을 골라서 보

---

60 Thorne, B., 1993, p. 75.
61 Fine, G. A., 1987.

여 주려 한다. 그들은 자신이 다른 어린이들이나 여자아이들과는 다르며 그들처럼 보호 받을 필요가 없다는 사실을 보여 주고 싶어하며, 여기에 필요하다고 생각되는 행동을 선택한다.[62]

일인가 놀이인가?

현대 서양에서는 일과 놀이의 개념이 분리되어 있다. 어른은 일하고 어린이는 논다는 관념은 특수한 문화적·역사적 배경에서 빚어진 관념이다.[63] 인류학자들은 어린이의 경제적 능력을 증명하고, 나이가 다르다고 해서 똑같은 활동이 누구에게는 일이 되고 다른 누구에게는 놀이가 되는 것이 아니라는 점을 강조함으로써, 어린이는 생산적인 경제 활동을 하지 않는 소비자일 뿐이라는 견해에 반론을 제기해 왔다.[64] 또한 놀이와 사회화와 일은 그 경계가 상당히 불분명하며, 일과 놀이를 분리해서 생각하지 않는 지역이 많다는 사례를 보여 주었다.[65]

라이베리아 크펠르(Kpelle)족 어린이들의 놀이와 일상 문화를 연구한 데이비드 랜시는, 이곳 어른들이 생각하는 어린이의 경제적 능력과, 일과 놀이의 개념이 서양와 얼마나 다른지를 보여 주었다.[66] 랜시는 주

---

62 Fine, G. A., 1987, p. 185.

63 Zelizer, V., 1985; Nieuwenhuys, O., 1996.

64 James, A., 1998.

65 Bloch, M., and S. Adler, 1994.

66 Lancy, D., 1977, 1996.

로 6~12세 어린이를 대상으로, 그들이 어른이 되기 위해 일을 배우는 과정을 조사했고, 이를 두 부류로 나누었다. 첫째는 여러 가지 놀이를 통한 배움으로써, 가장 놀이(假裝, make-believe game), 노래, 이야기 등이 있다. 이는 '엄마의 땅(mother-ground)'이라 불리는 어른들과 분리된 장소에서 주로 한다. 둘째는 일종의 간이학교에 다니거나 수습 제자가 되어 일을 배우는 것으로 미래를 대비해 어른들에게 가르침을 받는 경우다. 이때 해당 사회의 고유한 가치관과 전통 의례 등도 함께 전수받는다. 두 가지 모두 생계로서의 일을 배우는 활동이며, 이를 놀이, 일, 사회화, 교육과 같은 단어로 구분하기는 어렵다.

나는 놀이가 일과 관련이 없다는 증거를 찾지 못했다. 인류학자들이 선호하는 식으로 표현하자면, 일과 놀이가 '통합'된 것이다. (…) 가장 놀이는 놀이와 일의 경계가 무너지고 통합되는 과정이다. 세 살짜리 아이가 하루에 몇 시간씩 대장장이가 일하는 모습을 지켜보고 있다. 네 살이 되면 막대기를 돌로 마구 두드리며 '나는 대장장이야'라고 말한다. 여덟 살에는 친구들을 모아 그럴싸한 자신들만의 대장간을 만든다. 여기까지는 전부 가장 놀이다. 열 살부터는 진짜로 대장간에 나무를 구해 오는 일을 한다. 하지만 아직 대장장이 일을 배우지는 않는다. 열두 살이 되면 실제 대장장이 일을 배우기 시작하며, 두어 달마다 하나씩 새로운 기술을 익힌다. 열여덟 살에는 자신의 대장간을 소유한 어엿한 대장장이가 된다. 다른 직업도 이와 비슷한 과정을 거친다.[67]

---

67 Lancy, D., 1977, p. 87.

일과 놀이와 사회화는 서로서로 섞여 있어 그 경계선이 없는 것처럼 보인다. 브람 터커와 앨리슨 영은, 마다가스카르의 수렵채집 생활을 하는 미키아(Mikea)족 어린이들이 먹을 것을 찾으러 다니는 이유는 그것 말고는 별로 할 일이 없기 때문에 재미로 다니는 것이지 어떤 경제적 이득을 취하거나 배를 채우기 위해서가 아니라고 보았다.[68] 이것이 일인지 놀이인지 사회화인지는 판단하기 어렵다. 베아트리체 휘팅이나 캐롤린 에드워즈는 어른들의 '지시' 여부로 일과 놀이를 구분하기도 했다.[69] 마리안느 블로흐와 수잔 아들러는 경제 활동과 놀이(혹은 사회화)의 중간지대를 '놀면서 하는 일(play-work)'이라고 불렀다.[70] 그러나 이러한 어린이들의 활동을 어느 하나의 개념으로 단정짓기는 어렵다.

1970년대 말 이전에는 어린이의 경제적 능력이 어느 정도인지, 가계 경제에 얼마나 보탬이 되는지, 생업 활동을 하는 다른 가족을 대신해 얼마나 많은 집안일을 하고 있는지를 전혀 인지하지 못하고 있었다. 가계 경제를 책임지는 일은 어른들의 몫이며, 어린이들은 미래를 위한 배움의 과정에 있다는 생각이 어린이의 노동에 정당한 평가를 내리지 못하게 하는 선입관으로 작용하고 있었다. 올가 뉴엔화이즈는, 인류학자들은 어린이들이 실제로 많은 노동을 하고 있다는 사실을 자주 경시한다고 주장했다.[71] 나아가 어린이들이 집이나 생활 반경 안에서 하는

68 Tucker, B., and A. Young, 2005.
69 Whiting, B., and C. P. Edwards, 1988; Edwards, C. P., 2000.
70 Bloch, M., and S. Adler, 1994.
71 Nieuwenhuys, O., 1996.

일을 급료를 지불해야 하는 노동으로 인정하기보다는 착한 행동 정도로 미화하는 경향이 있다고 이야기했다. 특히 여자아이들의 집안일 돕기나 동생 돌보기 같은 일을 그렇게 생각하는 경향이 강하며, 심지어는 이를 '소꿉놀이'로도 사회적 '직업훈련'으로도 인정하지 않았다고 한다.

어린이들이 하는 일의 경제적 가치가 경시되고 있었다. 페미니즘 학자들이 오랫동안 주장해 왔듯이, 여성과 어린이의 노동은 임금을 받아야 하는 노동이 아니라 집안일이나 교육의 일환이라고 경시하는 경향이 강했다.[72] 급료를 받고 일하는 여성 어린이에 대한 연구[73]는 많은 편이다(대개는 아동 노동 착취에 초점을 맞춘 연구다). 하지만 여성 어린이들이 담당하는 가사 노동이 굉장히 많음에도 불구하고, 주디스 에뉴의 1993년 연구나 뉴엔화이즈의 1994년, 1995년 연구[74] 정도를 제외하면 그에 관한 연구는 거의 없다.

어린이들의 가사노동 실태와 그 경제적 비중을 연구한 인류학자들은, 어린이가 실제 경제적으로 가계에 많은 도움을 주고 있음에도 불구하고 어린이 자신은 물론 그들의 부모도 이를 생산적인 노동 활동으로 생각하지 않는다는 사실을 발견했다. 일례로, 자바의 어린이들은 오리를 키우고, 동생을 돌보고, 나무를 해오느라 매일 서너 시간 이상을 쓰는데도 그들의 부모는 아이들이 일을 안 한다고 불평하고 있었다.[75] 어

---

72 Oakley, A., 1994.

73 Blanchet, T., 1996; Montgomery, H., 2001a.

74 Ennew, J., 1993; Nieuwenhuys, O., 1994, 1995.

75 Hull, T., 1975.

른들 생각에는 수입이 발생하는 일만이 가족을 부양할 수 있는 노동이 었기 때문이다. 그리고 어린이들의 일은 일종의 소일거리와 같아서, 어른이 하는 일과는 달리 책임감이 부여되지 않는다고 보았다. 어린이가 급료를 받는 일을 시작하게 되면 비로소 가계 경제에 도움이 된다고 인정했다. 가사노동의 가치는 상당히 저평가되고 있었고, 대다수 부모들은 사회에서 직업을 가질 수 있는 나이인 15살 미만의 어린이들은 가계에 손해를 줄 뿐 보탬을 주지 않는다고 생각했다. 물론 어린이 스스로도 자신의 일에 어떤 가치가 있다는 생각을 하지 못했다. 짐바브웨에서 어린이 노동을 연구한 파멜라 레이놀즈는 14살 소녀가 자신과 동생들의 아침 식사로 죽을 준비하고, 전날 저녁식사의 설거지를 하고, 하루에 두 차례 2킬로미터 떨어진 곳까지 물을 길으러 다녀오는 것을 보았다.[76] 하지만 레이놀즈가 그 소녀에게 지금 무슨 일을 하고 있느냐고 물었을 때, 소녀는 대수롭지 않다는 듯 "아무것도 아니에요"라고 대답할 뿐이었다.

볼리비아 시골 어린이를 연구한 사회학자 사만다 펀치는, 그곳에서는 아이에게 세 살 무렵부터 집안일, 농사 돕기, 가축 기르기 등 적지 않은 일을 시킨다고 했다.[77] 펀치는 이곳 어린이들이 연령대에 따라 해야 할 일을 상세하게 정리했는데, 대체로 나이가 많아지고 신체적·사회적 능력이 발달할수록 그에 맞는 더 어렵고 힘든 일을 해야 했다. 영유아들에게는 그런 노동을 시키지 않지만, 되도록 놀이의 형식을 통해 어른

---

76 Reynolds, P., 1991.
77 Punch, S., 2000, 2001.

들의 일을 돕도록 권장하는 등 일, 놀이, 사회화, 교육이 크게 구분되고 있지 않았다. 펀치의 기록에 따르면, 닭 쫓는 일을 놀이처럼 하는 어린이들을 본 주변 어른들은, 그들을 칭찬하며 계속 그 일을 하도록 부추겼다고 한다.

케냐 어린이를 연구한 사회학자 다이앤 케이옹고-메일과 파르빈 왈지는 어린이들은 어렵고 지겨운 일을 싫어하는 것이 아니라, 자유롭게 활동할 수 없는 일을 싫어한다고 했다.[78] 많은 어린이들이 나무를 해오거나 물을 길어 오는 일을 선호했는데, 그런 일은 자유롭고 독립적으로 할 수 있기 때문이라고 답했다. 조 보이든이 언급했듯이, 어린이들은 주로 하기 싫은 일을 노동이라고 인식하는 경향이 있다.[79]

마지막으로, 어린이들의 일이 학교 교육과 같을 역할을 할 수 있는지에 대해 논의해 보려 한다. 인류학자들은 '교육'이라는 단어를 서양 기준의 정형화된 학교 교육에 한해서 쓰는 경향이 있으며, 그 밖의 배움 형태는 '사회화' 또는 '성인식'(8장 참조)이라고 부르는 편이다. 존 미들턴이 1970년에 편집한 『어린이에서 어른으로(*From child to Adult*)』[80]는 교육에 대한 선구적인 인류학 연구서다. 이 책은 서양식 학교 교육이 비서양권의 전통사회에 미친 영향을 조사하고, 정형화된 학교 교육과 전통적인 지식 전수 과정을 비교 연구했다. 이 책이 써진 1970년대에는 이미 서양식 학교 교육이 전 세계로 퍼져 나가 거의 모든 아이들이 최소한 한두 시간 이상의 시간을 학교에서 보내고 있었다. 캐서린

---

78 Kayongo-Male, D., and P. Walji, 1984.

79 Boyden, J., B. Ling, and W. Myers, 1998.

80 Middleton, J., ed., 1970.

앤더슨-레빗은 다음과 같이 썼다.

학교 교육은 다른 종류의 사회화를 불완전하게 해체한다. 다른 종류의
사회화란, 동생 돌보기와 같이 성별에 따라 맡은 사회적 역할을 수행하는
과정에서 고유한 문화와 지식을 공식적·비공식적 경로로 어른들에게 전
수 받는 것을 뜻한다. 또한 학교 교육은 기존에는 없었던 나이에 따른 구
분 체계, 그것도 매우 어린 시절부터 촘촘하게 구분된 성장 단계를 도입
함으로써 인간의 지능과 성장에 대한 기존 사회의 개념을 뒤바꿔 놓는다.
학교에서 어린 시절 보여 준 능력으로 평가한 성적이 그 어린이(혹은 그 가
족들까지)의 미래를 결정지어 버리기 쉽다. 그에 반해 예전에는 청년기에
좋은 짝을 만나 가정을 이룬 이후에 농장일이나 사업을 열심히 하는 것을
성공의 길이라 생각했었다.[81]

학교 교육이 전통 관념과 어린이 교육에 상당히 부정적인 영향을 준
다고 분석한 사례도 있다. 데이비드 랜시는, 라이베리아에 서양식 학교
교육이 도입되면서 크펠르족 사회를 유지하고 있던 비공식적 교육 수
단이 힘을 잃었고, 그 결과 '크펠르 문화를 다음 세대에게 전수하는 데
중요한 역할을 하던 전통 의례들'[82]이 소멸되었다고 했다. 어린이들은
학교에서 제한된 지식만을 배우다 보니 생업에 필요한 기술들을 충분
히 익힐 수 없게 되었고, 그 결과 학교를 중퇴하는 경우가 다반사였다.

---

81 Anderson-Levitt, K., 2005, p. 999.
82 Lancy, D., 1996, p. 198.

뿐만 아니라, 기존에 각 마을 단위로 잘 행해지고 있었던, '숙제도, 시간표도, 부모의 압박도 없는 행복한 자유방임주의 교육'[83]도 더 이상 할 수 없게 되었다. 데이비드 랜시는 "하다못해 초등학교만 없었어도, 문화의 소멸을 어느 정도 늦출 수 있었을 것이다. 이는 선진국에서 제3세계에 주입한 나쁜 제도 중 하나로서, 비록 취지는 좋았을지 몰라도 근시안적인 관료주의적 결정이었다고 본다"[84]고 결론을 내렸다.

한편 주디스 에뉴는, 학교생활은 경제적이고 생산적인 직업 활동이라고 주장하며, "노동이란 급료를 받고 일하는 것을 말한다. 가사노동이 여성의 직업이 된 것처럼, 어린이들의 노동도 학교를 다니는 것으로 대체되었다"[85]고 주장했다. 사회학자 옌스 코울트럽은 이보다 한 발 더 나아가서, 어린이들이 외부 노동을 통해 벌어 올 수 있는 돈이 얼마 되지 않는 서양에서는, 학교를 다니는 일은 실제로 가계에 도움을 주는 어린이들의 노동이라고 주장했다.[86] 어린이들이 학교에서 받는 교육은 다음 세대의 노동자가 되기 위한 교육이기 때문에 이는 생산 활동의 일종으로 봐야 한다는 것이다. 코울트럽은 가르치는 일을 경제적 생산 활동이라고 한다면 배우는 일도 생산 활동이라고 해야 하며, 배움은 생산 활동인 동시에 사회화라고 주장했다. 이는 다소 논란의 여지가 있는 주장이긴 하지만, 교육, 사회화, 학교, 노동을 자의적으로 구분하지는 않는 관점은 참고할 만하다. 학교를 다니는 어린이는 일을 하지 않는다

---

83 Lancy, D., 1996, p. 198.
84 Lancy, D., 1996, p. 198.
85 Ennew, J., 1986, p. 16.
86 Qvortup, J., 2001.

고 생각하기 쉽지만, 실제로 학생들은 일과 배움을 병행하는 것이라고 봐야 한다. 그들은 하루 일과 시간의 대부분을 공부가 아니라 노동을 하며 보낸다.[87]

그렇다면 어린이들은 학교 교육을 어떻게 생각하고 있을까? 존 다마토는 북미 학생들도 다른 모든 조건이 동일하다면 의무와 제약이 많은 학교를 떠나 다른 일을 찾게 된다고 주장했다.[88] 그들 역시 대내외적인 이익을 바라고 학교를 다니기 때문이다. 주로 백인 중산층이나 이민자 계층의 자녀들은, 대외적으로는 좋은 직업과 높은 급료와 사회적 지위를 바라고, 대내적으로는 배움의 즐거움과 교우관계라는 이익을 바라고 학교를 다닌다. 이들이 학교에 다니는 것은 당연하다. 하지만 주로 저소득 계층이나 소수 집단의 자녀들은 학교를 다닌다고 그런 직업과 지위를 갖게 된다는 보장이 없다. 설령 같은 직업을 갖게 되더라도, 외부적인 편견 때문에 정당한 평가를 받지 못할 것이라 생각하는 학생들도 있다.[89] 그런 학생들은 할 수 있는 한 빨리 학교를 떠나려 한다.

위의 사례는 서양의 학교와 학생을 대상으로 한 연구였다. 그러나 서양의 학자들은 학교 교육을 억압적으로 바라보는 경우가 많은 반면, 아프리카나 라틴 아메리카의 학자들은 그런 주장을 거의 하지 않는다.[90] 그곳에서는 학교가 어린이들에게 자유로운 경험을 선사하고, 성별이나 출신에 따른 차별을 극복할 수 있는 기회를 마련해 주는 경우가 많

87 Boyden, J., B. Ling, and W. Myers, 1998; Woodhead, M., 1999; Berlan, A., 2005.
88 D'Amato, J., 1993.
89 Ogbu, J., 1978.
90 Anderson-Levitt, K., 2005.

다. 때로는 과도한 육체노동으로부터 어린이를 보호해 주기도 하고, 너무 어린 나이에 결혼과 출산을 하게 될 위험도 줄여 준다.[91] 캐서린 앤더슨-레빗은 기니에서, 한 남학생이 교문에 매달려 제발 학교에 돌아갈 수 있게 해달라고 절망적인 목소리로 부르짖던 장면을 보았다.[92] 그 학교는 남학생의 집과는 상당히 멀리 떨어진 다 쓰러져 가는 건물에 있었으며, 신체적 체벌도 허용하는 학교였지만, 남학생은 학교에서 쫓겨나는 일은 너무 가혹한 처벌이라고 생각했다. 기니 같은 나라에서는 어린이들이 학교에 다니고 싶어 하는 그럴만한 이유가 있었다. 학교에서 프랑스어나 영어를 배우면 좋은 직업과 지위를 얻을 수 있다. 하지만 누구나 학교를 다닐 수 있는 건 아니기 때문에, 학교를 다니면 자신과 가족의 지위를 향상시키는 데 큰 힘이 된다.

결론

어린이들의 말과 놀이와 일을 연구하면 어린이들의 성장 과정은 물론 해당 사회의 어린이 인식 등 많은 것을 알 수 있다. 어린이는 말을 배우면서 자기 사회의 분류 체계와 문화와 세계관을 배운다. 양육자와 어린이 사이의 대화와 행동의 의미를 살펴보면, 그 사회의 어린이 개념과 위상을 알 수 있다. 놀이 연구도 어린이 삶의 다양한 면모를 드러내

---

91 Bledsoe, C., 1992.
92 Anderson-Levitt, K., 2005.

주고, 유년기의 성격 규정 및 해석에 도움을 준다. 또한 놀이는 어린이들이 기존 문화를 흡수하고 변형하고 창조하여 그들만의 고유한 문화로 만드는 과정을 보여 준다.

'염소나 송아지와 함께 있는 소녀'라는 대상에는 다양하고 중층적인 의미가 있을 수 있다. 그저 송아지와 즐거운 한때를 보내고 있는 것일 수도 있고, 어른들이 생각하는 것과 전혀 다른 그녀만의 이유가 있을 수도 있다. 장래를 위해 미리 직업 연습을 하고 있는 것일 수도 있으며, 실제로 가계 경제에 보탬을 주기 위한 생계 활동을 하는 중일 수도 있다. 어쩌면 그 사회에서 요구하는 여성상에 맞춰 여러 가지 여자로서 해야 할 일을 배우는 과정일 수도 있다. 이처럼 일과 놀이는 떼어놓고 생각하기 어려우며, 넓은 맥락에서는 일과 놀이가 모두 사회화 또는 교육이다. 유년기는 배움의 시기인 동시에 다툼의 시기이기도 하다. 이러한 다툼을 조정하는 모습도 유년기의 일과 놀이와 말 속에서 살펴볼 수 있다.

6장

훈육, 체벌, 학대

Discipline, Punishment, and Abuse

서론

아동사회화 과정을 연구한 인류학자들은 훈육을 관심있게 살펴보았다. 훈육은 민족지 연구에서 어린이가 가장 자주 등장하는 상황이기도 했다. 이 장에서는 유년기와 어린이에 대한 인식의 차이가 체벌 및 훈육 방법에 얼마나 어떻게 반영되는지를 살펴보려 한다. 어린이에게 사고 능력이 없다고 생각하는 사회에서는 훈육이 불필요하다고 생각한다. 사람은 선하게 태어나므로 어린이에게 체벌이나 훈육은 필요 없다고 보는 사회도 있는 반면, 전통적인 기독교 사회와 같은 곳에서는 사람은 악하고 죄지은 상태로 태어나므로 체벌은 어린이에게 당연히 필요하다고 여겼다. 현재 서양에서는 어린이에 대한 신체적 체벌을 비상식적인 것으로 여기기 때문에, 독자들에게는 어린이를 때리는 그 밖의 사회에 관한 묘사가 눈에 거슬리거나, 그런 체벌에 동의하는 인류학자가 있다는 사실에 충격을 받을지도 모르겠다. 아동 학대에 특별한 주의를 기울이고 있는 서양인의 입장에서는, 이 장에서 인용한 여러 체벌 사례를 학대로 볼 수 있다. 하지만 용납할 수 있는 체벌과 그렇지 않은 체벌의 기준은 대단히 미묘한데다가, 시대와 지역에 따라 변하는 것이다. 이 장의 끝에서는 인류학자들이 구분한 학대와 체벌의 기준을 논의했다.

서양 전통 사회의 훈육과 체벌

훈육과 체벌 사례를 민족지 연구에서 찾아보기에 앞서, 먼저 훈육과 체벌의 역사적·문화적 맥락을 파악해야 한다. 인류학자에게도 나름대로 옳다고 생각하는 훈육 방침이 있으며, 굳이 드러내지는 않았더라도 민족지에 자신의 관점을 반영한 경우가 많았다. 훈육에는 신체적 체벌이 반드시 필요하다고 생각하는 학자들도 많았다. 인류학자들이 신체적 체벌에 문제의식을 가지기 시작한 것은 유엔아동권리협약이 등장한 이후부터이며, 그 전에는 훈육과 학대의 구분도 명확하게 논의하지 않았었다. 이 장에 인용한 사례에서도 그런 경우를 볼 수 있다. 유엔아동권리협약 이전에는, 대다수의 민족지 연구자들이 신체적 체벌은 자연스러운 것이며 아동 양육 과정에서 반드시 필요한 것이라는 관점을 가지고 있었고, 이에 대한 이의제기도 거의 없었다.

따귀나 엉덩이를 때리거나, 채찍이나 매를 드는 행동은 앵글로–아메리카 지역에서는 뿌리 깊은 문화적 역사를 가지고 있다.[1] 역사학자 로이드 드 모스는 "유년기의 역사는 악몽과도 같다. 우리는 최근에서야 그 악몽에서 눈을 뜬 것이다. 이전 역사를 살펴보면, 어린이는 형편

없는 보살핌을 받았고, 오히려 어린이를 살해하거나, 버리거나, 때리거나, 위협을 하거나, 성적으로 학대하기 일쑤였다"[2]고 표현할 정도였다. 비록 드 모스의 표현이 조금 자극적이기는 하지만, 가정과 학교에서 훈육의 일환으로 신체적 체벌을 해왔다는 증거는 아주 많다. 로렌스 스톤은 "중학교에서 가혹한 체벌은 일상이었다. (…) 16~17세기 가정에서 아이들을 훈육하기 위해 채찍을 드는 것은 평범한 일이었다"[3]고 했다. 스톤의 동료 역사학자 존 플럼브도 "18세기 이전 어린이들에게는 가혹한 체벌이 당연한 운명이었고, 어른들은 어린이에게 의도적으로 두려움을 심기 위해 체벌을 했다"[4]며 동의했다. 이러한 훈육과 체벌의 원리는 신이 인간을 죄에서 구원했듯이 부모도 자녀를 죄에서 구해야 한다는 세계관과 밀접한 연관이 있다. 특히 뉴잉글랜드 지역 청교도들은 원죄를 씻기 위해서는 가혹한 체벌이 필요하다고 생각했다. 어린이에게는 원죄가 있기 때문에, 엄하게 혼을 내 신을 따르도록 가르쳐야 한다고 생각했다. 17세기 말에서 18세기 초에 살았던 목사 코튼 매더는 "지옥에 떨어지는 것보다는 채찍질 당하는 것이 낫다"[5]는 말을 남겼다.

하지만, 인류학이나 역사학이 이런 논의를 할 때는 비슷한 자료만 취사선택해서 한 시대의 전형을 가볍게 판단하지는 않았는지 항상 주의

---

1 미국 신체적 체벌의 개요는 다음 자료 참조: Hyman, I., and E. McDowell, 1979; Ryan, F., 1994; Donnelly, M., 2005.
2 de Mause, L., 1974, p. 1.
3 Lawrence Stone, Donnelly, M., 2005, p. 46에서 인용.
4 Plumb, J. H., 1975, p. 66.
5 Cotton Mather, Ryan, F., 1994, p. 72에서 인용.

해야만 한다.[6] 그 시대에도 장 자크 루소를 비롯해 위의 사례와 반대되는 관점으로 유년기를 바라본 사람들도 있었다. 그들은 어린이는 그 자체로 소중하게 여겨야 하고, 마음껏 놀 수 있도록 해줘야 하고, 가급적 어른들의 세계에 물들지 않도록 지켜 줘야 한다는 주장을 옹호했다.[7] 어린이에게 매를 드는 것을 싫어하고, 가급적 신체적 체벌 없이 부드러운 태도로 훈육할 것을 권장하는 사람들도 있었다.[8] 그렇기는 해도 신체적 체벌이 반드시 필요한 것이라는 관념은 서양의 오래된 유산이다. 영국과 미국에서는 채찍질이나 주먹질 등 가혹한 체벌은 줄어들었지만, 부모에 의한 신체적 체벌은 여전히 허용하고 있다. 반면 스웨덴과 같은 스칸디나비아 국가들은 1979년부터 모든 형태의 신체적 체벌을 금지하고 있다. 머레이 스트라우스와 마이클 도넬리는 다음과 같이 주장했다.

신체적 체벌에 대해서 많은 말들이 오고가지만, 절대다수의 미국 어른들은 신체적 체벌에 찬성한다. 많은 사람들이 신체적 체벌은 아이를 양육하는 데 필요한 수단이자 관습이라고 긍정적으로 생각한다. 아이들을 통제하기 위한 최후의 수단으로 신체적 체벌을 항상 염두에 두고 있어야 한다고 믿는다. 거의 100%의 부모들이 걸음마 단계의 아기를 훈육하기 위해 신체적 체벌을 이용한다. 지금도 청소년 자녀를 둔 부모의 과반 이상이 자녀에게 매를 들고 있으며, 집을 나와 사는 자녀를 때리는 부모도 1/4

---

6   Pollock, L. A., 1983.

7   Jenks, C., 1996 ; Montgomery, H., 2003.

8   Ryan, F., 1994.

에 달한다.[9]

미국 부모 대다수는 신체적 체벌을 일종의 훈육 수단으로 여기고 있다며 이들의 주장에 동의하는 학자들도 있다. 또한 심리학자들은 신체적 체벌이 역효과를 낳을 뿐이라고 주장하지만, 교사 등은 비록 신체적 체벌이 도덕적으로는 나쁠지 몰라도 필요할 때가 있으며 효과도 있다고 주장하는 등 이에 대한 어른들의 의견 역시 분분하다.[10]

유엔아동권리협약의 발표는 신체적 체벌에 대한 인식이 크게 변하는 계기가 되었다. 유엔아동권리협약은, 어린이는 힘없고 연약하지만 어른과 동등하게 보호받을 권리가 있는 한 명의 인간이라는 인식을 만들어냈다. 만약 성인을 때리는 것이 용서할 수 없는 일이라면, 마찬가지로 어린이를 때리는 것도 이유를 불문하고 용서 없는 법의 심판을 받게 해야 한다는 것이다. 1998년, 유럽인권재판소는 9살 소년을 향한 양아버지의 폭력을 막지 못했다는 이유로, 영국이 '어느 누구도 고문, 비인도적인 또는 굴욕적인 취급이나 형벌을 받지 아니한다'는 내용의 유럽인권협약 제3조를 위반했다는 판결을 내렸다. 이처럼 사법 체계가 부모보다는 어린이의 입장에 서겠다는 의지를 강화하는 것은, 자녀에 대한 부모의 태도, 유년기의 본질에 대한 이해, 자녀와 부모 상호간의 의무와 책임에 대한 생각 등이 변화하고 있다는 증거다. 현대 사회의 맥락에서 체벌과 폭력을 분석할 때는, 어린이들의 권리와 학대에 대

---

9   Straus, M., and M. Donnelly, 2005, p. 4.

10 Furnham, A., 2005.

한 현대의 인식을 염두에 두고 바라봐야 한다. 이 장에서 인용한 사례들로 알 수 있듯이, '자녀를 대하는 올바른 태도는 무엇인가?'에 대한 대답은 크게 변화해 왔으며, 이러한 변화는 해당 사회는 물론이고 그것을 기록하는 인류학자들에게도 마찬가지로 일어났다. 어린이 자신들의 생각과 시선이 연구에 반영되기 시작한 것은 최근의 일이며, 이전의 민족지에서는 어린이의 체벌 경험을 대단히 다른 관점에서 바라보고 있었다.

신체적 체벌

인류학 민족지 중에는 어린이에 대한 신체적 체벌 장면을 상세하게 기록해 둔 자료가 많으며, 이러한 사례를 모아 비교문화적 연구를 수행한 자료도 있다. 예일대 비교문화연구소(HRAF)의 자료를 기반으로 한 연구에 의하면, 신체적 체벌이 세계적으로 흔한 일이긴 하지만 모든 곳에서 용인되는 것은 아님을 알 수 있다. 소규모 농촌 마을 90곳의 자료를 비교 연구한 데이비드 레빈슨은, 90곳 중 16곳에서는 어린이에게 신체적 체벌을 하지 않았다고 했다.[11] 하지만, 비교적 일상적으로 어린이에게 신체적 체벌을 내리는 지역에서는 이러한 폭력성이 다른 영역에서도 드러나고 있음을 알게 되었다. 그곳에서는 어린이는 물론 부인이나 형제자매를 향한 과도한 폭력도 함께 관찰되었으며, 이는 어린이

---

11 Levinson, D., 1989.

체벌이 가정폭력의 일부임을 보여 주었다.

이와 유사한 몇 가지 사례를 근거로, 캐롤 엠블러와 멜빈 엠블러 부부는 "부모가 그럴 의도가 없었다고 하더라도, 신체적 체벌은 부모와 자녀 사이의 힘의 차이를 생생하게 드러낸다. 이 불평등함을 인지한 어린이들은 어른이 되어서도 힘과 권력에 따른 불평등을 당연하다고 받아들이기 쉽다"[12]고 하며, 신체적 체벌은 경제적·사회적 불평등과 밀접한 연관성이 있다고 주장했다.

조나나 이나스도티르는 기니비사우의 파펠족 엄마들에게 어린이들을 때리는 이유가 무엇인지 솔직하게 물어보았고, 다양한 대답을 들었다. 파펠족 엄마들은, 어린이를 가르치는 데 신체적 체벌은 필수이며, 한 번도 맞아 본 적이 없는 아이는 자라서 게으르고 불만이 많은 사람이 된다고 생각했다. 다음은 신체적 체벌을 싫어해 자녀를 때리지 않고 키웠던 한 파펠족 엄마의 이야기다.

자녀는 부모의 양육에 달려 있어요. 게으르고 불평이 많은 사람으로 자라서는 결코 성공할 수 없어요, 아시겠어요? 내 자녀들이 나를 전혀 도와주지 않는 건, 내가 한 번도 때린 적이 없기 때문이에요. 아이들은 결코 내일을 도와주지 않아요. 하지만 나는 그들을 때리지 않기 때문에, 모든 일을 혼자 해야만 하죠.[13]

---

12 Embler, C., and M. Embler, 2005, p. 615.

13 Einarsdóttir, J., 2000, p. 104.

어린이에게 고통을 참는 법을 가르치기 위해 육체적 체벌이 필요하다고 생각하는 사회도 있다. 아마존 유역의 야노마모족은 남자아이들에게 어려서부터 거칠게 행동하라고 가르친다. 부모나 형제자매를 때리라고 부추기기도 하고, 고통을 참는 법도 가르친다.[14] 브라질 중부지역 아크웨-샤반테(Akwẽ-shavante)족도, 어린이가 누군가에게 맞았다고 울고 있으면 혼을 내고, 맞은 만큼 갚아 주면 칭찬을 한다. 분노에 울부짖는 건 괜찮지만, 좌절감에 짜증을 부리면 무시하거나 조롱한다. 아크웨-샤반테족은 아프다고 우는 건 부끄러운 일이라고 생각하며, 어린이가 그런 모습을 보이면 신체적 체벌을 내려 교정한다.[15] 마조리 쇼스탁이 인터뷰한 '니사'라는 !쿵족 여성은, 보츠와나 칼라하리 사막 변두리에서 보낸 어린 시절 이야기를 하면서, 그곳 어린이는 말을 듣지 않을 때도 맞았고, 음식을 나눠 먹지 않았다거나, 엄마가 젖을 주지 않는다고 불평하거나, 동생이 엄마 젖을 뺏어갔다고 질투하거나 해도 맞았다고 이야기했다. 니사는 어린 시절 매일 같이 맞았던 기억이 있지만, 체벌을 받는다고 자신이 바뀌지는 않았다고 하며 "어른들의 가르침은 통하지 않았어요. 나는 그들이 다루기에는 어려운 아이였지요"[16]라고 말했다. 부모가 화를 참지 못해 자녀를 체벌하는 모습을 묘사한 민족지도 있다. 마저리 울프는 대만에서 별다른 신체적 정신적 문제가 없는 부모가, 아이의 잘못 때문이 아니라 부모의 화를 참지 못해 아이

---

14 Chagnon, N., 1968.

15 Maybury-Lewis, D., 1974, p. 69.

16 Shostak, M., 1983, p. 63.

를 때리는 장면을 보고 기록한 바 있다.[17]

엄격한 훈육은 아동 발달 단계에 대한 인식과도 관련이 있다. 동아프리카에서 현지 조사를 한 오토 라움에 따르면, 차가족(Chaga)은 "어린이의 나이에 따른 세분화된 체벌 방법"[18]을 규정하고 있었다고 한다. 그들은 영아는 작고 약하기 때문에 절대 때리지 않았고, 걷기 시작한 아이는 일부러 나쁜 짓을 할 때만 때렸다. 그보다 큰 어린이들은 자주 혼내지는 않았지만 체벌의 강도는 갈수록 높아졌다. 헬렌 모턴도, 통가족은 3~6세 사이의 어린이가 가장 고집이 센 말썽쟁이라고 생각하며, 그 나이 대에 주로 체벌을 가한다고 했다.[19] 어린이의 성장 정도에 따라 훈육이 가능한 시기, 훈육을 해야만 하는 시기를 판단하는 사회적 기준은 각기 다르다. 마거릿 리드에 의하면, 말라위 응고니족은 영구치가 나기 시작하는 시점을 가장 중요한 성장 단계로 생각했다.[20] 아직 영구치가 나지 않은 어린이들에게는 훈육을 하지 않지만, 일단 새로운 이가 나기 시작하면 집단에서 소외시키거나 공개적으로 조롱하는 방법으로 훈육을 한다. 성장하고 있다는 표시가 신체적 체벌의 대상이 되는 사회도 있다. 서아프리카의 벵족은 어린이가 조숙하거나, 신체 발달이 빠르거나, 너무 일찍 걷기 시작하면 볼기를 친다. 벵족은 아기가 돌전에 걷는 것을 금기시하며, 그보다 빨리 걸으려 하는 아기를 보면 손바닥으로 때려 못하게 한다.[21]

17 Shostak, M., 1983, p. 70.
18 Raum, O. F., 1940, p. 228.
19 Morton, H., 1996.
20 Read, M., 1968.

이 모든 사례는, 신체적 체벌은 단순한 체벌이 아니라 자녀를 올바른 사회 구성원으로 키우기 위한 교육 철학과 관련이 있음을 보여 준다. 캐롤린 블레드소는, 시에라리온에서는 어린이를 사회 질서에 순응하게 만들기 위해 신체적 체벌을 이용한다고 했다.[22] 블레드소는 자녀들이 심한 대우와 가혹한 체벌을 받을지도 모른다는 사실을 알면서도 친척이나 후원자에게 아이를 수양 보내는 사례를 조사했다. 자녀는 그런 부모에게 불평하지 않으며, 가족들도 되도록 수양간 자녀에게 간섭하지 않으려 한다. 부모는 이 일이 자녀에게 큰 도움이 될 것이라고 믿는다.(4장 참조) 부모는 신체적 체벌이 자녀에게 '인생은 투쟁이며 살기 위해서는 지식을 배우는 것보다는 일을 하는 것이 좋다'는 교훈을 가르쳐 준다고 믿는다.[23] 신체적 체벌은 실제로 특정 개인을 제재하기 위해서라기보다는, 자녀들을 전체적으로 통제하려는 목적이 더 크다는 관점도 있다. 마저리 울프는 대만 시골 마을의 한 부모가 "애들은 맞아야 해요. 그게 나쁘다고 생각하지 않아요"[24]라고 이야기하는 것을 들었다. 그들에게 신체적 체벌은 양육의 기본 철학이기도 했다.

이 지역 농부들은 신체적 체벌을 사회화의 기본 철학으로 삼고 있는 것 같다. 자녀가 부모를 두려워해야 부모가 자녀를 가르칠 수 있다는 것이다. 부모가 바라는 행동을 시키는 가장 좋은 방법은 바라지 않는 행동을 호되

---

21 Gottlieb, A., 2004.
22 Bledsoe, C., 1990b.
23 Bledsoe, C., 1990b.
24 Wolf, M., 1972, p. 69.

게 혼내는 것이다. 한 엄마는 '꾸짖는다고 애들이 말을 들을 것 같아요? 그렇게 해서 애들이 좋아질까요? 최선의 방법은 한 명을 붙잡고 정말 호되게 때리는 겁니다. 그러면 다른 아이들도 말을 잘 듣게 되지요'라고 말했다.[25]

수년간 대만의 어촌 마을을 현지 조사했던 찰스 스태포드는, 그곳에서는 특별한 잘못이 없어도 '인생에는 고통이 찾아올 수 있으며, 불평불만 없이 고통을 참아내는 법도 배워야 한다'는 이유로 어린이에게 신체적 체벌을 내리는 모습을 보았다며 울프의 의견에 동의했다.[26]

통가의 육아를 연구한 헬렌 모턴은, 아동사회화 과정에서 신체적 체벌을 중시하는 현상을 주의 깊게 연구했다.[27] 모턴은 통가에서 어린이를 그렇게 자주 때리는 이유는 무엇이며, 체벌이 어떤 영향을 미치는지를 통가 사람들의 고유한 권력, 지위, 올바른 사회적 행동에 대한 관념과 연관시켜 연구했다. 통가에서는 자녀를 자주 때린다. 그리고 잘못한 자녀가 있으면, 한두 살 위의 형제자매에게 동생을 데리고 가서 때리게 시키고 그들도 체벌한다. 어린 나이의 자녀도 때릴 수 있고, 가혹한 체벌도 용인된다. 하지만 이는 무차별적인 폭력이나 학대라기보다는, 그들이 가진 유년기 개념에서 보자면 올바른 교육 방법인 것이다. 모턴은 "해당 사회의 보편적인 인간성 개념과 인간의 성장 과정에 대한 인식

---

25 Wolf, M., 1972, p. 68. 강조는 원문.

26 Stafford, C., 1995.

27 Kavapalu, H., 1993; Morton, H., 1996.

에 근거해서 체벌의 정의와 방식이 결정된다"[28]고 했다. 2장에서도 논의했듯이, 통가 사람들은 어린이에게 사회적 능력이 없다고 생각한다. 그들이 생각하는 사회적 능력이란, 지위에 따른 상하 관계와 위계질서를 잘 이해하고 그에 맞는 존경심과 복종의 태도를 갖추는 것이다. 통가 사회에서 체벌은 언제나 윗사람이 아랫사람에게 하는 것이고, 어린이를 신체적으로 체벌하는 것도 이러한 위계질서를 가르치려는 목적이 가장 크다. 때리는 것은 어른과 어린이의 상하 관계, 형과 동생의 상하 관계를 각인시키기 위한 방편이다.[29]

통가 사회의 맥락에서 체벌은 자녀들이 사회적 질서를 존중하고 따르는 태도를 취할 수 있도록 스스로의 감정과 행동을 통제하게 하는 훈련이기도 하다. 체벌을 받는 어린이는 되도록 울지도 움직이지도 말아야 하며, 용서를 구할 때도 평상시와 다름없는 목소리로 해야 한다. 체벌은 신체적인 고통과 감정적인 괴로움을 함께 주기 위해 행해지며, 어린이에게 자신이 어리석은 아랫사람이라는 사실을 각인시킨다. 어린이를 때릴 때나 혹은 때리는 모습을 보았을 때 크게 웃는 것도 이러한 목적 때문이다. 체벌 상황의 분위기를 너무 무겁게 하지 않기 위해서 웃는 것으로 보일 수도 있지만, 모턴은 이 역시 어린이들에게 지독한 굴욕감을 안겨주는 일이라고 주장했다. 모턴은 그 웃음에서 이중적인 느낌을 받는 것은, 전체 사회를 지배하는 위계질서에 내재된 이중성이 반영되었기 때문이라고 보았다.

---

28 Kavapalu, H., 1993, p. 317.
29 Kavapalu, H., 1993.

체벌이 가지고 있는 이중성은 사회적 상하 관계가 가지고 있는 이중성의 반영이다. 쉽게 말하면, 윗사람은 아랫사람에게 벌을 내리고 권력을 행사하는 동시에, 그들을 보호하고 보살피는 사람인 것이다. 고통을 주는 일과 보호해 주고 보살펴 주는 일 사이의 경계가 대단히 모호해진 결과, 체벌은 좋은 교육 수단이자 사랑과 관심의 표현이라고 생각하게 되었다. 그 이중성은 대단히 뿌리 깊고 복잡한 것이다.[30]

하지만 헬렌 모턴처럼 '체벌은 사회화와 깊은 관련이 있다'는 관점에서 체벌을 분석한 인류학자는 많지 않았다. 대개의 민족지에서는 일상적인 신체적 체벌을 어린이의 삶과 관련시켜 생각하기보다는, 그저 그 사회 입장에서도 인류학자 입장에서도 당연한 일이라고 치부한 경우가 많았다. 때로는 세계 어디서나 어린이는 맞으면서 크는 것 같다며 간단하게 언급하고 넘어가곤 했다. 예를 들면 아이작 셰퍼라는, 영국령 베추와나랜드[31]의 크가틀라(Kgatla)족의 정교하면서도 가혹한 체벌 체계를 다음과 같이 묘사했다.

가정교육의 방법과 성격은 특별히 정해져 있지 않지만, 엄한 꾸지람이나 질책과 더불어 신체적 체벌도 종종 사용한다. 실수는 고쳐 주고, 모르는 것은 알려주며, 좋은 행동에는 박수를 쳐주지만, 건방지고 반항적인 태

---

30 Kavapalu, H., 1993, p. 321.

31 Bechuanaland, 현재 남아프리카 보츠와나 지역.—역자 주

도에는 즉각 체벌을 가한다. 주로 꾸짖거나 매질을 한다. 어린아이는 맨손으로 때리거나, 대빗자루나 나무막대기로 엉덩이를 가볍게 때린다. 청소년기 소녀들은 회초리로 어깨 등지를 친다. 소년들은 엎드린 채 맨살이 드러난 등짝에 회초리를 맞는다.[32]

이러한 사례는 그 사회의 언어, 맥락, 문화적 상대성 등을 고려해 분석해야 할 것이다.(마지막 장에서 그러한 논의 방법을 자세히 다루겠다.) 하지만 분명한 것은 셰퍼라가 회초리질과 엉덩이나 따귀 때리기 정도는 일상적인 가정교육이라 생각했다는 점이다. 셰퍼라는 정말 '무자비하게' 자녀를 때리는 경우가 아니면 불편한 심기를 드러내지 않았다.[33]

민족지 연구자의 개인적 편견이 극명하게 드러나는 경우도 자주 있어서, '버르장머리 없는(spoilt)' 혹은 '응석받이(indulged)' 등 비난의 뜻을 내포한 표현을 사용했던 인류학자들도 심심치 않게 볼 수 있다. 일례로 데이비드 메이버리-루이스는 아크웨-샤반테족 어린이들이 부모의 말을 잘 안 듣는다고 하면서, 어린이를 "꼬마 폭군들이다. (…) 우리 기준으로 보자면 정말 버르장머리 없다"[34]고 묘사했다. 비슷한 예로 테오도르 에르난데스 역시 "오스트레일리아 서부 드레스데일 강 유역의 애보리진들은 자녀들의 온갖 응석을 다 받아 주며, 정말 최선을 다해 버르장머리 없는 아이로 키우고 있다. 그 자녀들이 기특하게 부모의

---

32 Schapera, I., 1971[1940], p. 227.
33 Schapera, I., 1971[1940], p. 227.
34 Maybury-Lewis, D., 1974, p. 68.

뜻대로 잘 자라 주고 있음은 말할 필요도 없다"[35]며 그러한 육아 방식에 반감을 드러냈다.

현지 조사 과정에서 어린이의 신체적 체벌을 이상하게 생각하는 연구자도 거의 없었다. 호르텐스 파우더메이커는 멜라네시아 레수(Lesu) 마을은 어린이를 엄하게 훈육하지 않는다고 썼는데, 그 바로 뒤에서 자녀가 울음을 터뜨릴 때까지 엉덩이를 때린 이야기를 기록하고 있다.[36] 콜린 턴불은, 콩고 음부티족은 평온하고 느긋하며 걱정하지 않는 태도로 어린이를 대하며 신체적 체벌은 별로 하지 않는다고 민족지에 적었다. 하지만 음부티족의 목가적인 생활 모습을 묘사한 부분에서는 놀랍게도 "이곳 어린이들은 대체로 신나게 놀며 지내다가 간간이 엉덩이나 따귀를 맞곤 한다. 가끔 심하게 아파 보이기도 하지만, 대체로 유익하고 적절한 수준이며 나름대로 하나의 교육 방법으로 보인다"[37]고 썼다. 턴불의 상반된 진술이, 그저 '자녀들이 종종 맞기는 했지만, 신체적 체벌이 그렇게 강하지는 않았다'는 뜻인지, 아니면 훈육과 체벌에 대한 스스로의 편견을 자각하지 못했기 때문인지는 알 수 없다. 찰스 웨글리의 브라질 타피라페(Tapirapé)족 연구에서도 이 같은 사례를 볼 수 있다. 웨글리는 "타피라페 부모들은 정말로 화가 나지 않는 이상, 신체적 체벌을 거의 하지 않는다"[38]고 했지만, 바로 다음에 다음과 같이 썼다.

---

35 Hernandez, T., 1941, p. 129.
36 Powdermaker, H., 1933, p. 84.
37 Turnbull, C., 1961, p. 129.
38 Wagley, C., 1977, p. 148.

한 번은 어떤 타피라페 아빠가 자신의 말썽꾸러기 큰아들(9~10세 정도된)에게 밀랍으로 촉을 만든 뭉툭한 화살을 쏘는 모습을 보았다. 또 아들과 20미터 정도 떨어져 있던 한 아빠가 아들이 짜증나게 굴었다고 그물침대에 누운 채 돌을 던지는 모습도 보았다. 허벅지에 돌을 맞고 멍이 든 아들은 울음을 터트렸다. 모든 마을 사람들은 이 모습을 보며 즐거워했고, 아이의 '상처'를 보며 놀려댔다.[39]

웨글리가 이를 일상적인 신체적 체벌로 여겼는지, 아니면 그저 한때의 신기한 일로 바라보았는지는 알 수 없다. 하지만 많은 서양 학자들이 그러한 신체적 체벌을 어디서나 흔히 볼 수 있는 당연한 훈육 방법이라고 생각했다는 것은 분명하다.

심리학에서는 예전부터 체벌과 학대에 대한 어린이들의 반응에 많은 관심을 가지고 있었다. 하지만 놀랍게도, 그러한 훈육에 대한 생각을 어린이에게 직접 물어본 인류학적 연구 결과는 아직 얼마 되지 않는다. 마조리 쇼스탁은 !쿵족 사람들은 어린 시절에 자주 맞았던 경험 때문에 전 생애에 걸쳐 분노의 감정을 표출하게 되었다고 자주 언급했지만, 어른들이 어린 시절을 회상하는 이야기만 들었을 뿐이다.[40] 또한 자신은 '니사'에게서 들었던 것처럼 매 맞는 어린이들을 한 번도 본 적이 없다고 하면서, 어른들의 기억 자체에 의구심을 품기도 했다. 데이비드 우가 대만 연구 조사에서 기록한 "대문 밖에서 무릎을 꿇고 있던

---

39 Wagley, C., 1977, p. 149.
40 Shostak, M., 1983.

자신을 쳐다보는 사람들의 눈초리에서 느꼈던 창피함이 맞을 때의 고통보다도 훨씬 아팠다"[41]는 이야기도 어른들의 회상이었다.

헬렌 모턴은 이러한 연구 경향과는 달리, 어린이들에게 직접 체벌 받을 때 드는 기분과 생각을 물어봤다. 어린이들은 한편으로는 '기분이 안 좋았어요' 또는 '잘못했다고 생각해요'와 같이 사회적으로 적절한 대답을 했지만, 다른 한편으로는 수치심이나 분노와 같은 부정적인 감정을 드러내는 등, 체벌에 대해 양면적인 반응을 보였다고 한다. 어른들 또한 어린 시절 맞으면서 아픔과 혼란을 느꼈다고 했다.[42] 모턴은 이러한 생각을 분명히 드러낸 13살 소녀의 말을 인용했다. "솔직히 체벌을 받으면 처음에는 화가 나고 짜증이 심하게 나요. 하지만 잠시 지나면 부모님이 혼내신 이유와 나에 대한 기대를 깨닫게 되죠. 그러면 더욱 부모님을 사랑하게 돼요."[43]

신체적 체벌의 대안

자녀 훈육의 유형을 연구하면 한 사회의 유년기 개념, 어른과 어린이의 관계, 어린이의 지각능력에 대한 평가, 어린이의 사회적 구성원으로서 인정 여부 등을 파악할 수 있다. 자녀를 양육하고 통제하기 위한 수단으로 신체적 체벌을 이용하는 사회가 많기는 하지만, 모든 사회가 그

---

41 Wu, D., 1981.

42 Morton, H., 1996, pp. 198-200.

43 Kavapalu, H., 1993, p. 321.

렇지는 않으며, 신체적 체벌이 전혀 필요하지 않다고 생각하는 곳도 있다. 주로 영유아는 옳고 그름을 판별하는 지각 능력이 없기 때문에 훈육이 소용없다는 의견이다. 캐롤 델라니에 의하면, 터키 시골 지역 어른들은 "어린이들이 원하는 것은 대체로 주려고 하는 편이다. 어린이들은 이성적 판단력이 떨어지기 때문에 터무니없는 요구를 했다고 해서 나무랄 수도 없는 데다가 어린이에게 인색한 것은 추하고 부끄러운 일이기 때문이다"[44]고 생각한다. 대만[45], 네팔[46], 미크로네시아[47] 등지의 사례에서도 어린이가 사회적 능력(그 기준이 무엇이건 간에)을 갖추었다고 인정받기 전까지는 일체의 훈육을 하지 않는다.

영유아는 연약하고 다치기 쉬운 존재이기 때문에, 무슨 일이 있어도 부모가 자녀를 아프게 하는 행위는 용납하지 않는 사회도 있다. 발리처럼 영유아를 극진하게 보살피는 곳은, 자녀가 울음을 터트리려 하면 무서운 것으로 부터 눈을 가려 주고 달래 준다.[48] 그들은 영유아의 생명력이 약하다고 생각하며, 자녀를 보호하기 위해 할 수 있는 건 다 한다. 신체적 체벌은 아무리 살살하더라도 영유아에게 좋지 않은 영향을 미치므로 절대 하지 않는다. 어린이들에게 사나움과 용맹함을 강조하는 아마존 야노마모족조차도, 아기가 울면 부모가 즉시 달려와 달래 준다. 야노마모족은, 아기는 아직 몸이 충분히 자라지 않았기 때문에 입을 통

---

44 Delaney, C., 2000, p. 139.

45 Wolf, M., 1972.

46 Hardman, C., 2000.

47 Le, H.-N., 2000.

48 Diener, M., 2000.

해 영혼이 빠져 나갈 수 있으며, 아기가 우는 것은 그들이 감당하기 힘든 사악한 정령이 영혼을 빼앗아 가려고 하기 때문이라고 믿는다. 그래서 아기가 울면 재빨리 달래 준다.[49]

이와는 달리 부모가 자녀를 방치한다고 보일 정도로 간섭하지 않는 사회를 묘사한 민족지도 있다. 배리 휴렛은, 중앙아프리카 피그미족의 한 부류인 아카(Aka Pygmy)족은 영유아를 중시하지 않는 사회라고 했다.[50] 어른들은 때로 사냥감을 쫓기 위해 아기를 숲 바닥에 내려놓고 가기도 하는 등 영유아 관리에 크게 신경 쓰지 않는다. 아카족 사회에서 중시하는 가치는 개인의 자율과 서로에 대한 존중이며, 그러한 의미에서 부모도 자녀를 강제로 훈육하지 않는다. 자녀에게 뭔가 가지고 오라고 시켰는데 자녀가 거절하면, 그냥 부모가 스스로 한다. 유사한 사례로, 아네트 해밀턴의 애보리진 연구에는, 어른들은 어린이들이 하는 일이 자신에게 방해되지만 않는다면 절대로 간섭하지 않는다는 기록이 나온다.[51] 또한 데이비드 메이버리-루이스도, 아크웨-샤반테족 부모들이 아이들의 일에 참견하기 꺼려하는 모습을 보고 놀랐다는 기록을 남겼다.[52] 한 번은 메이버리-루이스의 아들이 아쿠에-샤반테족 아이를 꼬드겨 못된 짓을 해서 그의 부인이 아들을 때린 적이 있었다. 이 모습을 본 마을 사람들은 충격을 받았고, 맞은 아들에게 막대기를 주며 엄마에게 대항하라고 했다 한다. 메이버리-루이스는 이곳 부모들도

---

49 Chagnon, N., 1968.
50 Hewlett, B., 1991.
51 Hamilton, A., 1981.
52 Maybury-Lewis, D., 1974.

자녀를 꾸짖을 때가 있기는 하지만, 어떤 경우에도 그들이 원하지 않는 것을 강요하지는 않는다고 했다.

어린이에게 그 어떤 강요도 해서는 안 된다는 관념은 진 브릭스의 이누이트 연구 사례에도 잘 나타난다. 이누이트족은, 자녀가 성장해서 이스마(isuma: 지각력과 사고력)[53]를 갖추게 되기 전까지는 부모가 무엇인가를 가르치려 하지 말아야 한다고 생각한다.

이스마는 배울 수 있는 능력과 배우고자 하는 마음이며, 자녀의 성장에 따라 자연스럽게 나타난다. 아이를 가르칠 때는 이스마가 궁금해하는 것을 가르쳐 주면 된다. 그러면 아이들은 늦던 빠르던 그것을 깨우친다. 이누이트의 사제는 아이에게 세례를 줄 때 부모들에게 '절대 꾸짖지 마세요. 가르쳐 주세요'라고 당부한다. 받아들일 준비가 되지 않은 아이에게는 무엇도 가르칠 필요가 없고, 아이의 뜻을 억지로 굽힐 필요도 없다. 아이가 그럴 때가 되면 그렇게 하게 될 것이다.[54]

이누이트 사람들은, 어린아이에게 억지로 무언가를 시키는 것은 꼴사나운 일이며, 아이가 제 뜻대로 되지 않는다고 화를 내는 부모는 어린아이처럼 낮아지는 것이라고 생각한다. 아이를 너무 자주 꾸짖거나 때리면, 오히려 부모에게 화를 내고 반항심과 적대심을 품게 되는 역효

---

53 앞선 장에서는 '이후마(ihuma)'라고 했었다. 이는 이누이트 언어의 지역별 차이에 따른 것이며, 원문에서도 인용한 원자료를 따라 표기를 다르게 했기에 번역도 이를 따랐다.-역자주

54 Briggs, J., 1991, pp. 267-268.

과를 초래한다고 본다. 그들은 아이가 스스로 성장하도록 놔두며, 받아들일 준비가 되었을 때 사회화 교육을 시작한다.[55] 브릭스는 그곳 어린이들이 체벌을 하지 않는 육아의 영향 때문에 '버르장머리' 없어 보이거나 '응석받이'로 보이는 경우가 많았다고 한다. 그러나 이누이트 어른들은 이런 아이들의 개구쟁이 같은 행동을 어른답게 꾸짖기보다는 즐거운 마음으로 받아 주었다고 한다.

신체적 체벌 없이 아이를 엄하게 훈육하기 위한 방편으로 아이를 무시하는 사회도 있다. 이들은 아이가 운다고 매번 달래 주지 않으며, 때로 우는 소리를 무시함으로써 스스로 감정을 조절하는 법을 터득하게 유도한다. 마저리 울프에 의하면, 대만 부모들은 아이가 울 때마다 달래 주지는 않았으며, 우는 것 역시 영유아들의 성장에 필요한 활동이라고 생각했다고 한다.[56] 또 어떤 곳에서는 칭찬을 자주하면 버릇없고 말 안 듣는 아이가 되기 쉽다고 생각한다.[57] 마저리 울프를 만난 한 여성은, "나는 딸의 면전에서 칭찬하지 않아요. 칭찬받는 다는 사실을 아이들이 알게 해서는 안돼요. 만약 그들이 칭찬받는 다는 것을 알게 되면, 더 잘하려고 노력하지 않을 거예요"[58]라고 말했다. 서아프리카의 폴라니족도 자녀에게 자제력과 겸손함을 심어 주고 버릇없는 아이가 되지 않도록 칭찬을 삼가는 편이다. 폴라니족 부모들은 자녀에게 "나는 너

---

55 Briggs, J., 1970, p. 112.

56 Wolf, M., 1972.

57 Poffenberger, T., 1981; Hendry, J., 1986.

58 Wolf, M., 1972, p. 68.

보다 더 오래 살았으며, 네가 하는 모든 어리석은 짓을 다 알고 있다"[59]고 이야기하며, 그들의 낮은 사회적 지위를 깨우쳐 주고 그에 맞는 예절을 익힐 것을 강조한다.

어린이들이 화를 내거나 울면 심각하게 걱정하며 이성적인 대화를 통해 풀어 주려고 하는 사회도 있다. 필리프 데스콜라는 페루와 에콰도르 국경 사이에 사는 히바로(Jivaro)족을 조사할 때 보았던 한 사건을 묘사했다.[60] 한 소녀가 '그 일'을 기억하거나 아는 사람이 아무도 없다면서 토라지자, 어른들은 소녀를 달래 주기 위해 '그 일'이 무엇인지 알아내려고 무척 애를 썼다고 한다. 히바로족은 나이에 상관없이 누구든지 화가 나거나 억울한 일이 생기면, 그 분한 마음을 풀어 줘야만 한다고 생각하기 때문이었다.

어떤 사회에서는 신체적 체벌보다는 수치심이나 사회적 비난이 더 효과적인 훈육 수단이라고 생각한다. 레이몬드 퍼스에 의하면, 폴리네시아 티코피아 섬사람들은 자주 어린이에게 겁을 주기는 하지만, 물리적인 힘을 쓰는 경우는 거의 없다. 설령 힘을 쓰더라도 가급적 약하게 해서, 아픔을 주기보다는 수치심을 주려 한다. 그들은 "몸이 아니라 마음을 아프게 해야 한다. (…) 자부심에 상처를 입는 것이 가장 아프다"[61]는 생각을 갖고 있다. 이곳 어린이들도 벌을 받을 때 신체적 체벌보다 수치심을 느끼는 것을 더 두려워하고 있었고, 이 때문에 더더욱 신체적 체벌이 필요 없게 되었다. 이안 호그빈도 이와 비슷한 사례

59 Johnson, M., 2000, p. 193.
60 Descola, P., 1996.
61 Firth, R., 1936, p. 154.

를 기술했다. 뉴기니의 워지오(Wogeo)족은, 어린이들에게 다음번에 잡은 돼지의 고기를 주지 않겠다거나, 숲에다 버리고 오겠다는 식으로 겁을 주기는 하지만 실제로 그렇게 하지는 않으며 나중에는 어린이들도 그 말을 무서워하지 않게 된다. 드물게 이성을 잃은 부모가 아이를 때리는 적이 있기는 하다. 하지만 워지오족은 "자녀에게 가르침을 주기 위해서만 때립니다"[62]라고 하며, 반드시 교육적 목적이 있을 때만 때리는 것이 용인된다고 했다. 호그빈의 기록에 의하면, 이들은 비록 신체적 체벌에 의지하는 부분도 있지만, 기본적으로는 레이몬드 퍼스가 언급했던 티코피아 사람들처럼 '자존감에 상처를 입히는 것이 어린이들이 가장 두려워하는 형벌이며 효과도 좋다'고 생각하는 사람들이다. 조이 헨드리는 일본에서도 이처럼 수치심을 주거나 조롱하는 것이 어린이의 행동을 제재하는 데 효과적이라고 생각한다는 사실을 보여 주었다.[63] 일본 어린이들은 남들과 같이 행동하는 것을 중요하게 생각하며, 이상하거나 별난 친구로 불리는 것을 심각한 모욕으로 받아들인다. 이러한 관념은 어린이가 자랄수록 점점 더 강해지면서, 신체적 체벌은 거의 필요가 없어지고 조롱을 하거나 수치심을 느끼게 하는 것이 가장 효과적인 훈육 방법이 된다.

마지막으로, 못된 짓을 하면 어떤 초자연적인 존재가 잡아갈 것이라고 아이에게 겁을 주는 것도 흔한 방법이다. 초자연적 존재는 조상의 영혼[64]일 수도 있고, 말썽꾸러기들만 골라서 사냥하는 정령일 수도 있

---

62 Hogbin, I., 1970a, p. 161.
63 Hendry, J., 1986.
64 Firth, R., 1936.

312

다. 이런 무서운 괴물은 대단히 애매한 존재로 표현될 때도 있고, 공들여 꾸며낸 거짓 연극으로 보여 줄 때도 있다. 눈앞에서 춤추듯 날아가는 나뭇잎을 보고 유령의 짓이라고 하거나[65], 유령이나 악마가 잡아먹으러 찾아온다는 이야기를 들려주거나[66], 못된 짓을 하면 악마가 집에서 끌어내 하이에나에게 던진다고 겁을 주거나[67], 엄마가 직접 하이에나 흉내를 내며 겁을 주거나[68] 하는 등 여러 가지 형태가 있다. 하지만 이러한 거짓말의 효과는 일정하지 않다. 이안 호그빈에 의하면, 워지오족 어린이들은 '잠자리에 들지 않으면 카리부아(Karibua)라는 귀신이 몸을 훔쳐간다'는 이야기를 거의 믿지 않는데, 왜냐하면 귀신이 굳이 어린이처럼 죽을 위험이 더 높은 몸을 훔쳐갈 일이 없다고 생각하기 때문이라고 했다. 이런 거짓말이 효과를 보려면 좀 더 정교한 수단을 동원해 어린이들이 진짜로 잡혀갈 수도 있다고 믿게 해야 할 것이다. 미크로네시아 이팔럭(Ifaluk) 섬의 엄마들은 아이가 못된 짓을 하면, 옆집 엄마를 찾아가 귀신 분장을 하고 자신의 자녀에게 나타나 진짜로 잡아먹을 것처럼 쫓아와 달라고 부탁한다.[69] 차가족의 엄마들도 이와 비슷한 방법을 쓴다. 다음은 그 예시다.

'들어봐!' 갑자기 그 아이의 엄마가 소리를 질렀다. '하이에나의 울음

---

65 레수(Lesu)족, Powdermaker, H., 1993.

66 일본, Hendry, J., 1986.

67 구시(Gusii)족, LeVine, S., and R. LeVine, 1981.

68 차가(Chaga)족, Raum, O., 1970.

69 Le, H.-N., 2000.

소리가 들리니? 입을 다물지 않으면 그들이 찾아와 너를 잡아먹을 거야! 순식간에!' 그래도 소용이 없으면, 엄마는 즉시 밖으로 나가 하이에나의 울음소리를 흉내 낸다. '우우~ 우우~' 하면서. 그리고 다급한 목소리로 '힐로, 힐로, 힐로!(Hilo, hilo, hilo!) 오, 오, 오! 제발 부탁드립니다. 저 불쌍한 아이를 잡아먹지 마세요!'라고 소리친다. 잠시 뒤 집으로 돌아온 엄마는 아이에게 '저 소리 들었지? 이번에는 엄마가 간절히 빌어서 물러갔지만, 한 번 더 그렇게 떼를 쓰면 다시 찾아온다고 했어'라고 말한다.[70]

누가 어린이를 체벌할 수 있는가?

레이몬드 퍼스에 의하면, 모든 티코피아 어린이들은 서로를 알고 있었으며, 섬사람들 대부분도 누가 누구의 자녀이며 자기와 친족관계는 어떻게 되는지를 알고 있었다고 한다.[71] 어린이들은 이집 저집을 자유롭게 돌아다니며, 조금 더 자라면 며칠거리에 있는 친척 마을까지도 혼자서 다녀오곤 한다. 그래도 자녀를 양육하고 가르칠 가장 큰 책임은 당연히 부모에게 있으며, 많은 사람들이 모인 장소에서 자녀를 소홀하게 관리하는 부모는 아이를 제대로 돌보지 못한다는 책망을 듣는다. 비록 필요할 때는 이웃 사람이 아이를 대신 봐줄 때가 있지만, 부모가 아닌 다른 사람이 아이를 꾸짖거나 훈육하는 경우는 아주 드물다. 다른

70   Raum, O. F., 1940, pp. 132-133.
71   Firth, R., 1936p

사람의 자녀를 혼내는 것은 부끄러운 일인 동시에, 그 아이의 부모에게 아이를 똑바로 가르치지 않았다고 비난하는 일이기 때문이다. 비단 티코피아 사람들만 이런 생각을 갖고 있는 것은 아니다. 아이작 셰퍼라에 의하면, 크가틀라족 부모들 역시 다른 사람이 자기 자녀를 때리면 굉장히 화를 냈다고 한다. 셰퍼라에 의하면, 그가 현지 조사를 수행하던 1930년대만 하더라도 물건을 훔치다가 걸린 어린이는 누구라도 혼을 낼 수 있었다고 한다. 하지만 점차 풍습이 변해서, 다른 사람의 자녀가 자기에게 잘못을 저지르더라도 직접 때리지 않고, 그를 때릴 수 있는 사람, 즉 부모를 찾아가 대신 체벌할 것을 요구하게 되었다고 한다. 기니비사우 파펠족을 대상으로 한 조나나 이나스도티르의 최근의 연구에서도 다른 사람의 아이를 때리지 못한다는 풍습을 발견할 수 있다.

자기 자녀가 아니면 결코 때려서는 안 된다. 다른 사람이 내 자녀를 때리는 것은, 나에게 '자녀를 똑바로 키우지 못했다'고 모욕을 주는 것이다. 내 자녀를 가르칠 책임은 나에게 있다. 자녀가 못된 짓을 한다면 당연히 때려야 한다. 하지만 남의 자녀는 때리면 안 된다. 다른 사람이 네 아이를 때리는 건 치욕이다.[72]

마저리 울프는 대만 시골 엄마들은 혹시라도 자녀들이 다른 아이를 때리거나 제멋대로 굴지 않도록 조심한다고 했다.[73] 단순히 아이를 잘

---

72 Einarsdottir, J., 2000:104.

73 Wolf, M., 1972.

못 키웠다고 비난을 듣기 때문만이 아니라, 그런 일이 생기면 다른 엄마들과 서로 돈을 빌려주거나 조언과 격려를 해주는 등의 관계를 유지하기 힘들어지기 때문이다. 자녀에게 문제라는 꼬리표가 붙은 엄마는 한 집안의 안주인으로서 마을 사람들과 좋은 관계를 형성하기가 대단히 어렵게 된다. 그녀를 편들어 주는 사람은 거의 없을 것이다. 어린이들도 친구들과 놀 때는 이러한 일이 벌어지지 않도록 조심한다. 만약 자기가 친구에게 부당한 폭력을 당했다고 생각하면, 그 아이는 자기 엄마를 찾아가 고자질하는 대신 가해자의 엄마를 찾아간다. 그 엄마가 이웃 사람들과 좋은 관계를 유지하기 위해서는 자신의 아이를 꾸짖어야만 한다.

이들은 친자녀에 대한 부모의 권리를 무엇보다 중시하지만, 때로 화를 참지 못해 아이를 자주 심하게 때리는 엄마가 있으면 이웃들이 나서서 제재한다. 울프는 "보통은 누구도 남의 가족 일에 참견하지 않는다. 하지만 누가 봐도 엄마가 이성을 잃고 자녀에게 화풀이하고 있다고 생각되면, 이웃이 아니라 생판 모르던 남이라도 말려야 한다. 이러한 관습이 없었더라면, 마을에는 심한 폭력에 시달리는 아이들이 더 많아졌을 것이다"[74]라고 적었다. 평소에는 아이들이 어른들 일에 참견하면 크게 혼나기 마련이지만, 부모에 의한 심각한 폭력이 벌어지고 있을 때 도와줄 다른 사람이 없으면 손위 형제자매가 동생들을 구해야 한다.

대개는 어린이에게 신체적 체벌을 내릴 수 있는 건 부모뿐이고, 친척이나 이웃은 그 처벌이 도를 넘었을 때 제지하는 역할을 맡는다. 하

---

74 Wolf, M., 1972, p. 71.

지만 같은 부모라도 아빠와 엄마 사이에 체벌의 기준이 매우 다른 경우도 있다. 나폴레옹 샤농에 의하면, 야노마모 엄마들은 자녀를 호되게 혼내라고 아빠의 손에 회초리를 쥐어주기까지도 한다.[75] 아빠보다는 엄마들이 자녀를 엄하게 대하며, 때리기도 더 자주 때린다. 데이비드 메이버리-루이스도, 아크웨-샤반테족 역시 엄마가 아빠보다 훨씬 엄격하며 아빠는 결코 자녀를 때리지 않는다고 했다. 아카족은 신체적 체벌을 거의 하지 않으며, 어린아이를 때리는 행위는 이혼 사유가 되기도 한다.[76] 파푸아뉴기니 레수(Lesu)족은 부모 중 한쪽이 아이를 때리면, 아이가 아무리 잘못했다고 하더라도 부부간에 반목하게 될 수 있다.[77] 또한 호르텐스 파우더메이커는 자신의 아이를 체벌한 다른 사람에게 강하게 항의하는 엄마의 모습을 다음과 같이 기록했다.

하루는 어떤 사람이 같은 씨족의 한 아이에게 빈랑나무 열매를 좀 달라고 했는데, 거절당하자 아이를 때렸다. 하지만 그때 아이의 엄마는 자리에 없었다. 잠시 뒤 집에 돌아온 엄마와 이모가 우는 아이를 발견하고는 자초지종을 들었다. 두 여자는 나무 막대를 손에 들고 그 남자를 찾아가 싸웠다. 다른 마을 사람들은 그 남자가 당해도 싸다고 생각했다.[78]

---

75 Chagnon, N., 1968.

76 Hewlett, B., 1991.

77 Powdermaker, H., 1933.

78 Powdermaker, H., 1933, pp. 82-83.

아동 학대

아동 권리에 대한 인식이 성장한 뒤로는 훈육과 체벌 논의에 아동 학대 문제를 함께 거론하기 시작했다. 인류학자들도 신체적 체벌을 문제의식을 갖고 바라보게 되었다. 그러나 낸시 셰퍼-휴지스는 이러한 연구 경향에 대해 "비서양 사회의 전통적 육아관을 우리의 관심사인 아동 학대와 영아 사망률의 관점에서 재단"[79]하느라 그들 고유의 아동 사회화 이론과 훈육 방법을 무시하고 있다며 비판했다.

하지만 문화상대주의적 관점을 강조하면 어떤 체벌도 아동 학대로 볼 수 없게 된다며 셰퍼-휴지스의 주장에 이의를 제기하는 목소리도 있었다. 헬렌 모턴은 "비서양 사회를 연구하는 인류학자들은, 그 사회의 육아 및 사회화 방법이 우리가 보기에 부당하다고 판단되더라도 모른 척하거나 별일 아닌 듯 넘어가는 경우가 많았으며, 때로는 옹호하기까지 했다."[80]고 주장했다. 이 시기에는 아동 학대는 서양에서만 주로 나타나는 현상이라는 인식이 있었다. 게다가 조사 대상 지역은 대개 서양에 비해 사회 규모가 작고 공동체 위주의 육아를 하고 있었고 어린이에 대한 인식마저 서양과는 달랐던 탓에 더더욱 체벌을 아동 학대라 규정하기 어려웠다.[81] 실제로 넬슨 그래번은 이누이트족의 아동 학대를 묘사하면서, 이는 지극히 드물고 특이한 사례이며 비난받아 마땅한

79 Scheper-Hughes, N., 1987, p. 7.

80 Kavapalu, H., 1993, p. 314.

81 Fraser, G., and P. Kilbride, 1980.

일이라고 괴로워했다.[82]

아동 학대라는 개념이 없는 사회를 설명하기 위해 학대를 대체할 관점을 제시하는 경우도 있다. 가령, 자녀를 키우기 어려울 때 낙태, 영아 살해 혹은 유기를 허용하는 일본의 관습을 설명할 때, 일본의 부모는 '아이를 고통 속에서 키우는 것이야말로 학대이며, 그렇게 키우느니 버리거나 죽이는 길을 택해야 한다'고 생각한다는 점을 언급했다.[83]

아동 학대를 주로 조사한 연구자들은, 개인적인 가치관과 해당 사회의 사회 문화적 맥락 사이에서 타협점을 찾아야만 했다. 헬렌 모턴이 기술한 통가족의 처벌 관습은, 아무리 통가족의 세계관과 처벌의 이유를 이해한다고 하더라도 읽기 괴로울 수 있으며, 저자 역시 계속되는 신체적 체벌을 보기 힘들어 했다.[84] 모턴의 기록에 의하면, 통가족은 어린이를 때린다는 의미의 30가지 다른 표현을 갖고 있었으며, 어린이가 괴로워하는 것이 분명한데도 즐거워하며 때리는 어른의 모습을 종종 보았다고 한다.[85]

헬렌 모턴은 과거 인류학자들이 가혹한 체벌 장면을 심각하지 않게 묘사하기 위해 어떤 순화 과정을 거쳤는지를 보여 주고자 펄 비글홀과 에르네스트 비글홀 부부의 통가 연구에서 부모의 폭력적 사디즘과 자녀의 고통을 기술한 부분을 인용했다. 비글홀 부부는 현지 조사 노트에 한 통가족 엄마를 "이성을 잃고 분노한 채 아이를 때리는 엄마의 모습

---

82 Graburn, N., 1987.

83 Wagatsuma, H., 1981.

84 Kavapalu, H., 1993; Morton, H., 1996.

85 Kavapalu, H., 1993.

은 90%는 순수한 사디즘으로 보였고, 1/4 정도만 이타적 훈육이라고 보였다. 우리 입장에서는 결코 합리적이고 정당한 수준이라 볼 수 없는 과도한 체벌이었다"[86]고 적었다. 하지만 논문으로 발표할 때는 "말을 안 듣거나 게으름을 피우는 아이는 엄마에게 지독하게 맞는다. 때리는 행위는 (…) 규율을 강제하기 위한 마을의 전통으로 여겨진다"[87]고 충격적인 폭력 장면을 단조롭게 서술했다. 모턴은 통가의 아동 폭력 장면을 숨김없이 묘사했으며, 저자의 입장도 분명하게 드러냈다. 그러면서도 통가의 가혹한 체벌은 사회적 지위의 상하 관계를 드러내는 방편이라는 분석을 통해, 그들의 맥락에서는 이것이 학대로 여겨지지 않는다는 논지를 밝혔다. 만약 그럴 권한이 없는 사람이 체벌을 내리는 등 사회적 맥락에 맞지 않는 상황에서 이루어 체벌은 학대로 여긴다.

질 코빈이 제시한 학대의 세 가지 유형은 훈육과 아동 학대의 관계를 논의하는 데 유용한 분석틀이다.[88] 첫 번째 유형은, 성인식이나 의례적 몽둥이질과 같은 문화적 관습의 일종으로서, 외부인이 보기에는 불필요하고 가혹한 학대로 여겨질 수 있으나 해당 사회 구성원들은 모두 그 문화적 필요성을 인정한다. 두 번째는 드물게 벌어지는 개인의 일탈로 인한 학대로서, 이는 해당 사회의 문화적 관습과 상식에 반하는 것이다. 마지막 유형은 사회 구조적 아동 학대로서, 빈곤이나 소외 및 질병이 만연한 상태에서 어린이라는 특정 계층이 학대의 대상으로 부각되는 경우다. 이 세 가지 학대의 유형은 조금 더 자세하게 다룰 필요

---

86 Pearl and Ernest Beagleholes, Kavapalu, H., 1993, p. 313에서 재인용.
87 Pearl and Ernest Beagleholes, Kavapalu, H., 1993, p. 313에서 재인용.
88 Korbin, J., 1981.

가 있다.

코빈이 제시한 첫 번째 유형의 학대는 다른 사회에서는 비난의 대상이 되지만 해당 사회에서는 그렇지 않다. 외부인들이 보기에는 불쾌하고 잘못된 관습으로 보이지만 해당 사회의 맥락에서는 바람직한 것으로 여겨지는 육아 관습이며, 이러한 사례는 앞에서도 여러 번 살펴보았다. 어린이의 육체와 정신에 큰 고통을 안겨주는 관습을 묘사한 민족지 사례는 어렵지 않게 찾아볼 수 있다. 예를 들어 오토 라움이 연구한 동아프리카의 차가족 사회에서는 어린이를 묶어 놓거나 감금한 채 때리기도 하고, 상처에 기름이나 쐐기풀을 비비기도 하고, 불 위에 매달아 놓은 채 꼬집거나 때리거나 심지어는 두려움에 오줌을 지릴 때까지 목을 조르기도 한다.[89] 체벌을 할 때 쐐기풀로 때리거나 강한 환각제를 투여한 뒤 매운 고추를 태운 연기를 마시게 해 의식을 잃게 하는 아마존 히바로(Jivaro)족의 사례도 있다.[90] 아마존 메히나쿠(Mehinaku)족은 어린이에게 고통을 의연하게 참는 법을 가르치기 위해 돔발 상어의 이빨로 상처를 낸다.[91]

어린이에게 고통을 주는 것은 체벌만이 아니다. 신체를 변형하는 행위 역시 어린이들에게는 큰 고통이 된다. 그 중 가장 충격적인 사례는 여성 할례다. (그 잔혹한 본성을 강조하기 위해 여성 생식기 절단이라 표현하기도 한다.) 할례는 대단히 큰 고통이며, 때로 아주 어린 소녀들에게 행

89　Otto Raum, 1940:225-6.

90　Harner, 1969.

91　Gregor, 1977.

해질 때도 있다. 또한 이는 여성들의 성 건강에도 악영향을 준다.[92] 그 외에도 상흔(亂刺, scarification)을 남기거나, 목을 늘어나게 하거나, 발을 묶거나, 문신을 새기거나, 피어싱을 한다거나, 아기의 머리를 늘이거나 하는 등의 사례가 있다. 비록 이러한 의례가 평생 지워지지 않는 상처와 고통을 남기기는 하지만, 이것이 본질적으로 학대 행위인지 문화적으로 용인되는 통과의례의 일종인지는 단정적으로 말하기 어렵다.(8장 참조) 루이스 랑그네스는 뉴기니에서 장례 의식에서 어린 소녀의 새끼손가락 첫 마디를 돌도끼로 잘라내는 의례를 두고, "외부인이 보기에는 분명 고통스럽고 잔인한 행위다. 하지만 당사자는 아무리 고통스러워도 이를 의례 또는 제도화된 관습으로 여기고, 그 가치를 높이 평가하며 기꺼이 받아들인다. 이는 실제로 서양적인 관점에서 학대라 부를 수 없다"[93]고 했다.

이러한 의례에는 많은 논란이 따르고 있으며, 아무리 문화상대주의적 입장에서 바라본다 하더라도 여성 할례나 손가락 절단은 용인하기 어렵다는 주장도 많다. 하지만 질 코빈은 비정상적인 학대 행위와 문화적으로 용인되는 의례 사이에 차이점이 있는 것은 분명하다고 보았다.

우리는 그 어떤 문화적 행위라도 당사자들의 관점에서 보면 용인할 수 있다는 극단적인 상대주의 입장을 주장해서는 안 된다. 하지만 국제적으로 통용될 수 있는 아동 학대의 기준을 정의하는 데 있어서 우리의 관점

---

92 El Saadawi, 1980. 할례에 대한 생생한 1인칭 체험기.
93 L. L. Langness, 1981:25.

을 강요해서도 안 된다. (…) 비록 소녀의 손가락을 제거하는 의례가 우리 입장에서는 이해 불가능하더라도, 이것이 아무런 의미도 이유도 없이 그냥 어린이의 신체를 훼손하는 행위와는 구별된다는 것을 알아야 한다. [94]

코빈은 여기서 한 발 더 나아가, 학대는 상대적인 개념이고, 외부인 입장에서 어린이를 괴롭히는 것으로 보이는 육아 관습은 서양에도 있다고 주장했다.

만약 어떤 부모가 자녀를 '보호'하기 위해 해당 사회에서 필수적인 고통스러운 성인식 의례를 거부한다면, 그 자녀는 사회에서 어른으로 인정받을 수 없게 된다. 그 사회의 문화적 기준으로 보자면, 그는 자녀의 성장을 방해하고 자녀를 학대하거나 방치하는 부모이며 이는 비판의 대상이다.

비서양권 사람들도 서양의 육아 방법을 보고 아연실색할 때가 있기는 마찬가지다. 그들은 종종 미국이나 유럽에서 온 인류학자나 선교사는 자녀를 사랑하지 않거나 자녀를 키우는 올바른 방법을 모르는 것이 분명하다고 생각한다. 그들의 육아 철학을 기준으로 보자면, 영유아를 한밤중에 홀로 침대에 놔둔다거나, 정해진 시간이 되기 전에는 음식을 주지 않는다거나, 아기가 필요한 것을 달라고 우는 것조차 허용하지 않는 행동은 상상하기 힘든 일이다. [95]

---

94 Korbin, J., 1977, pp. 10-11.
95 Korbin, J., 1981, p. 4.

문화상대주의의 관점에서 한 사회의 육아 관습의 정당성 여부를 논의하는 것은 2장에서 논의했던 "어린이란 무엇인가?"라는 질문과 연관되어 있다. 2장에서는 마녀나 주술사라는 낙인이 찍힌 어린이를 끔찍하게 고문하고 살해한 뒤 시신을 훼손하는 사례를 언급했었다. 이 역시 문화상대주의적 관점으로 용인하기에는 그 정도가 너무 심하다는 논란이 있다. 그럼에도 불구하고, 그러한 행동은 공동체에 위협이 되는 사악한 존재로 낙인이 찍힌 어린이에게만 용인되며, 같은 행동을 평범한 공동체의 일원인 어린이에게 가하는 것은 끔찍하다고 생각하는 인식상의 차이는 분명히 존재한다.

코빈이 제시한 두 번째 학대의 유형은 해당 사회의 문화적 관습의 범주를 벗어난 것이다. 이러한 학대는 개인이 일으키는 비정상적인 일로서, 어린이에게 큰 상처를 남기기 쉽다.[96] 의례 과정에서 소녀의 손가락을 자르는 사회에서도, 아무런 맥락이 없는 상황이나 체벌 과정에서 그렇게 하는 것은 용인하지 않는다.[97] 케냐의 사미아(Samia)족은 아이를 낳지 못하는 부인이 남편의 다른 부인을 질투해서 그녀의 아이를 죽이기 위해 주술을 쓰는 행위를 '악마의 눈'이라 부르며 이를 아동 학대와 같이 여기고 비난했다.[98] 신체적 체벌을 용인하는 사회에서도 체벌과 학대를 나누는 기준은 정해져 있다. 파푸아뉴기니의 일라히타 아라페쉬(Ilahita Arapesh)족은 때로 자녀를 훈육하는 부모가 분노와 적의

---

96 Johnson, Q., 1981.

97 Langness, L. L., 1981.

98 Fraser, G., and P. Kilbride, 1980.

를 품고 아이를 심하게 때리기도 한다는 것을 인정했다.[99] 이때는 반드시 다른 사람이 부모를 진정시켜 아이를 보호해야 한다. 서아프리카의 벵족도 자녀를 심하게 상습적으로 때리는 것은 훈육이 아니라 학대라고 생각한다.[100] 기니비사우의 파펠족도 자녀를 때리는 일이 일상적이긴 하지만, 그것이 옳은 일이냐 아니냐를 두고 논쟁을 벌이기도 했다. 또한 자녀를 너무 오래 심하게 때리는 부모를 보면 주변 사람들도 부모가 미친 것 같다면서 불편한 감정을 숨기지 않았다.[101]

언급한 사례는 모두 문화적으로 용인되는 범위를 넘어선 폭력이며, 공동체 구성원으로부터 제지와 비난을 받는 행위다. 또한 체벌을 용인하는 사회에서도 학대와 체벌을 구분하는 나름의 기준은 있으며, 그 기준을 넘어섰다고 판단되는 경우에는 아이를 보호하기 위해 개입한다. 그렇다고는 해도, 그들이 폭력의 강도보다는 문화적 관습 규정의 위반 여부를 더 중시한 것은 사실이다.[102]

문화상대주의적 학대 개념의 마지막 사례로 살펴보고자 하는 것은, 부모가 해야 할 일을 하지 않는 것을 학대라고 생각하는 경우다. 데이비드 우는 과도한 체벌보다는 오히려 훈육을 하지 않는 것을 더욱 큰 학대로 여기는 중국의 사례를 이야기했다. "중국 부모들은 자녀를 때리는 행위가 자녀에게 원치 않는 고통을 주는 학대인지, 아니면 자녀를 잘못된 길로 이끌 수 있는 그릇된 훈육인지 고민하고 있다. 한 아버지

---

99 Langness, L. L., 1981.

100 Gottlieb, A., 2004.

101 Einarsdóttir, J., 2000.

102 Korbin, J., 1977, p. 12.

는 이렇게 말했다. '자녀를 상습적으로 심하게 때리는 게 나쁘다는 건 우리도 알고 있어요. 하지만 가장 큰 '학대'를 저지르는 부모는 아무런 훈육도 하지 않는 부모예요. 이는 '부모의 사랑이 자녀를 죽이는' 행위입니다'라고 말했다."[103] 헬렌 모턴 역시 통가처럼 가혹한 체벌과 매질을 하는 사회에서도, 자녀들이 '부모님이 나를 사랑해서 벌을 주신 것'이라고 말하기도 하는 등 부모와 자녀 사이의 애착을 확인할 수 있다고 했다.[104]

코빈이 제시한 학대의 세 번째 유형은 개인적 이유가 아닌 사회적 또는 구조적 요인에 의해 발생하는 학대다. 이는 주로 빈곤이나 사회적 불평등, 보건상태 악화, 전쟁이나 정책 문제 등으로 인해 발생하는 사회 경제적인 형태의 학대다. 이러한 현상은 아동 학대로 언급되지 않는 편이며, 서양의 부유한 나라들은 이러한 학대에 대해 사회 부유층의 책임이라기보다는, 부모 개개인 혹은 위험한 외부인에 의한 것으로 보는 경향이 강하다.[105] 많은 연구자들이 빈곤과 같은 역경 상황에서는 힘없는 계층인 어린이에게 불평등과 폭력이 전가될 위험이 크다고 지적한다. 그 외에도 인종차별[106], 폭력적인 이웃[107], 핵실험과 같은 환경오염[108], 제도적 조직적 폭력[109] 등과 같은 요소들도 아동 학대를 유발할 수

---

103 Wu, D., 1981, p. 154.

104 Morton, H., 1996, p. 196.

105 Best, J., 1990.

106 Bourgois, P., 1998.

107 Garbarino, J., 1999.

108 Stephens, S., 1995b.

109 Scheper-Hughes, N., 1995; Bernat, J. C., 1999.

있다. 영유아 유기[110]와 영아 생존율[111]을 다룬 연구에서도, 개인의 병리학적 요인으로 발생하는 아동 학대도 존재하지만, 어린이들의 삶을 파괴하는 더 큰 요인은 주로 사회적 압력으로 인해 생긴다고 보았다. 셰퍼-휴지스와 스테인은 다음과 같이 강력하게 주장했다.

아동 학대를 우리 사회의 중요한 문제점으로 부각시키는 '선택'은, 특정한 형태(주로 구타와 성폭력)의 학대에 초점을 맞춘 선택이며, 그 외의 다른 형태, 특히 빈곤으로 인해 발생하는 문제에는 상대적으로 신경을 쓰지 않는 선택이다. 이러한 선별적 관심은, 결과적으로 '빈곤이 여성에게 집중되는' 현상을 해소하기 위한 징벌적 공공정책을 거부하는 셈이 되었고, 이로 인해 도시 내부 소외계층의 영유아 사망률이 올라가는 문제를 발생시켰다.[112]

실제로 부모가 자기 수입한도 안에서 최선의 노력을 하더라도, 사회 구조적 압력이 부모를 넘어서 자녀까지 극한의 상황으로 몰아넣는 경우가 많다. 알렌 홀름버그가 작성한 볼리비아 시리오노(Siriono)족 연구에는, 아주 극심한 기근이 닥쳤을 때에도 자녀에게 극진한 사랑을 보여 주는 부모의 모습이 드러난다. 홀름버그는 "아이에게 먹을 것을 주지 못하는 미안함 때문에 더더욱 자주 사랑을 표현하는 시리오노 부모

---

110 Panter-Brick, C., and M. Smith, eds., 2000.

111 Scheper-Hughes, N., 1987.

112 1Scheper-Hughes, N., 1987, p. 353. 강조는 원문과 같다.

들이었다"[113]는 기록을 남겼다. 이 어린이들의 굶주림을 학대라고 부르기는 어렵지만 기초 생필품의 부족 앞에 부모의 사랑은 힘을 잃어버리기 쉽다. 이는 낸시 셰퍼-휴지스가 브라질 빈민가 파벨라 연구에서 제시한 관점과 유사하다.[114] 셰퍼-휴지스는, 아기가 확실히 살아남을 수 있다는 확신이 들 때까지 최대한 마음을 주지 않고 의도적으로 방관하는 엄마의 모습을 묘사하면서, 그 엄마들은 자녀를 죽이는 것은 자신이 아니라 가난이라는 사실을 잘 알고 있었다고 적었다.

학대의 개념은 변하고 있다. 로저 굿맨에 의하면, 일본에서 처음으로 아동 학대 신고전화제도가 시행되었던 때, 걸려 오는 전화의 대다수는 학대받는 아동에 대한 구조 요청이나 신고전화가 아니라, 자신의 훈육 방법이 학대인지 아닌지 물어보려는 부모의 전화였다고 한다.[115] 통가에서는 최근 들어 유엔아동권리협약(UNCRC)에서 발표한 학대의 개념과 전통적인 체벌 관념이 충돌하고 있지만, 조금씩 어린이를 대하는 방식이 변하고 있다.[116]

문제가 되는 경우는, 이민자 가정의 기존 사회와 이민 사회의 아동 학대 개념이 완전히 다를 때다. 이때는 문화적 상대주의에 기댄 항변이 쉽게 받아들여지지 않는다.

코빈은 1974년 영국에서 한 요루바 여성이 자녀에게 의례적 상흔을 남긴 사건을 예로 들었다. 그녀는 모국 나이지리아에서 행해지는 요루

---

113 Holmberg, A., 1969, p. 256.

114 Scheper-Hughes, N., 1992.

115 Goodman, R., 2000.

116 Morton, H., 1996.

바의 관습에 따라 아들의 얼굴에 칼을 긋고는 재를 비벼 상처에 스며들게 했다. 그녀는 타인의 신체를 훼손한 죄로 고발되어 유죄를 선고받았지만, 요루바족의 문화적 정체성을 지키기 위한 행위였다는 항변을 인정받아 처벌을 받지는 않았다.

미국 소아과 병원에서는 베트남 어린이들 몸에서 발견된 설명할 수 없는 커다란 멍 자국을 보고 학대라고 오인한 적도 있었다.[117] 이는 오한이나 열을 다스리기 위해 동전을 몸에 대고 세게 문지르는 베트남의 민간요법[118] 때문이었다. 이와 비슷한 사례로, 멕시코 부모들은 종종 설사나 구토를 하는 아이를 별일 아니라는 듯이 흔들거나 거꾸로 매달거나 물속에 머리를 담구기도 했는데, 이는 모두 망막 출혈의 위험이 있으며 미국에서는 '전통적인' 아동 학대의 조짐으로 여겨졌기 때문에 고발당하는 경우가 많았다.[119]

이러한 사례에서 볼 수 있듯이, 문화상대주의는 국가나 정부의 정책과 충돌하는 경우가 많으며, 보편적인 아동 권리의 개념과도 상충된다. 하지만 그렇다고 해서, '요루바족에 한해서 자녀의 얼굴에 칼자국을 내는 것을 허용한다'는 식으로 아동법의 기준을 민족적 배경에 따라 다르게 적용하는 것도 불가능하다. 그러나 서로 다른 문화적 배경에 대한 이해가 없으면, 이미 그들의 모국에서도 소외된 계층인 경우가 많은 이민자 가정의 부모들에게 또 다른 오해와 부당함을 부과할 위험이 있다. 또한, 비서양권의 육아 방법을 미화하지도 말아야 하며, 그들에

---

117 Korbin, J., 1979.

118 coin rubbing. 중국에서는 꽈샤(刮痧), 베트남에서는 까오유(cạo gió)라고 한다.—역자 주

119 Korbin, J., 1979.

게는 서양의 학대 개념이 알려지지 않았을 거라는 선입견도 거둬야 한다. 이 장에서 다룬 여러 사례를 종합해 봤을 때, 비록 학대에 대한 정의는 사회마다 다를 수 있어도, 모든 사회는 학대에 대한 나름의 기준이 있으며 학대가 죄라는 인식도 갖고 있음은 분명하다.

결론

훈육과 체벌은 육아의 여러 측면 중에 두 가지 요소일 뿐이다. 하지만 이들을 자세히 연구함으로써, 유년기의 본질은 사회에 따라 바뀔 수 있다는 사실과, 유년기라는 사회 현상은 문화적 배경과 맥락을 고려하지 않고서는 파악할 수 없다는 사실을 다시 한 번 확인할 수 있었다. 어린이를 대하는 태도와 훈육과 체벌 방법은, 해당 사회의 어린이 인식과 역할과 위상에 따라 달라진다. 어린이에게도 부모의 폭력에서 보호받을 권리가 있다는 관념은 비교적 최근에 생겨난 것이지만, 이로 인해 인류학자들은 체벌과 훈육에 대한 인식을 바꾸기 시작했다. 요즘은 체벌과 학대를 떨어뜨려놓고 논의하지 않는다. 많은 인류학자들이 조사 지역에서 가혹한 체벌 장면을 보고 불편한 심기를 가졌었으며, 그 행위의 정당성에 대한 의심과 문화상대주의적 관점 사이에서 많은 고민을 했다.

학대는 변하지 않는 단일한 개념이 아니며, 그 형태와 개념은 사회적 맥락에 따라 달라진다. 하지만 모든 사회는 어린이에게 심각한 해를 입힐 수 있는 학대가 어떤 것인지 판별하는 기준을 가지고 있다. 헬렌 모턴이 논문 제목에서 밝혔듯이, 아동 학대는 "유년기 민족지의 어두운 면"[120]이었다.

---

120 Kavapalu, H., 1993.

7장

어린이와 성(섹슈얼리티)[1]

Children and Sexuality

---

1   sexuality의 번역에 관하여. 섹슈얼리티는 우리말로 정확하
    게 번역할 수 있는 단어가 없다. 때문에 여성학 관련 저서에
    는 통상적으로 섹슈얼리티라고 그대로 쓰는 경우가 많다.
    이 책에서도 오역을 피하기 위해 그대로 쓰는 것을 원칙으
    로 하되, 의미하는 바가 분명한 경우에만 문맥에 맞게 '성
    의식/성적 특성/성인식' 혹은 '성/성적인 것'으로 번역했음
    을 밝힌다. 그러나 이는 대단히 제한적으로 사용했으며, '성
    ○○'와 같은 모든 단어가 원문에 sexuality로 표기되어 있던
    것은 아님을 유념해 주시기 바란다.-역자 주

서론

　서양이 만든 유년기 개념의 중심에는 '어린이는 성적으로 순결하다'는 이미지가 들어 있다. 어린이들이 성을 모르고 살아야 할 이유가 있는가? 어린이는 성을 느끼지 못하는가? 이에 대해 논쟁을 벌일 수는 있어도, 유년기를 보호 받아야 할 영역으로 여기는 이상 어린이의 성에 관한 논의는 요원하다. 일반적으로 청소년기[2]는 성적인 생각과 경험이 급증하는 시기로 알려져 있으며, 어른들의 우려가 커지고 통제가 강화되는 시기이기도 하다. 어린이의 성은 21세기 서양 사회의 가장 큰 고민거리 중 하나이며, 어린이의 개인적 사회적 정체성을 논의하는 데 가장 핵심적인 영역이기도 하다. 이에 대한 기존 인류학 연구가 별로 없는 이유에 대해서는 이어지는 글에서 다룰 것이다. 하지만 분명한 것

2　청소년기와 사춘기. 비슷한 용어지만, 청소년기(adolescence)는 주로 연령대를 의미할 때, 사춘기(puberty)는 신체적 변화를 강조할 때 사용되었다. 원문의 표현 그대로 번역하되, 양쪽의 의미를 모두 담고 있을 때는 청소년기로 번역하는 것을 원칙으로 했다.—역자 주.

은, 서양에서 보편적이라 생각하는 생물학적 충동이 다른 곳에서는 보편적이지 않을 수도 있으며, 어린이를 성적으로 순결한 상태로 지켜 줘야 한다는 관념 역시 어디서나 통용되는 것이 아니라는 사실이 비교문화 연구를 통해 밝혀졌다는 점이다.

민감한 이슈들이 많은 주제지만, 이 장에서는 성에 대한 어린이들의 경험과 생각을 살펴볼 것이다. 어린이의 성을 연구하는 데 따르는 어려움과 프로이트의 영향력을 논의한 뒤, 어린이 성문화의 다양성을 보여 주는 소수의 민족지 사례를 살펴보겠다.

인류학, 섹슈얼리티, 유년기

때로 '이국적 매력'으로 비쳐지기도 했던 타사회의 색다른 성적 관습은 오래전부터 인류학자들에게 관심의 대상이었다. 멀게는 브로니슬라프 말리노프스키의 『북서 멜라네시아 미개인의 성생활』[3]이라는 도발적 제목의 저서로부터, 가깝게는 인류학자들의 성의식과 성적 관습이 다른 사회의 정체성 이해, 공동체 관계 탐구, 연구 방법론, 친족 구조 파악에 어떤 영향을 주었는지를 자전적으로 성찰해 본 연구[4]에 이르기까지 다양하다.

인류학자들은 보편적 성 관념과 성적 자극을 자연적인 것으로 보는

---

3 Malinowski, B., 1929.
4 Wade, P., 1993; Kulick, D., and M. Willson, 1995; Markowitz, F., and M. Ashkenazi, 1999.

시각을 거부함으로써, 성에 관한 논의를 생물학의 영역에서 꺼내 왔다. 실제로 인류학자들의 조사가 거듭될수록, 성적 관습과 관념은 문화에 따라 달라질 수 있다는 사실이 드러났다. 그러므로 '성적 충동'이 보편적이라는 개념은 틀린 것이며, 여러 사회의 다양한 섹슈얼리티를 설명하기 위해서는 문화적인 부분을 부차적인 것이 아닌 핵심으로 여겨야 한다.[5] 캐롤 밴스는 "하나의 성적 행위는 보편적인 사회적 의미를 가지고 있지 않다. [그러므로] 성적 행위에 부여되는 의미는 정해져 있지 않으며, 관찰자의 입장에 따라 다르게 보일 위험이 크다"[6]고 주장했다.

다른 사회의 성 문화와 관습을 명확한 용어로 설명하고 널리 알린 민족지[7]가 몇 있기는 하지만, 대다수의 민족지에는 성적 관습에 대한 구체적인 분석이 빠져 있다. 코라 듀 보아의 1944년 자바 알로르(Alor) 섬 연구처럼, 그 지역에서 애용하는 성적 행위가 어떤 것인지 구체적이고도 직접적으로 탐구한 연구도 더러 있다. 그러나 인류학자들은 대체로 섹슈얼리티 연구를 어려워했으며, 사적인 영역을 과도하게 밀착해서 엿보는 행태에는 오늘날까지도 거부감을 드러내고 있다. 게다가 성적 행위에 대해서는 사람들의 생각과 말이 실제 행동과 크게 차이 날 때가 많은 탓에, 인류학자가 홀로 이를 관찰하고(성적 행동을 관찰하는 건 불편한 일이다) 듣고 판단을 내리기에는 어려운 점이 있었다. 파커와

---

5 Caplan, P., 1987; Rubin, G., 1989; Vance, C., 1991.

6 Vance, C., 1991, p. 878.

7 Gregor, T., 1985; Parker, R., 1991; Crocker, W., and J. Crocker, 1994; Fordham, G., 1995, 1998.

동료들은 이러한 상황을 다음과 같이 간결하게 정리했다.

성 문화를 서술할 때는, 이상과 실제, 공과 사, 규정과 자발적 의지 사이의 근본적 괴리가 드러나기 마련이다. 어떤 기성 사회라도 사회적으로 규정된 이상적인 관습과 실제 행해지는 다양한 행위 사이에는 많은 차이가 존재한다. 사람들이 공적으로 드러내놓고 말하는 성적 관습은, 개인적인 성적 습관들과는 크게 다를 수도 있고, 아예 반대일 수도 있다. 여러 가지 상황에 따라 지켜야 할 성에 관한 관습 규정과 개인적 성행위는 완전히 다를 수 있다.[8]

성적 관습을 연구하기 어려운 또 하나의 이유는, 성에 대한 정의가 다양하고, 하나의 성적 행위에도 여러 의미가 담겨 있는 등 불확실한 요소가 많기 때문이다. 성생활을 출산과 동의어로 여기는 사회도 있는 반면, 그와 반대로 다산을 사회 문제로 여겨 출산 조절을 하는 곳도 있다.(예를 들어, 영국과 미국에서는 10대 성생활에서 가장 우려하는 부분이 피임이다.) 섹슈얼리티에는 다양한 의미가 포함되어 있다. 단순히 성교나 자위 같은 성적 행위만이 아니라 성에 대한 지식, 또는 발현되지 않은 성적 느낌도 포함한다. 서양의 맥락에서 섹슈얼리티는 개인적 정체성과 밀접하게 연관된 성적인 즐거움과 성적 경험의 공감대를 의미한다. 하지만 섹스의 즐거움은 자연적인 것이라고 여기는 서양의 보편적 관점에는 논란의 여지가 많다. 모든 사회가 섹스를 즐거움과 동일시하거

---

8 Parker, R., G. Herdt, and M. Carballo, 1991, pp. 79-80.

나 사회적·개인적 정체성과 연관짓는 것은 아니며, 심지어는 성적 행위라고 여기지 않을 수도 있다.

어린이의 성을 다루는 것은 특히나 어려운 문제다. 아무리 어린이 연구를 전문으로 하는 인류학자라 하더라도 어린이의 성에 대한 논의는 웬만하면 피하려 하고, 어린이에게 성적인 관습이나 행위를 이야기하기를 꺼려한다. 서양은 동성애와 혼전 섹스에 찍었던 낙인을 점차 없애고 사회적으로 용인하는 추세지만, 어린이를 상대로 한 성적 경험은 더욱 금기시하게 되었다. 비록 유럽과 북미의 어린이들이 어린 시절의 부모세대에 비해 훨씬 성적 지식이 많고 경험도 빨리하게 되었지만, 어린이의 성적 경험을 논의하는 일은 여전히 어렵다. 특히 성적 경험의 상대방과 나이차이가 많이 나는 경우에는 더더욱 호색한이나 변태라는 혐의를 피하기 어렵다. 현대 서양에서는 어른과 어린이 사이의 섹스를 학대로 여기며, 강한 반감을 가지고 있다. 하지만 비서양권에서는 이러한 인식이 통용되지 않는 경우가 있으며, 십대 청소년에게 자기보다 나이가 훨씬 많은 사람과 섹스를 해보기를 권장하는 사회를 묘사한 민족지도 있다.

어린이의 성을 논의하는 것은 문제의 소지가 있으며, 의견 간의 대립도 첨예하다. 어린이들의 성적 경험의 즐거움이나 어린이들만의 성적인 문화를 연구한 인류학자가 거의 없으며, 있어도 대체로 성적 학대에 초점을 맞춘 연구라는 사실은 그리 놀라운 일이 아니다. 성적 학대에 대한 연구도 이론적인 수준에 머무른 경우가 많다. 대부분의 인류학자들은 조사 대상을 고발하고 싶지도, 그들의 학대를 이해하고 싶지도 않아 했기 때문이다. 게다가 성적 학대는 그 특성상 잘 드러나지 않고, 법에 저촉되며, 관찰과 논의가 힘들다.

현대 서양에서는 성적 경험과 성 정체성이 서로 밀접하게 관련되어 있다는 인식을 당연하게 받아들인다. 또한 성적 경험이 자기 정체성에서 차지하는 부분도 커서, 동성애자니 이성애자니 하는 이름표는 사회적·개인적 정체성에서 본질적인 부분으로 여겨진다. 사회역사학자 제프리 윅스는 "어째서 우리 사회는 성을 단순히 생물학적인 출산의 도구로도, 순수한 즐거움의 원천으로도 여기지 않고, 오로지 우리 내면의 진실을 감춰두고 있는 비밀스런 영역이자 인간 존재의 핵심으로 여기게 되었는가?"[9]라는 물음을 서양에 던졌다. 하지만 인류학적 관점에서는 섹슈얼리티가 항상 정체성과 연관되는 것은 아니다. 태국의 사례를 살펴보면, 게이의 정체성이 대두되기 시작한 것은 극히 최근의 일로서, 1980년대 말에 HIV/AIDS가 유입된 반작용이었다. 그 이전에는 동성 간의 성적 행위가 관용적으로 허용되고 있었다.[10] 남자끼리의 성적인 행위가 허용되었고 때로는 즐기기도 했으며, 그 때문에 혼인을 못하거나 자녀를 갖지 못하는 일은 없었다. 또한 개인의 정체성은 섹슈얼리티보다는 혼인관계와 자녀에 의해 크게 좌우되었다.

성적 경험과 정체성의 결합은 어린이의 섹슈얼리티를 탐구하는 데 있어서 특히 중요한 논의다. 유년기의 '잘못된' 성적 경험은 어린이에게 회복 불가능한 깊은 상처를 준다고 알려져 있지만, 성에 대한 개념 자체가 다른 사회의 맥락에서는 그렇지 않을 수도 있다. 몇 가지 민족

---

9 Weeks, J., 1981, p. 6.

10 Jackson, P., 1989.

지 사례들을 살펴봄으로써, 어린 시절의 특정한 성적 경험이 성인이 되어 기능 장애를 일으킬 수 있다는 논의를 재고해 보고자 한다.

어린이와 성: 프로이트의 영향

어린이의 성을 논의하는 자리에서 지그문트 프로이트를 언급하지 않을 수는 없다. 프로이트는 어린이의 성적 본능은 타고난 것이라는 관념을 널리 퍼트린 장본인이며, 섹슈얼리티를 자연적 발달 과정의 일부로 보았다. 성에 대한 그의 이론이 인류학과 일반 대중에게 미친 영향력은 결코 과소평가할 수 없으며, 프로이트에 동의하지 않는 학자들조차 그의 이론을 인정하는 부분이 있다. 뿐만 아니라, 오이디푸스 콤플렉스, 죽음 충동, 남근 선망 등의 용어는 프로이트가 처음으로 제시하였으며, 그의 책을 읽지 않은 사람들도 한 번쯤은 들어봤을 정도로 그의 영향력은 크다. 프로이트는, 유년기가 성과 무관한 시기가 아니며 오히려 성적 갈등과 억압이 발생하는 시기라는 사실을 밝힘으로써 어린이의 성 연구에 큰 공헌을 했다. 프로이트에 의하면, 어린이가 손가락을 빨거나 성기를 만지는 것은 성적 본성을 발달시켜 가는 과정이며, 이를 통해 어른이 된 후에 성적 본성을 조절할 수 있게 된다. 유년기에 풀지 못한 성적 갈등이 성인이 된 이후에 심리적 문제로 표출된다는 것이 프로이트 이론의 핵심이며, 많은 인류학자들이 성적 행동과 억압을 연구할 때 그 이론을 바탕으로 삼았다.(성인식 의례를 유년기에 억압된 심리적 트라우마를 극복하기 위한 방편으로 논의한 사례는 8장을 참조)

340

프로이트는 1905년에 출간한 성에 관련된 이슈를 폭넓게 다룬 저서 『성욕에 관한 세 편의 에세이(*Three Essays on the Theory of Sexuality*)』에서 어린 시절의 성적 경험과 어른이 된 이후의 습관 및 성격의 연관성을 증명하려 했다. 그 중 두 번째 에세이「유아 성이론(Infant Sexuality)」에서 프로이트는, 성적인 감정은 태어날 때부터 존재한다고 주장하며, 성적 경험과 감정은 사춘기가 되어야 시작된다는 당대의 이론을 반박했다.

유년기에는 성적인 본능이 없으며, 오로지 사춘기라는 시기에 이르러서야 성에 눈을 뜨게 된다는 인식이 널리 퍼져 있다. 그러나 이는 잘못된 정보일 뿐만 아니라, 우리의 성생활의 기본적인 조건을 무시하는 지금과 같은 사태를 초래했다. (…) 내가 아는 한에서는, 유년기에도 어른과 똑같은 성적 본능이 존재한다는 사실을 알고 있는 학자가 단 한 명도 없다. 때문에 '성적 발달'이라는 장에서 쓴 글은, 아동 발달에 관해서 써진 수많은 글들이 간과하고 있었던 내용을 담고 있다.[11]

이 저서에서 프로이트는, 인간은 태어나는 순간부터 성적 혹은 육체적 즐거움을 추구하며, 이 즐거움은 정신적 신체적 긴장상태에서 비롯된다고 주장했다. 하지만 쾌락을 추구하는 영유아의 본능적 노력은 부모에 의한 체벌이나 사회적 제재를 받기 마련이다. 때문에 유년기의 경험은 건강하고 정상적인 어른이 되기 위해 극복하고 해결해야 할 갈등

---

[11] Freud, S., 1953a[1905], p. 173.

의 연속으로 이루어진다. 프로이트는 그의 다른 저서에서, 성장 단계에서 해소하지 못한 갈등이 많이 쌓인 어른은 정신병, 히스테리, 동성애 성향을 드러낼 가능성이 높다고 주장했다.[12]

프로이트는 영유아의 최초 발달 단계를 '구강기'라 불렀다. 이 시기 영아는 입으로 무엇인가를 빠는 행위를 통해 성적인 즐거움과 만족감을 느낀다. 그 다음은 '항문기'로서, 주로 배설을 통해 욕구를 충족한다. 뒤이어 성기에 대한 관심이 높아지고, 성기를 쾌락의 근원으로 여기게 되는 이른바 '남근기'가 찾아온다.

프로이트는, 남자아이들이 남근기에 이르면(주로 5세경) 오이디푸스 콤플렉스라는 특수한 성심리적 발달 과정을 거치게 된다고 보았다. 이 시기의 남자아이들은 엄마의 성적 파트너인 아빠에게 질투심을 느끼고, 엄마를 독점하고 싶은 욕구를 갖게 되며 무의식중에 아빠가 없어지기를 바라게 된다. 그러나 이는 아빠의 분노를 불러일으키고, 남자아이는 자신의 욕망을 드러냈다가 아빠에게 거세를 당할지도 모른다는 두려움을 갖게 된다. 프로이트는 이를 '거세불안'이라 명명했다. 오이디푸스 콤플렉스를 겪는 5살 무렵의 어린이는 대개 엄마에 대한 애착과 아빠에 대한 증오를 모두 억압당한다. 대개의 어린이는 이 시점에서 자신은 엄마를 성적으로 소유할 수 없다는 사실을 깨닫고 다른 애착의 대상을 찾게 되고, 아버지의 지배를 내면화한다. 그 이후에는 잠복기에 들어가 성적인 욕구를 거의 드러내지 않고 있다가, 사춘기에 이르러 신체와 성기에 변화가 찾아오면 다시 드러내게 된다.

---

12 Freud, S., 1953b [1913].

프로이트의 이론은 처음 발표되었을 때부터 지금까지 많은 논란을 일으키고 있다. 특히, 프로이트는 실제로는 아동 학대의 증거인 것을 학대라고 믿지 못하고 믿고 싶어 하지도 않았으며, 이를 무시하고 말았다는 비판을 받았다.[13] 또한 실제로 영유아들이 성적인 존재인 것인지, 아니면 그저 어른들이 보기에 성적인 행동을 하는 것뿐인지, 그 행동을 의식하거나 알고서 하는 것인지도 아직까지 확실하지 않다. 하지만 프로이트의 연구는 지금까지도 분명하게 정의 되지 않은 어린이의 성에 대해 중요한 의문을 제기했다.

어린이는 성에 대해 깨닫고 있으며, 또 적극적으로 성을 추구하는 존재지만, 다만 어른들이 이를 무시하고 억압할 뿐인가? 아니면 어린이는 정말 성에 대해 아무것도 모르는 순결한 존재인가? 성적 경험은 자연스러운 아동 발달 과정의 일부인가? 아니면 일탈인가? 이 질문들은 모두 어린이의 성을 연구할 때 다루어야 할 의문점들이다. 하지만 어린이의 성이라는 민감하고 까다로운 주제 앞에서 그러한 질문을 던진 인류학자들은 많지 않다.

근친상간과 학대

인류학이라는 학문은 초창기부터 근친상간 혹은 근친결혼에 대한 혐오와 터부에 관심을 갖고 연구해 왔다. 프로이트도 모든 사회의 근친

---

13 Masson, J., 1984.

상간 혐오에 대한 자신의 생각을 정립하기 위해 제임스 프레이저가 수집한 애보리진 원주민들의 관습과 터부의 개념을 이용했다.[14] 물론 근친은 문화적 개념이며, 근친 금기의 종류는 사회마다 다르다. 모든 사회는 결혼을 허용하는 상대와 금지하는 상대를 정해 놓은 나름의 법칙이 있다. 인류학자들은 다양한 근친상간 개념을 해체적으로 분석하였고, 이를 친족관계와 혼인제도를 파악하는 데 이용했다.[15]

비록 그러한 연구의 대다수는 어린이의 성적 생활과 큰 연관성이 없어 보이지만, 어린이의 성적 경험에 대한 몇 가지 단서는 제공한다. 로버트 폭스는 이스라엘의 농촌 공동체 키부츠(kibbutz) 어린이들의 성적 매력과 관습에 대해 연구한 멜포드 스피로의 자료를 인용해, 두세 살 어린이들이 보이는 "쓰다듬거나, 애무하거나, 키스하거나, 성기를 만지거나" 하는 등의 "이성애적 행동"의 조짐을 묘사했다.[16] 하지만 아무리 이 내용이 사실이라고 하더라도, 이러한 행동을 이성애적이라고 정의하는 것은 어린이의 입장보다는 관찰자인 어른의 입장이 반영된 것으로서, 신중한 해석을 요구한다. 장 라 퐁텐은 "사춘기 이전의 어린이들은 흔히 이야기하는 '성적인 행위'에 관심을 가지기 쉽다. 이는 아주 어린이다운 행동이지만, 어른들은 주로 자기들의 사고방식을 기준으로 해석하기 쉽다"[17]고 말하며, 그러한 행위를 반드시 성적이라고 볼 수는 없다고 주장했다. 라 퐁텐은 한 발 더 나아가 우리가 성적이라고

---

14 Freud, S., 1953b[1913].

15 Fox, R., 1983.

16 Melford Spiro, Fox, R., 1983, p. 30에서 재인용.

17 La Fontaine, J. S., 1990, p. 159.

생각하는 어린이들의 행동 대부분은 추측에 근거를 두고 있다고 했다. 아무리 우리 눈에 그런 모습으로 보인다고 하더라도, 실제로 어린아이들이 성적인 놀이를 하고 있다는 증거는 별로 없다. 또한 어린이가 이성의 성기에 관심을 가지는 행동이 실제로 성적인 흥분을 유발하는 행동인지, 성별에 따른 신체적 차이에 대한 호기심의 발현인지도 확실하지 않다.

근친상간과 어린이의 성적 행동을 논의하는 데 있어서 가장 큰 문제는, 최근까지도 인류학자들이 근친상간의 금기는 서로(예를 들면 아버지와 딸 사이에) 섹스를 하지 않는 것으로 생각하는 경향이 있었다는 사실에 있다. 사회인류학자들은 1980년대에 이르러서야 강력한 금기에도 불구하고 성적 학대가 일어나는 이유에 관심을 갖고, 근친상간과 성적 학대를 보다 넓은 사회 경제적·정치적 문제와 연관시켜 생각하게 되었다. 질 코빈의 『아동 학대와 방치(*Child Abuse and Neglect*)』, 주디스 에뉴의 『아동 성 착취(*The Sexual Exploitation of Children*)』, 장 라 퐁텐의 『아동 성적 학대(*Child Sexual Abuse*)』[18]는 어린이의 성 문제를 가족 내부 권력 구조 안에서 문제 삼았고, 아동 학대를 성적인 문제의 연장선에서 바라보기보다는 부모와 자녀 사이의 힘의 불균형으로 인해 서로간의 신뢰가 깨진 것으로 분석했다는 측면에서, 이러한 논의에 기여한 바가 크다.

유년기 어린이는 본질적으로 성적이라는 프로이트 학파의 주장에도 불구하고, 서양에서는 유년기를 성적으로 순수한 시기로 바라보는 경

---

18 Korbin, J., ed., 1981; Ennew, J., 1986; La Fontaine, J. S., 1990.

향이 강하게 남아 있으며, 이러한 관점은 점차 세계적으로 확산되는 추세이다. (유년기에 대한) '현대인의 공포' 대다수는 바로 이와 같은 성적인 순결함에 대한 위협에 초점이 맞춰져 있다.[19] 최근에는, 아동 성 학대 문제가 기존에도 있었지만 최근에 들어서야 문제시된 것인지, 아니면 서양의 핵가족제도가 무너지면서 초래된 최근의 문제인지에 논쟁의 초점이 맞춰지고 있다. 하지만 분명한 것은, 아동 성 학대는 심각한 사회 문제로 여겨지고 있으며, 어린이의 성적 순수함을 보호해야 한다는 관념이 급속하게 퍼졌다는 사실이다. 1975년, 한 미국의 심리학 교과서에서는 성적 학대를 당한 어린이의 수를 100만 명당 1명꼴로 추정하고 있는데[20], 이는 현재의 기준으로 보기에는 터무니없이 적다고 느껴지는 수치다.[21] 성적 순결함에 위협을 받은 어린이는 평생 그 상처가 회복되기 힘들다는 관념 또한 강하다. 성경험은 성적 정체성과 동의어로 여겨지지만, 성적 학대는 어린이의 인격을 왜곡시키는 심리적 피해로 인식하고 있다.

인류학의 관점에서는, 아동 성 학대에 대한 최근의 관심은 다른 종류의 오래된 고민거리와 병행하여 나타난 것이라는 해석도 있다. 장 라퐁텐은, 서양 문화권에서 아동 성애자는 마녀의 다른 이름이며[22], 학대를 마녀나 악마의 의례처럼 여기는 공포는 사회학자 스탠리 코헨이 제시한 '도덕적 공황(Moral Panic)' 패러다임에 정확히 들어맞는다고 보

---

19 Best, J., 1990; La Fontaine, J. S., 1988.
20 La Fontaine, J. S., 1990, p. 39.
21 그만큼 성 학대에 대한 인식이 없었다는 뜻.-역자 주
22 La Fontaine, J. S., 1992.

았다.[23] 아동 성 학대의 절대다수는 가정에서 벌어지는 것이 실상이지만, 세간의 관심은 '낯선 사람에 대한 공포' 또는 악마를 숭배하는 사람들이 저지르는 끔찍한 학대에 몰린다. 실제로는 학대가 악마 숭배라는 증거는 없고, 낯선 사람에 의한 학대는 상대적으로 거의 발생하지 않지만, 그 사실이 아동 성 학대에 대한 공포를 약화시키지는 않는다. 아동 성 학대에 대한 서양 세계의 수많은 우려는 현재 전 세계적으로 확산되고 있다. 인류학자들은 비교적 규모가 작고 고립된 공동체에서는 여전히 서양과는 다른 섹슈얼리티 관념을 유지하고 있으나, 유년기의 성적 순수함을 지켜 줘야 한다는 생각이 보편화되고 있으며[24], 서양으로부터 받아들인 성적 학대 개념이 강화되고 있음을 발견했다. 로저 굿맨에 의하면, 일본인들이 처음 아동 학대 개념을 알게 되었을 때는 서양과는 다르게 성적 학대만이 아니라 신체적 학대에 대해서도 많은 주의를 기울였다고 한다.[25] 한편 태국과 필리핀에서는, 아동 성 학대에 대한 공포가 단체 관광 및 아동 성매매 관광에 대한 공포와 함께 나타났다.[26]

아동 성 학대를 방지하는 NGO 활동가들 몇몇은 인도의 아동 결혼 풍습을 조사했다. 아동 매춘에 대한 사회적 우려가 정점에 달했던 1990년대, 인도의 데바다시[27] 숭배를 아동 성 학대의 범주에 넣어야 하

---

23 Cohen, S. 1973; La Fontaine, J. S., 1998.

24 Boyden, J., 1997.

25 Goodman, R., 2000.

26 Black, M., 1994; Montgomery, H., 2001a.

27 Devadaci. '신(Deva)의 하인'이라는 뜻이며, 신전에 봉헌된 소녀들을 칭한다. 혼례와 유사한 의례를 거쳐 신전에 봉헌되며, 춤과 음악을 위주로 신전 의례에 참여한다. 고위 카스트 계급의 일종으로 인식되기도 한다.-역자 주

는지에 대해 면밀한 조사가 이루어졌다. 신전 중에는 토착 신에게 봉헌된 소녀인 데바다시를 중심으로 운영되는 곳도 있었다. 데바다시는 그 지역 남자들이 선출하고 지원하며, 그 대가로 섹스가 요구되기도 한다. 데바다시는 무희, 신성한 첩, 매춘부 등 다양한 이름으로 불린다. 이에 대해 프레데릭 마글린을 비롯한 몇몇 인류학자들은, 어린 데바다시들은 춤을 추지도 남자를 받지도 않는다고 하며, 미디어에서 데바다시라는 이유만으로 아동 성매매로 취급하는 경향이 강하다고 주장했다.[28] 진실은 이 두 가지 극단적인 주장 사이 어딘가에 있을 것이다. 2004년에 인도 카르나타카 주에서 데바다시를 연구한 트리나 오처드는, 젊고 어린 여자들의 매춘이 종교적으로 허가되고 있는 복합적 상황을 서술했다.[29] 비록 성스러운 희생이라는 명목으로 성매매가 이루어지고 있는 것은 사실이지만, 오처드는 데바다시의 삶 전반적인 측면에서 성문화를 탐구하는 데 초점을 맞추었다. 데비다시의 성적 경험은 그들이 대하는 사람들에 따라 달라졌다. 비록 NGO 단체나 의료 단체에서는 이를 사회 문제, 질병의 요인, 전통을 훼손하는 행위 등으로 여겼지만, 데바다시들 스스로는 그들과는 다른 생각을 가지고 있었다. 데바다시들은 성적인 행위에도 허용되는 것과 되지 않는 것을 구분했고, 개인적 정체성과 데바다시로서 수행하는 성적 행위도 분명하게 구분하고 있었다.

---

28 Marglin, F. A., 1985.

29 Orchard, T., 2004.

어린이와 섹슈얼리티에 관한 민족지 사례

민족지 연구에서 어린이의 성을 표제로 삼는 경우는 없다시피 하며, 대개는 넓은 범위에서 어린이와 젊은이들의 삶을 묘사하는 과정에 어린의 성적 경험에 대한 기술이 포함된 정도다. 말리노프스키의 경우, 트로브리안드 어린이들의 성적인 놀이와 행동을 "어린 나이에도 또래나 한두 살 위의 친구들에 의해서 성적 행동에 눈을 뜨게 된다. 당연히 이 나이 어린이들은 실제 성행위를 할 수는 없다. 하지만 그들은 놀이 형식에 상당한 자유를 보장받고 있으며, 온갖 종류의 놀이를 통해 그들의 성적 호기심을 숨김없이 직접적으로 만족시킨다"[30]고 묘사했다. 어른들은 별로 걱정하지 않는 투로, 이를 '성교 놀이'라 부른다.[31] 비록 어른들은 싫어하더라도, 어린이들 사이에서 특정한 성적 행동이 널리 행해지고 있다거나, 심지어는 드러내놓고 이야기하지는 않았어도 소년 소녀들이 섹스를 할 때도 있다는 점을 언급한 다른 인류학자들도 있다. 멜빈 코너에 의하면, 보츠와나 북서부 !쿵족은 소년 소녀들 사이의 성행위를 당연한 것으로 여기고 있으며, 비록 어른들은 이를 좋게 보지는 않지만 그 또한 성장 과정의 일부라고 인정한다고 했다.[32]

마거릿 미드는 사모아 어린이들을 연구하면서 청소년기 소녀들의 성적 특성을 분석해, 청소년기는 '질풍노도의 시기'라는 지배적인 관념에 이의를 제기했다. '질풍노도의 시기'는 심리학자 스탠리 홀이 처

---

30 Malinowski, B., 1927, p. 55.

31 Malinowski, B., 1927, p. 56.

32 Konner, M., 2005.

음으로 창안한 개념으로서, 생물학에 바탕을 두고 있다.(1장 참조) 미드는『사모아의 청소년』[33]에서 '청소년기의 특성은 생물학적으로 나타나는 보편적인 것'이라는 홀의 주장에 반박하며, 생물학적인 부분 못지않게 문화적인 영역도 청소년들의 삶에 미치는 영향력이 크다고 주장했다. 어린이와 청소년들의 성에 관한 선구적인 연구를 담고 있는 이 저서는, 비록 성의 개념과 관습이 최우선 저술 목표는 아니었지만, 보편적 섹슈얼리티 개념에 이의를 제기하고 있다. 사모아 소녀들의 유아기 시절부터 청소년기까지의 일상생활을 분석한 미드는, 이를 미국과 비교해 사춘기가 섹슈얼리티에 미치는 영향력이 서로 다름을 밝혀냈고, 이를 통해 문화의 중요성을 역설했다. 미드에 의하면, 사모아 소녀들은 청소년기가 지나면 여러 차례에 걸쳐 연인들을 만나기 시작한다. 연인은 대체로 소녀보다 나이가 많은 사람들이며, 소녀는 결혼 전까지 가능한 많은 연인들 혹은 성적 파트너를 갖고자 한다. 사모아 청소년기 여성들에게는 성적 행위는 고민거리가 아니라 즐거움이며, 같은 또래의 미국 소녀들이 그 때문에 받는 스트레스로부터 자유롭다. 사모아에서는 청소년기를 반드시 질풍노도의 시기라 할 수 없다. 이에 대해 미드는 다음과 같이 정리했다.

청소년기는 위험하거나 힘든 시기가 아니라, 호기심과 활동력이 점차 많아지는 정상적인 발달 과정이다. 소녀들은 어떠한 갈등이나 철학적 질문, 미래의 꿈 때문에 괴로워하거나 힘들어하지 않는다. 소녀로서 가능한

---

33 Mead, M., 1971[1928].

오랜 기간 동안 많은 연인들을 만나며 지내다가, 친지들이 가까이 있는 자기가 살던 마을에서 결혼을 하고, 많은 자녀들을 갖는다. 이것이 그 소녀들의 한결같은 꿈이다.[34]

미드는, 한 사람의 성장 과정에서 개인과 사회가 받는 스트레스(성에 대한 자유도 스트레스 중 하나다)의 양이 미국보다 사모아가 적은 이유에 대한 문화적 요인을 제시했다. 가족과 함께 마을 주변에서만 살아가며, 때가 되면 결혼하고 아이를 낳고, 죽을 때까지 마을을 떠나지 않는 사모아의 청소년들은 선택의 제약이 많다. 그에 반해 북미 청소년들은 수많은 선택지를 두고 많은 고민을 하고 있으며, 그들의 인생 목표를 스스로 정해야만 한다는 것이다.

미드의 연구는 수많은 논란을 유발했으며, 지금까지도 반대하는 학자들이 많다. 가장 널리 알려진 미드 비평자는 데릭 프리먼으로서, 프리먼은 미드가 사모아 사회의 갈등 요인을 간과하고 소녀들의 섹슈얼리티에 대한 어른들의 개입을 경시했을 뿐만 아니라, 미드의 정보 제공자들은 실제 자신들의 생각과 행동을 속이고 미드가 듣고 싶어 하는 사실과 다른 이야기만 들려주었다고 주장했다.[35] 프리먼은 자신의 현지 조사와 인터뷰 자료를 기반으로, 마거릿 미드에게 섹스 파트너와 자유로운 성생활을 즐긴다고 했던 사모아 소녀들의 이야기는 거짓이었고, 실제 사모아 문화는 처녀성을 대단히 중시한다고 주장했다. 하지만 이

---

34 Mead, M., 1971[1928], p. 129.

35 Freeman, D., 1983, 1999.

혐의를 사실로 인정하기도, 반박하기도 어려웠다. 프리먼이 현지 조사를 했던 때는, 이미 미드의 정보원이었던 소녀들이 나이 지긋한 어른이 되었을 때이며, 그중 대다수는 여러 해에 걸친 선교사들의 노력으로 기독교인이 되어 있었다. 그녀들은 육체적 순결에 대한 문화적 관념도 바뀌었을 것이며, 소녀시절의 경험을 폄하했을 수 있다. 또한, 수십 년 전의 성경험에 대해 젊은 남자에게 이야기하기는 어려웠을지 몰라도, 소녀시절 비슷한 연령대의 여자에게 이야기하기는 한결 편했을 것이다.

많은 비평이 있음에도, 미드가 제시한 사춘기의 성에 대한 관점은 아직까지도 중요하게 다룰 가치가 있다. 비록 미드가 성적 관습과 섹슈얼리티만을 연구하고자 사모아에 갔던 것은 아니었지만, 그녀의 연구는 섹슈얼리티와 결혼과 육아 연구에 획기적인 선을 그었다. 또한 미드는, 어린이들의 성적 경험을 진지하게 들어주고 서양의 이상적 관념에 따른 부정적인 시선을 거둔 채 그들의 이야기를 직접 듣고 적었던 최초의 인류학자들 중 한 명이었다. 미드는 청소년기의 '문제'에는 생물학적 요인 못지않게 문화적 요인이 중요함을 알리고, 섹슈얼리티를 문화적 맥락 안에서 논의해야 할 필요성을 보여 주었다. 또한 성에 대한 도덕관념은 보편적인 것이 아니며, 어린이들의 성적 경험과 즐거움에 대한 생각은 문화적 관념에 크게 좌우된다는 점을 증명했다. 이러한 관점은 어린이의 성적 행동을 집중적으로 연구한 다른 학자들에 의해 더욱 지지를 받게 되었다.

여러 사회를 살펴보면, 어린이들이 성에 대해 많은 것을 알고 있으며 성을 일상생활의 일부로 여기는 곳이 많다는 것을 알게 된다. 사적인 영역이 중요시되지 않는 사회에서는, 어린이들이 어른들끼리 하는 성적인 이야기를 들으며 성장하는 경우가 많고, 때로는 부모나 다른 어른들의 섹스 장면을 보게 되는 경우도 많기 때문에, 어린이들은 성에 대해 크게 궁금한 것이 없다. 코라 듀 보아는, 자바 알로르 섬에서는 어린 소년들이 자위를 하는 장면을 심심치 않게 볼 수 있었고, 어린이들은 성에 대한 지식을 아무런 제한 없이 얻을 수 있었다고 했다.[36] 그곳 어린이들은 다섯 살이면 성교와 출산에 관련된 용어와 뜻을 다 알고 있는 셈이라고 했다. 브라질 중부 메히나쿠(Mehinaku) 인디언들의 성생활과 관습을 광범위하게 연구한 토마스 그레고는, 부모가 어린 자녀들을 보고 성적인 농담을 주고받으며 즐거워하는 모습을 자주 보았다고 했다. 걸음마를 하는 유아들이 뒤엉켜 몸싸움을 하고 있으면, 부모들이 '저것 봐! 글리프가 파이루마의 딸과 섹스를 하고 있어!'라며 야한 농담을 던진다. 토마스 그레고에게 '나는 아직 섹스를 해보지 못했어요. 하지만 1~2년 안에 할 거예요'라고 말하는 8살짜리 어린이도 있었다.[37]

성에 대한 지식, 그리고 어린이의 섹슈얼리티에 대한 공개적 인정 여부는 보편적이지 않다. 하지만 이는 어린이에게 성적인 특성을 부여하는 것이 전혀 문제가 없다는 뜻은 아니다. 메히나쿠 사회도 성적으로 분별없는 사회는 아니다. 그들은 어린이들의 성적 경험에 대해 크게 신경 쓰지 않지만, 어린이들이 공개적으로 성적인 행동이나 표현을 하지 않도록 주의를 주며, 그런 행동을 하다가 걸리면 놀림을 받는다는 사실을 가르쳐 준다. 이러한 경향은 나이가 들수록 강화되며, 12~13세 정

---

36 Du Bois, C., 1944.
37 Gregor, T., 1985, p. 29.

도의 남자아이가 그런 일을 하면 아주 심한 비난을 받게 된다. 메히나쿠 사람들은 약과 금욕 없이는 소년을 어른으로 만들 수 없다고 믿으며, 12세 소년들을 종려나무로 담을 친 공동주택에 격리 생활을 시킨다. 소년들은 이곳에서 정해진 복용법에 따라 약을 먹고, 부드러운 말을 사용하며, 무엇보다도 여자들과의 성적 접촉을 피한다. 사춘기가 지난 여자들의 생리혈과 분비물은 남자들에게 위험한 것으로 여겨지기 때문이다.

여기서 중요한 것은, 성적 접촉은 반드시 문화적으로 허용된 범위 안에서 이루어진다는 것이다. 또 하나 주목할 점은, 어린이에게 성적 접촉을 허용하더라도 정해진 연령대의 범위가 있으며, 어린이들이 이를 얼마나 성적으로 느끼는지는 몰라도 최소한 학대라고 부르기는 어렵다는 것이다. 섹슈얼리티에 문화상대주의적 관점을 적용해 볼 수 있는 민족지 사례는 이외에도 있다. 또 다른 브라질 인디언 카넬라(Canela) 사람들은 혼전 섹스를 금기시하지 않으며, 소년 소녀들에게 되도록 일찍(6세 무렵부터), 그리고 여러 번 성경험을 가질 것을 권한다. 소녀들은 보통 11~13세 이후에 결혼을 하며, 그 이전까지는 이러한 생활을 이어간다.[38] 성에 관대한 문화는 카넬라 사회의 중요한 전통이다. 소녀들은 여러 명의 파트너들과 '순차적으로' 섹스를 가져야 하며, 만약 이를 거절할 경우 여성 친족들에게서 '인색하다'는 꾸지람을 듣는다.

어른들은 혼외 정부를 숨기지 않고 순차적으로 관계를 가지며, 어린이

---

38 Crocker, W., and J. Crocker, 1994.

들은 6~7세까지 이러한 모습을 롤모델로 보고 배우며 자라면서 혼외정 사를 기대하게 된다. 이러한 기대감은 청소년기 시절에 이르러 그들이 직 접 혼외정사에 참여하는 경험을 통해 강화된다. 혼외정사를 즐길 거리로 여기는 사회 일반적인 분위기가, 소년 소녀들이 계속 해서 다른 사람들과 관계를 갖는 것을 받아들이고 즐기는 데 큰 영향을 주었다.[39]

이 사회는 소녀들이 많은 성적 자유를 누리고 스스로 성생활을 통제 할 수 있는 사회이자, 섹스의 본질과 신체에 대한 개념이 서양과는 크 게 다른 사회다. 와오라니(Huaorani)나 카넬라족 같은 아메리카 인디언 들은 여자가 임신을 하게 되면 그 이전에 관계를 맺었던 모든 남성의 정자가 모두 모여 아기의 몸을 만든다고 생각한다.[40] 그래서 아이들은 여러 명의 아버지를 갖게 되며, 이들을 '공동 아버지(co-fathers)' 혹은 '조력자 아버지(contributing fathers)'라 부른다. 여성들은 자녀를 만들 기 위해 많은 남자들과 관계를 가지기를 원하며, 또 많은 아버지를 필 요로 한다. 이러한 관습은 외부인이 보기에는 이상하다 못해 불쾌하게 까지 보일 수 있으나, 윌리엄 크로커와 진 크로커가 설명했듯이, 그러 한 관계를 가져도 되는 사람은 엄격한 규정에 따라 정해져 있으며, 서 양에서 생각하는 아동 성 학대는 일어나지 않는다.

아동 학대라는 개념에는 어린이와 보호자 사이의 신뢰가 무너진다는

39 Crocker, W., and J. Crocker, 1994, p. 166.
40 Rival, L., 1998.

의미가 내포되어 있다. 또한 성적으로 성숙하지 않은 어린이에게 신체적 고통과 손해를 입히는 것까지 포함한다. (…) 성과 관련된 카넬라족의 전통은 첫 경험을 고통으로 느끼게 하지 않는다. 비록 처음으로 상대방을 바꿔서 섹스를 해본 소녀들이 불안감을 갖는 경우는 있어도, 그 경험이 고통스러웠다는 말은 들어본 적이 없다. 문화적인 기대감이 육체적 경험에 큰 영향을 미치고 있음을 다시 한 번 확인할 수 있다. [41]

어린이의 성 생활과 섹슈얼리티를 연구할 때는, 보다 넓은 관점에서 성별 역할, 출산, 결혼제도, 심지어는 세계관까지 연관시켜 생각할 필요가 있음을 이 사례를 통해 알 수 있다. 성적 행동이 가지는 문화적 의미 차이를 비교한 연구 중에는 이보다 더 복잡한 사례도 있다. 파푸아뉴기니의 일부 부족 사이에 행해지는 '의례적 동성애'가 가장 좋은 사례다. 길버트 허트는 삼비아(Sambia)족 연구에서, 소년들이 6살부터 겪게 되는 여섯 단계의 남성 의례 중에는 다른 남자와의 구강성교도 포함되어 있다고 밝혔다. 허트는 이에 대해 다음과 같이 설명했다.

삼비아에서는 성인식의 첫 번째 단계부터 비밀스런 동성 구강성교 의례를 행한다. 소년들은 형들의 정액을 삼키도록 교육받는다. 두 번째 의례 때까지는 성적으로 봉사만 하며, 역할을 바꾸는 것은 허용되지 않는다. 세 번째 의례 때는 사춘기가 지난 미혼 남성이 소년에게 구강성교를 해준다. 삼비아의 모든 남성들은 이렇게 구강성교를 한 번씩 주고받으면서 성인

---

41 Crocker, W., and J. Crocker, 1994, pp. 166-167.

식을 치르게 되며, 예외는 없다.[42]

이 문단을 보면서 성행위 말고 다른 것을 생각하기는 어려운 일이며, 성폭력으로까지 보일 수 있을 것이다. 이 의례에 성적인 것 말고 다른 무엇이 있는지에 대해서는 논란이 있다. 하지만 여기서 일어난 일들을 이해하기 위해서는, 삼비아 문화의 성별 역할과 정액이 가지는 문화적 의미에 대해 살펴볼 필요가 있다. 삼비아 사회는 남녀의 구분이 엄격하며, 여성은 남성보다 열등한 존재로 여겨진다. 소년이 어른이 되기 위해서는, 어린 시절 엄마 젖을 먹으면서 받았던 나쁜 영향을 벗겨낼 필요가 있으며, 이는 정액을 먹음으로써 가능해진다. 정액은 남성성의 정수이며, 소년들은 결코 혼자서 이를 만들어내지 못한다. 때문에 어린 소년들은 어른들로부터 정액을 받아야 하며, 어른이 된 이후에는 다른 소년에게 정액을 줘야 하는 것이다.

허트에 의하면, 소년들은 처음에는 꺼려하다가 나중에는 즐기게 된다고 했다. 소년들은 조금 더 나이를 먹게 되면서 사춘기를 겪지 않은 소녀와 약혼을 하게 되고, 그때부터 양성애 단계로 접어들게 된다. 약혼한 소녀가 다 자라게 되면, 그녀의 남편은 젊은 시절의 동성애 의식을 그만두고 완전한 이성애자가 된다.

일반적으로 남성보다 여성의 성을 훨씬 중요하게 여기는 데 반해, 삼비아 사회는 이와는 달리 남성의 성을 중요하게 다루었으며, 이는 성적인 행위의 본질에 대한 호기심을 불러일으키는 중요한 사례다. 삼비아

---

42 Herdt, G., 1993, p. 173.

사람들이 생각하는 성적 행위는 서양의 관점과 많은 차이가 있다. 소년들에게 구강성교를 시키는 의례는, 어른이 되기 위해서는 다른 사람으로부터 어른다움을 전수받아야 하며 때가 되면 그것을 물려주어야 한다는 문화적 의미를 갖는다. 그 의례에 성적인 것 말고 다른 무엇인가가 있는지, 혹은 그냥 성적인 행위일 뿐인지에 대해서는 논란이 있다. 비록 허트는 첫 번째 의례에서는 거부감을 표출하던 소년들도 점차 이를 즐기게 되는 것으로 보아 성적인 만족감도 의례의 한 요소인 것 같다고 했지만, 한편으로는 이들의 성적 쾌락과 섹슈얼리티에 대해서는 여전히 알기 어렵고 계속해서 의문이 든다고 했다.[43] 이러한 의례가 아직도 지속되는지는 알 수 없지만, 허트는 세계화와 근대화, 그리고 무엇보다도 기독교 전파로 인해 전통적인 동성애 의례는 거의 사라졌다고 보았다. 파푸아뉴기니에서 이 같은 동성애 의례를 연구했던 브루스 노프트는, 그곳의 요즘 어린이들에게 이를 설명했을 때 '아버지가 그랬다는 걸 도저히 믿을 수 없다'며 경악에 가까운 반응을 보였다고 기록했다.[44] 하지만 '의례적 동성애'라는 표현이 불쾌감을 주기는 하지만, 과거에 일어났던 의례에 대해서는 논란을 삼을 수 없다. 어쩌면 서양의 혐오감을 줄이기 위해서는 '남성의 수정(受精, boy insemination)'이라는 표현을 쓰는 편이 좋았을지 모른다.

---

43 Herdt, G., 1999.

44 Knauft, B., 2003.

아동 매춘

　어린이와 성에 대해 논의할 때 가장 어려움이 많은 주제는 아동 매춘, 그 중에서도 비서양 사회에서 벌어지는 아동 매춘이다. 매춘은 결코 어린이가 경험해서는 안 될 것으로 여겨지며, 어린이의 신체에 대한 폭력일 뿐만 아니라, 어린이는 성적으로 순결하고 노동과 돈에 얽매이지 않아야 한다는 이상적 아동관에도 위배된다. 아동 매춘은 최근 국제 아동권리 운동의 가장 큰 관심사였으며, 미디어로부터도 많은 주목을 받고 있다. 흔히 아동 매춘으로 생긴 심리적 트라우마는 평생 극복하기 힘든 것이라고 생각한다. 하지만 당사자들의 이야기를 직접 들은 얼마 되지 않는 인류학 연구는, 그러한 관념과는 매우 다른 관점도 있음을 보여 준다.[45] 앞서도 논의했듯이, 매춘에 대한 정의는 관점에 따라 달라질 수 있다. 트리나 오처드가 연구한 인도 데바다시의 사례는, 외부인에게는 근절 캠페인을 벌여야할 매춘으로 보이지만, 데바다시 소녀 당사자들은 매춘이라는 표현을 거부한다.

　나는 태국의 작은 관광마을에서 6~15세 사이의 어린 매춘부들을 현지 조사한 적이 있다.[46] 이곳에서는 소년과 소녀 모두가 매춘을 하고 있었으며, 태국의 다른 매춘 지역들과는 다르게 손님들의 절대다수가 서양 남성 관광객들이었다. 내 연구의 목적은 이 어린이들의 친족관계를 조사하고, 섹슈얼리티와 신체에 대한 그들의 고유한 관념을 파악하고,

---

45　Muecke, M. A., 1992; Montgomery, H., 2001a; 사회학적 관점은 O'Connell-Davidson, J., 2005 참조.

46　Montgomery, H., 2001a.

그 연장선상에서 매춘을 학대의 일종으로 여기는지를 조사하는 데 있었다. 내가 조사한 어린이들은 가족과 함께 살고 있었으며, 이들은 자신의 매춘을 정당화하는 가장 큰 근거로 가족에 대한 자식으로서의 의무를 들었다. 이들은 다른 가족을 향한 의무감으로 자신의 매춘 행위를 합리화하고 용납하고 있었다. 어린이들은 부모의 투자 대상으로 여겨졌으며, 부모는 자녀들이 가능한 빨리 가족을 위해 일을 할 수 있게 되기를 바랐다. 환경적으로 마을 인근에서 보수가 좋은 직업을 찾기가 어려웠던 탓에, 어린이들은 구걸이나 쓰레기장 뒤지기 등 수입이 적고 위험한 일을 하기보다는 수입이 좋다고 알려진 매춘을 하게 되는 것이다. 이곳 사회에서 자녀는 부모에게 엄격히 순종해야 하고, 자식의 도리가 매우 중요하게 여겨진다. 자녀의 인생에서 가장 큰 영향을 주는 것은 엄마와의 관계이며, 부모와의 상호 의무관계는 인생의 가장 큰 짐이라고 할 수 있다.

태국을 대상으로 한 다른 민족지 연구에서도 매춘을 자녀의 의무로 보는 관점을 언급하고 있다. 경제학자 파숙 퐁파이칫은 시골 고향을 떠나 매춘을 하러 상경한 소녀들은, 그곳에서 도망가거나 가족에 대한 지원과 상환의 원칙을 깨지 않으며 그저 어디서 일을 하건 집으로 돈을 송금하기 위해 최선을 다해 낯선 환경에 적응하려 한다고 했다.[47] 마조리 뮈케 또한, 현재의 아동 매춘은 그 소녀의 엄마 세대가 자식의 의무를 다하기 위해 시장에서 일을 했던 것과 같은 맥락으로 여겨진다고 했다.[48] 비록 태국에서도 아동과 성인 매춘에 대한 정치적·사회적 비난

---

47 Phongpaichit, P., 1982.

이 높아지고 있지만, 매춘에 대해 가장 관대한 사회 계층은 바로 그들의 부모들이며, 불교 승려들 역시 이 비난에 반대를 표명하고 있다.

태국 불교계에서는, 공덕을 쌓기 위한 선행은 행위의 내용보다는 의도로써 정해지며 매춘도 그 의도에 따라서 선행이라고 볼 수 있다고 한다. 뮈케가 인터뷰한 한 승려는 "승려들 중에는 매춘으로는 공덕을 쌓지 못한다고 말하는 사람도 있다. 하지만 승려 대부분은 업보를 쌓는 것은 매춘을 하는 사람의 '의도'에 달려 있다고 한다. 만약 그녀가 쾌락을 추구하기 위해서가 아니라 오로지 다른 사람을 돕기 위해, 혹은 공덕을 쌓기 위해 한다면, 그녀는 매춘도 괜찮다고 생각할 수 있으며(하지만 대개는 그렇지 않다) 매춘으로 인해 잃게 되는 것보다 얻게 되는 공덕이 훨씬 많을 것이다"[49]라고 말했다. 다른 인류학자들도 제도적 불교에서 여성의 사회적 역할을 제한하고 있는 것이 매춘에 대한 인식과 연관성이 크다고 지적하고 있다.[50] 공덕을 쌓을 수 있는 가장 유리한 방법은 승려가 되는 길인데, 이는 남성에게만 허용되고 여성에게는 금지되어 있다. 여성은 남성보다 열등하고, 사원과 승려를 타락시키는 존재로 여겨진다.[51] 여성을 열등하게 보는 시각은 여성의 희생을 이상적으로 바라보는 시선과 연관되어 있으며, 이는 순종적인 딸이 가족을 위해 매춘을 하게 되는 이유를 일정 부분 설명해 준다. 킨 팃샤는 "태국 불교에서 여성의 신체적 정신적 가치를 낮게 평가하기 때문에, '여성'들은

---

48 Muecke, M. A., 1992.

49 Muecke, M. A., 1992, p. 894.

50 Thitsa, K., 1980; Kirsch, A. T., 1982, 1985.

51 Kirsch, A. T., 1982; Tanabe, S., 1991.

이미 매춘을 쉽게 받아들일 수 있을 정도로 스스로 비하되어 있다"[52]고 썼다.

나도 현지 조사 과정에서 어린이들에게 이러한 답변을 자주 들었다. 그들은 매춘은 가족들이 요구하는 자식으로서의 의무를 완수하기 위한 수단이라고 했다. 비록 철학적 수준의 이야기는 아니었지만, 그들은 끊임없이 가족을 위한 의무와 희생을 강조하는 불교의 관점을 내게 설명하며 불교 신자의 입장이 되어 보라고 말했다. 비록 매춘이 더러운 일로 인식되고 있지만, 그들 대부분은 부모를 위해 경제적 지원을 할 수 있다는 사실이 그러한 감정을 누를 수 있는 강력한 힘이 되어 준다고 했다.

그러나 이는 결코 아동 매춘이 태국의 고유한 문화라거나, 아동 학대가 아니라는 뜻이 아니다. 다만 매춘에 대한 그 어린이들의 관점을 논의할 때는 가족의 의무와 책임이라는 문화적 요소를 고려해야 한다는 점을 이야기하려는 것이다. 이 어린이들을 관찰하고 인터뷰한 결과, 성에 대한 지식은 근본적이고 바뀔 수가 없다고 생각하는 서양의 관점과 이들의 생각 사이에는 큰 차이가 있음이 밝혀졌다. 섹슈얼리티나 매춘은 이 어린이들의 정체성 형성에서 중요한 요소가 아니었으며, 오히려 그들은 스스로를 사회의 일원으로서 그들에게 맡겨진 가족의 의무를 다하는 착한 자녀로 생각하고 있었다.

이 어린이들은 매춘을 합리화하는 전략과 용어를 가지고 있었다. 그들은 공개적으로 몸을 파는 행위가 자신들의 개인적인 인간성과 정체

---

52 Thitsa, K., 1980, p. 20.

성에 영향을 주지 않게 하는 도덕적 체계를 만들어냈다. 내가 13살짜리 소녀에게 자신의 몸을 파는 것을 어떻게 생각하느냐고 묻자, 그녀는 "(파는 것은) 단지 몸뿐이다"라고 대답했다. 그리고 매춘과 간통의 차이에 대해서 묻자, 그녀는 간통은 아주 나쁜 일이라고 답했다. 그녀의 말투는 매춘은 단지 돈을 벌기 위해 하는 일일 뿐이지만, 간통은 서로의 관계를 배신하는 것이라는 의식을 반영하고 있었다. 그녀는 그녀의 몸과, 그 몸에 벌어지고 있는 일과, 그녀의 가장 본질적인 '자아'라고 생각하는 부분을 완벽하게 개념적으로 분리할 수 있었다. 다른 매춘 아동들과 마찬가지로, 그녀 역시 자신의 몸을 두고 벌어지는 일과, 개인적인 정체성과 도덕심에 미치는 영향을 분명히 구분해서 말할 수 있었다. 가족을 배신하거나, 자식의 의무를 다하지 못하거나, 남편이나 남자친구를 두고 바람을 피우는 것은 모두 비난의 대상이지만, 윤리적인 목적으로 돈과 섹스를 교환하는 것은 비난의 대상이 아니며 도덕률에도 위배되지 않는다. 이들이 생각하는 매춘에는 아동 학대라는 개념이 포함되어 있지 않다.

또한 내 연구는 섹스가 어린이들에게 미치는 단기적 장기적 영향에 대한 이해의 차이도 드러낸다. 서양의 심리학에서는 그러한 행위는 평생 지워지지 않을 상처를 남긴다고 하지만, 이들은 같은 행위를 전혀 다른 맥락에서 바라보고 있었다. 한 엄마에게 여덟 살짜리 아들이 매춘을 하면서 큰일을 당하지는 않을까 걱정되지 않느냐고 물었더니, 그 엄마는 "얼마 되지 않는 시간이다. 그 사이에 무슨 큰일이 벌어지겠는가?"라고 답했다. 심지어는 어린이의 작은 몸이 어른을 받아들이지 못해 찢어지고 피를 흘리는 일이 벌어져도, 별것 아닌 것으로 치부하는 경향이 있다. 그런 엄마들에게 그 정도 신체적 폭행은 참을 수 없는 착취이자 학대라고 비난을 퍼붓기는 쉽다. 하지만 이런 경우에조차도 내 개인적인 가치관에 따른 해석을 내리지 않도록 주의해야만 했다. 엄마들도 그런 행위를 비난하기도 하고, 자녀가 고통을 이겨낼 수 있도록 할 수 있는 일을 다 한다. 하지만 그러한 학대가 주는 영향력에 대해서는 우리와 전혀 다르게 생각했다. 엄마들은 이 일이 자녀들에게 장기적으로 지워지지 않을 상처가 된다거나, 정신 건강에 악영향을 끼칠 거라는 생각은 하지 않았다. 이 일을 심리적으로 생각하지 않고 오로지 신체적인 측면에서만 생각했으며, 그 '얼마 되지 않는 시간'에 벌어진의 일이 자녀에게 오랜 상처가 될 것이라고 믿지는 않았다.

그들의 이러한 관점은, 과연 문화상대주의를 어디까지 적용해야 옳을지, 그들이 하는 말을 어디까지 사실로 받아들여야 할지 고민하게 만든다. 과거 인류학자들은 예전에 벌어졌던 아동 학대를 무시해 왔다는 비판을 받았었다.(6장 참조) 나 역시 현지 조사를 수행하면서 극도의 혐오감과 비난의 마음이 들었으나, 그 부모와 자녀들이 이해하는 성과 몸의 개념이 나와 근본적으로 다르다는 것은 분명한 사실이었다.

나는 현지 조사를 하는 도중에 이 어린이들이 성에 대해 이야기하는 방식이 변해 가고 있음을 관찰했다. 또한 비록 실제로 사람들의 생각이 크게 바뀌었다고 보기는 어려웠지만, 정부와 사회에서도 이러한 관습을 바꾸기 위해 힘을 쓰고 있었다. 어린이들은 드러내놓고 매춘에 대해 이야기하지 않게 되었으며, 때로는 그것을 '불쾌한' 것이라고 부르기도 했다. 매춘을 하다가 걸리면 자녀는 사회복귀시설에 가고 부모는 친권(親權)을 상실한 채 교도소에 갇히게 될 것이라는 사실도 많은 부모와 자녀가 알게 되었다. 가장 결정적으로, HIV/AIDS로 인한 사상자가 발생하기 시작하자 많은 사람들이 이를 두려워하며 사창가를 떠났다. 세계화 또한 NGO의 압력이라는 형태로 이런 어린이들의 삶에 영향을 주기 시작했다. 이는 사회적·정치적 힘은 한 사회의 유년기 관념과 어린이들의 성적·신체적·감정적 경험에 변화를 가져올 수 있다는 사실을 보여 주는 사례다. 하지만 이처럼 어린이의 신체적 불가침성과 성적 순결함을 모든 어린이의 권리로 봐야 한다는 서양적 감성이 중요하게 여겨지는 주제에서도, 그러한 관념은 자연적이지도, 확고부동하지도, 보편적이지도 않다는 사실을 드러내 준다는 점에서 이 글의 의의가 있다 할 수 있다. 어린이, 어린이의 신체와 섹슈얼리티, 가족과 사회에 대한 서양의 관념은, 그들과 다른 관념을 가진 지역에서는 반박 받거나 논쟁의 대상이 되고 있다.

결론

이 장에서는 어린이의 성과 섹슈얼리티를 다룬 소수의 문헌 자료를 조사했다. 어린이의 성을 다양한 시각에서 조망하고, 어린이의 성적 경험과 지식이 문화적 맥락과 연관이 있음을 보여 주는 자료를 찾아보고 몇 가지 주제를 알아보았다. 인류학에서는 어린이의 성을 중점적으로 다루었던 적이 거의 없었고, 민족지에서는 대단히 간접적으로 언급해 왔었다. 이를 살펴보기 위해서는 근친상간과 종교, 최근에는 학대 문제까지 파고들어야 했다. 하지만 성적 경험에 관한 어린이들의 고유한 생각, 특히 어린이들이 성적이라고 여기는 것이 무엇인지에 대한 질문은 이 분야 연구에서 가장 큰 공백으로 남아 있다. 아동 성 학대에 대한 현대 서양의 우려로 인해 성인 인류학자가 어린이에게 성적 경험을 묻기란 굉장히 어려운 일이 되었다. 어린이의 성은 대단히 민감한 주제라는 인식이 워낙 강하다 보니 많은 학자들이 연구의 주제로 삼기를 꺼려하는 것도 이해는 간다. 하지만, 유년기 연구에서 성은 여전히 중요한 주제이며, 인류학자들이 단지 민감한 주제라는 이유로 어린이 연구에서 반드시 필요하고도 중요한 주제를 살펴보지 않으려 하는 것은 부끄러운 일이라 할 수 있다.

8장

청소년기와 성인식

Adolescence and Initiation

서론

마지막 장에서는 '유년기의 끝은 언제인가?'를 논의하기 위해 청소
년기와 성인식의 개념을 살펴본다. 인류학자들은 유년기만큼이나 청
소년기에 관해서도 많은 연구를 남겼다. 가령, 청소년기의 정의와 특
징, 성인이 되는 데 미치는 영향, 청소년기의 성적 경험과 성적 사고방
식이 확립되는 과정 등이다. 또한 청소년기를 인생의 전환기로서만 바
라보기보다는 그 자체도 하나의 생애 주기로서 인정하고 연구했다. 청
소년기는 어른의 사회적 역할을 배우고 몸에 익히는 시기이기도 하지
만, 유년기에 지니고 있던 의존성, 면책권, 섹슈얼리티 등을 버려야 하
는 시기이기도 하다.[1] 여기서는 우선 서양의 청소년기 정의를 살펴보고,
과연 그것을 보편적인 신체적 심리적 발달 단계로 볼 수 있는지를 논의
하겠다. 그 다음 서양과는 다른 청소년기 정의를 살펴보고, 이것이 해당

---

1   Schlegel, A., and H. Barry, 1991.

사회의 청소년들에게는 어떤 영향을 미치는지 알아보겠다. 마지막으로 청소년기와 성인식에 관련된 다양한 통과의례 자료를 살펴보겠다. 논점을 흐리지 않기 위해서, 의례의 종교적 의미나 세계관 분석보다는, 유년기의 이해에 도움이 되는 이론적 배경에 초점을 맞춰 분석하고자 한다.

청소년기란 무엇인가?

청소년기는 이전 장에서도 몇 차례 논의했다.(주로 또래관계와 성을 논의할 때. 4장, 7장 등 참조) 청소년기는 대부분 서양에서 만들어낸 개념으로, 심리학자 스탠리 홀은 이를 '성장 과정에서 겪는 커다란 생리적 신체적 변화가 청소년의 행동을 극단적으로 이끌고 개인적·사회적 스트레스를 유발하는 시기'라고 특징지었다.[2] 홀은 잦은 감정 변화, 이성에 대한 관심의 증폭, 부모에게서 벗어나 또래에게 빠져드는 성향 등을 청소년기와 결부시켰다. 청소년기라는 특수한 영역의 '발견'으로 인해 사회학과 심리학에서 인생의 전환기가 중요한 연구 주제로 떠올랐으며,[3] 많지는 않지만 청소년기의 역사에 대한 연구도 있었다.[4]

인류학자 존 휘팅과 베아트리체 휘팅은 청소년기를 "유년기가 끝나고 성인이라는 사회적 지위를 얻게 되는 전환의 시기[5]"라고 정의했다.

---

2   Hall, G. S., 1904.
3   관련 연구 요약은 Kehily, M.-J., 2007 참조.
4   Demos, J., and V. Demos, 1969.
5   Whiting, B., and J. Whiting, 1987, p. xvii.

하지만 과연 청소년기가 보편적인 현상인지에 대해서는 아직까지 논란중이다. 앨리스 슐레겔과 허버트 배리는 청소년을 대상으로 광범위한 비교문화 연구를 시작하면서, "청소년기는 보편적인, 혹은 거의 보편적인 사회적 단계로서 유년기와 완전한 성인기의 사이에 있으며, 청소년기적 행동과 이에 대한 사람들의 반응은 청소년기 이전 및 이후 시기와 차이를 보인다"[6]고 전제했다. 하지만 결론에서는 이를 수정하여, 남자들에게는 청소년기가 보편적인 반면, 여자들에게는 보편적이지 않다고 했다.

청소년기는 복잡한 사회에서만 드러나는 특성일 뿐이며, 그 밖의 사회에서는 발견되지 않았다고 주장하는 학자도 있다. 사회학자 에드거 프리덴버그는 "개인 간의 사회적 역할과 기능 차이가 크고, 이를 파악하고 배우는 데 오랜 시간이 걸리는 고도로 복잡한 사회"[7]에서만 청소년기를 필요로 한다고 하며, 비서양 비산업화 사회에서는 "어린이가 아니면 어른일 뿐이며, 청소년기는 없다"[8]고 주장했다. 리처드 콘던은 "그 사회가 청소년기를 분명하게 인식하고 있느냐 못하고 있느냐의 차이는 다른 생애 주기의 유무 차이보다도 더 크게 느껴진다"[9]고 했다. 비록 청소년기를 명확하게 구분하고 있지 않는 경우도 있지만, 여러 민족지 사례를 검토해 보면 대다수의 사회에서는 유년기와 성인기 사이에 전환기를 두고 있음을 확실하게 알 수 있다. 하지만 그 시기를 무엇이

---

6 Schlegel, A., and H. Barry, 1991, p. 12.
7 Friedenberg, E., 1973, p. 110.
8 Friedenberg, E., 1973, p. 110.
9 Condon, R., 1987, p. 7.

라 부르는지, 그 시기의 특성은 무엇이라 생각하며, 청소년들에게는 어떤 모습을 기대하는지는 문화에 따라 크게 다를 수 있다.

청소년기는 사회 문화적 맥락을 고려하지 않고는 이해할 수 없는 문화적 개념이다. 청소년기는 유년기처럼 신체적 변화와 발달 과정에 연관된 개념이지만, 신체적 변화와 사회적 청소년기는 구분해야 할 필요가 있다. 혹은 존 휘팅과 베아트리체 휘팅이 주장했듯이, "청소년기의 신체적 변화가 모든 사람에게 공통적으로 일어나는 것이라고 해도, 그 신체적 변화에 대한 사회적·문화적 반응은 공통적이지 않다"[10]고 봐야 할 것이다. 사회적 발달 단계로서의 청소년기가 신체적 사춘기와 맞물려 있는 것은 사실이지만, 청소년기의 시작과 끝을 알리는 분명한 생물학적 지표는 존재하지 않는다. 소녀들은 첫 월경을 청소년기 시작의 지표로 삼을 수 있을지 몰라도, 소년의 경우에는, 비록 피터 릭비처럼 몽정을 지표로 삼자고 주장하는 경우[11]도 있지만, 실제로 그러한 지표를 정하기가 어렵다.

인류학자들은 청소년기를 연구할 때 호르몬 증가로 인한 생리학적 변화에 초점을 맞추기보다는, 이를 유년기에서 성인기로 넘어가는 전환기로 바라보며 특정한 문화적 맥락에서 청소년기를 구성하는 요소가 무엇인지를 살펴봄으로써, 청소년기가 어디서나 똑같은 특징을 가진다는 가정에 반론을 제기했다. 서양 심리학자들은, 청소년기에는 가족으로부터 분리 및 독립을 하려 하며 또래 그룹을 더 중시하게 되는

---

10 Whiting, B., and J. Whiting, 1987, p. xvi.
11 Rigby, P., 1967.

등 자신의 고유한 정체성을 형성하게 된다는 점을 강조한다.[12] 또한 이 시기 청소년들은 반사회적 행동이나 일탈이 잦은 갈등의 시기를 보내며, 기성세대가 이를 통제하게 되면서 또 다른 갈등이 일어난다고 보았다. 그러나 민족지를 살펴보면, 이러한 분리와 갈등의 모델로 완벽하게 설명이 되는 사례도 있기는 하지만, 한편으로는 서양의 청소년기 개념을 적용하기 어려운 사례도 있다.

동아프리카 마사이(Maasai)족과 삼부루(Samburu)족은 유년기가 끝나가는 것이 확실한 소년들을 '모란(moran: warriors)'이라 부르는데, 이 시기는 전형적인 전환기로 인식된다. 두 부족의 정치 체계는 모두 노년층의 지배력이 크며, 나이가 많을수록 권력도 강해지고 더 많은 부인도 둘 수 있다. 또한 대략 12년 터울 내로 하나의 연령 집단(age-set)[13]을 조직하며, 사회적 위계질서도 연령 집단의 지위를 따른다.[14] 연령 집단 구성원들은 모두 동등한 존재로 인식되며, 서로에 대한 의무와 책임을 지고 있다. 하나의 연령 집단은 각각 소년기, '모란'기, 장년기라는 세 단계의 생애 주기를 함께 겪게 된다. '모란'기는 대략 15~30세 사이에 해당하며, 할례 등의 의례를 치르면서 시작된다. 이 시기에 속한 남자들은 전체 사회 공동체와는 분리된 연령 집단의 구성원으로서 살아가게 되며, 장년층의 아내를 유혹하거나 소를 훔쳐 오는 식으로 자신의 능력을 과시하려 한다. 여자들은 '모란'기와 같은 시기적 구분이 없이 오직 소

---

12 Erikson, E. H., 1963, 1968.
13 연령 집단에 관한 설명은 4장 참조. 여기서 연령 집단은 좁은 의미로서, 비유를 들자면 일종의 '동기생' 개념이다. 다만 구성원들의 나이가 동일하지 않을 뿐이다.-역자 주
14 Spencer, P., 1965.

녀와 여성으로만 분류하며, 가능한 일찍 할례를 받고 결혼을 한다.[15]

'모란'들은 사회적·정치적으로 주변에 속한다. 그들은 사회적 책임을 지지 않지만, 결혼을 할 수도 가축을 키울 수도 없으며, 정치적 의사결정 과정에서도 배제된다. 또한 충동적이고 예측 불가능하며, 무책임한 존재로 여겨진다. 폴 스펜서는 이를 두고 "'모란'기는 상당히 불만이 많은 시기이며 (…) 사회적 유보의 단계"[16]라고 묘사했다. 그럼에도 불구하고 '모란'기는 마사이족의 정체성을 형성하는 데 있어서 중요한 시기다. 장년층들은 자신들의 '모란'기를 자랑스럽게 회상하며, "모두가 '모란'들이 기운이 넘치고, 우애가 돈독하고, 자유롭고, 두려움이 없다는 것을 잘 알고 있으며, 장년층은 그 누구보다도 '모란'을 인정했다. 가정을 일으켜 세우고 가축을 돌보느라 몸이 늙어가기 전에 맞이하는 인생의 가장 좋은 순간이 바로 그때였다"[17]고 말했다. 장년층들은 '모란'들이 자신들의 아내를 유혹하거나, 재산에 손해를 입히거나, 싸움을 걸어올 때는 불쾌한 기색을 드러내지만, 그럼에도 이 시스템이 유지되기를 바란다. 마사이 여성들 또한 그런 '모란'들의 매력에 감탄과 연모의 감정을 드러낸다.

비록 '모란'기의 특징이 청소년기와 비슷하다고는 하지만, '모란'기는 신체의 나이가 아니라 '연령 집단'을 기준으로 삼는다. '모란'이 되기 위해서는 할례를 받아야 하지만, '모란'이 되는 기준은 신체적 발달 정도나 실제 나이가 아니다. 아들이 모란에 들어갈 때가 되면, 아버지

15 Llewelyn-Davies, M., 1981.

16 Spencer, P., 1965, p. 162.

17 Spencer, P., 1965, p. 143.

는 여러 현실적인 면을 고려해 아들을 모란으로 만들 시기를 결정한다. 일찍 성인식을 치르게 하면 그만큼 '모란'기가 길어지고 명성을 쌓을 기회도 늘어나지만, 가족들에게는 손해가 될 수 있다. 만약 한 아버지가 여러 명의 아들을 같은 연령 집단에 넣으면, 그들은 같은 날에 할례를 받고 같은 날에 장년층이 될 것이며, 비슷한 시기에 결혼을 하려 할 것이다. 그때는 상당히 큰 경제적 부담을 져야 할 것이다. 장년층들은 전체 공동체와 가정에서 필요로 하는 어른의 수를 고려해 '모란'의 수를 줄이거나 늘리기도 하고 새로운 '모란' 만들기를 유보하기도 한다. 누구를 언제 성인으로 만들 것인지는 신체적 발달 특성이나 나이보다는 사회 경제적 여건에 의해 판단하고 결정한다.

청소년기에는 필연적으로 사회적 갈등과 개인적 혼란이 따른다는 가정에 반박하는 인류학 연구도 있었다. 수잔 데이비스와 더글러스 데이비스 부부는 모로코 자위야(Zawiya) 마을에 청소년기의 개념이 들어온 이후의 청소년들의 사회적 변화를 조사했다.[18] 데이비스 부부는, 무상 교육이 실시되면서 젊은이들이 선택할 수 있는 직업이 늘어나고 결혼 시기가 늦어졌으며, 청소년들 사이에서 이성간의 우정 관계를 포함한 또래 집단의 중요성이 대단히 중요해졌다며 지역 사회가 겪고 있는 급격한 변화를 서술했다. 이는 가족 관계에도 큰 영향을 미쳤으며, 젊은 사람들은 사회의 급격한 변화와 신구 가치관의 갈등 사이에서 나름대로 대처법을 찾아야 했다. 소녀들은 예전 같았으면 결혼을 했을 나이에 학교에서 남녀 친구들과 함께 어울려 지내게 되었지만, 그 대신 정

---

18 Davis, S. D., and D. Davis, 1989.

숙함을 잃어버린 가족의 수치라는 폄하를 각오해야 했다.

　부모 세대는 교육을 받지 못한 문맹자들이었지만, 학교를 졸업하고 전문 기술을 공부하는 고학력 젊은이들에게 여전히 존경을 받고 싶어 했다. 하지만 데이비스 부부는 이들 사회에서는 유럽이나 미국과는 다르게 청소년들과 기성세대의 갈등을 발견하기 힘들다고 했다. 젊은 사람들은 여전히 또래보다는 부모를 믿었고, 이처럼 변화가 심한 시대에 자신들이 적응할 수 있었던 것은 부모 세대로부터 물려받은 종교적 가치관 덕분이었다고 믿고 있었다. 데이비스 부부는 "우리는 자위야 젊은이들이 반항할 생각을 하지 않았다는 점을 여러 차례 강조했다. 또한 그들의 가족적·문화적·종교적 가치 체계가 젊은이들에게 여전히 존경받고 있었던 것이 이 사회의 가장 큰 강점이라고 생각한다"[19]고 결론지었다.

　또 보편적인 청소년기의 특성이라고 여겨지는 것 중 하나는, 청소년기는 신체의 변화를 수반하므로 자연히 성에 대한 관심도 높아진다는 것이다. 앞 장에서 살펴보았듯이, 성이라는 개념은 대단히 복잡한 것이며, 성에 대한 적절한 표현법이나 성적인 것이 허용되는 나이는 사회문화적 맥락에 따라 다르다. 청소년들의 성에 대한 통제, 혹은 더 중요하게 여겨지는 피임은 마거릿 미드로부터 시작된 청소년기 연구의 핵심 주제이며, 비록 성과 출산은 문화에 따라 다르게 인식될 수 있으나, 청소년기와 성인식을 논의하는 데 여전히 중요하게 취급된다. 성, 결혼, 출산 능력의 상관관계는 여성의 청소년기를 논의하는 데 핵심적인

19　Davis, S. D., and D. Davis, 1989, p. 182.

주제이며, 근대화로 인해 가장 큰 변화를 겪은 영역이기도 하다.

맹그로브(Mangrove)로 알려진 오스트레일리아 원주민을 연구한 빅토리아 버뱅크는, 이들이 결혼 전의 청소년기 여성들을 '처녀기(maidenhood)'라는 새로운 이름으로 부르는 것을 발견했다.[20] 백인들의 식민지배와 기독교 선교가 시작되기 이전의 맹그로브 여성들은 대개 어린 시절에 어른들이 정해 준 약혼자가 있었으며 첫 월경 전에 결혼을 했다. 하지만 지금의 맹그로브 사회에서는 미리 정해 둔 약혼자도 없고, 청소년기가 오기 전에 결혼을 하는 일도 거의 없다. 뿐만 아니라, 결혼 상대를 고를 때도 부모의 뜻보다는 자신들의 의사를 훨씬 중요하게 생각한다. 심지어는 결혼 자체를 거부하는 경우도 있다. 이제 청소년기 소녀들의 성에 대한 통제권은 부모에서 소녀들 자신에게로 넘어갔으며, 소녀들은 전례에 없었던 '처녀기'라는 새로운 범주를 만들어 내 유지하고 있다. 이 사회에서는 한때 여성 청소년들의 성과 출산에 대한 통제권을 두고 논쟁이 벌어졌지만, 이제는 그 힘의 추가 공동체에서 개인에게로 기울었다.

청소년기를 연구할 때 가장 주의해야 할 마지막 특징은, 남자와 여자의 청소년기에는 많은 차이점이 있다는 사실이다. 몇몇 민족지에서도 언급했듯이(2장 참조), 유년기의 길이는 성별에 따라 차이가 있으며, 청소년기도 마찬가지다. 대개 여자는 남자에 비해 청소년기가 2~4년 정도 짧으며, 유년기에서 청소년기를 지나 성인기가 되는 과정도 더 자연스럽게 연결되는 편이다. 앨리스 슐레겔과 허버트 배리는 이것이 여성

---

20 Burbank, V. K., 1988.

을 순종적으로 보는 경향과 연관이 있다고 보았다.[21] 어린 시절에는 남녀 모두가 어른들에게 순종적이다. 하지만 여성은 남성에게도 순종적이기 때문에 남성에 비해 청소년기 시절에도 순종적인 태도의 변화가 심하지 않다. 비록 청소년기를 겪으면서 여성의 지위도 향상되지만, 그래도 여전히 순종적인 것이다. 그에 비하면 청소년기 남성들은 지위와 역할에 많은 변화가 있으며 그 변화의 폭도 크다. 하지만 남녀와 상관없이, 청소년기의 신체적 변화에 대한 사회적 인식이 다르면, 청소년기 청소년들에 대한 태도, 청소년 스스로의 인식, 어른으로의 변화를 받아들이는 과정도 다르다. 슐레겔과 배리는 이를 다음과 같이 정리했다.

청소년기는, 생물학적 출산 가능성만으로는 완전한 사회적 성인으로 인정할 수 없다는 사회적 결정이다. 이러한 특성은 남성들에게는 보편적으로 적용된다. 하지만 여성의 경우, 많은 사회에서 여성의 신체적 성장을 성인기의 시작으로 여기며, 청소년기와 같은 사회적 전환기 없이 곧바로 결혼으로 이어지게 한다.[22]

청소년과 세계화

오스트레일리아 원주민 소녀들과 모로코 청소년들의 사례를 통해

---

21 Schlegel, A., and H. Barry, 1991.
22 Schlegel, A., and H. Barry, 1991, p. 19.

살펴보았듯이, 비서양권의 청소년기는 외부에서 강요된 새로운 개념인 동시에 지금도 변화중인 개념이다. 현대 세계의 청소년 연구는 반드시 이러한 변화의 과정을 인지한 상태에서 이루어져야 한다. 어린이들의 삶의 단계와 변화는 대부분 관료제와 세계화의 영향력을 받기 마련이다. 특히 어린이들에게 가장 많은 영향력을 행사하는 학교는 강제로 나이에 따라 학년을 구분함으로써 학교 밖에서는 별로 중요하지 않은 동갑내기 모임의 중요성을 크게 강조하고 있다. 소비주의의 세계화는 거의 모든 나라의 어린이들이 똑같은 광고와 음악에 노출되어 있다는 것을 의미한다.(하지만 그에 대한 반응까지 똑같지는 않으며, 이는 예측하기도 어렵다.) 비록 유엔아동권리협약에서는 청소년기에 대한 정의 없이 18세 이하의 모든 사람을 어린이로 규정했지만, 이 같은 국제법의 제정도 유년기를 연령에 따라 규정하는 압력으로 작용하고 있다.

많은 사회에서 어린이의 나이가 많아질수록 법적 권리와 책임을 늘려가며, 이를 유년기에서 성인기로 이행하고 있다는 표지로 삼는다. 예를 들자면, 영국 청소년들은 16살부터 섹스를 할 수 있고, 17살부터는 운전을 할 수 있으며, 18살부터는 완전한 선거권을 얻는다. 나이를 더 먹을수록 더 많은 법적 권리와 책임을 가진다. 영국에서 10살 이전의 어린이는 형사처벌 대상이 아니지만, 그 이상은 자신의 행동에 책임을 져야 한다. 미국은 연방제 국가이므로, 어린이들은 자신이 사는 곳에 따라서 성인이 되는 단계가 달라진다. 이러한 법적 권리는 연령에 따라 자연적으로 생성되고 누적되며, 개인의 신체 발달과 사회적 능력 여부와는 직접적인 상관이 없다. 청소년기가 시작되고 끝나는 나이도 법적으로 정해져 있지 않다. 또한 뒤에서도 논의하겠지만, 어린이들의 성장 시점을 정하는 것은 어떤 통과의례나 절차가 아닌 관료제도의 규정이다. 리처드 콘던은 "미국에서는 청소년기가 굉장히 길어서, 대략 10년에서 15년까지도 이어진다. 사회적 성장은 점진적으로 이루어지며, 눈에 띄는 변화나 성인식 없이 성인기에 접어든다. 무엇인가 있다고 해도, 문화적으로 드러나는 지위나 역할의 변화를 그다지 수반하지 않는 모호한 변화의 연속일 뿐이다"[23]라고 했다.

서양에서는 어린이가 청소년이 될 때 수반되던 사회 경제적 지위의 변화가 대단히 약해졌다. 심리학과 사회학에서 청소년기를 분석하는 동안, 광고업계와 마케팅업계에서는 상당한 구매력을 자랑하던 청소년 계층을 알아보고 '틴에이저(teenager)'라는 명칭을 1945년 이전에 만들어냈다. 서양에서 청소년이 되었다는 것은, 사회적·심리적 지위만 변했다는 뜻이 아니라, 경제적인 지위 역시 상승해 스스로 직장 생활을 유지하고 집을 떠나 홀로서기를 시도하며 재산을 관리하고 경제적인 독립을 추구할 수 있는 능력을 갖추었다는 뜻이었다.

하지만 현대 서양 사회에서 청소년들이 '성장했다'고 느끼기 가장 어려운 영역이 바로 경제 상태의 변화다. 경제적으로 독립할 수 있는 젊은이들이 적어지면서 청소년기가 길어지고 있으며, 스스로 생계를 유지하기 어려운 청소년들은 대부분 고등교육 과정에 남아 있으면서 부모의 경제력에 의존한 채 20대에 들어선다. 사회학자 폴 윌리스는 "월급 봉투는 자유와 독립을 제공해 준다"[24]고 말한 적이 있다. 하지만

---

23 Condon, R., 1990.
24 Willis, P., 1977, p. 150.

현재 이 말은 부분적으로만 맞는 말이 되었으며, 심지어는 교육을 마치고 일을 시작한 젊은이들도 월급 봉투가 독립은 물론이고 자기들이 꿈꿔 왔던 성인으로서의 삶도 제공해 주지 않는다는 사실을 깨달았다. 그들은 이전 세대에 비해 가능한 오래 청소년으로 남아 있고 싶어 하는 편이다.

이와 비슷한 사례를 보여 주는 연구로, 영국 청소년 노숙자들을 대상으로 한 톰 홀의 연구가 있다.[25] 그는 사회적·경제적으로 배제된 청소년들이 성인이 되는 데 겪는 어려움을 조사했다. 그들은 독립해서 살고 있다고는 하지만, 또래들과는 달리 경제적·정치적 힘도 없고 시민권도 받지 못한다. 그들은 청소년에게 주어지는 얼마 되지 않는 혜택(법적 보호 등)은 받을 수 있지만, 어린이처럼 동정의 대상이 될 수도 없고, 스스로 성인이 될 역량도 없다. 한마디로 천국도 지옥도 아닌 주변부(Limbo)에 있는 것이다. 그들은 소비자로서도 생산자로서도 사회에 경제적인 공헌을 하지 못하며, 어린이도 청소년도 성인도 되지 못한 채 비행청소년이나 소외계층이 될 확률이 대단히 높다.

최근 청소년을 연구하는 인류학자들은 세계화, 텔레비전, 마케팅의 영향력에 특별히 주의를 기울인다. 미국과 일본의 청소년들을 비교 연구했던 메리 화이트는, 양국 청소년들의 특성과 음악, 패션, 전자제품 소비의 상관관계를 분석했다.[26] 화이트는 양쪽 청소년 모두에게서 또래 집단과 어울리고 싶어 하면서도 개성을 드러내고 싶은 모순적 욕망

25 Hall, T., 2003.
26 White, M., 1993.

이 공통적으로 존재한다는 사실을 발견했다. 하지만 일본과 미국 청소년들이 모두 같은 옷을 입고 같은 음악을 들으며 똑같은 기업의 제품을 소비하고 있음에도 불구하고, 청소년기에 대한 사회적 인식은 많은 차이를 보였다. 이는 경제적 세계화의 영향으로 전 세계 청소년이 비슷한 성향을 보이게 될 것이라는 일부의 주장과는 다른 것이었다. 화이트는 이에 대해 다음과 같이 분석했다.

카세트 플레이어로 일본의 15살을 규정할 수 없다. 초콜릿 칩도, 쿠키 아이스크림도, 일본 청소년들의 문화 변화를 이끌어내지 못한다. 세계의 물질적 유사성은 '틴에이저'를 목표로 하는 대중문화와 소비주의의 관계와, 그것에 부가된 의미의 차이를 드러낼 뿐이다.[27]

화이트는 미국과 일본의 청소년기 경험은 근본적으로 다르다고 하면서, 이는 생애 주기에서 청소년기가 하는 역할이 크게 다르기 때문이라고 했다. 미국에서는 청소년기를 "자신과 타인에게 상처가 될 수 있는 위험한 시기"[28]라고 보는 데 반해, 일본에서는 "모든 것을 동원해야하는 인생에서 가장 중요한 시기이며 (…) [한 사람의] 십대는 그 사람의 미래를 결정하는 열쇠"[29]라고 생각한다. 화이트는 일본 사회가 '틴에이저(ティーンエージャー)'라는 용어를 받아들이긴 했지만, 그들에게 나쁜 습성이 있을 것이라는 생각이나, 넘쳐나는 호르몬 탓에 육체적 충

---

27 White, M., 1993, p. 13.
28 White, M., 1993, p. 10.
29 White, M., 1993, p. 10.

동을 주체하지 못할 것이라는 생각은 받아들이지 않았다고 주장했다. 때문에 일본 청소년들은 부모로부터 독립할 생각을 하지 않으며, 부모와 자녀 사이의 갈등도 거의 일어나지 않는다. 또한 화이트는 일본 청소년들의 일기를 조사해 본 결과, 일본 청소년들은 자신의 미래 구상에서 부모의 의견을 존중하고 있음을 알게 되었다. 반항은 일본 청소년들의 주요 특징이 아니다. 반항적이거나 반사회적 행동을 일삼는 청소년들은 대개 술이나 약을 하는 경우가 많았으며, 이는 예외적인 경우였다. 학창시절은 미래의 진로를 결정하는 시기이며, 친구들과 서로 견제하고 압박하기보다는 긍정적인 유대 관계를 강화하는 때로 인식되고 있었다. 화이트의 표현을 빌리면, "대중적인 생각에 의하면, 오늘날 미국에서는 십대를 인생의 위기로 본다. 하지만 일본에서는 대부분의 사람들이 십대를 장래를 보장하는 시기로 여긴다"[30]고 한다.

이러한 배경에서, 일본과 미국은 청소년들의 성 문제도 다르게 바라본다. 미국 청소년들은 성에 대해 한편으로는 위험하고 금지해야 할 것으로, 다른 한편으로는 성적으로 적극적인 어른이 되라는 상반된 메시지를 받는다. 그와는 달리 일본에서는 청소년들의 성에 대해 병리학적인 걱정을 하기보다는, 성을 표현하는 적절한 방법에 더 신경 쓴다. 일본 청소년들은 자주 성적으로 적극적인 모습을 보이지만, 어른들은 이를 도덕적 문제로 바라보지는 않는다. 일본 사람들은, 성적인 행위는 적절히 분리된 장소에서, 그리고 스스로의 사회적 의무를 저버리지 않는 선에서 해야 한다고 생각한다. 상황에 맞는 행동을 중시하는 일본의

---

30 White, M., 1993, pp. 21-22.

관념도 이러한 사고방식을 더욱 강화한다. 상황에 따라서 행동 방식을 바꾸는 모습은 미국에서는 위선이라 비난 받지만, 일본에서는 사회적 의무를 다하는 훌륭한 자세로 평가 받는다. 화이트는 일본 청소년들은 일반적으로 로맨스나 섹스보다는 학업과 입시에 더 많은 신경을 쓰고 있으며, 어쩌면 미국 청소년들보다 더 많은 섹스를 하고 있을지도 모르지만, 그들만큼 섹스에 마음을 빼앗기고 있지 않다고 보았다.[31]

캐나다 이누이트 공동체를 연구한 리처드 콘던은, 서양화로 인한 텔레비전과 학교제도의 도입이 청소년들의 미래를 어떻게 바꾸었는지를 중점적으로 살펴보았다.[32] 콘던에 의하면, 요즘 틴에이저로 부르는 세대는 과거에는 '이누하크(inuhaaq)'라고 불렸으며, 이는 곧 어른이 되기 시작하는 10~13세 사이의 어린이들을 지칭하는 표현이었다고 한다. 소년의 경우는 처음으로 덫을 놓아 작은 사냥감을 잡았을 때, 소녀의 경우는 집안 허드렛일을 도와주거나 바느질로 무언가를 만들어낼 수 있게 되면 이 시기에 접어들었다고 보았다. 이 시기부터 성별 차이를 중요시하며, 남녀의 호칭도 남자는 '이누우훅툭(inuuhuktug)', 여자는 '아르나루히크(arnaruhiq)'로 구분해서 부르기 시작했다. 전통적으로 소녀들은 첫 월경을 전후해서 결혼을 했지만, 소년들은 어엿한 사냥꾼으로 인정받기 전에는 결혼할 수 없었다.

하지만 콘던의 최근 연구에서는 청소년기의 개념과 청소년들의 위상에 큰 변화가 나타났다는 것이 밝혀졌다. 무엇보다도, 이누이트어로

---

31 White, M., 1993, p. 194.
32 Condon, R., 1987, 1990.

된 용어가 사라지고, '꼬마(kids)', '아기(babies)', '틴에이저(teenager)'
와 같은 영어로 된 용어가 주로 쓰이고 있었다. 1980년대에 들어온 텔
레비전은 청소년들의 삶에 주목할 만한 변화를 가져왔다. 그들의 장래
희망, 인간관계에 대한 관념, 협력과 경쟁에 대한 인식이 바뀌었다. 공
동체의 일치와 협력을 강조하던 이누이트의 전통 연극 놀이는 경쟁과
공격성을 강조하는 아이스하키에 밀려났다. 콘던에 의하면, 텔레비전
이 들어오고 나서 채 몇 년이 지나지 않아 청소년들이 눈에 띄게 거칠
고 경쟁적이 되었다고 한다.[33] 이누이트 삶의 물질적 조건이 바뀌자, 부
모자녀 관계, 형제자매 관계, 또래관계도 변했다. 이누이트는 가족 단
위로 유목하는 생활보다는 집단적인 정착 생활을 추구하게 되었고, 학
교제도가 시행된 이후 청소년들은 가족보다도 학교 친구들을 더 의지
하게 되었다.[34] 그 결과 청소년들의 결혼 시기도 상당히 늦춰졌고, 유
년기에서 완전한 성인기로 접어들기까지 오랜 전환기를 거치게 되었
다.

　콘던이 연구했던 청소년들은 단순히 성인이 되는 과정의 변화만 겪
고 있었던 것이 아니라, 상당한 문화적·경제적·언어적 변화도 함께 겪
고 있었다. 결혼이 늦어지고 직업을 구하기 어려워지는 가운데 레저 생
활을 즐길 기회는 늘어나고 이에 못지않게 술과 약물도 퍼지면서, 청소
년기는 청소년과 사회 양자 모두에게 문제로 인식되기 시작했다. 이론
상으로는 교육 수준의 증가와 기술의 발달이 젊은이들에게 기회를 제

33　Condon, R., 1995.

34　Condon, R., and P. Stern, 1993.

공해 준다고 했지만, 한편으로는 그들의 삶을 더욱 어렵게 만들고 있었다. 여성들은 집에서 계속 살 수도 있고, 바느질을 해서 돈을 벌 수도 있었지만, 남성들은 가족의 생계를 부양할 수 있는 사냥꾼임을 스스로 증명할 수 있는 기회가 사라지고 있었다. 콘던은 20대가 되어도 가정을 부양할 능력을 갖지 못한 채, 여전히 청소년이라 불리는 사람들의 모습을 기록하고 있다.

그럼에도 한 가지 주목할 부분은, 이누이트의 청소년기 개념이 미국과 캐나다의 영향을 많이 받았다고는 하지만 그대로 들여온 것은 아니었으며, 어느 정도는 이누이트적 특징을 유지하고 있었다는 사실이다. 미국의 청소년기에는 공공연히 드러나는 스트레스와 압박이, 감정을 되도록 억제해야 한다는 이누이트의 신념 덕분에 이곳 청소년에게는 나타나지 않았다. 또한 미국 청소년기의 중요한 특징으로 여겨지는 자립심과 반항심도 이누이트 청소년에게는 그다지 발견되지 않았다. 양육 과정에서 자립심을 강조하고 간섭을 하지 않으며, 부모가 자녀를 통제하려 하지 않는 사회에서는 청소년들이 가정으로 부터 빠져나와 반항할 마음이 별로 들지 않았던 것이다. 책임감과 자립심이 다른 것이라고 생각하지 않았던 이누이트 어린이들은, 이미 성인이 되기 이전부터 많은 자율권을 보장받고 있었다. 콘던은 "이누이트 청소년 자녀와 부모는 서로에게 거의 간섭하지 않았고 일과 시간에 마주쳐도 그냥 지나가는 때가 대부분이었다"[35]고 했다. 이누이트 청소년들은 부모에게 드러내놓고 애정 표시를 하지는 않았지만, 항상 부모와 친밀한 유대 관계

---

35 Condon, R., 1987, p. 101.

를 형성하고 있었다.

성인식

이 단락에서는 앞서 논의한 다양한 청소년기 개념과 그 사회적 영향력을 바탕으로 성인식이라는 특별한 이행 과정을 다룬 인류학 연구를 살펴보겠다. 인류학자들은 성인식을 하나의 의례이자, 심리학과의 공동 연구 대상이자, 고통의 개념에 대한 비교문화적 분석 자료이자, 성별에 따른 사회적 역할 규정을 드러내는 현상으로서 다각도로 연구해 왔다. 문화의 보편적 패턴을 밝혀내려는 비교문화 연구에서 성인식은 특히 중요한 의례로 취급되었다.[36] 성인식에 관한 방대한 자료가 쌓였고, 청소년들에게 성인식이 갖는 역할, 의미, 기능에 대한 논란은 계속되었다.

하지만 정작 성인식에 참가하는 당사자들이 두려워하는지, 기대하는지, 그리고 성인식이 그들에게 가져오는 변화는 무엇인지를 조사한 연구는 거의 없었다.[37] 얼마 되지 않는 당사자들의 경험담, 예를 들면 넬슨 만델라가 직접 경험한 성인식 의례 이야기라거나, 마사이족의 테필리트 올레이 사이토티(Tepilit Ole Saitoti)의 자서전 『마사이 전사의 세계』와 같은 책들은, 너무 어린 시절의 경험을 회상하느라 기억이 흐

---

36 Burton, M., and D. White, 1987.
37 Heald, S., 1982에서 한 청소년의 경험담을 인용한 정도다.

려져 대중적인 방향으로 글이 써진 경향이 있다.[38] 여성 성인식 관련 글은 주로 의례의 잔혹성을 드러내기 위해 써졌다.[39] 이처럼 의례에 참가한 당사자들의 이야기가 많이 빠져 있기는 하지만, 많은 양의 인류학적 조사 자료 안에는 성인식이 어린이에게 어떤 변화를 가져오는지 추정할 수 있는 근거 자료가 있다.

아놀드 반 게넵이 제시한 '의례의 세 과정'을 빼고 성인식을 논의할 수는 없을 것이다. 그의 저서 『통과의례(Les Rites de Passage)』는 1909년 프랑스에서 처음 출간되었으며, 1960년에 영어로 번역되었다. 반 게넵은 통과의례를 "장소, 상태, 사회적 지위, 나이의 모든 변화에 수반되는 의례"[40]라 정의했다. 통과의례는 출생, 성인식, 결혼, 죽음 등과 같은 인간 생애의 중요한 고비에서 치르는 의례다. 반 게넵은 모든 사회와 개인의 생애는 의례를 통해 문지방을 넘어가는 과정의 연속이라고 보았다. 그는 "개인은 물론 집단의 생애도 분리와 결합을 통해 스스로의 모습과 존재 조건을 바꿔 나가는 과정을 겪는다. 이는 죽음과 새로운 탄생의 연속이다. 이는 시작인 동시에 끝이며, 기다림과 휴식을 거쳐 기존과는 다른 방식으로 다시 시작하는 것이다"[41]고 말했다. 반 게넵의 이론에 의하면, 개인의 지위와 상태는 살면서 끊임없이 변한다. 그들은 하나의 상태에서 다른 상태로 옮겨가며, 이러한 전환은 전체 사회와 분리되고 통합되기를 반복하는 의례의 과정에서 이루어진다. 하나의 단

---

38 Saitoti, T. O., 1986; Mandela, N., 1994.

39 El Saadawi, N., 1980; Dirie, W., and C. Miller, 1999.

40 Turner, V., 1969, p. 94에서 인용.

41 van Gennep, A., 1960[1909], p. 189.

계에서 다음 단계로 넘어갈 때는 상징적인 표시를 공개적으로 드러낸다. 그리고 모든 의례는 다음의 세 가지 과정을 거치게 되어 있다.

1. 익숙한 기존 사회에서 분리되어 밖으로 나온다.(분리 의례)

2. 과거의 나를 버리고 새로운 나를 얻는 전환 과정, 전이 단계 혹은 끼어 있는 단계.(전이 의례)

3. 원래 사회 구조 속으로 돌아와 재통합.(통합 의례)

반 게넵에 의하면 통과의례의 세 단계는 서로 다른 특성이 있다. 첫 단계인 분리는, 성인식 의례에 참여하는 사람을 기존 사회에서 분리시키고 과거의 정체성을 벗겨낸다. 이때 머리를 깎거나, 옷을 갈아입고 장신구를 버리거나, 거주지를 옮김으로써 과거의 자신을 상징적으로 제거한다. 분리의 시기에는 성인이 되는 자격을 시험하는 시련이 주어진다. 신체를 변형하거나, 할례를 받거나, 문신을 새기거나, 상처(scarification, 亂刺)를 남기거나 하는 식이다. 통과의례의 두 번째 단계는 전이의 시기로서, 이쪽과 저쪽의 중간에 놓여 있는 상태이다. 흔히 가장 위험하고 무너지기 쉬운 단계라고 여겨진다. 마지막 단계는 새로운 사회적 정체성과 역할을 부여받고 기존 사회에 재통합되는 단계로서, 이를 마치면 이전보다 상향된 사회적 지위를 얻게 된다.

비록 성인식의 중심 요소는 분리, 전이, 통합의 세 단계로 나뉘어져 있지만, 각 단계별 의례 하나 하나는 다른 어떤 의례들보다도 중시된다. 분리의 의례는 장례식이나 애도의 의례보다 중요하며, 통합은 결혼 의례보다 중요하다. 성인식 의례에서는 대부분 전이 과정을 가장 중요하게 여긴다. 때로는 이 과정에서 몇 달 혹은 몇 년 동안 기존 사회로부터 떨어진 채 지내기도 한다. 반 게넵은 사회가 지속적으로 개선되고 유지되려면 이러한 통과의례가 필수라고 보았다. 또한, 통과의례는 죽음이나 노화와 같은 사회 변화의 부작용을 줄여 주고, 다음 세대에게 온전한 사회 구성원의 지위를 부여하는 방법이라고 보았다.

인류학계에 전례 없는 커다란 영향을 끼친 반 게넵의 이론을 이해하기 위해서는 신체의 변화와 사회적 지위 변화를 구분해서 볼 필요가 있다. 반 게넵은 많은 성인식 의례가 청소년기를 전후해서 일어나기 때문에 대체로 성인식을 유년기와 성인기를 구분하는 표지로 여기지만, 여기서 신체적 변화 그 자체는 크게 중요하지 않으며 통과의례의 수행 여부가 사회적 성장을 판단하는 기준으로 중시된다고 했다. 루스 베네딕트의 주장처럼, "청소년기 관습을 이해하기 위해서는 (…) 그 문화에서 성인기의 시작을 무엇으로 확인하는지를 알 필요가 있다"[42]는 것이다. 베네딕트는 "중요한 것은 사춘기의 신체적 변화가 아니라, 성인기의 의미다"[43]고 단정했다. 실제로 사춘기의 신체적 변화는 성인식의 전제 조건이 아니며, 성인식을 치를 때 사춘기가 오지 않았을 때도 있다. 막스 글럭먼도 사춘기의 신체적 변화는 사회적 변화보다 훨씬 덜 중요하며, 성인식 의례는 유년기에서 성인기로의 사회적 전환에 그 의미가 있다며 반 게넵의 이론에 동조했다.[44] 글럭먼은 성인식을 통해 청소년은 어린이의 지위를 벗어나 사람의 지위를 얻게 되며, 성인으로서 공적이고 정치적인 역할을 할 수 있게 된다고 보았다.

인류학자들은 반 게넵이 제시한 '의례의 세 단계'를 이용해 많은 성

42　Benedict, R. 1934, p. 25.

43　Benedict, R. 1934, p. 25.

44　Gluckman, M., 1962.

인식과 통과의례를 분석했다. 하지만 이에 대한 비평과 반대도 있었고, 그의 이론을 변형시키거나 확장시켜 사용하는 경우도 있었다.[45] 글럭먼은, 반 게넵의 주장은 기본적으로 의례에는 시작과 중간과 끝이 있다는 뜻이며, 의례를 이러한 관점에서 분석하는 것은 개인의 일생에서 사회적 역할이 변화하는 과정을 이해하기 위함이라며 반 게넵에 대한 비판을 반박했다.[46] 장 라 퐁텐은 "의례의 상징적 의미를 보다 넓은 사회적 의의에 연관시켰다는 점이 반 게넵의 이론적 성과이며, 이는 반 게넵 이전에는 비슷한 전례조차 없었던 뛰어난 업적이다"[47]라고 강조했다. 하지만 반 게넵에 대한 비판 중에서도 주로 '어째서 통과의례가 반드시 필요한가?'에 제대로 답하지 못했다는 비판은 여전히 남아 있다. 라 퐁텐은 반 게넵이 통과의례가 필요하기 때문에 필요하다는 식으로 설명한 것은 설득력이 떨어지는 순환논리의 오류라고 보았다. 반 게넵은 통과의례가 생애 주기의 변화에서 발생하는 해로운 부작용을 감소시켜 준다고 했지만, 어째서 그러한 변화가 해로운지, 그리고 그것이 꼭 의례로만 중화될 수 있는지는 충분히 설명하지 못했다. 하지만 지금까지도 반 게넵의 이론은 유효한 부분이 많으며, 특히 마사이족이나 삼부루족의 성인식 연구에서는 그의 '의례의 세 단계' 이론이 아주 적절하게 들어맞는다.

---

45 Turner, V., 1967, 1969.
46 Gluckman, M., 1962.
47 La Fontaine, J. S., 1986b, p. 26.

성인식: 심리학적 분석

통과의례를 연구하기 위해 반 게넵은 사회학적 분석을 했지만, 심리학을 이용한 학자들도 있었다. 잔혹한 성인식 의례와 해당 공동체의 육아 관습 사이에 어떤 심리학적 연관성이나 의미가 있느냐 없느냐를 두고 치열한 논쟁이 벌어졌다. 미국 인류학자들은 주로 육아 관습이 어린이와 사회 모두에게 장기적인 영향을 미친다는 심리학적 분석을 중시했고, 성인식 의례를 논의할 때도 이러한 관점을 많이 차용했다.[48] 성인식과 할례를 다룬 대다수의 연구가 프로이트의 주장을 받아들였다. 프로이트는 여러 사회의 할례를 분석 조사한 뒤, 할례는 상징적 거세라고 분석했다. 다음은 프로이트의 글이다.

고대 사회에서는 질투심 많고 잔인한 아버지가 실제로 자녀를 거세하기도 했다. 사춘기기 의례에서 빈번하게 행해지는 할례는 바로 이러한 거세의 흔적이라고 볼 수 있다.[49]

할례에 관한 프로이트의 이론은 심리학과 인류학 모두에게서 비판을 받았다. 브루노 베텔하임은 저서『상징적 상처(Symbolic Wounds)』[50]에서 할례는 여성에게만 허락된 하혈을 남성도 하게 만듦으로써 여성과 남성을 상징적으로 연결시키는 수단이라고 주장하며, 프로이트의 이

---

48 Paige, K. E., andj. M. Paige, 1981.

49 Freud, S., 1964[1933], p. 114.

50 Bettelheim, B., 1955.

론을 반박했다. 베텔하임은 남성이 출산과 월경을 하는 여성을 부러워해서, 할례와 같은 의례를 통해 남성의 성기를 갈라 여성의 성기와 비슷하게 만드는 것이라고 주장했다. 또한 할례를 부정적이고 억압적으로 보는 프로이트의 이론을 거부하며, 할례는 남성이 여성(주로 자신의 엄마)의 출산 능력을 모사하고자 하는 긍정적인 '질(膣) 선망'이라고 보았다. 하지만, 할례로 귀두를 항상 노출시켜 놓는 것은 성기가 항상 발기해 있는 것처럼 보이게 하려는 목적도 있다면서, 많은 남성들이 이에 대해 양가감정을 갖고 있음을 강조했다. 할례를 통해 어린이는 무성의 존재에서 성적인 인간으로, 순진한 어린이에서 성을 아는 어른으로 변한다. 그러나 할례의 더욱 중요한 의미는, 소년에게서 여성성을 제거하고 남성의 상징을 부여하는 것이다. 할례는 소년을 남자로 다시 태어나게 하는 상징적 의례인 것이다. 그러므로 할례라는 의례는 두 가지 측면에서 남성성을 강화하는 것이다. 하나는 남성의 성기에서도 여성처럼 피를 흘리게 하는 것이고, 다른 하나는 성적으로 다 자란 남성으로 인정해 주는 것이다.[51]

후기 프로이트 학파는 할례에 관한 성인식 이론을 점차 수정해 나갔다. 1장에서 언급했듯이, 낸시 초도로우와 같은 페미니스트들은 아버지와 아들 관계보다 엄마와 자녀의 유대를 중시함으로써, 남성과 여성의 정체성에 관한 전통적인 프로이트 학파의 관점을 약화시켰다. 프로이트는, 남자아이는 자신을 아버지와 일차적으로 동일시하며 남성적 정체성을 갖고 어머니와 이성애적 관계를 가지려 한다고 주장했다.[52]

---

51 Bettelheim, B., 1955.

후기 프로이트 학파는 남녀 모두에게 일차적 동일시 대상은 어머니지만, 정체성 형성 과정에서 서로 다른 문제를 겪게 된다고 보았다. 신체의 성장이 자의식의 성장을 동반함에 따라 언젠가 스스로를 남자 아니면 여자로 선택해서 인식해야 할 때가 온다. 이때 주로 남자아이들이 어려움을 겪게 된다. 그들은 오랜 기간 자신과 어머니를 동일시해 왔지만, 이제는 어머니로부터 떨어져 나와 독립된 인간이자 남자가 되어야 하는 것이다. 여자아이는 결코 엄마로부터 완전히 분리 될 필요가 없으며, 오히려 엄마와의 관계가 여성성을 강화시켜 주기 때문에 이런 어려움이 적다.[53] 데이비드 길모어는 남자아이의 이런 문제를 다음과 같이 서술했다.

어머니에게서 벗어나야만 한다. 어머니와의 유대를 포기하고 세상 속에서 자신만의 길을 찾아야 한다. 남성성의 획득은 어머니로부터의 완전한 분리이자 새롭고 독립적인 사회적 지위의 획득을 뜻한다. 이러한 관점에서 보면, 남자아이에게 가장 큰 두려움은 거세불안이 아니다. 가장 큰 두려움은 아버지의 처벌에 대한 1차원적 공포가 아니라 어머니에 대한 이루어질 수 없는 갈망과 두려움이 혼재된 양가감정이다. 변하지 않는 바람은 어머니와 함께 있었던 어린 시절로의 회귀다. 하지만 어머니와의 일치가 남성으로서 독립된 자아를 사라지게 할지도 모른다는 공포가 늘 함께 한다.[54]

---

52 Freud, S., 1953b[1913].
53 Chodorow, N., 1978.
54 Gilmore, D., 1990, p. 28.

존 휘팅은 성인식 의례를 육아 과정에서 생겨난 사회적·심리적 갈등을 해소하는 방편이라 주장함으로써 고전적 프로이트 해석에서 벗어나고자 했다.[55] 휘팅에 의하면, 어린 시절에 겪는 갈등의 핵심은 음식·사랑·안정감·보살핌 등의 자원을 얻기 위한 경쟁과 지위선망(status envy)에 기반한 '성 정체성의 갈등'이다.[56] 휘팅은 이러한 갈등이 원하는 자원을 충분히 얻기 힘든 갓난아기 시절부터 생겨나기 시작할 것이라 가정하고 아기들의 수면 패턴과 갈등 관계를 조사했다. 휘팅은 아기가 엄마 아빠와 함께 자는 사회에서 자란 여자아이는 스스로를 성인 남성과 동일시할 것이라고 확신했다. 반면 어린 시절 주로 엄마와 함께 잤던 여자아이는, 더 이상 엄마와 함께 잘 수 없을 만큼 자라 남성이 자원을 독점하고 지배하는 사회를 마주하게 되면 성 정체성의 위기를 겪게 될 수 있다고 생각했다. 마찬가지로 어린 시절 엄마와 함께 자던 남자아이도 극심한 성 정체성 갈등을 겪을 것이라고 보았다. 휘팅은 성인식이 이러한 갈등을 풀어 준다고 주장했다. 특히 성 정체성 갈등이 심할수록 성인식에서 가혹한 시련을 겪게 한다고 보았다.

다양한 자료를 기반으로 사회적 구조 및 관습과 성인식 의례의 상관관계를 분석하려는 학자들은 휘팅의 이론과 방법론을 이용했다. 대표적으로 75개 사회의 조사 자료를 바탕으로 여성 성인식을 분석한 주디스 브라운이 있다.[57] 정신분석학은 여성 성인식에서 과도하게 성기 절

55 Whiting, J., and I. Child, 1953.
56 Whiting, B., and J. Whiting, 1987; Whiting, J., 1961.
57 Brown, J., 1963.

제에 집중하는 경향이 있으며, 상대적으로 드문 사례인 성기 절제에 초점을 맞추기보다는 넓은 관점에서 사회제도를 봐야 한다는 것이 브라운의 주장이었다. 브라운은 성 정체성 갈등이 강할수록 성인식 의례가 가혹해진다는 휘팅의 관점에 동의했으며, 이를 여성 성인식 분석에 적용했다. 브라운이 가장 집중적으로 탐구한 것은 여성 성인식과 초서혼 제도(데릴사위)의 연관 관계였다. 브라운은 여성이 결혼 후에도 여전히 친정에서 지내는 사회에서는 여성의 자아 인식에 문제가 생길 수도 있다고 보았다. 그러므로 결혼 전에는 그 집에서 어린이로 지냈지만 이제는 책임과 의무를 지닌 어른 여자가 되었음을 성인식 의례를 통해 상징적으로 보여 줄 필요가 있는 것이다. 반대로 여자가 시집살이를 하는 사회의 여성은 신부가 되어 남편의 집안으로 들어가면서 자연스럽게 성인 여성으로 인식되므로 성인식 의례가 필요 없다. 그곳에서는 아무도 그녀를 어린이로 생각하지 않기 때문에 성 정체성의 갈등이 일어나지 않는다.

하지만 해럴드 드라이버는 브라운의 방법론과 결론에 의문을 품고, 브라운이 참조한 예일대 비교문화연구소(HRAF)의 자료와 연구의 결론 사이에는 상관관계가 없다고 정면으로 반박했다.[58] 브라운과 휘팅의 연구는 서양의 아동 발달 과정 및 유아 애착 모델과는 다른 모델을 조사하며 고전적 프로이트 이론에서 벗어나려는 시도를 했다는 의의가 있다. 하지만 스스로 제기했던 의문인 "만약 성인식 의례가 인간의 보편적이고 심리적인 필요에 의해 생겨난 것이라고 한다면, 어째서 성

---

58 Driver, H., 1969, 1971.

인식을 하지 않거나 한쪽 성별에게만 성인식을 하는 사회도 있는 것인가?"에는 제대로 답을 하지 못했다.

후기 프로이트 학파는 여자가 여자다워지기보다는 남자가 남자다워지기가 더 어렵다고 생각하는 사회가 더 많기 때문에 남성의 성인식 의례가 상대적으로 더 많이 행해진다고 보았다. 데이비드 길모어는 여자와 달리 남자는 끊임없이 업적을 쌓고 시험을 받으며 남자다움을 증명해야 한다고 말했다.[59] 또한 여자다움은 "본질적으로 외모를 가꾸는 것이지, 성품이나 자질을 만드는 것이 아니다. 여성성의 진가를 시험하거나 증명하는 경우는 극히 드물다. (⋯) 여성다움은 트라우마가 생길 정도로 험난한 난관을 넘어야 얻을 수 있는 것이라기보다는 태생적으로 주어진 것을 문화적으로 다듬고 키우는 것으로 인식될 때가 많다"[60]고 주장했다. 하지만 길모어의 주장은 수단 소녀들이 받는 가혹한 할례 의식의 경우처럼 문화적 여자다움과 생물학적 여성성 모두 쉽게 주어지지 않는 경우도 있다는 비판을 받았다. 그럼에도 길모어는 여전히 남성성은 쟁취하고 지켜내야 얻을 수 있는 것으로 여겨진다며 다음과 같이 썼다.

남성의 몸으로 태어났다는 사실과 진정한 남자다움은 다르다는 관점이 꾸준히 제기된다. 남자답다는 평가는 신체의 성장에 따라 자연스럽게 주어지지 않으며 커다란 역경을 극복해야 얻을 수 있다. 사회 문화적으로

---

59 Gilmore, D., 1990.
60 Gilmore, D., 1990, pp. 11-12.

남자답게 성장했다는 평가는 다른 일을 아무리 잘한다고 하더라도 험난한 시험을 통과하지 않으면 주어지지 않는다. 그래서 남자로 인정받기가 어렵다는 관점이 계속해서 제기되는 것이다.[61]

길모어는 모든 남자는 거세공포를 극복하기 위해 남성성을 확인하고 과시하려 한다는 고전적 프로이트 이론에 반론을 제기했다. 그리고 엄마 품안의 어린이를 사내로 만들어 주는 것은 성인식의 시련이라고 주장했다.

길버트 허트의 파푸아뉴기니 삼비아족 연구를 관통하는 주제는 불확실하고 사라지기 쉬운 남성성을 성인식을 비롯한 여타 의례를 통해 시험하고 강화시키는 과정이었다.[62] 허트의 성인식 연구는 이전 장에서 섹슈얼리티와 성적 학대를 논의할 때 인용했던 것이다. 허트는 삼비아족의 성인식 의례는 성적인 것으로 바라보기보다는 남성을 여성과 분리시키고 남성에게 진정한 남성성을 부여하는 과정으로 바라봐야 한다고 주장했다. 허트는 삼비아족 남자아이들은 어린 시절 대부분을 어머니 품에서 지내며 젖을 먹고 어머니에게서 사회화 교육을 받는다고 했다. 하지만 삼비아족은 여성성을 좋지 않은 것으로 여기며 남자아이들이 어머니로부터 신체적·심리적으로 나쁜 영향을 받을 위험이 있다고 생각한다. 때문에 남자아이는 사회화 과정에서 어머니와 분리되어야만 하고, 사회가 규정한 방식으로 남성성을 인정받아야만 하는 것

---

61 Gilmore, D., 1990, p. 11.
62 Herdt, G., 1981.

이다. 구강성교, 정액 삼키기, 코피를 흘려 여성에게서 온 오염물질(모유와 같은)을 빼는 일련의 의례 과정에는 모두 그러한 의도가 담겨 있는 것이다.

삼비아에서 남자는 태어나는 것이 아니라 만들어지는 것이며, 남자가 되기 위해서는 반드시 성인식을 치러야 한다. 남성성은 태어나면서 주어지는 것이 아니라, 모든 여성적인 것에 저항하고 여성성을 이겨내야 얻을 수 있다. 또한 여성성은 태생적으로 가지게 되는 것이지만 남성성은 문화적으로 만들어야 하는 것이다. 허트에 의하면, 삼비아족은 "자연은 남자에게 남성의 생식기만 주었지, 진짜 남자가 될 수 있는 힘은 수여하지 않았다"[63]고 생각하며, 그 힘은 여러 해에 걸쳐 성인식 과정을 차례대로 거치면서 얻을 수 있다고 보았다.

[삼비아] 남자는 단호하다. 분명하다. 확실하다. 확고하다. 어른으로서 생식 능력을 갖추기 위해 남자와 여자가 겪어야 하는 '고난'은 다르다. 여성은 신체가 자라면서 자연스럽게 여성다운 태도와 행동을 배운다. 여자의 생식 능력과 몸가짐은 여성의 신체와 훈련에서 나오는 것이다. 남자는 다르다. 육체와 행위가 분리되어 있다. 육체적인 특성과 어린 시절의 교육만으로는 남성성을 발달시킬 수도 없고 생식 능력을 갖춘 성인이 될 수도 없다. [64]

이들은 여성성이 끊임없이 남성성을 위협한다고 생각한다. 남자들

---

63 Herdt, G., 1999, p. 94.

398

은 평생 동안 여성성에 오염되지 않기 위해 남몰래 코피를 흘린다. 코피를 흘리면 부인과 성교를 하다가 들어온 오염물질이 빠져 나간다고 생각하기 때문이다.

성인식을 하면 사회적 지위만 변하는 것이 아니라, 근본적인 심리 상태도 변한다. 수제트 힐드는 임발루(imbalu)라 불리는 우간다 기수(Gisu)족의 할례 의식을 연구했다.[65] 그 연구에 의하면, 할례는 귀두 근처의 피하지방과 표피를 잘라내는 대단히 고통스러운 수술이며 남자만 받는다. 극심한 고통을 동반하므로, 보통 이를 이겨낼 수 있을 만한 나이인 18~25세 사이에 한다. 의례에서 중요한 것은 스스로 그 고통을 선택하고 이겨내는 것이다. 기수족은 소년이 스스로 할례를 요청하기 전까지는 '리리마(lirima)'라 부르는 격렬한 감정에 잡혀 있다고 생각한다. 흥미로운 것은 성인식을 요청하고 그 두려움을 극복하는 것은 모두 개인의 결정이라고 주장하지만, 실제 젊은이들에게서 그러한 말을 직접적으로 듣기는 대단히 어려웠다는 사실이다.(힐드는 성인식을 치르지 않으면 주변에서 많은 사회적 압박이 들어오고, 그 자신은 물론 집안까지 수치스럽게 여긴다는 사실도 언급했다.)

"그 누구도 묻거나 강요하지 않는다. 우리는 스스로 두려움을 이겨낸다. 나는 진심으로 성인식을 원한다. 누구의 강요에 의해서도 아니다. 아버지의 명령도 아니다. 오로지 내 마음이 원한 것이다." 나는 친구들에게

---

64 Herdt, G., 1981, pp. 314-315.
65 Heald, S., 1982.

도 이렇게 이야기해야 했어요. 나는 치시무(cisimu: 마음속 그림자)를 느꼈고, 내가 무엇을 하고 있는지도 몰랐어요.

어른들이 이야기한 대로에요. 마음속에서 우러나야 해요. 잠도 자지 말고 임발루를 생각하며 만약 그 결과가 죽음이어도 받아들이겠다고 해야 해요. 절대로 '한 번 해볼까요?'와 같은 말을 해서는 안돼요. 내 마음이 원해야 하는 것이고, 그런 말도 내 마음에서 나와야 하는 것이니까요. 다른 소년들의 비명이 들려올 때마다 달려가 그 광경을 보면서 할례의 고통을 생각하며 몸을 떨었어요.[66]

힐드는 인류학자들이 임발루를 온전히 이해하기 위해서는 겉으로 보이는 절차만 바라봐서는 안 되고, 사회에서 그 소년을 어른으로 인정했다는 사실과 소년 개인의 내면 심리의 변화를 들여다봐야 한다고 주장했다. 할례를 통해 소년들에게 '리리마'라는 격렬한 감정을 직시하게 하는 것은, 앞으로 겪게 될 시련을 극복할 힘을 주는 것인 동시에 '리리마'를 스스로 인식할 수 있는 성인으로 만들기 위함이다. 힐드는 서양의 심리학 이론으로 그들의 성인식을 설명하기보다는 그들의 '고유의 심리학(vernacular psychology)'을 이해하고 중시하고자 했다. 힐드는 "상징적 의례가 하는 일은 사회관계망 내부에 감춰진 거대한 메시지를 전하는 것이라기보다는, 개인이 스스로 사회적 규범을 생각하고 행동할 수 있도록 심리적 영역을 구조화하는 것이다"[67]라고 했다.

---

66 Heald, S., 1982, p. 19.
67 Heald, S., 1982, p. 32.

성인식과 교육

많은 인류학자들이 성인식을 "원시사회의 어린이가 받을 수 있는 유일한 공식적 교육"[68]이라고 표현했었고, 초창기 민족지에서도 여성의 성인식은 주로 교육을 위해서 한다고 보았다. 어린 소녀들에게 아내와 엄마의 할 일을 가르쳐 주는 건 그녀들의 엄마나 부족 안의 나이 많은 여성이다. 그러나 이러한 분석은 성인식의 종교적 측면과 전환적 성격을 실제보다 훨씬 간과할 수 있다는 문제점이 있다. 동아프리카 차가족의 여성 성인식을 조사한 오토 라움의 기록이 좋은 예다. 꼼꼼하고 읽기 쉽게 쓴 연구서이기는 하지만, 성인식의 의례적 의미에 주의를 기울이지 않았고, 성인식은 소녀들을 아내이자 엄마로 만들기 위한 지식의 전수 수단이라고 보았다. 오드리 리처즈도 "내 마음속 생각을 고백하자면, 성인식이 행해지는 오두막에 앉아 늙은 여인의 이야기를 듣고 있는 소녀들의 모습은 요즘 우리가 '결혼 생활 상담'이라고 부르는 그것으로 보였다"[69]고 이야기했다. 라움이 묘사한 성인식은 성인식 수행자들이 노래를 부르며 황야에 나가 메뚜기, 올챙이, 쌍으로 붙어서 난 과일, 쐐기풀 따위를 찾아오는 장면으로 시작하고 있다. 그 물건들은 실제로 쓸모가 있기도 하고, 겉모습이 신체의 일부 또는 잉태와 출산의 모습을 표현하고 있기 때문에 찾아오게 하는 것이다.

---

68 Richards, A., 1956, p. 125에서 인용.
69 Richards, A., 1956, p. 126.

선생이 그것들의 의미를 설명한다. 개구리나 올챙이는 임신 중의 '태동'을 설명하는 데 이용한다. 그것들을 여자의 배에 올려놓고 그 움직임이 태아의 움직임과 유사하다고 설명한다. 아이가 태어나면 배꼽에 레레마(lelema) 풀의 긴 잎사귀를 닮은 얇은 줄을 볼 수 있을 것이라고 말한다. 만약 그들이 늙은 여자들을 존중하지 않으면 산파로 온 할머니가 탯줄을 잘못 잘라 아이를 그 자리에서 죽게 할지도 모른다고 경고한다. 쌍과일은 남성의 고환을 상징하며, 그들의 첫아이가 남자아이이기를 바라는 마음에서 가지고 온다. 고구마 같은 것에 레레마 잎사귀를 묶어 갓 태어난 아기처럼 보이게 하고 탯줄을 자르는 방법을 설명해 주며 산모가 고의로 잘못 자르지 않는지 잘 지켜보라고 주의를 준다. 쐐기풀은 설명에 쓰이는 것이 아니라, 입문자 중에 행실이 나쁜 사람이 있으면 혼을 내주기 위한 도구다.[70]

라움은 성인식의 주된 목표는 교육임을 강조하며, 성인식을 종교적 세계관이나 사회제도와 연관시키는 것을 자제해야 한다고 했다. 라움은 "의례와 의식의 의미를 과장해 왔던 과거의 연구 때문에 성인식의 가장 근본적인 목적인 교육적 요소가 크게 간과되었다는 사실이 이 연구를 통해 분명하게 드러났다"[71]고 기술했다. 하지만 라움이 제기하지 않은 다른 문제가 곧 발견되었다. 성인식의 기능이 교육이라면, 어째서

---

70 Raum, O. F., 1939, p. 558.

71 Raum, O. F., 1939, p. 565.

그런 귀찮은 의식이나 구하기 어려운 물건들을 가져오라고 하는 것일까? 성인식 말고 다른 방법으로 필요한 지식을 전수할 수는 없었을까? 심지어 소녀들은 이미 성인식에서 배우기 전부터 올챙이나 고구마가 무엇을 의미하는지 답을 알고 있었고, 라움도 이 사실을 알고 있었다.

잠비아 뱀바족의 여성 성인식 치순구(Chisungu)를 연구한 오드리 리처즈는 라움의 견해에 반대했다.[72] 그들은 학교 수업과 성인식의 가르침을 모두 '우쿠푼다(ukufunda: 배움)'라고 불렀지만, 실제로 성인식에서 새롭게 배우는 지식은 없었다. 어릴 적부터 집안 일, 아기 돌보기, 요리, 버섯 따기 등을 해왔던 뱀바족 소녀들은 장차 아내이자 엄마로서 해야 할 일을 이미 다 알고 있었으며, 성인식에서 이러한 것들을 가르치는 건 우스운 일이라고 했다. 그들은 심지어 섹스조차도 다 알고 있었다. 청소년기가 지나면서 약혼을 한 소녀도 있었고, 완전한 형태는 아니더라도 성교를 경험해 본 경우가 많았다.[73]

몇몇 뱀바족 여성은 리처즈에게 비록 그녀들이 성인식을 치렀다고 해서 생활이 크게 바뀌지는 않았지만, 태도와 마음가짐에서 변화가 있다고 말했다. 리처즈는 "[뱀바 중년 여성들]의 설명에 의하면, 어릴 때는 일을 안 하고 마당에서 놀고 싶어 해도 '아직 어리잖아요'라며 넘어가 줄 수 있지만, 결혼한 여자는 그러면 안 된다. 그것은 이혼 사유가 될 수 있으며, 그녀는 남편에게 게으르다고 꾸지람을 듣게 되고, 그녀는 물론 그녀의 집안까지 욕을 들을 것이다. 한 중년 여성은 '그 전에는 천

---

72 Richards, A., 1956.
73 Richards, A., 1956.

천히 걸어 다녔다면, 이제부터는 뛰어다녀야 하는 거죠'라고 말했다"고 기록했다.[74]

치순구는 소녀들의 개인적·사회적 지위 변화와 그녀들이 짊어져야 할 책임과 의무를 공개적으로 나타내는 의례다. 또한 소녀들이 청소년기에 급격하게 변하는 것을 방지하는 한편 지위 변화에 따르는 어려움과 대가를 가르치려는 목적도 있다. 그리고 소녀들이 사회적 정신적으로 새로운 단계로 이행하는 것을 관리하고 축하한다. 이는 교육이라기보다는 성장이다.

리처즈는 "[치순구를 받는 여자들]은 안전한 상태에서 위험한 상태로, 편하게 살았지만 생산적이지는 않았던 어린 소녀에서 어려움을 겪게 될지도 모르지만 생산력을 갖춘 성인 여성으로 변한다. 치순구 의례는 소녀들을 가르치기만 하는 것만이 아니라 성장시키는 것이다"[75]라고 기록했다. 게다가 넓은 차원에서 치순구는 친정에서 딸의 자녀를 요구하기 위한 수단이라고 보았다. 사위가 처가가 있는 마을에서 살 이유가 별로 없는 뱀바 사회에서는, 사위에게 시집간 딸과 그 자녀를 보내달라는 처가의 요청으로 인한 갈등이 늘 있다. 치순구는 손주가 자기 딸의 자녀이기도 하다는 사실을 강조하고, 앞으로 낳게 될 자녀를 공개적으로 요구하기 위한 방편으로도 이용된다.

74 Richards, A., 1956, p. 128.
75 Richards, A., 1956, p. 125.

성인식과 성별

인류학의 성인식 연구는 주로 여성의 성인식보다는 남성의 성인식 연구에 집중하는 경향이 있었다. 여성주의 인류학자들은 성인식 연구가 주로 남성의 성인식을 대상으로 이루어졌으며, 여성의 성인식을 분석할 때도 남성 의례의 어설픈 모방으로 분석하는 경우가 많았다고 지적했다.[76] 주로 성인식을 사회화 과정으로 보는 연구에서 이러한 경향이 두드러졌다. 또한 이러한 관점은, 남자는 문화적으로 다듬어진 어른이 되는 것인데 반해 여자는 날 때부터 '당연히' 여자이므로 여자가 어른이 되는 것은 사회적 의미가 크지 않다는 생각을 내포하고 있다. 마릴린 스트래던은 파푸아뉴기니 고원지대의 사례를 예시로 들며 "만약 성인식 의례가 사회화 기능을 한다고 가정하면, 고원지대에서는 남자아이들만 사회화 교육을 받을 필요가 있고 여자아이는 받을 필요가 없다는 뜻이 된다. 그것도 아니면 여성의 성인식은 전혀 다른 이유에서 하는 것이라고 봐야 한다"[77]고 했다. 최근 학계에서는 다양한 사회에서 여성 성인식이 갖는 중요성이 강조되고 있으며, 문화적으로 적절한 성적 행동, 출산 유형, 성인 여성의 기준과 성인식 사이에는 많은 연관성이 있다고 본다.

성인식은 대체로 성적인 면모가 없던 어린이에게 성숙한 어른이 되었다는 상징을 부여한다. 많은 성인식 의례에서 성적으로 다 자란 어

---

76 Lutkehaus, N., 1995.

77 Marilyn Strathern, Roscoe, P., 1995, p. 222에서 인용.

른의 특성을 상징적으로 보여 주고, 명백하게 성적인 행위와 섹슈얼리티를 드러낸다. 아마존 유역의 바라사나(Barasana)족에게 "성적 특징이 없는 어린 시절에서 어른들의 성적인 세계로 넘어오는 통로"[78]는 결혼이 아니라 성인식이다. 때로 다른 성별의 면모를 벗겨내기 위해 신체 변형을 이용해 남자다움 혹은 여자다움을 완성시키는 성인식도 있다. 반 게넵은 여성의 음핵을 절제하는 이유는 그것이 여성의 생식기 중에서 가장 남성의 성기와 닮았기 때문이라고도 했다.[79] 막스 글럭먼은 남성의 할례도 같은 이유로 여성과 닮은 부분을 떼어내는 것이라고 했다.[80] 라 퐁텐은, "남자와 여자는 할례를 통해 이성의 신체 부위를 닮은 부분을 제거함으로써 각각 남성성과 여성성을 강화한다. 또한 다 자란 사람과 아닌 사람을 구별함으로써, 신체적 변화와 사회적 변화가 동시에 일어나게 한다"[81]고 했다. 제니스 보디는 수단의 여성 할례를 라 퐁텐의 관점에서 연구했다.[82] 비록 그들은 5~10세 사이의 어린 나이에 할례를 하지만, 이는 여성 어린이들의 몸에 성별을 부여하고 신체를 여성스럽게 만드는 것이다. 보디가 조사한 공동체에서는, 태어날 때 남자나 여자의 생식기를 가지고 있다고 해서 그들이 진짜로 남자와 여자가 된 것은 아니라고 생각한다. 그래서 어린이가 자기 인식을 가지고 알라의 율법을 이해할 수 있을 만큼 자라면, 할례를 통해 어린이를 여자로 만

78 Hugh-Jones, S., 1979, p. 10.
79 van Gennep, A., 1960[1909].
80 Gluckman, M., 1962.
81 La Fontaine, J. S., 1986b, p. 113.
82 Boddy, J., 1989.

든다. 제니스 보디에 의하면, "어린이의 타고난 성별은 다른 성별의 것이라 여겨지는 신체 부위, 즉 남자는 음경의 포피를, 여자는 외음부의 음핵을 제거함으로써 완전해지고 흠이 없어진다"[83]는 것이다.

사회적으로 허용되는 적절한 임신과 출산의 형태도 할례와 함께 자주 논의되는 주제다. 장 라 퐁텐은 수개월 동안 이어지는 성인식 의례의 과정에서 음핵 절제를 하는 가나의 포콧(Pokot)족을 연구했다.[84] 이들은 음핵 절제를 과거와의 상징적 단절로 여기며, 절제가 이루어지는 동안 소녀는 의연한 자세를 보여야 한다. 성인식을 치르기 이전에는 특별한 목적 없이 섹스를 할 수 있지만, 성인식을 하고부터는 반드시 출산을 목적으로만 해야 한다. 출산은 성인에게만 허락된 것이다. 제니스 보디도 북수단 여성 할례를 '그 사회에서 인정하는 방식으로 출산 형태를 다듬는 것'이라고 보았다.[85] 서양의 페미니스트들은 성인식을 여성의 쾌락을 억제하거나 처녀성을 확보하기 위한 남성의 지배적 행위라고 보는 경우가 많았으나, 실제로 맥락을 살펴보면 그런 성적인 것과의 연관성은 크지 않았다. 이곳에서 할례는 여성의 문란한 성생활을 방지하기 위한 것도, 남성의 성적 쾌감을 늘리기 위한 것도 아니었다. 할례는 여성의 여성성과 섹슈얼리티를 강화하고 어머니로서의 역할을 강조하기 위해서 하는 것이었다. 할례를 받지 않은 여자는 결혼과 출산을 할 수 없으며, 나이가 들어도 성인으로 대접받지 못한다. 보디는 "엄마는 딸에게 성인식은 반드시 필요한 일이라고 강조한다. 남편의 성적

---

83 Boddy, J., 1989, p. 58.

84 La Fontaine, J. S., 1986b.

85 Boddy, J., 1989.

파트너가 되기 위해서도, (남녀 차별과 남성 지배 성향이 강한 사회라면) 노예가 되기 위해서도 아니며, 그들의 어머니가 되기 위해서 하는 것이라고 말한다. 여성의 가장 큰 사회적 목표는 남편과 함께 가정을 세우는 것이다"[86]라고 기록했다.

외음부의 돌출 부위를 제거하는 극단적인 할례는 도덕적 순결과 사회가 권장하는 섹슈얼리티를 상징적으로 드러내는 것이다. 자궁의 바깥쪽 입구를 깨끗하게 다듬은 여성의 신체는 "막혀 있는, 통과할 수 없는, 들어갈 수 없는"[87] 이상적인 영역이 된다. 때로는 마을이 입은 외부적 피해를 수복하는 모습을 이러한 여성의 모습에 비유하기도 한다. 할례를 마치면 질 입구를 꿰맸다가 남편과 첫날밤을 보낼 때 풀게 된다. 결혼 후에도 자녀를 출산할 때는 열어 두지만, 출산이 끝나면 그때마다 음문 꿰매기(infibulation)를 한다. 그때마다 남편은 부인을 새롭게 신부로서 맞이하며 보석과 선물을 준다. 부인은 상징적으로 처녀 상태로 돌아온 것이다. 보디는 "이들은 처녀성을 대단히 중시하지만, 그 처녀성은 육체적 상태가 아니라 사회적으로 구성된 개념이다. 성적인 순결보다는 생식 기능이 멈춰 있다는 점을 중요시 한다."[88] 처녀도, 처녀성의 상실도 전부 인위적인 개념인 것이다.

남녀의 성인식의 차이는 사춘기 특징과도 중요한 연관성이 있다. 앞서 언급했듯이, 여성의 첫 월경은 남성의 첫 몽정보다 확실한 청소년기의 지표가 된다. 하지만 여성 성인식이 월경과 같은 신체적 변화를 근

---

86 Boddy, J., 1989, p. 55.

87 Boddy, J., 1989, p. 74.

88 Boddy, J., 1989, p. 55.

거로 이루어진다는 가정에도 의문점은 있다. 셰리 오트너는 여성은 자연적이고 본능적이며 남성은 문화적이라는 이분법적 관념에서는 여성에 대한 평가가 상대적으로 낮게 책정된다고 보았다.[89] 또한 남성의 문화가 여성의 타고난 신체 기능을 정복하는 형태는 남성의 우위를 드러냄과 동시에, 태생적인 것은 남성이 만든 인위적인 지식 체계와 문화로 교체되어야 함을 보여 주는 것이라고 주장했다. 이는 비록 많은 비판을 받은 관점이긴 하지만, 앞서 살펴본 성인식 의례의 연구들에서 자주 보이는 관점이었다.

의례의 측면에서는 여성의 성인식을 공적인 성격을 가진 단체 의례가 아닌 개인적 차원의 사춘기기 의례로 보았으며, 교육적인 측면에서는 여성의 신체와 분비물을 나쁜 것으로 인식한다고 보았다. 아마존[90], 멜라네시아[91], 아프리카[92] 등 다양한 연구에서 생리를 하는 여성을 '월경 움막(Menstrual huts)'에 격리하는 등 여성의 사춘기를 더러운 것으로 보는 관념을 위와 같은 입장에서 바라보았다. 남성의 성인식은 타고난 신체적 조건을 극복하는 것으로 여겼던 반면, 여성의 성인식은 타고난 신체적 특성을 강화하는 것이라고 보았다.

남성 성인식 의례 중에 피를 흘리게 하는 것은 월경과 유사한 의례를 치름으로써 여성의 자연적 신체 현상을 남성이 인위적으로 지배할 수 있다는 관념을 보여 주기 위한 것이라는 연구가 있다. 마거릿 미드

89 Ortner, S., 1974.
90 Fock, N., 1963; Gregor, T., 1985.
91 Herdt, G., 1982a.
92 Buckley, T., and A. Gottlieb, 1988.

는 "뉴기니의 성인식 의례는, 남자는 모든 여성이 선천적으로 타고 나는 기능도 가지고 있어야 하며, 남자만의 의례를 통해 다시 태어나야 진짜 남자가 될 수 있다는 의미를 내포하고 있다"[93]고 했다. 피를 흘리는 성인식 의례가 분명히 월경과 연관성이 있다는 몇몇 인터뷰 사례도 있다.[94] 하지만 남성의 상징적 피 흘리기 의례를 여성의 월경과 연결시키기 어려운 사례도 있다. 파푸아뉴기니 삼비아족의 의례적 코피 흘리기를 연구한 길버트 허트는 이를 남성과 여성에 대한 문화적 개념과, 체액의 상징적 의미와, 여성적인 것을 부정하는 사회적 맥락 안에서 바라봤다. 삼비아족 남자들은, 여성의 생리혈은 남성을 다치게 할 수 있으며 이를 해소하기 위해서는 정액을 삼켜야 한다고 생각했다. 허트는 이 의례는 월경을 상징하는 것이 아니며, 어린 시절 어머니에게서 받은 여성적 영향이나 잠자리에서 옮겨온 여성의 오염물을 제거하는 수단으로 봐야 한다고 주장했다.[95] 길버트 루이스도 피를 흘리는 남성 의례와 월경을 섣불리 연관시키는 것을 경계했다.[96] 그는 멜라네시아를 연구할 때 정보원으로부터 월경과 피를 흘리는 의례 사이에는 아무런 연관성이 없다는 이야기를 들었으며, 그는 그 둘을 설명할 때도 서로 다른 용어를 사용했다고 했다.

마릴린 스트래던은 남성과 여성에 대한 서양적 사고방식은 멜라네시아 사회 분석에 별로 도움이 되지 않으며, 멜라네시아인들은 다른 사

---

93 Mead, M., 1949, p. 98.
94 Hogbin, I., 1970b; Hugh-Jones, S., 1979.
95 Herdt, G., 1982b.
96 Lewis, G., 1980.

람과의 관계에 따라 달라지는 '다중 인격'적 정체성을 갖고 있다고 주장했다.[97] 낸시 룻케하우스는 "개인의 친족 정체성은 생물학적으로 정해진 것이 아니라 그가 성장하는 데 도움을 준 사람들의 노력으로 만들어진 것이다. 때문에 인간의 정체성은 개인이 각각의 다른 개인들과 맺은 유대 관계의 사회적 총합이다"[98]라고 주장했다. 사회적 인격이 성인식을 통해서만 만들어지는 것이 아니라 보이지 않는 타인과의 관계에도 영향을 받는다는 관점은 기존 성인식 연구에 작지 않은 파문을 일으켰다. 이러한 관점을 더욱 정교하게 다듬은 스트래던은, 멜라네시아에서 어린이는 남성적 요소와 여성적 요소를 모두 갖추고 있는 중성적 또는 양성적 존재임을 염두에 두고 아동사회화 연구를 진행했다. 멜라네시아 어린이가 생식 능력을 갖춘 어른이 되기 위해서는 기존의 중성적 정체성을 반드시 해체해야 하며, 양성적 특성을 단일 성별의 특성으로 몰아 줘야 한다.[99]

대다수 남성 성인식 의례에서 중시하는 것은 '여성'으로부터의 전환이 아니라 '양성'적 상태로부터 '단일 성별'로의 전환이다. (…) 남성 의례는 '여성'으로부터 '남성'을 만드는 것이 아니라 '인간'을 '아버지'로 만드는 것이다. 이는 생식 기능을 갖춘 자, 즉 자녀를 생산할 수 있는 사람을 만드는 것이며, 이 정체성은 타인과의 관계 속에서 완성될 수 있다. [100]

---

97 Strathern, M., 1988.

98 Lutkehaus, N., 1995, p. 14.

99 Strathern, M., 1988; Lutkehaus, N., 1995.

100 Strathern, M., 1988, Lutkehaus, N., 1995에서 인용.

스트래던은 성인식을 어린이의 양성적 정체성을 부수고 생식 능력을 갖춘 단일 성별로 재구성하는 의례로 보았으며, 이는 정체성을 세우는 과정이 아니라 해체하는 과정이라고 보았다.

성인식은 유년기의 끝인가?

폴 로스코는 성인식이 유년기의 끝을 의미한다는 가정은, 유년기·청소년기·성인기와 같은 구분이 보편적이라는 전제가 선행되어야 하지만, 실제로는 그렇지 않다는 증거가 있기 때문에 문제가 된다고 지적했다.[101] 찰스 스태포드는 대만 유년기를 연구한 저서에서, 대만인들에게 유년기는 긴 생애 주기의 한 단계일 뿐이며 결혼하고 자녀를 갖게 되면 어느 정도 성인기에 들었다고 인정하는 편이라고 했다. 하지만 이것이 유년기와 성인기의 온전한 분리를 의미하지는 않는다면서 다음과 같이 썼다.

결혼을 하고 자녀를 가지더라도 여전히 '어린이'라는 생각이 남아 있다. 이는 '사회적 상호 교환 관계'의 일종으로서, 태어나는 순간 부과된 '자녀로서의 의무'가 유년기를 지나 생애의 중반기까지 영향을 미치는 것이다. 대만 안강(Angang)에서는 많은 여자들이 사당을 찾아가 이미 성인

---

101 Roscoe, P., 1995.

이 된 자녀들(대개는 대만 내 다른 지역에서 살고 있다)의 건강과 복을 기원한다. 그 지역에서 모시는 신에게 멀리 있는 자녀를 보살펴 주기를 빈다. 그 '아이'에게는 부모가 늙었을 때 돌봐 줘야 할 책임이 있기에, 그들이 신의 가호를 받아 잘 되는 것은 부모에게도 좋은 일이다.[102]

성인식이 유년기의 마지막을 의미한다고 단정하기는 어렵다. 여러 민족지 사례를 살펴보면, 성인식은 유년기의 마지막을 나타내는 유일한 의례가 아닐 수 있으며, 오히려 사춘기(사춘기의 정의는 서로 다를 수 있지만)부터 시작되는 어른이 되어 가는 여러 단계 중 하나일 가능성이 높다. 또한 결혼을 하거나 자녀를 낳은 뒤에야 성인으로 인정받는 등, 성인식을 치르고 여러 해가 지나야 유년기가 끝났다고 인식하는 경우도 있다. 시몬 오텐버그는 할례라는 의식이 충격적이기는 하지만 유년기 전체를 놓고 보았을 때는 심리적 신체적으로 특별한 일이 아니라고 보았다.[103] 오텐버그는 전체 유년기 경험의 맥락 안에서 성인식을 연구해야 한다고 주장했다. 나아가 성인식은 그 이전부터 계속되어 온 육아 및 사회화 과정의 일부로 봐야 하며, 성인식 참가자의 성별과 사회적 관계망에 따른 영향도 고려해야 한다고 했다.

폴 로스코는 "원주민들은 청소년기 남녀에게 하는 의례를 그저 청소년기와 성인기를 지나서도 계속 이어지는 일련의 과정 중 첫 번째 순서에 지나지 않는다고 생각했다. 이는 외부자적 관점에서도 마찬가지

---

102 Stafford, C., 1995:28.
103 Ottenberg, S., 1988.

로 보인다"[104]고 했다. 하지만 이러한 사실은 성인식이 유년기와 성인기를 분리한다는 선입견 때문에 조사 과정에서 간과될 때가 종종 있었다. 로스코에 의하면, 멜라네시아의 얀고루 보이켄(Yangoru Boiken)족은 소녀가 첫 월경을 하면 약혼자의 집안과 마치 결혼식을 올릴 때와 같은 재물 교환을 하며, 이 의례는 정식 약혼을 치르기 위한 일련의 과정의 첫 번째 순서가 된다.[105] 낸시 룻케하우스는 이보다 한 발 더 나아가서, 마남(Manam) 섬의 여자들은 비록 성인이 되기 위해서는 반드시 사춘기 의례를 치러야 하지만, 이는 결혼이나 첫 출산 의례보다는 사회적 중요성이 덜하다고 주장했다.[106]

만약 성인식 의례를 치르면 유년기가 끝나는 것이라고 해도, '어째서 성인식과 같은 통과의례를 일생 동안 여러 차례에 걸쳐 하는 사회도 있는가?'라는 의문이 남는다. 조금 더 세심하게 살펴보면, 어른이 되는 의례는 전 생애에 걸쳐 계속되는 것이며 완전한 인간성을 갖추는 일은 언제나 현재 진행중이라고 볼 수 있다. 패트리샤 타운센드에 의하면, 멜라네시아 사니요 히요위(Saniyo-Hiyowe)족은 여성이 청소년기를 맞이하면 성인식 의례를 통해 결혼과 출산이 가능한 몸이 된 것을 축하하지만 과부가 되면 반대로 생식 능력을 상징적으로 해체하는 의례를 한다.[107] 이와 유사하게, 얀고루 보이켄족의 성인식도 다음 세대인 자신의 자녀가 성인식을 치르게 될 때까지 계속되는 길고 긴 통과의례

104 Roscoe, P., 1995, p. 231.
105 Roscoe, P., 1995.
106 Lutkehaus, N., 1995.
107 Townsend, P. 1995.

과정의 한 부분일 뿐이다.[108]

멜라네시아 제도 바바에(Babae)족을 연구한 데니스 퍼기는, 이들에게는 각기 다른 세 개의 통과의례가 있지만 이는 하나의 과정으로 봐야 한다고 주장했다.[109] 첫 번째 의례는 여성의 분만을 축하하는 의례, 두 번째는 그녀가 세상을 떠났을 때 하는 일련의 애도 의례들, 세 번째는 망자의 영혼을 생전의 이름으로 부르지 않고 모든 조상령의 하나로 부르게 되는 의례. 이 세 가지 의례를 하나의 의례로 보는 것처럼, 통과의례도 로스코가 제시한 "연속된 일련의 의례들을 생애 주기에 따라 연달아 배치해 보면 그 자체로 하나의 통과의례가 된다. 사람은 이 기나긴 통과의례를 거쳐 가며 사회의 주요한 면면과 인간의 성장 단계를 빠짐없이 겪게 된다"[110]는 관점으로 바라봐야 한다. 성인식 의례를 유년기의 마지막 단계라는 측면에서만 바라봐서는 안 되는 이유다.

파푸아뉴기니의 오로카이바(Orokaiva)족의 성인식을 연구한 모리스 블로흐도 이와 비슷한 관점을 피력했다.[111] 블로흐가 묘사한 정교한 의례는 깃털과 돼지 어금니로 장식한 가면을 쓴 사람들이 정령 행세를 하며 큰 소리로 어린이들을 잡으러 다니면서 시작된다. 붙잡힌 어린이들은 성인식이 치러지는 숲속 막사에 들어가게 된다. 그들은 상징적으로 죽은 몸이며, 그곳에 있는 동안 평상시 먹던 음식은 먹을 수 없다. 막사에서 지내면서 신성한 피리를 부는 법을 배우고 정령을 부르는 춤을

108 Roscoe, P., 1995.
109 Fergie, D., 1995.
110 Roscoe, P., 1995, p. 232.
111 Bloch, M., 1992.

춘다. 한때 사냥감이 되어 잡혀갔던 그들은 그렇게 몇 년을 지낸 뒤에 사냥꾼 노릇을 하러 마을로 돌아온다. 여기서 성인식은 이 단계에서 저 단계로 일방적으로 옮겨가는 의례가 아니다. 의례 참가자들의 역할이 역전되고, 지위가 변하고, 어른·어린이·돼지·정령을 자유롭게 넘나든다. 이는 이 의례가 실제 세계와 영적 세계 사이의 끊임없는 교류의 일부라는 것을 보여 준다.

모든 마을 사람들의 몸과 마음은 상징적으로 마을(실제 세계)에서 숲속 막사(영적 세계)까지 가는 아이들의 여행에 동참한다. 그러니까 모두가 사냥 당한 돼지 혹은 정령이자, 마을로 돌아오는 사냥꾼이기도 하다. (…) 사냥이 시작될 때 마을 어른들은 정령의 편(어쨌든 정령의 역할을 하는 것은 어른들이다)에 가깝지만, 한편으로는 마을 안에서 쫓겨 다니는 어린이들(모두 그들의 자녀들이다)의 편이기도 하다. 어른들도 똑같이 사냥꾼도 되고 사냥감도 된다. 심지어는 정령도 그렇다. 정령들도 사냥 당하면 죽어서 숲속 막사에 들어가고, 사냥꾼이 되어 마을로 돌아오기도 한다. 가면을 쓰고 돌아온 이들이 숲과 마을의 경계를 거칠게 넘어 들어올 때 또 다른 성인식이 시작된다.

과거와 현재와 미래를 아우르는 모든 세대가 성인식 의례에 사냥꾼이자 사냥감이며, 돼지이자 정령으로서 숲과 마을 사이를 오고가는 순환 여정에 항상 함께 참여한다.[112]

---

112 Bloch, M., 1992, p. 17.

이 모든 사례들에서 알 수 있듯이, 성인식을 청소년기 의례로만 받아들이는 것은, 성인식이 유년기의 끝을 알리는 의례가 아닐 수도 있으며 사회적 성장은 전 생애에 걸쳐 진행된다는 사실을 간과하는 것이다.

결론

유년기와 마찬가지로 청소년기의 정의역시 단정할 수 없으며 많은 이론이 존재한다. 청소년기는 유년기도 성인기도 아닌 변화와 전환의 시기이며, 이를 논의하기 위해서는 책 한 권으로도 부족할 것이다. 성인식은 유년기와 성인기를 나누는 기준으로 어느 정도 유효하기는 하지만 확실한 기준은 될 수 없다. 비록 과거 인류학 이론과 민족지 연구에서는 성인식 의례의 의미와 기능과 상징이 핵심적인 주제는 아니었다. 하지만 인류학의 주요 연구 주제를 분석하고 다양한 의례를 탐구해가는 과정에서 많은 인류학자들이 유년기에서 성인기로의 전환 과정에 (비록 간접적이더라도) 관심을 가졌던 것은 분명한 사실이다. 성인식이 유년기의 끝은 아니라고 하더라도, 어린이의 위상과 역할에 유의미한 변화를 가져오는 것은 사실이다. 대체로 청소년기는 유년기와 성인기의 성격이 혼재되어 있는 전환기이며, 어린이들이 과거의 행동 방식, 태도, 사회적 지위 등을 내려놓고 앞으로의 인생에 필요한 새로운 지식과 행동을 배우는 시기다.

청소년기는 어린이다움을 해체하는 과정인가? 아니면 사회적인 어른다움을 만들어내는 과정인가? 어린이에게 남성 혹은 여성으로서의 성별을 부과하는 과정인가? 유년기와 성인기를 이어 주는 다리 역할을 하는가? 아니면 그저 긴 생애 주기에서 거쳐가는 하나의 단계일 뿐인가? 그 답이 무엇이건 간에 우리는 '유년기의 본질은 무엇이며, 사회적으로 성장했다는 것은 무엇을 의미하는가?'라는 근본적인 질문을 고민해야 한다.

결론

인류학이 유년기의 정의와 어린이의 사회적 위치를 논의하기 시작한 지는 100년이 조금 넘었을 뿐이며, 그 내용도 아직은 산발적이고 부분적이다. 제대로 된 '유년기 인류학' 연구가 이루어지기 위해서는 아직 메워야 할 결점과 해결해야 할 질문이 많다. 주류 인류학에 합류하기 위해서는 새로운 방법론도 모색해야 한다. 새롭게 등장한 어린이 중심의 인류학은 지난 30년간 이러한 문제점을 밝혀내고, 어린이 연구의 변화를 주도하고, 어린이들의 삶과 경험에서 유의미하고 새로운 관점을 발견하는 일에 많은 노력을 기울였다. 특히 어린이들 스스로가 이해하고 바라보는 자신들의 실제 현실이 무엇인지를 들여다봄으로써 유년기 연구에 새로운 관점을 제시했으며, 어린이들이 스스로 연구에 공헌할 수 있다는 사실도 널리 알렸다. 또한 유년기 연구에 새로운 동력을 제공하고 유년기 연구의 필요성을 부각시켰다. 여기에 더해 전문화된 유년기 인류학이 독자적으로 할 수 있고, 또 적극적으로 해야만 하는 일이 무엇인지를 보여 주었다.

새로운 유년기 연구에 부족한 부분이 있었다면, 그것은 과거 선행 연구로부터 받은 도움을 인정하지 않고 그 필요성을 깨닫지 못했던 것이다. 비록 선행 연구에서 어린이들의 삶과 세계를 간과한 부분이 있고, 대체로 어른의 관점에서만 유년기를 이해했으며, 유년기를 간접적으로만 다뤘던 것이 모두 사실이기는 하지만, 어린이와 유년기 논의에 유용한 자료도 분명히 있다. 나는 이 책에서 현대 유년기 연구가 선행 연구라는 토대를 활용할 수 있는 길을 보여 주고자 했다. 이 책의 각 장에서 다룬 임신, 출산, 육아, 사회화, 훈육, 친족, 성인식, 생애 주기에 대한 인류학적 연구는 모두 어린이들의 삶을 이해하는 데 필요한 연구로서 현대 유년기 연구에 많은 공헌을 하고 있다.

이제는 어린이 연구에서 민족지의 중요성과 유의미함을 인정하는 학자들이 많아지고 있다. 젠더에 대한 관심과 우려가 증대되던 시기에 인류학이 젠더를 주요 담론으로 삼았듯이, 이제는 유년기를 인류학의 새로운 중점 과제로 삼을 때다. 유년기 인류학이 지향해야 할 이상적인 연구 방향은 인공수정과 같은 보조생식기술 관련 인류학 연구에서 찾아볼 수 있다. 보조생식기술에 대한 훌륭한 인류학적 연구 자료는 많지만, 이들이 전부 새로운 형태의 인류학을 했던 것은 아니다. 오히려 친족 연구와 같이 인류학이 중점적으로 다루어 왔던 주제들을 되살린 연구였다. 유년기 인류학의 다양한 연구 주제들(어린이·어린이들의 사회·양육·다양한 유년기의 본성 등)도 인류학이 오래전부터 탐구해 오던 주제들(인간의 본질·친족관계·사회제도 등)과 넓은 차원에서 상호 보완적인 관계를 이루며 연구되어야 할 것이다. 우리는 유년기 연구를 통해 어린이와 어른의 차이, 삶과 죽음의 경계, 사회적 성장 여부를 깊이 이해할 수 있다. 이 책에서는 어린이 연구를 비롯한 인간의 모든 생애 주기 연구의 중요성을 부각하기 위해, 현재까지 진행된 연구를 정리하고 앞으로 필요한 부분은 무엇인지 알아보고자 했다.

어린이들의 삶은 사회의 변화가 가장 두드러지게 나타나는 영역이며, 유년기 연구는 변화에 대한 연구이기도 하다. 정치적 격변, 세계화, 경제 개발, 인권 개념의 확대와 교육의 보급 등은 모두 사회가 어린이를 이해하고 대우하는 방식을 변화시킬 수 있다. 6장에서 살펴보았던 통가의 사례처럼, 어린이를 혹독하게 처벌하고 훈육하는 전통이 있었던 사회가 정부의 인권 선언 이후로 폭력을 용인하지 않는 사회로 변해가기도 한다. 4장에서 살펴보았듯이, 입양과 수양의 개념도 외부 환경의 변화에 따라 바뀔 수 있다. 수양이 오랜 문화적 전통이었던 사회에서조차, 자녀에게 가장 적합한 양육자가 누구이며 자녀를 어느 집에서 키우는 것이 옳은지를 두고 논의가 일고 있다.

청소년기 개념도 마찬가지다. 청소년기의 특성은 사회마다 다르며, 서양식 청소년기 개념을 생소하게 여기는 사회도 많다. 하지만 세계화된 서양식 교육과 근대화의 영향으로 거의 모든 사회가 서양의 청소년기 개념을 받아들이게 되었다. 이러한 변화는 비단 비서양권 사회에만 일어났던 것은 아니며, 북미와 유럽의 어린이들도 지난 50년간 생활상에 많은 변화를 겪었다. 국가는 전례 없는 방법으로 어린이를 걱정하고 어린이의 생활에 개입하고 있으며, 현재의 어린이들은 이전 세대의 어린이에 비해 무척 소중한 존재로 여겨지고 있다. 정치인들은 이념과 정당의 구분 없이 어린이들이 가진 순수한 이미지를 정치적 활동에 이용하는 동시에, 정치보다 어린이가 우선이라는 목소리를 높이고 있다. 헨리 젠킨스는 북미 사회를 다음과 같이 묘사했다.

유년기는 순수하다는 관념이 지배적이다. 하지만 이는 어린이가 사는 곳은 정치적인 것과는 아무런 연관이 없는 어딘가 다른 세계라는 생각과 비슷하다. 우리는 진흙탕 싸움이 벌어지는 정치적 현실을 비롯한 가혹한 어른의 실제 세계로부터 어린이를 보호해야 한다고 생각한다. 하지만 실제로 20세기에 벌어진 거의 모든 주요한 정치적 쟁점은 우리들의 자녀를 두고 벌어졌다. 이는 이민자 자녀를 봉제공장의 착취에서 보호하기 위해 시작되었던 진보주의 시대의 경제 개혁으로부터, 흑인과 백인의 자녀들이 함께 뛰어노는 그림으로 자주 표현되었던 민권 운동을 거쳐, 어린이가 눈을 동그랗게 뜨고 사이버섹스와 포르노 사이트에 오염되는 모습으로 묘사되는 디지털 혁명에 대한 현재의 우려에까지 이른다. 이러한 논의에서는 '순수한 어린이'라는 수사적 표현이 지지를 얻으며, 우리에게 자녀를 보호하기 위한 어떤 조치를 취할 것을 끊임없이 요구한다.[1]

이러한 어린이 개념은 정치적으로 만들어진 것이다. 이와 같은 현대의 유년기 논쟁에 인류학자들이 크게 기여한 바가 하나 있다면, 바로 '보편적인 어린이'도 '순수한 어린이'도 실제로는 없는 개념이라는 사실을 증명했다는 점이다. 이 책에서는 여러 사례를 통해 순수함이 어린이라는 개념을 규정할 수는 없으며, 어린이라는 말은 여러 의미가 중첩되어 있을 수 있는 모호한 용어라는 사실을 분명하게 보여 주었다. '유년기의 순수함'이라는 표현에는 특정한 문화적 의미가 함축되어 있다.

---

1   Jenkins, H., 1998, p. 2.

어린이가 순수하다는 서양의 관념은 기독교의 죄와 구원 개념과 연관이 있다. 또한 성적인 관념과도 밀접한 연관이 있어서, 어린이는 성적인 것을 알지도 못하거니와 그런 것에 오염되면 안 된다고 생각하지만, 이는 서양 이외의 지역에서는 의미를 갖지 못한다. 그 외에는 외부로부터 얻게 되는 쓸데없는 정보, 예를 들자면 텔레비전에서 나오는 성적·폭력적·부정적 이미지와 연관된 정보를 차단해야 한다는 인식과도 관련이 있다. 유년기 인류학은, 국내외적으로 입법 과정에서도 중요하게 여기는 '순수한 어린이'라는 개념은 단지 어린이에 대한 여러 문화적 정의 중 하나에 지나지 않는다는 것을 강조한다. 어린이가 자라는 과정, 배워야 하는 지식, 어린이로부터 차단해야 할 대상은 어느 것 하나 당연하게 정해져 있지 않다.

비교문화 연구를 할 때, 이 개념은 단순히 학문적 개념 문제에 그치지 않는다. 앞서 이야기했듯이, 유년기를 어떤 개념으로 생각하느냐에 따라 어린이를 대우하는 방식이 크게 달라진다. 유년기를 순수한 것으로 바라보는 태도는 그 규정에 벗어나는 어린이들에게는 치명적 위협이 될 수 있다. 예를 들어 섹스 경험이 있다거나, 범죄를 저질렀다거나, 유죄지식(guilty knowledge)을 알고 있는 순수하지 못한 어린이는 문제시 된다. 낸시 셰퍼-휴지스와 하워드 스테인은 "나쁜(충동적인, 게으른, 공격적인, 성적인) 어린이는 벌을 주고 쫓아내야 하며(크게 보자면 이미 사회적 낙인이 찍힌 계층, 민족, 인종, 계급에 속한 어린이들까지 포함한다), 착한(순수하고 성에 무지한) 어린이는 나쁜 세계로부터 구해야 하는 존재라고 생각한다"[2]며 오직 착하고 바른 어린이만이 어른들의 보호와 보살핌을 요구할 수 있다고 주장했다. 비서양 사회에서 아동 매춘부,

소년군인, 부랑아처럼 위험에 노출된 어린이들을 연구한 인류학자들은, 이 어린이들이 '순수해야 한다'는 생소한 규범을 만족시키지 못했다는 납득하기 어려운 이유로 그들의 도움 요청을 거절하는 사람들의 모습을 자주 목격했다.

그러므로 어린이의 삶과 목소리를 연구하는 것은 대단히 정치적인 행동이다. 어린이 중심의 인류학은, 어린이들을 일차 정보원으로 삼아야 한다고 주장하며 서양의 유년기 개념에 반론을 제기하고 어른과 어린이의 관계를 다시 생각해 보기를 요청한다. 이제는 어린이도 동등한 사회 구성원이며 어린이의 목소리에 귀를 기울여야 한다는 관념이 상식으로 자리 잡았다. 또한 더 이상 어린이를 사회 주변에 서 있는 커다란 구경꾼 집단으로 보지 않으며, 그러한 관점은 어린이들의 고유한 세계관을 이해하는 데 방해가 된다고 생각한다. 어린이 중심의 인류학을 하는 학자들은 로버트 르바인이 이야기한 "불의에 대항하는 정치적 무기로서의 유년기 인류학"[3]을 염두에 두고, 어린이를 민족지의 주변에서 중심으로 끌어오고 어린이들의 관점을 진지하게 받아들여야 한다. 이는 유년기의 문화 정치를 조사하고, 세계화의 좋은 영향과 나쁜 영향을 분석하고, 그것이 어린이들의 삶에 어떤 변화를 가져왔으며, 어린이들은 그 변화를 어떻게 받아들였는지를 살펴보는 것이다.

하지만 지금의 어린이 연구 방법 역시 역사적·문화적 특수성을 갖고 있다는 사실을 잊지 말아야 한다. 과거에는 많은 민족지에서 어린이의

---

2   Scheper-Hughes, N., and H. Stein, 1987, p. 346.

3   LeVine, R., 2003 p. 5.

능력과 잠재력을 부정했지만, 이 또한 시대적 배경이 반영된 결과다. 그때는 가정에서도 어린이가 큰 관심의 대상이 아니었듯이 현지 조사에서도 크게 주목하는 대상이 아니었다. 현대적 유년기 개념으로 다른 사회의 유년기를 함부로 평가하지 않는 것이 중요한 것처럼, 어른과 어린이가 평등하다는 현대적 관념을 적용하지 않았다는 이유로 과거의 민족지를 묵살하지 않는 것도 중요하다.

인류학이 어린이에 관심을 가지는 것은 전반적인 서양 사회의 관심이 반영된 결과다. 실제로 인류학과 사회과학 분야에서는 전체 생애 주기에서 노년층보다는 유년층에 대한 관심이 증가하고 있으며, 노년의 의미를 탐구하거나 노년층을 대상으로 민족지 연구를 하는 일이 별로 없다. 이 역시 앵글로아메리칸 사회의 노년 관념이 민족지의 연구 대상 선택에 영향을 미친 결과다. 한때 어린이들을 경시하고, 주변부로 취급하고, 경제적으로 쓸모없다고 여기며 관심을 기울이지 않았던 것처럼 이제는 노인들을 그렇게 대하고 있다. 인류학자들은 죽음과 장례는 많이 연구했지만, 그에 비하면 노년층(특히 여성 노년층)의 현재 생활에 대한 연구는 부족하다. 인생의 황혼기를 보내고 있는 사람들에게 언제 인류학적 관심이 커질지는 알 수 없지만, 지금 우리가 어린이들을 두고 벌였던 논쟁은 언젠가 다시 노년층을 상대로 똑같이 되풀이될 것이다.

하지만 21세기 초 현재에 사회적 관심과 개입의 필요성이 가장 높은 그룹은 노년층이 아니라 어린이들이다. 유년기 연구가 어린이 문제 해결을 위한 행동으로 이어지는 경우가 증가하고 있으며, 어린이들의 삶을 개선하기 위한 연구가 즉각적으로 반영되어야 한다는 주장도 늘고 있다. 연구비를 지원하는 기관들이 연구 결과가 학계 바깥에서도 가시적인 성과를 거두기를 원하는데다, 고통 받고 어려움에 빠진 어린이는 대단히 호소력이 높은 연구 주제이기도 해서 유년기 연구의 학문적 결과물이 어린이들의 삶의 질 개선으로 이어지는 경우가 많아졌다. 역사학자 로렌스 브로클리스와 조지 루소의 글은 인류학자들에게도 똑같이 적용할 수 있다. 그들은 유년기 문제에는 비판적으로 참여할 필요가 있으며, 이는 선행 연구의 맹점을 메우거나 과거와 현재의 연결 지점을 찾음으로써가 아니라, 어린이들의 삶을 개선하고 복지에 기여함으로써 가능하다고 주장하며 다음과 같이 썼다.

우리가 21세기를 위해 올바른 결정을 내리고자 한다면, 역사적 격변의 시대에 어린이들에게 무슨 일이 일어났는지를 살펴볼 필요가 있다. 역사를 들여다보면, 오늘날 여러 가지 형태로 희생당하고 있는 어린이들의 문제를 결코 조용히 논의해서는 안 된다는 사실이 더욱 분명해진다. 많은 사람들이 그러한 문제는 일상적이고 정상적인 사회 질서의 범위 밖에 있는, 현대 생활에서 건드려서는 안 되는 유일한 영역으로 생각하는 것 같다.[4]

많은 어려움이 있겠지만, 나는 유년기를 바라보는 넓고 다양한 관점이 유년기 인류학을 좀 더 완전하고 포괄적인 학문으로 만들어 줄 수 있다고 생각한다. 우리가 자라나는 어린이들을 이해하고자 한다면, 각각의 사회마다 유년기가 어떻게 다른지, 공동체는 어린 구성원들을 어

---

4 Brockliss, L., and G. Rousseau, 2003, p. 4.

떻게 사회에 적응시키는지, 그들에게 가르치는 주요한 가치는 무엇인지 등 어린이들의 성장에 관련된 모든 면을 탐구할 필요가 있다. 우리는 이러한 사회의 면면을 묘사한 많은 민족지들을 이 책에서 살펴보았다. 비록 그 내용이 바라던 만큼 완벽한 것은 아니었다고 하더라도, 그들이 다양한 어린이의 생활상을 전해 주었다는 사실은 인정해야 한다. 우리는 그를 통해 다른 사회와 어린이들의 삶을 이해할 수 있으며, 본래 타자를 이해하지 않고는 나를 알기 어려운 법이다.

나는 결코 이분법적 논리로 유년기를 연구해서는 안 된다는 점을 강조하고 싶다. 어린이는 그 자체로 완전한 존재인가? 아니면 완전해지는 과정에 있는 존재인가? 어린이는 수동적인가? 아니면 능동적인가? 어린이는 스스로에 대해 말할 수 있는가? 아니면 다른 사람이 대신 말해줘야 하는가? 어느 쪽으로도 단정지어 말할 수 없다. 이런 말들은 어른에게도 어린이에게도 모두 해당될 수 있다. 우리가 할 수 있는 최선의 연구는, 어른과 어린이의 관계는 무엇이며 어린이에게 가장 요구되는 일이 무엇인지를 그 사회의 고유한 맥락과 관점에서 분석하는 것이다. 어른이건 어린이건 모두 다 사회적 관계망 안에 사는 존재들이며, 어느 하나만 따로 떼어놓고 이해할 수는 없다. 성인 인류학자들은 때로 어린이를 작은 이방인으로 여기지만, 그들을 보다 완전히 이해하기 위해서는 조금 더 어린이들 곁으로 다가갈 필요가 있다.

Aarre, K., 2000 Changing Attitudes towards Children in Care in Portugal in the 1990s: A Case Study of a Children's Home. Unpublished D.Phil. thesis, Oxford University.

Abrahams, R., 1972 Spirit, Twins, and Ashes in Labwor, Northern Uganda. In The Interpretation of Ritual: Essays in Honour of A. I. Richards. J. La Fontaine, ed. pp. 115-134. London: Tavistock.

Achebe, C., 1958 Things Fall Apart. London: Heinemann.(치누아 아체베 저, 조규형 역,『모든 것이 산산이 부서지다』, 민음사, 2008)

Achebe, C., 1980 Literary Insights into die Ogbanje Phenomenon. Journal of African Studies 7:31-38.

Achebe, C., 1986 The World of the Ogbanje. Enugu, Nigeria: Fourth Dimension Publishing.

Adler, P., and P. Adler, 1998 Peer Power: Preadolescent Culture and Identity. New Brunswick, NJ: Rutgers University Press.

Ahmed, S., J. Bwana, E. Guga, et al., 1999 Children in Need of Special Protection Measures: A Tanzanian Study. Dar es Salaam: UNICEF.

Alber, E., 2004 "The Real Parents Are the Foster Parents": Social Parenthood among the Baatombu in Northern Benin. In Cross-Cultural Approaches to Adoption. F. Bowie, ed. pp. 33-47. London: Routledge.

Anderson, A., 2004 Adoption and Belonging in Wogeo, Papua New Guinea. In Cross-Cultural Approaches to Adoption. F. Bowie, ed. pp. 111-126. London: Routledge.

Anderson-Levitt, K., 2005 The Schoolyard Gate: Schooling and Childhood in Global Perspective. Journal of Social History 38:987-1006.

Aptekar, L., 1988 Street Children of Cali. Durham, NC: Duke University Press.

Ardener, E., 1975 Belief and the Problem of Women. In Perceiving Women. S. Ardener, ed. pp. 1-17. London: J. M. Dent.

Ariès, P., 1979[1962] Centuries of Childhood: A Social History of Family Life. R.

Baldick, trans. London: Penguin.(필립 아리에스 저, 문지영 역, 2003, 『아동의 탄생』, 새물결)

Ashley-Montague, M. R, 1937 Coming into Being among the Australian Aborigines: A Study of the Procreative Beliefs of the Native Tribes of Australia. London: Roudedge.

Avedon, E., and B. Sutton-Smith, 1971 The Study of Games. London: Wiley.

Azu, D., 1974 The Ga Family and Social Change. Leiden: Aftika-Studiecentrum.

Baker, R., 1998 Negotiating Identities: A Study of the Lives of Street Children in Nepal. Unpublished Ph.D. thesis, University of Durham.

Baker, R., C. Panter-Brick, and A. Todd, 1996 Methods Used in Research with Street Children in Nepal. Childhood 3:171-193.

Bargach, J., 2002 Orphans of Islam: Family, Abandonment, and Secret Adoption in Morocco. Oxford: Rowman and Littlefield.

Barnes, P., and M.-J. Kehily, 2003 Play and the Cultures of Childhood. In Children's Cultural Worlds. M.-J. Kehily and J. Swann, eds. pp. 1-46. Chichester John Wiley.

Barr, R., 1990 The Normal Crying Curve: What Do We Really Know? Developmental Medicine and Child Neurology 32:356-362.

Barr, R., M. Konner, R. Bakeman, and L. Adamson, 1991 Crying in !Kung San Infants: A Test of the Cultural Specificity Hypothesis. Developmental Medicine and Child Neurology 33:601-610.

Bascorn, W., 1969 The Yoruba of Southwest Nigeria. New York: Holt, Rinehart and Winston.

Bastian, M., 2001 "The Demon Superstition": Abominable Twins and Mission Culture in Onitsha History. Ethnology 40:13-28.

Bates, D., 1938 The Passing of the Aborigines: A Lifetime Spent among the Natives of Australia. London: James Murray.

Beckerman, S., and P. Valentine, eds., 2002 Cultures of Multiple Fathers: The Theory and Practice of Partible Paternity in Lowland South America. Gainesville: University of Florida Press.

Beier, H. U., 1954 Spirit Children among the Yoruba. African Affairs 53:328-331.

Belaunde, L. E., 2001 Menstruation, Birth Observances and the Couple's Love amongst the Airo-Pai of Amazonian Peru. In Managing Reproductive Life: Cross-Cultural Themes in Fertility and Sexuality. S. Tremayne, ed. pp. 127-139. Oxford: Berghahn.

Benedict, R., 1932 Configurations of Culture in North America. American Anthropologist 34:1-27.

Benedict, R. 1934 Patterns of Culture. Boston: Houghton Mifflin.(루스 베네딕트 지음, 이종인 옮김, 『문화의 패턴』 연암서가 2008)

Benedict, R., 1938 Continuities and Discontinuities in Cultural Conditioning. Psychiatry 1:161-167.

Benthall, J. 1992 A Late Developer? The Ethnography of Children. Anthropology Today 8(2):23-35.

Berlan, A., 2005 Education and Child Labour among Cocoa Producers in Ghana: The Anthropological Case for a Re-evaluation. Unpublished D.Phil. thesis, Oxford University.

Bernat, J. C., 1999 Children and the Politics of Violence in a Haitian Context: Statist Violence, Scarcity and Street Child Agency in Port-au-Prince. Critique of Anthropology 19:121-138.

Best, J., 1990 Threatened Children: Rhetoric and Concern about Child-Victims. Chicago: University of Chicago Press.

Bettelheim, B., 1955 Symbolic Wounds: Puberty Rites and the Envious Male. London: Thames and Hudson.

Beverly, E., and R. D. Whittemore, 1993 Mandinka Children and the Geography of Well-Being. Ethos 21:235-272.

Bird-David, N., 2005 Studying Children in "Hunter-Gatherer" Societies: Reflections from a Nayaka Perspective. In Hunter-Gatherer Childhoods: Evolutionary, Developmental and Cultural Perspectives. B. Hewlett and M. Lamb, eds. pp. 92-101. New York: Aldine.

Black, M., 1994 Home Truths. New Internationalist 252:11-13.

Blanchet, T., 1996 Lost Innocence, Stolen Childhoods. Dhaka: University of Dhaka Press.

Blanc-Szanton, C., 1985 Gender and Inter-Generational Resource Allocations: Thai and Sino-Thai Households in Central Thailand. In Structures and Strategies: Women, Work and Family in Asia. L. Dube and R. Palriwala, eds. pp. 79.102. New Delhi: Sage.

Bledsoe, C., 1990a The Politics of Children: Fosterage and the Social Management of Fertility among the Mende of Sierra Leone. In Births and Power: Social Change and the Politics of Reproduction. W. P. Handwerker, ed. pp. 81-100. Boulder, CO: Westview Press.

Bledsoe, C., 1990b No Success without Struggle: Social Mobility and Hardship for Foster Children in Sierra Leone. Man (N.S.) 25:70-88.

Bledsoe, C., 1992 The Cultural Transformation of Western Education in Sierra Leone. Africa 62:182-202.

Bloch, M., 1992 Prey into Hunter: The Politics of Religious Experience. Cambridge: Cambridge University Press.

Bloch, M., and S. Adler, 1994 African Children's Play and the Emergence of the Sexual Division of Labor. In Children's Play in Diverse Cultures. J. Roopnarine, J. Johnson, and F. Hopper, eds. pp. 148-178. Albany: State University of New York Press.

Bluebond-Langner, M., 1978 The Private Worlds of Dying Children. Princeton: Princeton University Press.

Bluebond-Langner, M., and J. Korbin, 2007 Challenges and Opportunities in the Anthropology of Childhood. American Anthropologist 109:241-246.

Blurton-Jones, N., K. Hawkes, and J. O'Connell, 2005 Older Hadza Men and Women as Helpers: Residence Data. In Hunter-Gatherer Childhoods: Evolutionary, Developmental and Cultural Perspectives. B. Hewlett and M. Lamb, eds. pp. 214-236. New York: Aldine.

Boas, F., 1916 New Evidence on the Instability of Human Types. Proceedings of the National Academy of Sciences of the United States of America 2:713-718.

Boas, F., 1974[1911] The Instability of Human Types. In The Shaping of American Anthropology, 1883-1911: A Franz Boas Reader. G. W. Stocking, ed. pp. 214-218. New York: Basic Books.

Boddy, J., 1989 Wombs and Alien Spirits: Women, Men, and the Zar Cult in Northern Sudan. Madison: University of Wisconsin Press.

Bodenhorn, B., 1988 Whales, Souls, Children and Other Things that are Good to Share: Core Metaphors in a Contemporary Whaling Society. Cambridge Anthropology 13:1-19.

Bohannon, L., 1954 Return to Laughter. London: Victor Gollancz.

Bourgois, P., 1998 Families and Children in Pain in the US Inner City. In Small Wars: The Cultural Politics of Childhood. N. Scheper-Hughes and C. Sargent, eds. 331-351. Berkeley: University of California Press.

Bowie, P., ed., 2004 Cross-Cultural Approaches to Adoption. London: Roudedge.

Bowlby, J., 1953 Child Care and the Growth of Love. Harmondsworth: Penguin.

Boyden, J., 1997 Childhood and the Policy Makers: A Comparative Perspective on the Globalization of Childhood. In Constructing and Deconstructing Childhood: Contemporary Issues in the Sociological Study of Childhood. A. James and A. Prout, eds. pp. 190-299. London: Palmer Press.

Boyden, J., B. Ling, and W. Myers, 1998 What Works for Working Children. Florence: Rädda Barnen and UNICEF.

Brain, R., 1970 Child Witches. In Witchcraft: Confessions and Accusations. M. Douglas, ed. pp. 161-182. London: Tavistock.

Briggs, J., 1970 Never in Anger: Portrait of an Eskimo Family. Cambridge, MA: Harvard University Press.

Briggs, J., 1991 Expecting the Unexpected: Canadian Inuit Training for an Experimental Lifestyle. Ethos 19:259-287.

Brockliss, L., and G. Rousseau, 2003 The History Child. Oxford Magazine, 0th Week, Michaelmas Term:4-7.

Brown, J., 1963 A Cross-Cultural Study of Female Initiation Rites. American Anthropologist 65:837-853.

Buckley, T., and A. Gottlieb, 1988 Blood Magic: The Anthropology of Menstruation. Berkeley: University of California Press.

Bukowski, W. M., A. F. Newcomb, and W. W. Hartup, 1996 The Company They Keep: Friendship in Childhood and Adolescence. Cambridge: Cambridge University

Press.

Burbank, V. K., 1988 Aboriginal Adolescence: Maidenhood in an Australian Community. New Brunswick, NJ: Rutgers University Press.

Burman, E., 1996 Local, Global and Globalized: Child Development and International Child Rights Legislation. Childhood 3(1):45-66.

Burr, R., 2006 Vietnam's Children in a Changing World. New Brunswick, NJ: Rutgers University Press.

Burr, R., and H. Montgomery, 2003 Family, Kinship and Beyond. In Childhoods in Context. J. Maybin and M. Woodhead, eds. pp. 39-80. Chichester: John Wiley.

Burton, M., and D. White, 1987 Cross-Cultural Surveys Today. Annual Review of Anthropology 16:143-160.

Burton, R., and J. Whiting, 1961 The Absent Father and Cross-Sex Identity. Menill-Palmer Quarterly of Behavior and Development 7(2):85-95.

Caplan, P., 1987 The Cultural Construction of Sexuality. London: Tavistock.

Carsten, J., 1991 Children in Between: Fostering and the Process of Kinship on Pulau Langkawi, Malaysia. Man (N.S.) 26:425-443.

Carvel, J., 2001 Nurses Upset over Foetus Disposals. Guardian, May 22.

Cassell, J., 1987 Children in the Field: Anthropological Experiences. Philadelphia: Temple University Press.

Caudill, W., and C. Schooler, 1973 Child Behavior and Child Rearing in Japan and the United States: An Interim Report. Journal of Nervous and Mental Disease 157:323-338.

Caudill, W., and H. Weinstein, 1969 Maternal Care and Infant Behavior in Japan and America. Psychiatry 32:12-43.

Cecil, R., 1996 An Insignificant Event? Literary and Anthropological Perspectives on Pregnancy Loss. In The Anthropology of Pregnancy Loss: Comparative Studies in Miscarriage, Stillbirth and Neonatal Death. R. Cedi, ed. pp. 1-16. Oxford: Berg.

Chagnon, N., 1968 Yanamamö: The Fierce People. New York: Holt, Rinehart and Winston.

Chappel, T. H. J., 1974 The Yoruba Cult of Twins in Historical Perspective. Africa 44:250-265.

Chen, X., D. French, and B. Schneider, 2006 Culture and Peer Relations. In Peer Relationships in Cultural Context. X. Chen, D. French, and B. Schneider, eds. pp. 3-20. Cambridge: Cambridge University Press.

Chin, E., 2001 Feminist Theory and the Ethnography of Children's Worlds: Barbie in New Haven, Connecticut. In Children and Anthropology: Perspectives for the 21st Century. H. Schwartzman, ed. pp. 129-148. Westport, CT: Bergin and Garvey.

Chisholm, J., 1983 Navajo Infancy: An Ethological Study of Child Development. New York: Aldine.

Chisholm, J., 1996 Learning "Respect for Everything": Navajo Images of Development. In Images of Childhood. C. P. Hwang, M. E. Lamb, and I. E. Sigel, eds. pp. 167-184. Hillsdale, NJ: Erlbaum.

Chodorow, N., 1978 The Reproduction of Mothering: Psychoanalysis and the Sociology of Gender. Berkeley: University of California Press.

Christensen, P., 1999 Vulnerable Bodies: Cultural Meanings of Child, Body and Illness. In The Body, Childhood and Society. A. Prout, ed., pp. 38-59. London: Macmillan.

Cicirelli, V., 1994 Sibling Relationships in Cross-Cultural Perspective. Journal of Marriage and the Family 56:7-20.

Cohen, S. 1973 Folk Devils and Moral Panics: The Creation of the Mods and Rockers. London: Paladin.

Collier, J., and S. J. Yanagisako, eds. 1987 Gender and Kinship: Essays Towards a Unified Analysis. Stanford: Stanford University Press.

Colson, E., 1960 The Social Organization of the Gwembe Tonga. Manchester: Manchester University Press.

Condon, R., 1987 Inuit Youth: Growth and Change in the Canadian Arctic. New Brunswick, NJ: Rutgers University Press.

Condon, R., 1990 The Rise of Adolescence: Social Change and Life Stage Dilemmas in the Central Canadian Arctic. Human Organization 49:266-279.

Condon, R., 1995 The Rise of the Leisure Class: Adolescence and Recreational Acculturation in die Canadian Arctic. Ethos 23:47-68.

Condon, R., and P. Stern, 1993 Gender-Role Preference, Gender Identity, and Gender Socialization among Contemporary Inuit Youth. Ethos 21:384-416.

Conklin, B., 2001 Consuming Grief: Compassionate Cannibalism in an Amazonian Society. Austin: University of Texas Press.

Conklin, B., and L. Morgan, 1996 Babies, Bodies, and the Production of Personhood in North America and a Native Amazonian Society. Ethos 24:657-694.

Corsaro, W., 1985 Friendship and Peer Culture in the Early Years. Norwood, NJ: Ablex.

Corsaro, W., 1988 Routines in the Peer Culture of American and Italian Nursery School Children. Sociology of Education 61:1-14.

Corsaro, W., 1992 Interpretative Reproduction in Children's Peer Cultures. Social Psychology Quarterly 55:160-177.

Corsaro, W., 2003 We're Friends, Right? Inside Kids' Culture. Washington, DC: Joseph Henry Press.

Corsaro, W., and D. Eder, 1990 Children's Peer Cultures. Annual Review of Sociology 16:197-220.

Corsaro, W., and T. Rizzo, 1998 Discussione and Friendship: Socialization Processes in the Peer Culture of Italian Nursery School Children. American Sociological Review 53:879-894.

Corsaro, W., L. Molinari, K. Hadley, and H. Sugioka, 2003 Keeping and Making Friends: Italian Children's Transition from Preschool to Elementary School. Social Psychology Quarterly 66:272-292.

Cowan, J., 1997 The Elements of the Aborigine Tradition. Shaftesbury: Element.

Cowan, J., M. B. Dembour, and R. Wilson, eds. 2001 Culture and Rights: Anthropological Perspectives. Cambridge: Cambridge University Press.

Crocker, W., and J. Crocker, 1994 The Canela: Bonding through Kinship, Ritual and Sex. Fort Worth, TX: Harcourt Brace College Publishers.

Culin, S., 1891 Street Games of Boys in Brooklyn. Journal of American Folklore 4(14):221-237.

Culin, S., 1898 American Indian Games. Journal of American Folklore 11(43):245.252.

Culin, S., 1899 Hawaiian Games. American Anthropologist 1:201-247.

D'Amato, J., 1993 Resistance and Compliance in Minority Classrooms. In Minority Education: Anthropological Perspectives. E. Jacob and C. Jordan, eds. pp. 181-207. Norwood, NJ: Ablex.

Davis, S. D., and D. Davis, 1989 Adolescence in a Moroccan Town: Making Social Sense. New Brusnwick, NJ: Rutgers University Press.

de Berry, J., 1999 Life after Loss: An Anthropological Study of Post-War Recovery, Teso, East Uganda, with Special Reference to Young People. Unpublished Ph.D. thesis, University of London.

de Boeck, F., 2005 The Divine Seed: Children, Gift and Witchcraft in the Democratic Republic of Congo. In Makers and Breakers: Children and Youth in Postcolonial Africa. A. Honwana and F. de Boeck, eds. pp. 188-214. Oxford: James Currey.

Delaney, C., 2000 Making Babies in a Turkish Village. In A World of Babies: Imagined Childcare Guides for Seven Societies. J. DeLoache and A. , Gottlieb, eds. pp. 117-144. Cambridge: Cambridge University Press.

de Mause, L., 1974 The Evolution of Childhood. In The History of Childhood. L. de Mause, ed. pp. 1-73. New York: Psychohistory Press.

Demian, M., 2004 Transactions in Rights, Transactions in Children: A View of Adoption from Papua New Guinea. In Cross-Cultural Approaches to Adoption. F. Bowie, ed. pp. 97-110. London: Routledge.

Demos, J., and V. Demos, 1969 Adolescence in Historical Perspective. Journal of Marriage and the Family 31:632-638.

Descola, P., 1996 Spears of Twilight: life and Death in the Amazon Jungle. London: HarperCollins.

Dettwyler, K., 1994 Dancing Skeletons: Life and Death in West Africa. Prospect Heights, IL: Waveland.

Diduk, S., 1993 Twins, Ancestors and Socio-Economic Change in Kedjom Society. Man (N.S.) 28:551-571.

Diduk, S., 2001 Twinship and Juvenile Power: The Ordinariness of the Extraordinary. Ethnology 40:29-43.

Diener, M., 2000 Gift from the Gods: A Balinese Guide to Early Child Rearing. In A World of Babies: Imagined Childcare Guides for Seven Societies. J. DeLoache and A. Gottlieb, eds. pp. 91-116. Cambridge: Cambridge University Press.

Dirie, W., and C. Miller, 1999 Desert Flower: The Extraordinary Journey of a Desert Nomad. London: Virago.

Djamour, J., 1952 Adoption of Children among Singapore Malaysians. Journal of the Royal Anthropological Institute of Great Britain and Ireland 82:159-168.

Donnelly, M., 2005 Putting Corporal Punishment of Children in Historical Perspective. In Corporal Punishment of Children in Theoretical Perspective. M. Donnelly and M. A. Straus, eds. pp. 41-54. New Haven: Yale University Press.

Donnelly, M., and M. A. Straus, eds. 2005 Corporal Punishment of Children in Theoretical Perspective. New Haven: Yale University Press.

Dopamu, A., 2006 Change and Continuity: The Yoruba Belief in Life after Death [online]. [Accessed April 1,2008]. Available from World Wide Web: http://www. metanexus.net/conferences/pdf/conference2006/Dopamu.pdf.

Driver, H., 1969 Girls' Puberty Rites and Matrilocal Residence. American Anthropologist 71:905-908.

Driver, H., 1971 Brown and Driver on Girls'Puberty Rites Again. American Anthropologist 73:1261-1262.

Du Bois, C., 1944 The People of Alor: A Social-Psychological Study of an East I Indian Island. Minneapolis: Minnesota University Press.

Dunstan, G. R., 1988 The Human Embryo in the Western Moral Tradition. In The Status of the Human Embryo: Perspectives from Moral Tradition. G. R. Dunstan and M. Seller, eds. pp. 39-57. Oxford: Oxford University Press.

Eder, D., 1985 The Cycle of Popularity: Interpersonal Relations among Female Adolescents. Sociology of Education 58:154-165.

Edwards, C. P., 2000 Children's Play in Cross-Cultural Perspective: A New Look at the Six Cultures Study. Cross-Cultural Research 34:318-338.

Ehrenreich, B., and D. English, 1979 For Her Own Good: 150 Years of the Experts'Advice to Women. London: Pluto Press.

Einarsdóttir, J., 2000"Tired of Weeping": Child Death and Mourning among

Papel Mothers in Guinea-Bissau. Stockholm: Stockholm Studies in Social Anthropology.

El Saadawi, N., 1980 The Hidden Face of Eve: Women in the Arab World. London: Zed Books.

Embler, C., and M. Embler, 2005 Explaining Corporal Punishment of Children: A Cross-Cultural Study. American Anthropologist 107:609-619.

Ennew, J., 1980 The Western Isles Today. Cambridge: Cambridge University Press.

Ennew, J., 1986 The Sexual Exploitation of Children. Cambridge: Polity Press.

Ennew, J., 1993 Maids of All Work. New Internationalist, February: 11-13.

Ennew, J., and V. Morrow, 2002 Releasing the Energy: Celebrating the Inspiration of Sharon Stephens. Childhood 9:5-17.

Ennew, J., and J. Swart-Kruger, 2003 Homes, Places and Spaces in the Construction of Street Children and Street Youth. Children, Youth and Environments [online], 13 (1) [Accessed April 1, 2008]. Available from World Wide Web: http://www.colorado.edu/journals/cye/13_1/Vol13_1Articles /CYE_CurrentIssue_ArticleIntro_Kruger_Ennew.htm.

Ephirim-Donkor, A., 1997 African Spirituality: On Becoming Ancestors. Trenton, NJ: Africa World Press.

Epstein, D., 1997 Cultures of Schooling/Cultures of Sexuality. International Journal of Inclusive Education 1:37-53.

Erikson, E. H., 1963 Youth: Change and Challenge. New York: Basic Books.

Erikson, E. H., 1968 Identity: Youth and Crisis. London: Faber and Faber.(융 에릭슨 지음, 이부영 외 옮김, 『현대의 신화/아이덴티티』삼성출판사, 1997)

Errington, S., 1987 Incestuous Twins and the House Societies of Insular Southeast Asia. Cultural Anthropology 2:403-444.

Evans-Pritchard, E. E., 1936 Customs and Beliefs Relating to Twins among the Nilotic Nuer. Uganda Journal 3:230-238.

Evans-Pritchard, E. E., 1951 Kinship and Marriage among the Nuer. Oxford: Oxford University Press.

Sfass-Pritchard, E. E., 1956 Nttif Religion. Oxford: Clarendon Press.

Evans-Pritchard, E. E., 1965 The Comparative Method in Social Anthropology. In The Position of Women in Primitive Societies: And Other Essays in Social Anthropology. E. E. Evans-Pritchard, ed. pp. 13-36. London: Faber and Faber.

Fergie, D., 1995 Transforming Women: Being and Becoming in an Island Melanesian Society. In Gender Rituals: Female Initiation in Melanesia. N. C. Lutkehaus and P. B. Roscoe, eds. pp. 113-130. London: Routledge.

Ferme, M., 2001 The Underneath of Things: Violence, History, and the Everyday in Sierra Leone. Berkeley: University of California Press.

Fine, G. A., 1987 With the Boys: Little League Baseball and Preadolescent Culture. Chicago: University of Chicago Press.

Firestone, S., 1970 The Dialectic of Sex: The Case for Feminist Revolution. London: Jonathan Cape.

Firth, R., 1936 We, the Tikopia: A Sociological Study of Kinship in Primitive Polynesia. London: George Allen and Unwin.

Firth, R., 1956 Ceremonies for Children and Social Frequency in Tikopia. Oceania 27:12-55.

Firth, R., 1966 Twins, Birds and Vegetables: Problems of Identification in Primitive Religious Thought. Man (N.S.) 1:1-17.

Fock, N., 1963 Waiwai: Religion and Society of an Amazonian Tribe. Copenhagen: The National Museum.

Ford, N., and S. Saiprasert, 1993 Destinations Unknown: The Gender Construction and Changing Nature of the Sexual Lifestyles of Thai Youth. Paper presented at the Fifth International Conference on Thai Studies, SOAS,

Fordham, G., 1995 Whisky, Women and Song: Alcohol and AIDS in Northern Thailand. Australian Journal of Anthropology 6(3):154-177.

Fordham, G., 1998 Northern Thai Male Culture and the Assessment of HIV Risk: Towards a New Approach. Crossroads 12:77-164.

Fortes, M., 1949 The Web of Kinship among the Tallensi: The Second Part of an Analysis of the Social Structure of a Trans-Volta Tribe. Oxford: Oxford University Press.

Fortes, M., 1950 Kinship and Marriage among the Ashanti. In African Systems of Kinship and Marriage. A. R. Raddiffe-Brown and D. Forde, eds. pp. 252-284. Oxford: Oxford University Press.

Fortes, M., 1970 Social and Psychological Aspects of Education in Taleland. In From Child to Adult: Studies in the Anthropology of Education. J. Middleton, ed. pp. 14-74. New York: Natural History Press.

Fortes, M., 1974 The First Born. Journal of Child Psychology and Psychiatry 15(2): 81-104.

Foster, A. M., 1991 Women's Comprehensive Health Care in Contemporary Tunisia. Unpublished D.Phil. thesis, Oxford University.

Fox, R., 1983 The Red Lamp of Incest: An Enquiry into the Origins of Mind and Society .Notre Dame, IN: University of Notre Dame Press.

Franklin, S., 1995 Postmodern Procreation: A Cultural Account of Assisted Reproduction. In Conceiving the New World Order. F. Ginsburg and R. Rapp, eds. pp. 323-145. Berkeley: University of California Press.

Fraser, G., and P. Kilbride, 1980 Child Abuse and Neglect - Rare, but Perhaps Increasing, Phenomenon among the Samia of Kenya. Child Abuse and Neglect: The International Journal 4:227-232.

Freeman, D., 1983 Margaret Mead and Samoa: The Making and Unmaking of an Anthropological Myth. Cambridge, MA: Harvard University Press.

Freeman, D., 1999 The Fateful Hoaxing of Margaret Mead: A Historical Analysis of Her Samoan Research. Boulder, CO: Westview Press.

Freud, S., 1953a[1905] Three Essays on the Theory of Sexuality. In The Standard Edition of the Complete Psychological Works of Sigmund Freud, vol. VII. Ji. Strachey, ed. and trans. pp. 125-245. London: Hogarth Press.

Freud, S., 1953b[1913] Totem and Taboo: Some Points of Agreement between the Mental Lives of Savages and Neurotics. In The Standard Edition of the Complete Psychological Works of Sigmund Freud, vol. XIII. J. Strachey, ed. and trans. pp. 1-62. London: Hogarth Press.

Freud, S., 1964[1933] Anxiety and Instinctual Life (Lecture XXXII). In New Introductory 'Lectures on Psychoanalysis. W. J. H. Sprott, ed. and trans pp. 107-143. London: Hogarth Press.

Friedenberg, E., 1973 The Vanishing Adolescent: Adolescence: Self-Definition and Conflict. In The Sociology of Youth: Evolution and Revolution. H. Silverstein, ed. pp. 109-118. New York: Macmillan,

Friedl, E., 1997 Children of Deh Koh: Young Life in an Iranian Village. Syracuse, NY: Syracuse University Press.

Friedl, E., 2004 The Ethnography of Children. Iranian Studies 37:655-663.

Furnham, A., 2005 Spare the Rod and Spoil the Child: Lay Theories of Corporal Punishment. In Corporal Punishment of Children in Theoretical Perspective. M. Donnelly and M. A. Straus, eds. pp. 134-150. New Haven: Yale University Press.

Furth, C., 1995 From Birth to Birth: The Growing Body in Chinese Medicine. In Chinese Views of Childhood. A. B. Kinney, ed. pp. 157-191. Honolulu:University of Hawaii Press.

Garbarino, J., 1999 Lost Boys: Why Our Sons Turn Violent and How We Can Save Them. New York: Free Press.

Gilmore, D., 1990 Manhood in the Making: Cultural Concepts of Masculinity. New Haven: Yale University Press.

Ginsburg, F., 1989 Contested Lives: The Abortion Debate in an American Community. Berkeley: University of California Press.

Gluckman, M., 1962 Les Rites de Passage. In Essays on the Ritual of Social Relations. M. Gluckman, ed. pp. 1-52. Manchester: Manchester University Press.

Goldstein, D. M., 1998 Nothing Bad Intended: Child Discipline, Punishment, and Survival in a Shantytown in Rio de Janeiro, Brazil. In Small Wars: The Cultural Politics of Childhood. N. Scheper-Hughes and C. Sargent, eds. pp. 389-415. Berkeley: University of California Press.

Gomme, A., 1898 The Traditional Games of England, Scotland, and Ireland: With Tunes, Singing-Rhymes, and Methods of Playing According to the Variants Extant and Recorded in Different Parts of the Kingdom. London: D. Nutt.

Gonçalves, M. A., 2001 O Mundo Inacabado: Ação e Criação em uma Cosmologia Amazônica - Etnografia Pirahã. Rio de Janeiro: Editora UFRJ.

Goodman, M. E., 1957 Values, Attitudes, and Social Concepts of Japanese and American Children. American Anthropologist 59:979-999.

Goodman, R., 1996 On Introducing the UN Convention on the Rights of the Child into Japan. In Case Studies on Human Rights in Japan. R. Goodman and I. Neary, eds. pp. 109-140. Richmond, Surrey: Curzon Press.

Goodman, R., 2000 Children of the Japanese State: The Changing Role of Child Protection Institutions in Contemporary Japan. Oxford: Oxford University Press.

Goodman, R., 2002 Child Abuse in Japan: "Discovery" and the Development of Policy. In Family and Social Policy in Japan: Anthropological Approaches. R. Goodman, ed. pp. 131-155. Cambridge: Cambridge University Press.

Goodwin, M. H., 1990 He-Said-She-Said: Talk as Social Organization among Black Children. Bloomington: Indiana University Press.

Goody, E., 1982 Parenthood and Social Reproduction: Fostering and Occupational Roles in West Africa. Cambridge: Cambridge University Press.

Goody, J., 1969 Adoption in Cross-Cultural Perspective. Comparative Studies in Society and History 11:55-78.

Goody, J., 1971 The Developmental Cycle in Domestic Groups. Cambridge: Cambridge University Press.

Goody, J., and B. Goody, 1967 The Circulation of Women and Children in Northern Ghana. Man (N.S.) 2:226-248.

Gottlieb, A., 1995 Beyond the Lonely Anthropologist: Collaboration in Research and Writing. American Anthropologist 97:21-26.

Gottlieb, A., 1998 Do Infants Have Religion? The Spiritual Lives of 페르메 Babies. American Anthropologist 100:122-135.

Gottlieb, A., 2000 Where Have All the Babies Gone? Toward an Anthropology of Infants (and Their Caretakers). Anthropological Quarterly 73(3):121-132.

Gottlieb, A., 2004 The Afterlife is Where We Come From: The Culture of Infancy in West Africa. Chicago: University of Chicago Press.

Graburn, N., 1987 Severe Child Abuse among the Canadian Inuit. In Child Survival: Anthropological Perspectives on the Treatment and Maltreatment of Children. ' N. Scheper-Hughes, ed. pp. 211-225. Dordrecht: D. Reidel.

Gravrand, H., 1983 La Civilisation Sereer: Cosaan (Les Origines). Dakar: Les " ; Nouvelles Éditions Africaines.

Gregor, T., 1977 Mehinaku: The Drama of Daily Life in a Brazilian Indian Village. Chicago: University of Chicago Press.

Gregor, T., 1985 Anxious Pleasures: The Sexual Lives of an Amazonian People. Chicago: University of Chicago Press.

Gullestad, M., 1984 Kitchen Table Society: A Case Study of the Family Life and Friendships of Young Working-Class Mothers in Urban Norway. Oslo: Scandinavian University Press.

Gupta, A , 2002 Reliving Childhood? The Temporality of Childhood and Narratives of Reincarnation. Ethnos 67:33-55.

Halbmayer, E., 2004 "The One Who Feeds Has the Rights": Adoption and Fostering of Kin, Affines and Enemies among the Yukpa and other Carib-Speaking Indians of Lowland South America. In Cross-Cultural Approaches to Adoption. F. Bowie, ed. pp. 145-164. London: Routledge.

Hall, G. S., 1904 Adolescence: Its Psychology and Its Relations to Physiology, Anthropology, Sociology, Sex, Crime, Religion, and Education. New York: Appleton.

Hall, T., 2003 Better Times Than This: Youth Homelessness in Britain. London: Pluto Press.

Hall, T., and H. Montgomery, 2000 Home and Away: "Childhood," "Youth" and Young People. Anthropology Today 16(3):13-15.

Hallpike, C. R., 1979 The Foundations of Primitive Thought Oxford: Clarendon Press.

Hamilton, A., 1981 Nature and Nurture: Aboriginal Child-Rearing in North-Central Arnhem Land. Canberra: Australian Institute of Aboriginal Studies.

Handler, R., 2004 Significant Others: Interpersonal and Professional Commitments in Anthropology. Madison: University of Wisconsin Press.

Hanks, J., 1963 Maternity and Its Rituals in Bang Chan. Data Paper 51, South East Asia Programme. Ithaca, NY: Cornell University.

Hardacre, H., 1997 Marketing the Menacing Fetus in Japan. Berkeley: University of California Press.

Hardman, C., 1973 Can There be an Anthropology of Childhood? Journal of the Anthropological Society of Oxford 4:85-99.

Hardman, C., 2000 Other Worlds: Notions of Self and Emotion among the Lohorung Rai. Oxford: Berg.

Harkness, S., and C. Super, 1983 The Cultural Construction of Child Development: A Framework for the Socialization of Affect. Ethos 11:221-231.

Harkness, S., and C. Super, 1985 The Cultural Context of Gender Segregation in Children's Peer Groups. Child Development 56:219-224.

Harkness, S., and C. Super, 1986 The Cultural Structuring of Children's Play in a Rural African Community. In The Many Faces of Play. K. Blanchard, ed. pp. 96-103. Champaign, IL: Human Kinetics Publishing.

Hamer, M., 1969 The Jivaro: People of the Sacred Waterfalls. New York: Natural History Press.

Harris, J. R., 1998 The Nurture Assumption: Why Children Turn Out the Way They Do. New York: Free Press.

Harris, O., 1980 The Power of Signs: Gender, Culture and the Wild in the Bolivian Andes. In Nature, Culture and Gender. C. P. MacCormack and M. Strathem, eds. pp. 70-94. Cambridge: Cambridge University Press.

Hartup, W., 1983 Peer Relations. In Handbook of Child Psychology, vol. 4: Socialization, Personality and Social Development. E. M. Hetherington, ed. pp. 103-196. New York: Wiley.

Hawley, J., 1995 Ben Okri's Spirit-Child: Abiku Migration and Post-Modernity. Research in African Literatures 26:30-39.

Heald, S., 1982 The Making of Men: The Relevance of Vernacular Psychology to the Interpretation of a Gisu Ritual. Africa 52:15-36.

Heath, S. B., 1983 Ways with Words: Language, Life and Work in Communities and Classrooms! Cambridge: Cambridge University Press.

Hecht, T., 1998 At Home in the Street: Street Children of Northeast Brazil. Cambridge: Cambridge University Press.

Hendry, J., 1986 Becoming Japanese: The World of the Pre-School Child. Manchester: Manchester University Press.

Hendry, J., 1999 An Anthropologist in Japan: Glimpses of Life in the Field. London: Routledge.

Henry, P., G. Morelli, and E. Tronick, 2005 Child Caretakers among Efe Foragers of the Ituri Forest. In Hunter-Gatherer Childhoods: Evolutionary, Developmental and Cultural Perspectives. B. Hewlett and M. Lamb, eds. pp. 191-213. New York: Aldine.

Herdt, G., 1981 Guardians of the Flutes: Idioms of Masculinity. New York: McGraw-Hill.

Herdt, G., 1982a Rituals of Manhood: Male Initiation in New Guinea. Berkeley: University of California Press.

Herdt, G., 1982b Sambia Nose-Bleeding Rites and Male Proximity to Women. Ethos 10:189-231.

Herdt, G., 1993 Semen Transactions in Sambia Culture. In Ritualized Homosexuality in Melanesia. G. Herdt, ed. pp. 167-210. Berkeley: University of California Press.

Herdt, G., 1999 Sambian Sexual Cultures: Essays from the Field. Chicago: University of Chicago Press.

Hernandez, T., 1941 Children among the Drysdale River Tribes. Oceania

Herron, R. E., and B. Sutton-Smith, 1971 Child's Play. London: Wiley.

Hewlett, B., 1991 Intimate Fathers: The Nature and Context of Aka Pygmy Paternal Infant Care. Ann Arbor: University of Michigan Press.

Hewlett, B., and M. Lamb, 2005 Emerging Issues in the Study of Hunter-Gatherer Children. In Hunter-Gatherer Childhoods: Evolutionary, Developmental and Cultural Perspectives. B. Hewlett and M. Lamb, eds. pp. 3-18. New York: Aldine.

Hilger, I., 1957 Araucanian Child Life and Its Cultural Background. Washington, DC: The Smithsonian.

Hinton, R., 2000 Seen But Not Heard: Refugee Children and Models for Intervention. In Abandoned Children. C. Panter-Brick and M. Smith, eds. pp. 199-212. Cambridge: Cambridge University Press.

Hirschfeld, L., 2002 Why Don't Anthropologists Like Children? American Anthropologist 104:611-627.

Hogbin, I., 1970a A New Guinea Childhood: From Weaning Till the Eighth Year in Wogeo. In From Child to Adult: Studies in the Anthropology of Education. J. Middleton, ed. pp. 134-162. New York: Natural History Press.

Hogbin, I., 1970b The Island of Menstruating Men: Religion in Wogeo, New Guinea. Scranton, PA: Chandler.

Holland, D., and M. Eisenhart, 1990 Educated in Romance: Women, Achievement, and College Culture. Chicago: University of Chicago Press.

Hollos, M., 2002 The Cultural Construction of Childhood: Changing Conceptions among the Pare of Northern Tanzania. Childhood 9:167-189.

Holmberg, A., 1969 Nomads of the Long Bow: The Siriono of Eastern Bolivia. New York: American Museum of Natural History.

Horton, R., 1961 Destiny and the Unconscious in West Africa. Africa 31: 110-116.

Huber, H., 1963 The Krobo: Traditional Social and Religious Life of a West African People. Bonn: Anthropos Institute.

Hugh-Jones, C., 1987 Children in the Amazon. In Children in the Field: Anthropological Experiences. J. Cassell, ed. pp. 27-64. Philadelphia: Temple University Press.

Hugh-Jones, S., 1979 The Palm and the Pleiades: Initiation and Cosmology in Northwest Amazonia. Cambridge: Cambridge University Press.

Hull, T., 1975 Each Child Brings Its Own Fortune: An Enquiry into the Value of Children in a Javanese Village. Unpublished Ph.D. thesis, Australian National University.

Hunt, D., 1970 Parents and Children in History: The Psychology of Family Life in Early Modem France. New York: Basic Books.

Huntsman, J., 1983 Complementary and Similar Kinsmen in Tokelau. In Siblingship in Oceania: Studies in the Meaning of Kin Relations. M. Marshall, ed. pp. 79-103. Lanham, MD: University Press of America.

Hyman, I., and E. McDowell, 1979 An Overview. In American Education: Readings in History, Practice, and Alternatives. I. Hyman and J. Wise, eds. pp. 3-22. Philadelphia: Temple University Press..

Ilechukwu, S., 2007 Ogbanje/Abiku and Cultural Conceptualizations of

Psychopathology in Nigeria. Mental Health, Religion and Culture 10:239-255.

Jackson, M., 1978 Ambivalence and the Last-Bom: Birth Order Position in Convention and Myth. Man (N.S.) 12:341-361.

Jackson, P., 1989 Male Homosexuality in Thailand: An Interpretation of Contemporary Thai Sources. New York: Global Academic Publishers. ,

James, A., 1993 Childhood Identities: Self and Social Relationships in the Experience of the Child. Edinburgh: Edinburgh University Press.

James, A., 1995 Talking of Children and Youth: Language Socialization and Culture. In Youth Cultures: A Cross-Cultural Perspective. V. Amit-Talai and H. Wulff, eds. pp. 43-62. London: Roudedge.

James, A., 1998 Play in Childhood: An Anthropological Perspective. Child Psychology and Psychiatry Review 3:104-109.

James, A., 2004 Understanding Childhood from an Interdisciplinary Perspective: Problems and Potentials. In Rethinking Childhood. P. Pufall and R. Unsworth, eds. pp. 25-37. New Brunswick, NJ: Rutgers University Press.

James, A., 2007 Giving Voice to Children's Voices: Practices and Problems, Pitfalls and Potentials. American Anthropologist 109:261-272.

James, A., and A. Prout, 1995 Hierarchy, Boundary and Agency in the Experience of Children: Towards a Theoretical Perspective. Sociological Studies of Children 7:77-99.

James, A., and A. Prout, eds., 1997 Constructing and Reconstructing Childhood: Contemporary Issues in the Sociological Study of Childhood. 2nd edition. London: Falmer Press.

James, A., C. Jenks, and A. Prout, 1998 Theorizing Childhood. Cambridge: Polity Press.

James, W., 2000 Placing the Unborn: On the Social Recognition of New Life. Anthropology and Medicine 7:169-189.

Jeffry, P., and R. Jeffry, 1996 Delayed Periods and Falling Babies: The Ethnophysiology and Politics of Pregnancy Loss in Rural North India. In The Anthropology of Pregnancy Loss: Comparative Studies in Miscarriage, Stillbirth and Neonatal Death. R. Cecil, ed. pp. 17-38. Oxford: Berg.

Jenkins, H., ed., 1998 The Children's Culture Reader. New York: New York University Press.

Jenks, C., 1996 Childhood. London: Routledge.

Johnson, M., 2000 The view from the Wuro: A Guide to Child Rearing for Fulani Parents. In A World of Babies: Imagined Childcare Guides for Seven Societies. J. DeLoache and A. Gottlieb, eds. pp. 171-198. Cambridge: Cambridge University Press.

Johnson, Q., 1981 The Socioeconomic Context of Child Abuse in Native South America. In Child Abuse and Neglect: Cross-Cultural Perspectives. J. Korbin, ed. pp. INI. Berkeley: University of California Press.

Kaberry, P., 1936 Spirit-Children and Spirit-Centres of the North Kimberley Division, West Australia Oceania 6:392-400.

Kaberry, P., 1939 Aboriginal Woman: Sacred and Profane. London: Routledge.

Kardiner, A., 1945 The Psychological Frontiers of Society. New York: Columbia University Press.

Kavapalu, H., 1993 Dealing with the Dark Side in the Ethnography of Childhood: Child Punishment in Tonga. Oceania 63:313-329.

Kavapalu, H., 1995 Power and Personhood in Tonga. Social Analysis 37: 15-28.

Kayongo-Male, D., and P. Walji, 1984 Children at Work in Kenya. Nairobi: Oxford University Press.

Kehily, 2004 An Introduction to Childhood Studies. Maidenhead: Open University Press.

Kehily, M.-J., 2007 A Cultural Perspective. In Youth: Perspectives, Identities and Practices. M.-J. Kehily, ed. pp. 11-44. London: Sage.

Kehinde, A., 2003 Intertextuality and the Contemporary African Novel. Nordic Journal of African Studies 12:372-386.

Kellett, M., 2005 How to Develop Children as Researchers: A Step-by-Step Guide to Teaching the Research Process. London: Paul Chapman.

Key, E., 1909 The Century of the Child. London: G. P. Putnam and Sons.

Kidd, D., 1906 Savage Childhood: A Study of Kafir Children. London: Black.

Kirsch, A. T., 1982 Buddhism, Sex Roles and the Thai Economy. In Women of

Southeast Asia. P. van Esterik, ed., pp. 16–41. DeKalb, IL, Center for Southeast Asian Studies, Northern Illinois University.

Kirsch, A. T., 1985 Text and Context: Buddhist Sex Roles/The Culture of Gender Revisited. American Ethnologist 12:302-320.

Knauft, B., 2003 What Ever Happened to Ritualized Homosexuality? Modem Sexual Subjects in Melanesia and Elsewhere. Annual Review of Sex Research 14:137-159.

Konner, M., 1972 Aspects of Developmental Ethology of a Foraging People. In Ethological Studies of Child Behaviour. N. Blurton-Jones, ed. pp. 285-304. Cambridge: Cambridge University Press.

Konner, M., 1976 Maternal Care, Infant Behavior and Development among the !Kung. In Kalahari Hunter-Gatherers: Studies of the !Kung San and Their Neighbors. R. Lee and L DeVore, eds. pp. 218-245. Cambridge, MA: Harvard University Press.

Konner, M., 2005 Hunter-Gatherer Infancy and Childhood: The IKung and Others. In Hunter-Gatherer Childhoods: Evolutionary, Developmental and Cultural Perspectives. B. Hewlett and M. Lamb, eds. pp. 19-64. New York: Aldine.

Korbin, J., 1977 Anthropological Contributions to the Study of Child Abuse. Child Abuse and Neglect: The International Journal 1:7-24.

Korbin, J., 1979 A Cross-Cultural Perspective on the Role of the Community in Child Abuse and Neglect. Child Abuse and Neglect: The International Journal 3:9-18.

Korbin, J., ed., 1981 Child Abuse and Neglect: Cross-Cultural Perspectives. Berkeley: University of California Press.

Kulick, D., 1992 Language Shift and Cultural Reproduction: Socialization, Self, and Syncretism in a Papua New Guinean Village. Cambridge: Cambridge University Press.

Kulick, D., and M. Willson, 1995 Taboo: Sex, Identity and Erotic Subjectivity in Anthropological Fieldwork. London: Routledge.

Laerke, A., 1998 By Means of Re-Membering: Notes on a Fieldwork with English Children. Anthropology Today 14(l):3-7.

La Fleur, W., 1992 Liquid Life: Abortion and Buddhism in Japan. Princeton:

Princeton University Press.

La Fontaine, J. S., ed., 1978 Sex and Age as Principles of Social Differentiation. London: Athlone Press.

La, Fontaine, J. S., 1986a An Anthropological Perspective on Children in Social Worlds. In Children of Social Worlds. M. Richards and P. Light, eds. pp. 10-30. Cambridge: Polity Press.

La Fontaine, J. S., 1986b Initiation. Manchester: Manchester University Press.

La Fontaine, J. S., 1988 Child Sexual Abuse and the Incest Taboo: Practical Problems and Theoretical Issues. Man (N.S.) 23:1-18.

La Fontaine, J. S., 1990 Child Sexual Abuse. Cambridge: Polity Press.

La Fontaine, J. S., 1992 Concepts of Evil, Witchcraft and the Sexual Abuse of Children in Modem England. Etnofoor: Journal of the Royal Dutch Anthropological Society 5:6-20.

La Fontaine, J. S., 1997 Are Children People? Paper presented at The Invisibility of Children Conference, Linkoping University, Sweden.

La Fontaine, J. S., 1998 Speak of the Devil: Tales of Satanic Abuse in Contemporary England. Cambridge: Cambridge University Press.

Lanclos, D., 2003 At Play in Belfast: Children's Folklore and Identities in Northern Ireland. New Brunswick, NJ: Rutgers University Press.

Lancy, D., 1977 The Play Behavior of Kpelle Children During Rapid Cultural Change. In The Anthropological Study of Play: Problems and Perspectives. D. Lancy and B. A. Tindall, eds. pp. 72-79. New York: Leisure Press.

Lancy, D., 1996 Playing on the Mother-Ground: Cultural Routines for Children's Development. New York: Guilford Press.

Lancy, D., 2007 Accounting for Variability in Mother-Child Play. American Anthropologist 109:273-284.

Lancy, D., 2008 The Anthropology of Childhood: Cherubs, Chattel, Changelings. Cambridge: Cambridge University Press.

Lancy, D., and B. A. Tindall, eds., 1977 The Anthropological Study of Play: Problems and Prospects. New York: Leisure Press.

Langness, L. L., 1975 Margaret Mead and the Study of Socialization. Ethos 3:97-

112.

Langness, L. L., 1981 Child Abuse and Cultural Values: The Case of New Guinea. In Child Abuse and Neglect: Cross-Cultural Perspectives. J. Korbin, ed. pp. 13-34. Berkeley: University of California Press.

Layne, L., 1996 "He Was a Real Baby with Real Things": A Material Culture Analysis of Personhood, Parenthood and Pregnancy Loss. Journal of Material Culture 5:321-345.

Layne, L., 2000 "How's the Baby Doing?" Struggling with Narratives of Progress in a Neonatal Intensive Care Unit. Medical Anthropology Quarterly 10:624-656.

Le, H.-N., 2000 Never Leave Your Little One Alone: Raising an Ifaluk Child. In A World of Babies: Imagined Childcare Guides for Seven Societies. J. DeLoache and A. Gottlieb, eds. pp. 199-220. Cambridge: Cambridge University Press.

Leach, E., 1964 Response to Raoul Naroll's "On Ethnic Unit Classification." Current

Anthropology 5:299.

Leacock, E., 1981 Myths of Male Dominance: Collected Articles on Women Cross-Culturally. New York: Monthly Review Press.

Leiderman, H. P., and G. F. Leiderman, 1973 Polymatric Infant Care in the East African Highlands: Some Affective and Cognitive Consequences. Paper presented at the Minnesota Symposium on Child Development, Minneapolis, Minnesota.

Leis, N., 1982 The Not-So-Supernatural Power of Ijaw Children. In African Religious Groups and Beliefs. S. Ottenburg, ed. pp. 151-169. Meerut: Archana Publications.

LeVine, R., 1977 Child Rearing as Cultural Adaptation. In Culture and Infancy: Variations in the Human Experience. P. H. Leiderman, S. Tulkin, and A. Rosenfeld, eds. pp. 15-27. New York: Academic Press.

LeVine, R., 2003 Childhood Socialization: Comparative Studies of Parenting, Learning and Educational Change. Hong Kong: Comparative Education Research Centre.

LeVine, R., 2007 Ethnographic Studies of Childhood: A Historical Overview. American Anthropologist 109:247-260.

LeVine, S., and R. LeVine, 1981 Child Abuse and Neglect in Sub-Saharan Africa. In Child Abuse and Neglect: Cross-Cultural Perspectives. J. Korbin, ed. pp. 35-55. Berkeley: University of California Press.

LeVine,, R., and R. New, eds., 2008 Anthropology and Child Development: A Cross-Cultural Reader. Oxford: Blackwell.

LeVine, R., and K. Norman, 2001 The Infant's Acquisition of Culture: Early Attachment Reexamined in Anthropological Perspective. In The Psychology of Cultural Experience. C. Moore and H. Mathews, eds. pp. 83-104. Cambridge: Cambridge University Press.

LeVine, R., S. Dixon, S. LeVine, et al., 1994. Child Care and Culture: Lessons from Africa. Cambridge: Cambridge University Press.

Levinson, D., 1989 Family Violence in Cross-Cultural Perspective. Newbury Park, CA: Sage.

Lewis, G., 1980 Day of Shining Red: An Essay 'Oh Understanding Ritual. Cambridge: Cambridge University Press.

Llewelyn-Davies, M., 1981 Women, Warriors and Patriarchs. In Sexual Meanings: The Cultural Constructions of Gender and Sexuality. S. B. Ortner and H. Whitehead, eds. pp. 330-358. Cambridge: Cambridge University Press.

Lubbock, J., 1978[1870] The Origin of Civilisation and the Primitive Condition of Man. Chicago: University of Chicago Press.

Lugalla, J., 2003 AIDS, Orphans, and Development in Sub-Saharan Africa: A Review

of the Dilemma of Public Health and Development. Journal of Developing Societies 19:26-46.

Lutkehaus, N., 1995 Gender Metaphors: Female Rituals as Cultural Models in Manam. In Gender Rituals: Female Initiation in Melanesia. N. C. Lutkehaus and P. B. Roscoe, eds. pp. 103-204. London: Routledge.

McCabe, D., 2002 Histories of Errancy: Oral Yoruba Abiku Texts and Soyinka's "Abiku" Research in African Literatures 33:45-74.

McCallam, C., 1996 The Body That Knows: From Cashinahua Epistemology to a Medical Anthropology of Lowland South America. Medical Anthropology Quarterly

10:347–372.

Malinowski, B., 1922 Argonauts of the Western Pacific: An Account of Native Enterprise and Adventure in the Archipelagoes of Melanesian New Guinea. London: Roudedge.

Malinowski, B., 1927 Sex and Repression in Savage Society. New York: Kegan Paul.

Malinowski, B., 1929 The Sexual Life of Savages in North-Western Melanesia: An Ethnographic Account of Courtship, Marriage and Family Life among the Natives of the Trobriand Islands, British New Guinea. London: Roudedge and Sons.

Malinowski, B., 1948 Magic, Science and Religion and Other Essays. London: Souvenir Press.

Malinowski, B., 1960 A Scientific Theory of Culture and Other Essays. New York: Oxford University Press.

Malkki, L., and E. Martin, 2003 Children and the Gendered Politics of Globalization: In Remembrance of Sharon Stephens. American Ethnologist 30:216–224.

Mandela, N., 1994 Long Walk to Freedom: The Autobiography of Nelson Mandela. London: Little, Brown and Company.

Mandell, N., 1991 The Least-Adult Role in Studying Children. In Studying the Social Worlds of Children. F. Waksler, ed. pp. 38–59. London: Falmer Press.

Marano, H. E., 1999 The Power of Play. Psychology Today Magazine [online]. [Accessed April 1, 2008]. Available from World Wide Web: http://psychologytoday. com/ articles /pto-19990701-000030.html.

Marglin, F. A., 1985 Wives of the God-King: The Rituals of the Devadasis of Puri. New Delhi: Oxford University Press.

Markowitz, F., and M. Ashkenazi, 1999 Sex, Sexuality and the Anthropologist. Urbana: University of Illinois Press.

Masson, J., 1984 Freud, the Assault on Truth: Freud's Suppression of the Seduction Theory, London: Faber.

Mayall, B., ed., 1994 Children's Childhoods: Observed and Experienced. London: Falmer Press.

Maybury-Lewis, D., 1974 Akwe-Shavante Society. Oxford: Oxford University Press.

Mayer, P., and I. Mayer, 1970 Socialization by Peers. In Socialization: The Approach from Social Anthropology. P. Mayer, ed. pp. 159-189. London: Tavistock.

Mead, M., 1949 Male and Female: A Study of the Sexes in a Changing World. London: Victor Gollancz.

Mead, M., 1971[1928] Coming of Age in Samoa: A Study of Adolescence and Sex in Primitive Societies. London: Pelican.(마거릿 미드 지음, 박자영 옮김, 『사모아의 청소년』, 한길사, 2008)

Middleton, J., ed., 1970. From Child to Adult: Studies in the Anthropology of Education. New York: Natural History Press.

Mills, A., 1994 Introduction. In Amerindian Rebirth: Reincarnation Belief among North American Indians and Inuit. A. Mills and R. Slobodin, eds. pp. 3-14. Toronto: University of Toronto Press.

Mitchell, L., and E. Georges, 1997 Cross-Cultural Cyborgs: Greek and Canadian Women's Discourses on Fetal Ultrasound. Feminist Studies 23:373-401.

Mobolade, T. 1973 The Concept of Abiku. African Arts 7:62-64.

Modell, J., 2002 A Sealed and Secret Kinship: The Culture of Policies and Practices in American Adoption. Oxford: Berghahn.

Montgomery, H., 2000 Becoming Part of This World: Anthropology, Infancy and Childhood. Journal of the Anthropological Society of Oxford 31:15-30.

Montgomery, H., 2001a Modern Babylon? Prostituting Children in Thailand. Oxford: Berghahn.

Montgomery, H., 2001b Imposing Rights? A Case Study of Child Prostitution in Thailand. In Culture and Rights: Anthropological Perspectives. J. Cowan, M.-B. Dembour, and R. Wilson, eds. pp. 80-101. Cambridge: Cambridge University Press.

Montgomery, H., 2003 Childhood in Time and Place. In Understanding Childhood: An Interdisciplinary Approach. M. Woodhead and H. Montgomery, eds. pp. 45-84. Chichester: John Wiley.

Moore, H., 1988 Feminism and Anthropology. Cambridge: Polity Press.

Morgan, L. M., 1997 Imagining the Unborn in the Ecuadoran Andes. Feminist

Studies 23:322-350.

Morrison, T., 1973 Sula. New York: Knopf.

Morrison, T., 1987 Beloved. London: Chatto and Windus.

Morrow, V., 1995 Invisible Children? Toward a Re-Conceptualisation of Childhood Dependency and Responsibility. Sociological Studies of Children 7:207-230.

Morrow, V., 1996 Rethinking Childhood Dependency: Children's Contributions to the Domestic Economy. Sociological Review 44:58-77.

Morrow, V., and M. Richards, 1996 The Ethics of Social Research with Children: An Overview. Children and Society 10:90-105.

Morton, H., 1996 Becoming Tongan: An Ethnography of Childhood. Honolulu: University of Hawaii Press.

Morton, H., 2002 From Māʻuli to Motivator: Transformations in Reproductive Health Care in Tonga. In Birthing in the Pacific: Beyond Tradition and Modernity? V. Luckere and M. Jolly, eds. pp. 31-55. Honolulu: University of Hawaii Press.

Moskowitz, M., 2001 The Haunting Fetus: Abortion, Sexuality and the Spirit World in Taiwan. Honolulu: University of Hawaii Press.

Muecke, M. A., 1992 Mother Sold Food, Daughter Sells Her Body: The Cultural Continuity of Prostitution. Social Science and Medicine 35:891-901.

Murdock, G. P., 1949 Social Structure. New York: Macmillan.

Mussallam, B., 1990 The Human Embryo in Arabic Scientific and Religious Thought. In The Status of the Human Embryo: Perspectives from Moral Tradition. G. R. Dunstan and M. Seller, eds. pp. 32-46. Oxford: Oxford University Press.

Nations, M. K., and L. A. Rebhun, 1988 Angels with Wet Wings Won't Fly: Maternal Sentiment in Brazil and the Image of Neglect. Culture, Medicine and Psychiatry 12:141-200.

Needham, J., 1959 A History of Embryology. Cambridge: Cambridge University Press.

Nieuwenhuys, O., 1994 Children's Lifeworlds: Gender, Welfare and Labour in the Developing World. London: Routledge.

Nieuwenhuys, O., 1995 The Domestic Economy and the Exploitation of

Children's Work: The Case of Kerala. International Journal of Children's Rights 3:213-225.

Nieuwenhuys, O., 1996 The Paradox of Child Labor and Anthropology. Annual Review of Anthropology 25:237-251.

Notermans, C., 2004 Fosterage and the Politics of Marriage and Kinship in East Cameroon. In Cross-Cultural Approaches to Adoption. F. Bowie, ed. pp. 48-63. London: Routledge.

Nuttall, M., 1994 The Name Never Dies. Greenland Inuit Ideas of the Person. In Amerindian Rebirth: Reincarnation Belief among North American Indians and Inuit. A. Mills and R, Slobodin, eds. pp. 123-135. Toronto: University of Toronto Press.

Nzewi, E. 2001 Malevolent Ogbanje: Recurrent Reincarnation or Sickle Cell Disease? Social Science and Medicine 52:1403-1416.

Oakley, A., 1994 Women and Children First and Last: Parallels and Differences between Children's and Women's Studies. In Children's Childhoods: Observed and Experienced. B. Mayall, ed. pp. 13-32. London: Falmer Press.

Ochs, E., 1982 Talking to Children in Western Samoa. Language in Sodety 11:77-104.

Ochs, E., 1988 Culture and Language Development: Language Acquisition and Language Sodalization in a Samoan Village. Cambridge: Cambridge University Press.

Ochs, E., and B. Schieffelin, 1984 Language Acquisition and Sodalization: Three Developmental Stories and Their Implications. In Culture Theory: Mind, Self, and Emotion. R. Shweder and R. LeVine, eds. pp. 276-320. Cambridge: Cambridge University Press.

O'Connell-Davidson, J., 2005 Children in the Global Sex Trade. Cambridge: Polity Press.

Ogbu, J., 1978 Minority Education and Caste: The American System in Cross-Cultural Perspective. New York: Academic Press.

Ogunjuyigbe, P., 2004 Under-Five Mortality in Nigeria: Perception and Attitudes of the Yorubas towards the Existence of "Abiku" Demographic Research ll(2):43-56.

Ogunyemi, C., 2002 An Abiku-Ogbanje Adas: A Pre-Text for Rereading

Soyinka's Ake and Morrison's Beloved. African American Review 36:663-678.

Okonkwo, C., 2004 A Critical Divination: Reading Sula as Ogbanje-Abiku. African American Review 38:651-668.

Okri, B., 1992 The Famished Road. London: Vintage.

Opie, L 1993 The People in the Playground. Oxford: Oxford University Press.

Opie, I., and P. Opie, 1969 Children's Games in Street and Playground: Chasing, Catching, Seeking, Hunting, Racing, Dueling, Exerting, Daring, Guessing, Acting, Pretending. Oxford: Clarendon Press.

Opie, I., and P. Opie, 1997 Children's Games with Things: Marbles, Fivestones, Throwing and Catching, Gambling, Hopscotch, Chucking and Pitching, Ball-Bouncing, Skipping, Tops and Tipcat. Oxford: Oxford University Press.

Opie, I., and P. Opie, 2001 [1959] The Lore and Language of Schoolchildren. oxford: Oxford University Press.

Orchard, T., 2004 A Painful Power: Coming of Age, Sexuality and Relationships, and HIV/AIDS among Devadasi Sex Workers in Rural Karnataka, India. Unpublished Ph.D. thesis, University of Manitoba.

Ortner, S., 1974 Is Female to Male as Nature is to Culture? In Woman, Culture, and Society. M. Rosaldo and L. Lamphere, eds. pp. 67-87. Stanford: Stanford University Press.

Ottenberg, S., 1988 Oedipus, Gender and Social Solidarity: A Case Study of Male Childhood and Initiation. Ethos 16:326-352.

Paige, K. E., andj. M. Paige, 1981 The Politics of Reproductive Ritual. Berkeley: University of California Press.

Palmer, E., 2001 Bom-Alive Bill Approved by Committee. CQ Weekly 59:1858.

Palmer, M., 1989 Civil Adoption in Contemporary Chinese Law: A Contract to Care. Modem Asian Studies 23:373-410.

Panter-Brick, C., 2000 Nobody's Children? A Reconsideration of Child Abandonment. In Abandoned Children. C. Panter-Brick and M. Smith, eds. pp. 1-26. Cambridge: Cambridge University Press.

Pasiter-Brick, C., 2001 Street Children and Their Peers: Perspectives on Homelessness, Poverty, and Health. In Children and Anthropology: Perspectives for the 21st Century. H. Schwartzman, ed. pp. 83-97. Westport, CT: Bergin and Garvey.

Panter-Brick, C., 2002 Street Children, Human Rights, and Public Health: A Critique and Future Directions. Annual Review of Anthropology 31:147-171.

Panter-Brick, C., and M. Smith, eds., 2000 Abandoned Children. Cambridge: Cambridge University Press.

Parker, R., 1991. Bodies, Pleasures and Passions: Sexual Culture and Contemporary Brazil. Boston: Beacon Press.

Parker, R., G. Herdt, and M. Carballo, 1991 Sexual Culture, HIV Transmission, and AIDS Research. Journal of Sex Research 28:77-98.

Parkin, D., 1985 Entitling Evil: Muslim and Non-Muslim in Coastal Kenya. In The Anthropology of Evil. D. Parkin, ed. pp. 224-243. Oxford: Blackwell.

Phongpaichit, P., 1982 From Peasant Girls to Bangkok Masseuses. Geneva: ILO.

Picone, M., 1998 Infanticide, the Spirits of Aborted Fetuses, and the Making of Motherhood in Japan. In Small Wars: The Cultural Politics of Childhood. N. Scheper-Hughes and C. Sargent, eds. pp. 37-57. Berkeley: University of California Press.

Plumb, J. H., 1975 The New World of Children in Eighteenth-Century England. Past and Present 67:64-95.

Poffenberger, T., 1981 Child Rearing and Social Structure in Rural India: Toward a Cross-Cultural Definition of Child Abuse and Neglect. In Child Abuse and Neglect: Cross-Cultural Perspectives. J. Korbin, ed. pp. 71-95. Berkeley: University of California Press.

Pollock, L. A., 1983 Forgotten Children: Parent-Child Relations from 1500 to 1900. Cambridge: Cambridge University Press.

Powdermaker, H., 1933 Life in Lesu: The Study of a Melanesian Society in New Ireland. London: Williams and Norgate.

Pufall, P., and R. Unsworth, 2Q04 Rethinking Childhood. New Brunswick, NJ: Rutgers University Press.

Punch, S., 2000 Children's Strategies for Creating Play Spaces: Negotiating Independence in Rural Bolivia. In Children's Geographies: Playing, Living, Learning.

S. Holloway and G. Valentine, eds. pp. 48-62. London: Routledge.

Punch, S., 2001 Household Division of Labour: Generation, Gender, Age, Birth Order and Sibling Composition. Work, Employment and Society 15:803-823.

Qvortup, J., 2001 School-Work, Paid-Work and the Changing Obligations of Childhood. In Hidden Hands: International Perspectives on Children's Work and Labour. P. Mizen, C. Pole, and A. Bolton, eds. pp. 91-107.1 London: Routledge.

Radcliffe-Brown, A. R., and D. Forde, 1950 Introduction. In African Systems of Kinship and Marriage. A. R. Radcliffe-Brown and D. Forde, eds. pp. 1-85. Oxford: Oxford University Press.

Rapp, R., 1999 Testing Women, Testing the Fetus: The Social Impact of Amniocentesis in America. New York: Routledge.

Rasmussen, S. J., 1994 The Poetics of Childhood and Politics of Resistance in Tuareg Society: Some Thoughts on Studying "the Other" and Adult-Child Relationships. Ethos 22:343-372.

Raum, O. F., 1939 Female Initiation among the Chaga. American Anthropologist 41:554-565.

Raum, O. F., 1940 Chaga Childhood: A Description of Indigenous Education in an East African Tribe. Oxford: Oxford University Press.

Raum, O. F., 1970 Some Aspects of Indigenous Education among the Chaga. In From Child to Adult: Studies in the Anthropology of Education. J. Middleton, ed. pp. 91-108. New York: Natural History Press.

Read, M., 1968 Children of Their Fathers: Growing up among die Ngoni of Malawi. New York: Holt, Reinhart and Winston.

Reiter, R., 1975 Toward an Anthropology of Women. New York: Monthly Review Press.

Renne, E. P., 2001 Twinship in an Ekiti Yoruba Town. Ethnology 40:63-78.

Renne, E. P., 2002 The Fundamentals of Fertility: Cosmology and Conversion in a Southwestern Nigerian Town. Journal of the Royal Anthropological Institute (N.S.) 8:551-569.

Renne, E. P., 2005 Childhood Memories and Contemporary Parenting in Ekiti, Nigeria. Africa 75:63-82.

Renne, E. P., and M. Bastian, 2001 Reviewing Twinship in Africa. Ethnology 40:1-11.

Reynolds, P., 1991 Dance Civet Cat: Child Labour in the Zambezi Valley. Harare: Baobab Books.

Ribbens McCarthy, J., 1994 Mothers and Their Children: A Feminist Sociology of Childrearing. London: Sage.

Rigby, P., 1967 The Structural Context of Girls' Puberty Rites. Man (N.S.) 2:434-444.

Richards, A., 1956 Chisungu: A Girls' Initiation Ceremony among the Bemba of Northern Rhodesia. London: Faber and Faber.

Richards, A., 1970 Socialization and Contemporary British Anthropology. In Socialization: The Approach from Social Anthropology. P. Mayer, ed. pp. 1-32. London: Tavistock.

Rival, L., 1998 Androgynous Parents and Guest Children: The Huaorani Couvade. Journal of the Royal Anthropological Institute 4:619-642.

Riviere, P., 1974 The Couvade: A Problem Reborn. Man (N.S.) 9:423-435.

Roberts, J., M. Arth, and R. Bush, 1959 Games in Culture. American Anthropologist 61:597-605.

Roesch-Rhomberg, I., 2004 Korean Institutionalised Adoption. In Cross-Cultural Approaches to Adoption. F. Bowie, ed. pp. 81-96. London: Routledge.

Roopnarine, J., J. Johnson, and F. Hopper, eds., 1994 Children's Play in Diverse Cultures. Albany: State University of New York Press.

Roscoe, P., 1995 "Initiation" in Cross-Cultural Perspective. In Gender Rituals: Female Initiation in Melanesia. N. C. Lutkehaus and P. B. Roscoe, eds. pp. 219-238. London: Routledge.

Rosen, D., 2007 Child Soldiers, International Humanitarian Law, and the Globalization of Childhood. American Anthropologist 109:296-306.

Rossie, J.-P., 2005 Toys, Play, Culture and Society: An Anthropological Approach with Reference to North Africa and the Sahara. Stockholm: Stockholm International Toy Research Centre.

Rubin, G., 1989 Thinking Sex: Notes for a Radical Theory of the Politics of

Sexuality. In Pleasure and Danger: Exploring Female Sexuality. C. Vance, ed. pp. 267-319. London: Pandora.

Ryan, F., 1994 From Rod to Reason: Historical Perspectives on Corporal Punishment in the Public School. Educational Horizons 72:70-77.

Sacks, K., 1974 Engels Revisited: Women, the Organization of Production, and Private Property. In Woman, Culture and Society. M. Rosaldo and L. Lamphere, eds. pp. 207-222. Stanford: Stanford University Press.

Saitoti, T. O., 1986 The Worlds of a Maasai Warrior: An Autobiography. New York: Random House.

Salomon, C., 2002 Obligatory Maternity and Diminished Reproductive Autonomy in A'jië and Paid Kanak Societies. In Birthing in the Pacific: Beyond Tradition and Modernity? V. Luckere and M. Jolly, eds. pp. 79-99. Honolulu: University of Hawaii Press.

Santos-Granero, F., 2004 The Enemy Within: Child Sorcery, Revolution and the Evils of Modernization in Eastern Peru. In Darkness and Secrecy: The Anthropology of Assault, Sorcery and Witchcraft in Amazonia. N. Whitehead and R. Wright, eds. pp. 272-305. Durham, NC: Duke University Press.

Sapir, E., 1949 Selected Writings in Language, Culture, and Personality. Berkeley: University of California Press.

Schapera, I., 1927 Customs Relating to Twins in South Africa. Journal of the Royal African Society 26:117-437.

Schapera, I., 1971[1940] Married life In an African Tribe. London: Faber and Faber.

Scheper-Hughes, N., 1987 Introduction: The Cultural Politics of Child Survival. In Child Survival: Anthropological Perspectives on the Treatment and Maltreatment of Children. N. Scheper-Hughes, ed. pp. 1-32. Dordrecht: D. Reidel.

Scheper-Hughes, N., 1992 Death without Weeping: The Violence of Everyday Life in Brazil. Berkeley: University of California Press.

Scheper-Hughes, N., 1995 "Who's the Killer?" Popular Justice and Human Rights in a South African Squatter Camp. Social Justice 22:143-164.

Scheper-Hughes, N., and C. Sargent, eds., 1998 Small Wars: The Cultural Politics of Childhood. Berkeley: University of California Press.

Scheper-Hughes, N., and H. Stein, 1987 Child Abuse and the Unconscious. In Child Survival: Anthropological Perspectives on the Treatment and Maltreatment of Children. N. Scheper-Hughes, ed. pp. 339-358. Dordrecht: D. Reidel.

Schildkrout, E., 1978 Roles of Children in Urban Kano. In Sex and Age as Principles of Social Differentiation. J. La Fontaine, ed. pp. 109-137. London: Athlone Press.

Schlegel, A., and H. Barry, 1991 Adolescence: An Anthropological Inquiry. New York: Free Press.

Schwartzman, H., 1976 The Anthropological Study of Children's Play. Annual Review of Anthropology 5:289-328.

Schwartzman, H., 1978 Transformations: The Anthropology of Children's Play. New York: Plenum Press.

Schwartzman, H., 2001 Children and Anthropology: A Century of Studies. In Children and Anthropology: Perspectives for the 21st Century. H. Schwartzman, ed. pp. 15-37. Westport, CT: Bergin and Garvey.

Scrimshaw, S., 1978 Infant Mortality and Behavior in the Regulation of Family Size. Population and Development Review 4:383-403.

Scrimshaw, S., 1984 Infanticide in Human Populations: Societal and Individual Concerns. In Infanticide: Comparative and Evolutionary Perspectives. G. Hausfater and S. B. Hrdy, eds. pp. 439-462. New York: Aldine.

Scrimshaw, S., and D. March, 1984 "I Had a Baby Sister But She Only Lasted One Day." Journal of the American Medical Association 251:732-733.

Sexton, L., 1995 Marriage as the Model for a New Initiation Ritual. In Gender Rituals: Female Initiation in Melanesia. N. C. Lutkehaus and P. B. Roscoe, eds. pp. 205-218. London: Routledge.

Seymour, S., 1999 Women, Family, and Child Care in India: A World in Transition. Cambridge: Cambridge University Press.

Shostak, M., 1983 Nisa: The Life and Words of a IKung Woman. New York: Vintage Books.

Small, M., 1998 Our Babies, Ourselves: How Biology and Culture Shape the Way

We Parent. New York: Anchor.

Sobo, E. J., 1996 Cultural Explanations for Pregnancy Loss in Rural Jamaica. In The Anthropology of Pregnancy Loss: Comparative Studies in Miscarriage, Stillbirth and Neonatal Death. R. Cecil, ed. pp. 39-58. Oxford: Berg.

Sofaer Derevenski, J., 2000 Children and Material Culture. London: Routledge.

Solberg, A., 1997 Negotiating Childhood: Changing Constructions of Age for Norwegian Children. In Constructing and Reconstructing Childhood. 2nd edition. A. James and A. Prout, eds. pp. 126-144, London: Falmer Press.

Soyinka, W., 1981 Ake: The Years of Childhood. London: Rex Collings.

Spencer, B., and F. J. Gillen, 1899 The Native Tribes of Central Australia. London: Macmillan.

Spencer, B., and F. J. Gillen, 1927 The Arunta: A Study of a Stone Age People. London: Macmillan.

Spencer, P., 1965 The Samburu: A Study of Gerontocracy in a Nomadic Tribe. London: Routledge and Kegan Paul.

Stack, C., 1974 All Our Kin. Hew York: Basic Books.

Stafford, C., 1995 The Roads of Chinese Childhood: Learning and Identification in Angang. Cambridge: Cambridge University Press.

Steinberg, L. D., and S. B. Silverberg, 1986 The Vicissitudes of Autonomy in Early Adolescence. Child Development 57:841-851.

Stephens, S.. ed., 1995a Children and the Politics of Culture. Princeton: Princeton University Press.

Stephens, S., 1995b The "Cultural Fallout" of Chernobyl Radiation in Norwegian Sami Regions: Implications for Children. In Children and the Politics of Culture. S. Stephens, ed. pp. 292-318. Princeton: Princeton University Press.

Stevens, P., 1977 Studies in the Anthropology of Play: Papers in Memory of B. Allan Tindall. New York: Leisure Press.

Strathern, M., 1988 The Gender of the Gift: Problems with Women and Problems with Society in Melanesia. Berkeley: University of California Press.

Straus, M., and M. Donnelly, 2005 Theoretical Approaches to Corporal Punishment. In Corporal Punishment of Children in Theoretical Perspective. M.

Donnelly and M. A. Sttaus, eds. pp. 41-53. New Haven: Yale University Press.

Sutton-Smith, B., 1959 The Games of New Zealand Children. Berkeley: University of California Press.

Sutton-Smith, B., 1972 The Folkgames of Children. Austin: University of Texas Press.

Sutton-Smith, B., 1977 Play as Adaptive Potentiation: A Footnote to the 1976 Keynote Address, fit Studies in the Anthropology of Play. P. Stevens, ed. pp. 232-237. New York: Leisure Press.

Sutton-Smith, B., 1997 The Ambiguity of Play. Cambridge, MA: Harvard University Press.

Sutton-Smith, B., and D. Kelly-Byrne, 1983 The Masks of Play. In The Masks of Play. B. Sutton-Smith and D. Kelly-Byrne, eds. pp. 184-199. New York: Leisure Press.

Talle, A., 2004 Adoption Practices among the Pastoral Maasai of East Africa: Enacting Fertility, In Cross-Cultural Approaches to Adoption. F. Bowie, ed. pp. 64-78. London: Routledge.

Tanabe, S., 1991 Spirits, Power and the Discourse of Female Gender; the Phi Meng Cult of Northern Thailand. In Thai Constructions of Knowledge. M. Chitakasem and A. Turton, eds. pp. 183-212. London: SOAS.

Tantiwiramanond, D., and S. Pandey, 1987 The Status and Role of Women in the Pre-Modem Period: A Historical and Cultural Perspective. Sojourn 2:125-149.

Thitsa, K., 1980 Providence and Prostitution: Image and Reality for Women in Buddhist Thailand. London: Change International.

Thorne, B., 1993 Gender Play: Girls and Boys in School. Buckingham: Open University Press.

Tober, D., 2004 Children in the Field and Methodological Challenges of Research in Iran. Iranian Studies 37:643-654.

Tolfree, D., 1995 Roofs and Roots: The Care of Separated Children in the Developing World. Aldershot: Arena.

Toren, C., 1990 Making Sense of Hierarchy: Cognition as Social Process in Fiji. London: Athlone Press.

Toren, C., 1993 Making History: The Significance of Childhood Cognition for a Comparative Anthropology of Mind. Man (N.S.) 28:461-478.

Toren, C., 2007 Sunday Lunch in Fiji: Continuity and Transformation in Ideas of the Household. American Anthropologist 109:285-295.

Townsend, P. 1995 The Washed and the Unwashed: Women's Life-Cycle Rituals among the Saniyo-Hiyowe of East Sepik Province, Papua New Guinea. In Gender Rituals: Female Initiation in Melanesia. N. C. Lutkehaus and P. B. Roscoe, eds. pp. 165-182. London: Routledge.

Tucker, B., and A. Young, 2005 Growing up Mikea: Children's Time Allocation and Tuber Foraging in Southwestern Madagascar. In Hunter-Gatherer Childhoods: Evolutionary, Developmental and Cultural Perspectives. B. Hewlett and M. Lamb, eds. pp. 147-171. New York: Aldine.

Turnbull, C., 1961 The Forest People. New York: Simon and Schuster.

Turnbull, C., 1994 The Mountain People. London: Pimlico.

Turner, E., 1994 Beyond Inupiaq Reincarnation: Cosmological Cycling. In Amerindian Rebirth: Reincarnation Belief among North American Indians and Inuit. A. Mills and R. Slobodin, eds. pp. 67-81. Toronto: University of Toronto Press.

Turner, V., 1967 The Forest of Symbols: Aspects of Ndembu Ritual. Ithaca, NY: Cornell University Press.

Turner, V., 1969 The Ritual Process: Structure and Anti-Structure. London: Routledge and Kegan Paul.

Tylor, E., 1879 Geographical Distribution of Games. Fortnightly Review XXV:23-30.

Tylor, E., 1913[1871] Primitive Culture: Researches into the Development of Mythology, Philosophy, Religion, Language, Art and Custom. London: John Murray.

Vance, C., 1991 Anthropology Rediscovers Sexuality: A Theoretical Comment. Social Science and Medicine 33:875-884.

van Esterik, P., 1996 Nurturance and Reciprocity in Thai Studies: A Tribute to Luden and Jane Hanks. In State, Power and Culture in Thailand. E. P. Durrenberger, ed. pp. 22-46. New Haven: Yale University Press.

van Gennep, A., 1960[1909] The Rites of Passage. M. Vizedom and G. Caffee, trans. Chicago: University of Chicago Press.

Vann, R., 1982 The Youth of Centuries of Childhood. History and Theory 21:279-297.

Wade, P., 1993 Sexuality and Masculinity in Fieldwork among Colombian Blacks. In Gendered Fields: Women, Men and Ethnography. D. Bell, P. Caplan, and W. Karim, eds. pp. 199-214. London: Roudedge.

Wagatsuma, H., 1981 Child Abandonment and Infanticide: A Japanese Case. In Child Abuse and Neglect: Cross-Cultural Perspectives. J. Korbin, ed. pp. 120-138. Berkeley: University of California Press.

Wagley, C., 1977 Welcome of Tears: The Tapirap6 Indians of Central Brazil. New York: Oxford University Press.

Wake, C. S., 1878 The Evolution of Morality. London: Trübner and Co.

Waksler, F. C., 1991 Studying Children: Phenomenological Insights. In Studying the Social Worlds of Children: Sociological Readings. F. C. Waksler, ed. pp. 60-69. London: Palmer Press.

Wedgwood, C., 1938 The Life of Children in Manam. Oceania 9:1-29.

Weeks, J., 1981 Sex, Politics and Society: The Regulation of Sexuality since 1800. New York: Longman.

Weisner, T., and R. Gallimore, 1977 My Brother's Keeper: Child and Sibling Caretaking. Current Anthropology 18:169-190.

White, M., 1993 The Material Child: Coming of Age in Japan and America. New York: Free Press.

Whiting, B., 1963 Six Cultures: Studies of Child Rearing. New York: Wiley.

Whiting, B., and C. P. Edwards, 1988 Children of Different Worlds: The Formation of Social Behavior. Cambridge, MA: Harvard University Press.

Whiting, B., and J. Whiting, 1987 Foreword. In Inuit Youth: Growth and Change in the Canadian Arctic. R. Condon, pp. xiii-xx. New Brunswick, NJ: Rutgers University Press.

Whiting, J., 1961 Socialization Process and Personality. In Psychological Anthropology: Approaches to Culture and Personality. F. Hsu, ed. pp. 355-380.

Homewood, IL: Dorsey Press.

Whiting, J., 1977 A Model for Psychocultural Research. In Culture and Infancy: Variations in the Human Experience. P. H. Leiderman, S. Tulkin, and A. Rosenfeld, eds. pp. 29-48. New York: Academic Press.

Whiting, J., 1994 Fifty Years as a Behavioral Scientist: Autobiographical Notes. In Culture and Human Development: The Selected Papers of John Whiting. E. H. Chasdi, ed. pp. 14-44. Cambridge: Cambridge University Press.

Whiting, J., and I. Child, 1953 Child Training and Personality: A Cross-Cultural Study. New Haven: Yale University Press.

Whiting, J., R. Kluckhohn, and A. Anthony, 1958 The Function of Male Initiation Ceremonies at Puberty. In Readings in Social Psychology. E. E. Maccoby, T. M. Newcomb, and E. L. Hardey, eds. pp. 359-370. New York: Holt, Rinehart and Winston.

Willis, P., 1977 Learning to Labour: How Working Class Kids Get Working Class Jobs. London: Saxon House.

Wilson, M., 1950 Nyakyusa Kinship. In African Systems of Kinship and Marriage. A. R. Radcliffe-Brown and D. Forde, eds. pp. 111-139. Oxford: Oxford University Press.

Wolf, M., 1972 Women and the Family in Rural Taiwan. Stanford: Stanford University Press.

Woodhead, M., 1999 Combating Child Labour Listen to What the Children Say. Childhood 6:27-49.

Wu, D., 1981 Child Abuse in Taiwan. In Child Abuse and Neglect: Cross-Cultural Perspectives. J. Korbin, ed. pp. 139-165. Berkeley: University of California Press.

Wulff, H., 1995 Inter-Radal Friendship: Consuming Youth Styles, Ethnicity and Teenage Femininity in South London. In Youth Cultures: A Cross-Cultural Perspective. V. Amit-Talai and H. Wulff, eds. pp. 63-80. London: Routledge.

Zelizer, V., 1985 Pricing the Priceless Child: The Changing Social Value of Children. New Haven: Yale University Press.

| 찾아보기 |

인명

헬렌 모톤 Morton, Helen 108-9, 162, 231, 298, 300-2, 318-9, 326, 328, 330

헬렌 슈바르츠만 Schwartzman, Helen 39, 264-5, 267

헬렌 카바팔루 → 헬렌 모톤 Kavapalu, Helen, see Morton, Helen

호르텐스 파우더메이커 Powdermaker, Hortense 304, 313, 317

지역/부족/단체

남미 South America

  볼리비아 Bolivia 81, 282-3, 327-8

    레이미(부족) Laymi 81

  브라질 Brazil 90, 202, 297, 304-305, 353-5

    판자촌/빈민가(파벨라) shanty towns /favelas 104, 137-8, 147, 328

  아르헨티나 Argentina 22

    아라우칸 Araucania 22 (부족)

  아마조니아 Amazonia

    메히나쿠(부족) Mehinaku 273-4, 321, 353-4

    바라사나(부족) Barasana 406

    시리오노(부족) Siriono 327-8

    아라와크(어족(語族)) Arawak 143-4

    아이로-파이(부족) Airo-Pai 122

    아크웨-샤반테(부족) Akwẽ-Shavante 103, 297, 308-9, 317

    야노마모(부족) Yanamamö 297, 307-8, 317

    와이와이(부족) Waiwai 122

    카넬라(부족) Canela 354-5

    타피라페(부족) Tapirapé 304-5

    피라하(부족) Pirahá 163-4

    휴아로니(부족) Huaorani 162-3, 355

    히바로(부족) Jivaro 311, 321

  에콰도르 Ecuador 160-2, 326

  페루 Peru 122, 143-4, 311

용어/개념

486

옮긴이 **정연우**

연세대학교 자연과학부를 중퇴하고 경원대학교 역사·철학부를 졸업했다. 이후 한양대학교 대학원에서 문화인류학 석사학위를 받았다. 가천대 강사를 역임하고 현재는 두 아이를 키우는 아빠이자 주부로서 살며 관심 있는 책을 번역하고 있다. 주요 논문으로 「무허가 주거지의 성격과 의미 변화에 대한 연구」가 있다.

유년기 인류학

2015년 9월 20일 초판 1쇄 발행
2022년 3월 15일 초판 2쇄 발행

지은이 | 헤더 몽고메리
옮긴이 | 정연우
펴낸이 | 권오상
펴낸곳 | 연암서가

등 록 | 2007년 10월 8일(제396-2007-00107호)
주 소 | 경기도 고양시 일산서구 호수로 896, 402-1101
전 화 | 031-907-3010
팩 스 | 031-912-3012
이메일 | yeonamseoga@naver.com
ISBN 978-89-94054-74-2 93380

값 23,000원